JN295350

トランスナショナルな パキスタン人移民の 社会的世界

移住労働者から移民企業家へ

福田友子 著

福村出版

[JCOPY] 〈(社)出版者著作権管理機構 委託出版物〉
本書の無断複写は著作権法上での例外を除き禁じられています。複写される場合は、そのつど事前に、(社)出版者著作権管理機構（電話 03-3513-6969、FAX 03-3513-6979、e-mail: info@jcopy.or.jp）の許諾を得てください。

目次

図表一覧（ix）

まえがき（xii）

第1章　問題の所在 —— 1

第1節　研究概要 …… 2

1.1　研究目的（2）
1.2　調査対象者（3）
1.3　調査方法（5）

　1.3.1　パキスタン人移民と日本人配偶者調査（本書全体）
　1.3.2　宗教団体／同郷団体調査（第4章）
　1.3.3　ビジネス調査（第5章）
　1.3.4　海外調査（第3章, 第5章, 第6章）
　1.3.5　ペルー人調査（第3章付論）

第2節　用語の定義 …… 9

2.1　移民, 移住者, 移住労働者, 外国人労働者（9）
2.2　エスニック集団, エスニシティ（10）
2.3　移民ネットワーク, 移民コミュニティ（12）
2.4　社会的世界（13）

第3節　本書の構成 …… 15

第2章　移民理論の先行研究 —— 19

第1節　移民フローと移民ストックに関する先行研究 …… 20

1.1　移民研究の理論的類型化（20）
1.2　移民フローの研究（24）

　1.2.1　移民フローの代表的理論
　1.2.2　社会関係資本論, 累積要因論

i

1.3 移民ストックの研究 (27)
 1.3.1 移民ストックの代表的理論
 1.3.2 同化主義，文化多元主義，多文化主義
 1.3.3 移民過程論，移民の制度的完成論

第2節　移民フローと移民ストックの連関 …………………………32

2.1 移民フローと移民ストックの連関 (32)
2.2 間接移民システム論 (33)
2.3 Portes の移民研究 (35)
 2.3.1 エスニック・エンクレイブ論
 2.3.2 移民の社会統合の類型化
 2.3.3 トランスナショナリズム論
2.4 トランスナショナリズム論 (40)
 2.4.1 トランスナショナリズム論の概要
 2.4.2 Portes のトランスナショナリズム論批判

第3章　各国の移民政策および社会的背景 ——— 45

第1節　送出社会：パキスタン …………………………46

1.1 パキスタンの移民政策 (46)
 1.1.1 イギリスとその植民地への移民──1940〜1960年代
 1.1.2 中東産油国への移民──1970〜1980年代
1.2 パキスタン人の日本出稼ぎブーム (51)
 1.2.1 日本出稼ぎブームの到来
 1.2.2 各国法制度の影響
 1.2.3 移民ネットワークの影響

第2節　ホスト社会：日本とパキスタン人 …………………………66

2.1 パキスタン人の排除 (66)
2.2 パキスタン人移民の家族形成 (69)
 2.2.1 在日パキスタン人のジェンダー・バランス
 2.2.2 日本人との結婚と在留特別許可
 2.2.3 正規滞在者と非正規滞在者の格差
2.3 パキスタン人移民の特徴 (80)

第 3 節　第三国：アラブ首長国連邦 …………………………………85
- 3.1　中東・アラブ首長国連邦・ドバイ（85）
- 3.2　アラブ首長国連邦の歴史と移民政策（86）
    - 3.2.1　イギリス保護領時代前後
    - 3.2.2　アラブ首長国連邦の建国と石油資源開発
    - 3.2.3　湾岸諸国の移民政策
    - 3.2.4　アラブ首長国連邦の移民政策
- 3.3　自国民の優遇と移住労働者の現実（101）
    - 3.3.1　自国民の優遇政策
    - 3.3.2　移住労働者の地位
    - 3.3.3　自国民化政策
- 3.4　移住労働者のコミュニティ形成（107）
    - 3.4.1　中東へのパキスタン人の労働力移動
    - 3.4.2　パキスタン人移民の集住地域
    - 3.4.3　パキスタン人の中継貿易参入

付論　ホスト社会：日本と日系人 …………………………………114
- 4.1　国家による人の国際移動のコントロール（114）
- 4.2　日系人の定義と日系エスニシティ（116）
    - 4.2.1　日系人の定義
    - 4.2.2　日系エスニシティ
    - 4.2.3　従来の世代の区分方法
- 4.3　入管法改定作業——新しい「日系人」カテゴリー（121）
    - 4.3.1　日系人をめぐる動き
    - 4.3.2　入管法改定作業の流れ1——入管法改定
    - 4.3.3　入管法改定作業の流れ2——告示による日系人優先受入
    - 4.3.4　新しい「世代」の区分方法
- 4.4　国家による成員選別（134）

第 4 章　移民による宗教団体と同郷団体 ——————— 139
第 1 節　移民による宗教団体の形成 …………………………………140
- 1.1　宗教団体研究の概要（140）
    - 1.1.1　移民による宗教団体形成

1.1.2 調査の概要
1.2 日本におけるイスラーム団体（142）
　1.2.1 日本におけるイスラーム団体の変遷
　1.2.2 ニューカマーによるイスラーム団体の設立
1.3 宗教団体の形成過程（145）
　1.3.1 宗教団体Aの設立経緯——1990年代前半
　1.3.2 宗教団体Aによるモスクの設立——1990年代後半
　1.3.3 宗教団体Aによるモスク基金の設立——2000年代前半
　1.3.4 宗教団体Aの組織構成
1.4 宗教団体の活動の諸機能（149）
　1.4.1 宗教的機能——モスクの管理・運営，冠婚葬祭
　1.4.2 教育的機能——出版活動，宗教・語学教育
　1.4.3 社会的機能(1)——集団内的機能
　1.4.4 社会的機能(2)——集団間的機能
　1.4.5 政治的機能——エスニシティ形成と集合行動
　1.4.6 経済的機能——経済活動と宗教活動の相互作用

第2節 ◆ パキスタン人移民による同郷団体の形成 ……………158

2.1 同郷団体研究の概要（159）
　2.1.1 同郷団体研究の理論的枠組み
　2.1.2 調査の概要
2.2 同郷団体の形成（160）
　2.2.1 同郷団体αの設立
　2.2.2 イスラーム団体の影響——ジャマーアテ・イスラーミー
　2.2.3 イスラーム団体の影響——タブリーギー・ジャマーアト
2.3 同郷団体の分裂・独立（164）
　2.3.1 第一次分裂期——エリート組と一般組の分裂
　2.3.2 第二次分裂期——さまざまなイスラーム団体の分裂
　2.3.3 第三次分裂期——宗教重視派とビジネス重視派の分裂
　2.3.4 同郷団体βと在日パキスタン商工会議所
2.4 同郷団体の位置づけ（170）

第5章　移民によるエスニック・ビジネス —— 173

第1節　パキスタン人移民のニッチ形成 …………………174
1.1　パキスタン人の企業家比率（174）
1.1.1　パキスタン人の職業構成
1.1.2　パキスタン人の企業家比率
1.2　パキスタン人企業家の業種（178）
1.2.1　エスニック・ビジネスの業種の類型化
1.2.2　パキスタン人の業種と推移
1.3　中古車貿易業界とパキスタン人移民（182）
1.3.1　中古車貿易業界におけるエスニック・ビジネスの市場規模
1.3.2　パキスタン人中古車貿易業者の類型
1.3.3　第1期参入組——1970年代～1980年代前半
1.3.4　第2期参入組——1980年代後半～1990年代前半
1.3.5　第3期参入組——1990年代後半～2000年代

第2節　パキスタン人移民の中古車貿易業とネットワーク形成 …190
2.1　中古車オークションの光景（190）
2.2　中古車貿易業の業務内容（191）
2.2.1　仕入れ
2.2.2　修繕・運搬
2.2.3　輸出・販売
2.3　トランスナショナルなネットワークの形成と活用（195）
2.3.1　渡日の移住システム——親戚・地縁ネットワークの影響
2.3.2　工場労働とビジネス修行——横浜時代のネットワーク形成
2.3.3　起業と資源動員——日本人配偶者の役割
2.3.4　事業の拡大——親族・地縁ネットワークの活用
2.3.5　トランスナショナルな販売網——友人ネットワークの活用
2.4　ネットワークの序列（206）

第3節　パキスタンとアラブ首長国連邦側の中古車市場形成 …208
3.1　パキスタン向け中古車貿易からトランスナショナルな事業展開へ（209）
3.1.1　黎明期
3.1.2　ニューカマー参入期
3.1.3　トランスナショナルな事業展開期

3.2　アラブ首長国連邦向け中古車貿易と世界各地の拠点形成 (214)
　　　　3.2.1　アブ・シャガラ地区の中古車市場
　　　　3.2.2　DUCAMZ の中古車市場
　　　　3.2.3　世界各地の拠点形成
　第4節 ◆ 中古車貿易業と日本海沿岸地域の拠点形成 ……………220
　　4.1　パキスタン人企業家へのバイアス (220)
　　4.2　パキスタン人企業家のロシア向け中古車貿易への参入 (221)
　　　　4.2.1　旅具通関とロシア向け中古車貿易の経緯
　　　　4.2.2　パキスタン人企業家と日本海沿岸地域の拠点形成
　　4.3　ロシア人企業家とウラジオストクの中古車市場 (226)
　　　　4.3.1　ロシア人企業家の事業展開
　　　　4.3.2　ウラジオストクの中古車市場
　　4.4　日本海沿岸地域の拠点形成の意味 (230)
　第5節 ◆ エスニック・ビジネス理論とパキスタン人移民 ………231
　　5.1　エスニック・ビジネス研究の位置づけ (231)
　　　　5.1.1　日本の自営業研究
　　　　5.1.2　日本のエスニック・ビジネス研究
　　5.2　エスニック・ビジネス理論 (234)
　　　　5.2.1　エスニック・ビジネス理論 (1) ——排除仮説，文化仮説
　　　　5.2.2　エスニック・ビジネス理論 (2)
　　　　　　　——機会構造，集団特性，エスニックな戦略
　　5.3　パキスタン人移民の分析 (236)
　　　　5.3.1　排除仮説，文化仮説
　　　　5.3.2　機会構造，集団特性，エスニックな戦略

第6章　移民におけるジェンダー関係と家族 ——— 239
　第1節 ◆ ジェンダー関係と宗教団体／エスニック・ビジネス …240
　　1.1　日本人配偶者女性とジェンダー問題 (240)
　　1.2　ジェンダー関係と宗教団体 (242)
　　　　1.2.1　宗教団体における女性の活動参加とその役割
　　　　1.2.2　イスラームのジェンダー規範とビジネスへの志向性

1.3　ジェンダー関係とエスニック・ビジネス（245）
　　1.3.1　中古車貿易業におけるジェンダー関係
　　1.3.2　エスニック・ビジネスとジェンダー分析

第2節 ◆ ジェンダーの権力関係とエスニックな権力関係のせめぎ合い ……251

2.1　「国際結婚」と権力関係のねじれ（251）
　　2.1.1　「国際結婚」の先行研究
　　2.1.2　外国人ムスリム男性と日本人女性の「国際結婚」
2.2　重婚をめぐる言説分析（254）
　　2.2.1　パキスタン人移民の重婚と永住権取得後離婚の問題
　　2.2.2　第一の意見——容認：ジェンダー＞エスニック
　　2.2.3　第二の意見——反対：ジェンダー＜エスニック
　　2.2.4　第三の意見——中立：ジェンダー＜＞エスニック
　　2.2.5　第四の意見——相殺：ジェンダー＞＜エスニック
2.3　ジェンダーの権力関係とエスニックの権力関係のせめぎ合い（258）
　　2.3.1　権力関係のねじれとせめぎ合い
　　2.3.2　パキスタン人移民の重婚の位置づけ

第3節 ◆ 子どもの教育と海外移住 ……262

3.1　日本での「生きにくさ」と海外移住（262）
　　3.1.1　トランスナショナルな親族ネットワーク
　　3.1.2　パキスタン人移民とその家族の海外移住
3.2　子どもの教育の選択肢（265）
　　3.2.1　「ホスト社会：日本」の場合
　　3.2.2　「送出社会：パキスタン」の場合
　　3.2.3　「第三国：アラブ首長国連邦」やその他欧米諸国の場合
3.3　海外移住（268）
　　3.3.1　「送出社会：パキスタン」への海外移住
　　3.3.2　「送出社会：パキスタン」での子どもの教育
　　3.3.3　「第三国：アラブ首長国連邦」への海外移住
　　3.3.4　「第三国：アラブ首長国連邦」での子どもの教育
3.4　トランスナショナルな家族と間接移民システム論（280）
　　3.4.1　トランスナショナルな家族とその課題
　　3.4.2　パキスタン人移民と間接移民システム論

第 7 章　総括 ─────────── 285
　第 1 節　パキスタン人移民のトランスナショナルな社会的世界 286
　第 2 節　各章で得られた知見 ……………………………………… 286
　　2.1　各国の移民政策および社会的背景（286）
　　2.2　移民による宗教団体と同郷団体（287）
　　2.3　移民によるエスニック・ビジネス（288）
　　2.4　移民におけるジェンダー関係と家族（290）
　第 3 節　考察 …………………………………………………………… 291

あとがき（293）

参考文献（297）
付録（312）

図表一覧

表 1-1　パキスタン人移民と日本人配偶者調査一覧
表 2-1　Brettell and Hollifield による移民研究の類型化
表 2-2　Portes and Bach による移民理論の類型化
表 2-3　坪谷による移民研究の類型化
表 2-4　樋口による移民研究の類型化
図 2-1　Barrett の中継国モデル
図 2-2　Barrett の出入口／障壁モデル
表 2-5　Portes and Böröcz による移民統合の類型化
表 2-6　Portes et al. のトランスナショナリズムとその活動類型
図 3-1　パキスタン地図
図 3-2　労働・人的資源・在外パキスタン人担当省組織図
図 3-3　出入国者数とその増減数　パキスタン人
図 3-4　国籍別「不法就労」者数の推移
図 3-5　男性「不法就労」者の職種　パキスタン人とバングラデシュ人
図 3-6　上陸拒否者数の推移　パキスタン人とバングラデシュ人
表 3-1　日本の二国間 ODA・上位 10 位
表 3-2　日本の無償協力供与国・上位 10 位
図 3-7　退去強制者数の推移　パキスタン人
図 3-8　国籍別外国人登録者数の推移　アジアの主要なイスラーム諸国および南アジア諸国
図 3-9　推計人口　パキスタン人
図 3-10　超過滞在者数の推移　パキスタン人性別
図 3-11　年齢性別　外国人登録者数　パキスタン人男性　5 年ごと
図 3-12　年齢性別　外国人登録者数　パキスタン人女性　5 年ごと
図 3-13　在留特別許可数の推移　外国人全体
図 3-14　在留資格別外国人登録者数　パキスタン人　永住者と日本の配偶者等
図 3-15　永住権許可人数の推移　パキスタン人

表3-3　パキスタン人の在留資格　上位5位
表3-4　バングラデシュ人の在留資格　上位5位
図3-16　アジア諸国・地図
図3-17　アラブ首長国連邦・地図
図3-18　アラブ首長国連邦における労働許可発給数の推移
表3-5　アラブ首長国連邦における自国民／外国人比率
表3-6　アラブ首長国連邦における外国人の職種
表3-7　アラブ首長国連邦における国籍別労働許可発給数
図3-19　ドバイ・地図
表3-8　日系人の従来の世代区分
表3-9　入管法改定関連年表
表3-10　「日系人」の新しい「世代」区分
表4-1　イスラーム団体の類型
図4-1　宗教団体Aの組織構成図
図4-2　イギリスのムスリムの多様性
図5-1　職業・性別　外国人登録者数　パキスタン人男性
図5-2　職業・性別　外国人登録者数　パキスタン人男性
表5-1　在日外国人の企業家比率
表5-2　パキスタン人企業家の業種の類型化
表5-3　パキスタン人企業家の業種の推移
表5-4　パキスタン人中古車貿易業者の県別事業所数
表5-5　設立時期区分による中古車貿易業者の類型
図5-3　中古車貿易業の業務の流れ
図5-4　親族ネットワーク――カラチ社の場合
図5-5　友人ネットワーク――カラチ社の場合
図5-6　ネットワークの序列
表5-6　中古車貿易関連年表
図5-7　トランスナショナルな事業展開
表5-7　中古車貿易業の輸出先と左右ハンドル一覧
表6-1　パキスタン人の配偶者国籍

図 6-1　在パキスタン日本人数の推移　永住者数と長期滞在者（その他）
図 6-2　パキスタンの教育制度（マトリック制）
図 6-3　在アラブ首長国連邦日本人数の推移　永住者と長期滞在者（その他）
図 6-4　パキスタン人移民と間接移民システム論

まえがき

　1980年代後半から1990年代初頭にかけて，新聞を開けば「外国人労働者」に関する記事を目にする時期があった．筆者にとってみれば，移民研究に興味をもつのも当たり前といえるような，そういう時代背景があった．また当時は，ベルリンの壁が崩壊し（1989年），ソ連が崩壊して東西冷戦が終結し（1991年），振り返れば歴史的な転換点でもあった．世界史が書きかえられる瞬間を目の当たりにしたせいか，国際関係論や地域研究（エリア・スタディーズ）といった学問領域に魅力を感じ，なかでもラテンアメリカや中東地域といった発展途上国（当時はまだ，第三世界と呼ばれていた）に関心をもつようになった．周囲の人々が口をそろえて「何もそんなに危ない（治安の悪い）地域ばかり勉強しなくても……」と言っていたのが今でも印象深い．海外調査を思い返してみれば，「調査上困ったことは1つもなかった」と胸を張って言えるわけでもないが，それは筆者にとってはあまり重要な問題ではなかった．それ以上に，調査を進めれば進めるほど新たな発見があって，とても興味深い研究テーマだと確信したからである．

　本研究のきっかけとなったのは，修士課程在籍中の1996（平成8）年，大学の恩師に勧められて活動に参加し始めた神奈川県横浜市の移住労働者支援団体「カラバオの会（寿・外国人出稼ぎ労働者と連帯する会）」での経験である．それまで新聞記事やニュースなどの報道でしか知ることのできなかった移住労働者の状況を，労働相談や日本語教室などの日常的な活動を通じて理解することができた．加えて同団体のメンバーの方々や，同団体を通じて知り合った全国各地の関係者の方々に，調査の過程でさまざまなアドバイスを頂戴したことで，筆者の先入観や固定観念は良い意味で覆された．

　ここで「移住労働者から移民企業家へ」というサブタイトルについて，少し説明しておきたい．1980年代後半以降に来日したニューカマーを研究テーマとして取り上げる場合，しばしば「外国人労働者」という用語が用いられてきた．しかしながら，筆者が研究を始めた1990年代後半の移住労働者支援運動の世界では，「外国人労働者」という用語を「移住労働者」に改めよう，という主張が登場していた．つまり「外国人」として外部化するのではなく，「移

住」という形態に注目しつつ労働者として連帯していこう，という主張であった（用語の定義については第1章第2節参照）．

　筆者も基本的にこの主張には同意していたが，その後の調査の過程で新たな問題が立ち現れた．パキスタン人をはじめとする複数の知人が，「労働者」ではなく実は「自営業者」であり，その一部が日本である程度の経済的成功を収めつつあることを知ったからである．この場合，彼らは労働運動において団結すべき「労働者」の側ではなく，それに対立する「経営者」の側ということになる．ところがその収入はピンキリであり，「経営者」でありながら工場労働者時代よりも収入が減るケースも多いという．にもかかわらず多くの「移住労働者」が「移民企業家」として起業する日を夢見ており，事実，その夢を実現しているのである．

　こうした状況に興味をもち，修士課程修了後の1998（平成10）年にパキスタン人移民のエスニック・ビジネスに関する調査を始めたことが，その後のパキスタン人移民の宗教活動や「国際結婚」の研究へとつながっていった．なお本稿では文脈に応じて「自営業者」「経営者」「起業家」などを使い分けているが，それらをまとめた用語としては「企業家」を使い，彼らを「移民企業家」と呼んでいる（詳細は第5章第5節参照）．

　本書の主要テーマである「トランスナショナル」に関連していえば，2010（平成22）年頃から耳にするようになった「日本人の若者の内向き志向」という話題を取り上げておきたい．このテーマについては賛否両論あるようだが，現実問題として好むと好まざるとにかかわらず，今後も日本経済の国際化は進み，教育でも政治でも社会でもグローバル化は避けられないだろう．大学の講義で学生向けに「国際移民」の話をすると，「日本人には，まだまだ国内ですべき仕事があるはずだ」といった発言が出ることもある．パキスタン人移民のような「外向き志向」はただ驚きをもって受けとめられ，共感はほとんどみられない．もちろん，日本国内に留まるべき，という考えも悪くはないが，社会人になれば自分の意思とは関係なく，自身（もしくはパートナー）が海外駐在を命じられることもあるだろう．さらに行き先も，ことばの通じない国かもしれないし，なじみの薄い発展途上国かもしれない．そんなとき，パキスタン人の「移住労働者」や「移民企業家」の知識が役立つときが来るかもしれない．

そんなことを考えながら，「特殊な集団のものめずらしい話」ではなく，「もしかして将来自分にも関係があるかもしれない話」として，もしくは「将来，隣に住むことになるかもしれない人々の話」として，想像力を膨らませながら，本書に目を通していただければありがたく思う。

　調査の過程では，多くの方々にお話を聞かせていただいたり，調査協力者をご紹介いただいたり，大変お世話になった。お一人お一人の名前をあげることはできないが，記して感謝申し上げたい。なお，本書に登場するパキスタン人移民の個人名および会社名は，すべて仮名である。また一部の宗教団体や同郷団体はアルファベット表記を用いた。

2012年2月

福田 友子

第1章
問題の所在

上：UAE ドバイのクリー
　　クと高層ビル
下：福岡モスク

第 1 節 ◆ 研究概要

1.1 研究目的

　本研究は，パキスタン人移民の社会的世界に関する実証的研究である。本論文の研究目的は，パキスタン人移民の社会的世界を，フローおよびストックの両側面から全体的・網羅的に記述・分析し，また国家・市場（マクロ）や個人・世帯（ミクロ）のみならず，移民のネットワークや制度・組織といったメゾ・レベルにも注目することで，その構造やメカニズムを解明することである。
　1980年代以降のニューカマーの増大にともない，日本でも受け入れ移民に関する研究が蓄積され始めた。しかしながら雇用や移民政策における「外国人労働者」，都市や地域における「外国籍住民」，教育における「外国籍児童」の研究においてしばしばみられるように，従来の研究においては，移民（マイノリティ）を「異質」[1]な人々の代表的事例としてとらえたうえで，ホスト社会（マジョリティ）側がどのように文化的摩擦を乗り越えて移民を受け入れるべきかを論じる視点が支配的であったように思われる。もちろんこうした研究も必要なものではあるが，移民当事者側の視点を重視する移民研究の伝統からみれば，こうしたホスト社会側の視点に立つ問題設定は，移民をめぐる問題の一側面をみているにすぎない。このような視点の偏りは，移民の自律的・主体的な活動に対する関心の低さに象徴されているといえよう。
　このような研究潮流の中で，パキスタン人移民は，宗教活動やエスニック・ビジネスといった自律的・主体的な活動が盛んであるので，これまでの先行研究において欠けていた，移民当事者側の視点を重視する研究が可能な事例として注目される。またパキスタン人移民は，政策的に排除されてきた移民という特徴をもつが，1980年代半ばの来日開始から25年，1990（平成2）年入管法改定から20年が経過し，すでに「滞日」から「在日」の段階へと移っ

---

[1] 都市エスニシティ研究では，ニューカマーについて論じる際に，「異質」という用語がしばしば使われている（たとえば奥田 1997: 12-13; 広田 2003: 200-217）。

ている[2]。在日パキスタン人移民をめぐる状況は,「国際結婚」と家族形成,エスニック・ビジネスの起業,宗教団体の設立,教育施設の開設など,移民過程の中期から後期の段階に移っており,その社会的世界の全体像をとらえるべき時期に来ている。

1.2 調査対象者

　調査対象者は,日本に居住しているパキスタン人移民(在日パキスタン人),もしくは居住していたことのあるパキスタン人移民(元在日パキスタン人)とその家族である。また国籍上のパキスタン人だけでなく,日本国籍を取得(帰化)した人(元パキスタン人)や,パキスタン人移民の日本人配偶者および二重国籍の子どもたちを含む。

　ここで日本におけるパキスタン人移民の特徴を紹介しておこう。

　第一の特徴は,その人口規模の小ささである。2010(平成22)年末の在日パキスタン人の外国人登録者数は 10,299 人で過去最多であるが,それでも外国人総数の 0.5％ に満たない。日本の総人口の 1.7％ にすぎない外国人総数の,そのまた 1％ 未満であることから,どれだけ小さな集団であるかわかるだろう。第二の特徴は,かつては超過滞在者の割合が高かったが,その多くがすでに出国もしくは正規化していることである。第三の特徴は,男性の比率がほぼ 8 割を占めており,その多くが 30 代から 40 代に集中していることである。第四の特徴は,日本人女性と結婚している人が多く,家族形成が進んでいることである。国勢調査報告(2000 年)をみると,パキスタン人男性既婚者の 8 割が日本人女性と結婚している。また 1980 年代末～1990 年代初頭の移民初期に生まれた子どもたちは,すでに成人に達していることになる。第五の特徴として,関東,特に東京,埼玉へ人口が集中していることである(付録の人口分

---

[2] 1990 年代は,在日コリアン等の「オールドタイマー」を「在日」外国人と呼び,1980 年代以降に増加した「ニューカマー」を「滞日」外国人と呼んで区別していた(神奈川人権センター 1996: 46)。しかしながら,来日から 25 年以上経過した現在,「滞日」という呼称を使い続けることが現実にそぐわなくなってきたため,本書では「在日」という用語を使用する。

布地図参照)。上記の第一,第二,第五のような特徴もあり,在日パキスタン人に関する先行研究は少ない。

　このような特徴をもつに至った背景には,在日南アジア人に共通する社会的不安定さがある。ラテンアメリカ人とは対照的に,南アジア人は 1989（平成元）年の査証相互免除協定の一時停止,1990 年の入管法改定,1990 年代の超過滞在者の大量摘発といった移民排除政策の結果,その人口規模が縮小した。それにともない,南アジア人はホスト社会に溶け込む努力を強いられ,日本社会との密接な結びつきを強めていった。就労においては,大企業の関連工場での大量雇用が特徴的なラテンアメリカ人に比べ,南アジア人は中小の製造業で長期就労する傾向がみられる。職場において日本人の上司や同僚との間に信頼関係が構築されるケースも多い（五十嵐 1999: 28）。

　また日本語の習得も比較的早く,日本人と結婚するケースが多い。結婚は,エスニック・ビジネスの資源動員過程にホスト社会の構成員を引き込むうえで,もっとも重要な手段である（伊藤 1994: 85）。日本人との結婚を契機として,日本人配偶者を巻き込みながらエスニック・ビジネスを起業する,もしくはすでにサイド・ビジネスとして始めていた個人事業を法人化するといった傾向がみられる。

　1990 年入管法改定の一連の作業において,南アジア系外国人の排除が決定づけられたことを受けて,パキスタン人には分断化された労働市場が用意された。また滞在の正規化には日本人との結婚が前提とされた。これらの理由から,パキスタン人は日本社会と密接な関係を築くことによって生き延びるという戦略を取ることとなった。こうして構築した関係を基礎として,自らのエスニック資源,ネットワーク資源に加えて,ホスト社会側の資源を動員する条件を整えてきた。

　このような特徴をもつパキスタン人移民に注目することは,日本のニューカマー研究において重要であると考えている。なぜならば 1990 年以降,政策的に受け入れられ,日本の「外国人労働者」の代表的集団となった「日系人」とは,対極的な事例（福田 2002: 50）であるにもかかわらず,これまでほとんど研究されてこなかったからである。また,在日パキスタン人の間で宗教活動や経済活動などの自律的・主体的活動が盛んであることから,そうした活動を分析するには適当な事例と考えている。

1.3　調査方法

　調査地点は，「ホスト社会：日本」「送出社会：パキスタン」「第三国：アラブ首長国連邦」の主に 3 地点である。

　調査方法は，参与観察と面接調査が主である。面接調査は，調査票を用いて行ったものと，調査票を用いずに特定のテーマについてヒアリングしたものに分けられる。参与観察，面接調査，ネットワーク分析，集団分析など，対象の側面の特質に応じて多様な調査方法を併用する「方法論的折衷主義」（蘭 2000a: 45）の立場に立つものであるといえよう。

　まずは，外国人支援団体（NGO）の活動（1996 年 5 月〜），エスニック・ビジネス（1998 年 7 月〜），宗教団体（2002 年 10 月〜）の現場において参与観察を始め，そこで知り合った人々に対して面接調査を行った。次に「ホスト社会：日本」に居住する／していたパキスタン人移民，もしくはその日本人配偶者に対して，国際移動，親族形態，ビジネス展開，宗教活動への参加といった経験に関する調査票を用いた面接調査をした（2004 年 6 月〜）。また宗教団体，同郷団体，エスニック・ビジネスのキーパーソンに対して調査票を用いない面接調査をした。さらに「送出社会：パキスタン」，および貿易上重要な拠点である「第三国：アラブ首長国連邦」で，調査票を用いた面接調査および電話調査をした。各調査の詳細は，以下のとおりである（2005 年 6 〜 9 月）。

1.3.1　パキスタン人移民と日本人配偶者調査（本書全体）

　外国人支援団体（1996 年 5 月〜），宗教団体（2002 年 10 月〜），エスニック・ビジネス（1998 年 7 月〜）において断続的に参与観察し，それぞれの活動を通じて知り合ったパキスタン人移民，もしくはその日本人配偶者女性に対して，半構造化された調査票を用いた面接調査をした（2004 年 6 月〜）。また特定のテーマについて，個別もしくはグループでのヒアリングをした。面接調査やヒアリングの内容は表 1-1 のとおりである。

　パキスタン人男性に関しては参与観察から得たデータが多く，調査対象者人数を特定することが難しいが，宗教団体経由で 5 人程度，エスニック・ビジネス経由で 10 人程度，外国人支援団体経由で 10 人程度の方から非公式なか

表1-1 パキスタン人移民と日本人配偶者調査一覧

調査時期	調査地点	調査テーマ	調査方法	調査票	調査対象者
1996年 5月〜	日本	NGO活動（第3章付論）	参与観察	なし	外国人の活動参加者（特にペルー，パキスタン，バングラデシュ人）
1998年 7月〜	日本	ビジネス（第5章）	参与観察	なし	パキスタン人男性が経営する企業2社
2002年 10月〜	日本	宗教活動（第4章）	参与観察	なし	主に日本人女性の宗教活動参加者
2003年 8月〜	日本	宗教活動（第4章）	面接調査	なし	日本人女性4人 パキスタン人男性1人（パキスタン人女性2人）
2003年 10月〜	日本	ビジネス（第5章）	面接調査	なし	パキスタン人男性1人
2004年 6月〜	日本	結婚／ビジネス（第6章）	面接調査	使用	日本人女性3人
2004年 12月	日本	結婚／ビジネス	グループでのヒアリング	なし	日本人女性2人
2005年 8〜9月	パキスタン	結婚／ビジネス（第6章）	面接調査	使用	日本人女性12人
2005年 8〜9月	パキスタン	結婚／教育（第6章）	面接調査	なし	日本人男性1人
2005年 8〜9月	パキスタン	結婚／海外移住（第6章）	グループでのヒアリング	なし	日本人女性3人
2005年 6〜9月	アラブ首長国連邦	結婚／ビジネス（第6章）	面接調査	使用	日本人女性6人 日系ブラジル人女性1人（内1件は，夫のパキスタン人男性1人が同席）
2005年 6〜9月	アラブ首長国連邦	日本への出稼ぎ／ビジネス	面接調査	なし	パキスタン人男性1人
2008年 3月	日本（富山）	富山／移住	グループでのヒアリング	なし	日本人女性2人（後から，夫のパキスタン人男性1人が同席）

たちで話を聞いた。パキスタン人女性に関しては，宗教団体経由で2人，エスニック・ビジネス経由で2人の方から話を聞いた。

1.3.2 宗教団体／同郷団体調査（第4章）

ニューカマーのパキスタン人によって1990年代初頭に設立されたイスラーム団体である宗教団体Aにおいて，参与観察と面接調査を行った。

成員（メンバーと呼ばれる）はパキスタン人男性と，その配偶者であるパキスタン人女性，および日本人女性によって構成されており，活動はパキスタン人男性，パキスタン人女性，日本人女性の3つのグループに分けて行われることが多い。日本人女性である筆者は，日本人女性グループの活動を中心に，2002年10月から断続的に参与観察している。

面接調査は，執行部メンバーである日本人女性4人，パキスタン人男性1人に対して行った。日本人女性3人に対して，それぞれ2003年8月8日［聞取1］，2004年5月9日［聞取2］，2004年9月27日［聞取3］に，パキスタン人男性に対して2006年4月13日［聞取4］に，さらに日本人女性に対して2008年7月12日［聞取5］に追加で聞き取りをした。

また在日パキスタン人によって1960年代初頭に設立された同郷団体の元代表，およびそこから分岐した別の同郷団体の現事務局長，在日パキスタン人が多数参加している宗教団体の元代表に対して面接調査を行った。

同郷団体の元代表であるパキスタン人男性に対して，2008年6月17日と7月10日［聞取6］に，別の同郷団体の現事務局長，兼経営者団体の現事務局長であるパキスタン人男性に対して，2008年5月22日と2009年12月11日［聞取7］に，聞き取りをした。さらに同郷団体の元代表である別のパキスタン人男性に対して，2009年11月20日，2010年1月18日，1月30日，2月8日［聞取8］に，宗教団体の元代表に対して，2010年1月25日［聞取9］に面接調査を行った[3]。

1.3.3 ビジネス調査（第5章）

1998年7月〜1999年1月までC社で，2000年7月〜2010年3月までカラチ社（仮名）において参与観察した。2社とも千葉に拠点を置く中古車輸出業者であり，ともに経営者はパキスタン人男性である。

---

3) 同郷団体調査には，藤崎香奈氏（元首都大学東京大学院修士課程）が同席した。

また関連する行政関係者(大使館員など)や組合・企業担当者(同業組合,オークション,日本人業者など)にもヒアリングをしたが,それらのデータの出所については,注にて適宜言及していく。

1.3.4 海外調査(第3章,第5章,第6章)

2005年6〜9月に,アラブ首長国連邦とパキスタンの2カ国で中古車貿易業者に対して4つの調査を行った[4]。

調査1:アラブ首長国連邦とパキスタンの中古車商工組合へインタビュー調査を行った。アラブ首長国連邦では,2005年7月13日,組合の代表と副代表に対し,筆者が直接英語でインタビューした。通訳は使用しなかった。パキスタンでは,2005年9月8日,組合の代表と副代表に対し,通訳(パキスタン人男性・ウルドゥ語が母語)を通して,主にウルドゥ語でインタビューを行った。

調査2:アラブ首長国連邦ドバイ首長国の中古車中継貿易市場(以下,DUCAMZと略す)内の中古車貿易業者に対して構造化された調査票を用いた電話調査を行った。DUCAMZには390個の店舗(ショールームと呼ばれる)が設置されているが,複数の店舗を同時に使用している業者も多いことから,DUCAMZ作成の業者名簿(2004年版)から社名別に320社をリストアップし,その中から面接調査(調査3)対象業者を除いたうえで,56社をサンプリングした。調査アシスタント(パキスタン人男性1名・ウルドゥ語が母語)がウルドゥ語を使用して電話調査を実施し,32社から回答を得た。2005年6〜7月,9月に調査を実施した。

調査3:DUCAMZ内のパキスタン人中古車業者へ面接調査を行った。構造化された調査票(調査2と同様のもの)および半構造化された調査票を併用した。DUCAMZ作成の業者名簿(2004年版)に,自社広告を出している大手業者をリストアップし,電話で面接調査を依頼

[4) 調査の一部(アラブ首長国連邦分)は,国際交流基金知的交流フェローシップによる研究助成によっている。

したところ、その内9社が調査に協力してくれた。代表者もしくは責任者に対し、筆者が直接英語でインタビューした。通訳は使用しなかった。2005年7月に調査を実施した。

調査4：パキスタンとアラブ首長国連邦在住の日本人配偶者女性に対し、半構造化された調査票（1.3.1と同様のもの）を用いて面接調査を行った。また特定のテーマについては、ヒアリングをした。調査協力者数は、表1-1を参照のこと。筆者が直接日本語でインタビューした。それぞれ2005年6月、9月（アラブ首長国連邦）、8〜9月（パキスタン）に調査を実施した。

1.3.5　ペルー人調査（第3章付論）

本書の主要テーマから若干ずれるが、筆者は1996年以降、ペルー人調査を継続してきた。外国人支援団体での参与観察（1996年5月〜）が調査の中心であり、そこから知り合ったペルー人移民に面接調査を行った。また複数の外国人支援団体有志が参加したペルー帰国者調査団（1996年12月〜1997年1月調査）に、調査準備の段階から参加することができた。その成果は、修士論文（福田1998）として発表したほか、データは調査団の報告書の中で公表されている（入管問題調査会1997, 1999）。本論文第3章付論の日系人に関する分析において使用したデータは、このペルー人調査で得たものである。

第2節　◆　用語の定義

2.1　移民、移住者、移住労働者、外国人労働者

「移民」および「移住者」は英語のmigrantやmigrationの訳語である。パキスタン人をはじめとするニューカマーの外国人は、一般的に「外国人労働者」と称されることが多かったが、本稿では「移民」もしくは「移住者」という用語を用いる。

それは「外国人労働者」をめぐる問題を，特定の時期と場所（日本の場合，1980年代後半以降）における一時的な現象としてとらえるのではなく，「移民」，「移住者」という世界中でみられる一般的な事象の一事例としてとらえることを意図しているからである。

また「労働者」としての側面を重視した研究ではないという理由もあるが，労働者としての側面を重視する場合であっても，「外国人労働者」という用語はなるべく用いず，「移民労働者」もしくは「移住労働者」（migrant workersの訳語）という用語を使用する。労働者だけでなく移住者全体をさす場合は，基本的には「移民」（migrant）を使用し，比較的短期の滞在者に限定したい場合は「移住者」（migrant）という用語を使用する。その国の国民を表す場合は「自国民」（nationals），外国籍者を表す場合は「外国人」（non-nationals, foreigners）と表記する。

なお，日本の移民制度を管轄している法務省入国管理局の英語表記は，"The Immigration Bureau" であり，日本の移民法である「出入国管理及び難民認定法」の英語表記は "Immigration Control and Refugee Recognition Act" である。にもかかわらず，法務省は「移民」という用語を，「永住目的の入国者を想起させる」として意識的に用いず，また比較的短期の滞在者にも使われる「移住者」を用いることもせず，「出入国管理」という用語を使い続けている[5]。ここで「移民」「移住者」という用語を使用するのは，行政側の排他主義的な立場に異を唱える意図もある。

2.2 エスニック集団，エスニシティ

「民族」「国民」「エスニック集団」等の用語は，使用者によって定義や範囲がさまざまである。また，英語訳（nation, people, ethnic group），フランス語訳（nation, ethnie），ドイツ語訳（Nation, Nationalität, Volk）と比較した場合，用語の意味する範囲に差異がみられるなど，比較言語学的な問題も含まれ

---

[5] 移民を受け入れないという法務省の基本姿勢については，たとえば2000（平成12）年3月24日付，法務省告示第百十九号「第2次出入国管理基本計画」のⅢ-1に明示されている。

る（たとえば青柳 1996: 10-1; 田口 1996: 12-3）。

　社会学者の関根（1994: 7; 1995: 216-7）は，「民族」とは，民族自決を達成し，国民国家形成を果たした「エスニック集団」であり，「エスニック集団」とは，国民国家に取り込まれた下位集団として位置づけられているマイノリティ集団や，「民族」となった人口集団の原型であるという。そして「民族」は，国民国家としてのナショナリズムを発展させるため，「エスニック集団」と対立するものであるとしている。

　また「エスニック集団」および「エスニシティ」という用語を最初に使用したのは，アメリカの W.L. Warner であるという（本間 1992: 20-1）。Warner は 1941 年発行の『ヤンキー・シティ』第 1 巻で，自分自身の帰属意識，他者からの承認，成員同士の交流といった相互作用がある場合，その人は「エスニック集団」に属するとみなし，その民族意識を「エスニシティ」と呼んだ。つまり，「エスニシティ」は移民国家における移住者の独自の文化特性を意味する概念であった。そして第二次世界大戦後，この概念は近代国民国家形成の際に国民国家の下位集団として位置づけられたマイノリティ（周辺民族，先住民）にも適用された（関根：1994: 6; 山本 1997: 15, 28）。

　山本（1997: 15-7）は，上記の関根の定義を整理し直して，以下のようにまとめている。「エスニック集団」とは，言語，生活様式，宗教等の文化的基準により分類され，かつ集団メンバーの間に単に文化や言語の共有だけでなく，先祖の同一性，血縁や地縁の共通と運命共同体意識が存在し，他の集団との違いを意識するわれら意識等共属感覚や一体感が存在する集団をさす。そして「エスニシティ」とは，国民国家の主流国民との異質性を意識し，集団としての存続を図って文化承認，政治・経済的利益の達成を求める主観的共同帰属意識と，そのような意識を維持するに足るメンバーシップを確定する客観的・言語的指標とをさす。

　文化人類学者の青柳（1996: 8-15）もまた，日本語の「民族」は，「エスニック集団」と異なる概念としてとらえたほうがより便利であるという。「エスニック集団」が国家に包摂される民族を表すのに対し，「民族」は国家を超える民族，国家を構成する民族，国家に包摂される民族の 3 つのレベルを含む用語であるとしている。この場合，「エスニック集団」は ethnic group の日

本語訳であり，ethnic group をマイノリティとして位置づけているといえよう。青柳はまた，「エスニシティ」は「エスニック集団」に対応するものであり，「民族」に対応する「民族性」とは置き換えないとしている。

本書では，在日パキスタン人を集団として表す場合は，「エスニック集団 (ethnic group)」という表現を使用する。しかしながらそれは，パキスタン人という国民が1つの民族とみなすことができる，ということではない。パキスタンは多民族国家であり，在日パキスタン人の民族構成も多様である。よって，誤解を避けるために，「パキスタン人のエスニシティ」という表現は，なるべく用いないようにする。本書で「エスニシティ」を使用するのは，たとえば「パンジャービーのエスニシティ」のように出身社会での帰属意識をさす場合と，より広く「在日ムスリムのエスニシティ」のように宗教的な同胞意識を表す場合にとどめることとする。

なお，第3章付論において，在日ペルー人について言及するが，「ペルー人のエスニシティ」という表現はなるべく避け，「日系（ペルー）人のエスニシティ」という表現を使用する。理由は，パキスタン人の場合と同じである。

2.3 移民ネットワーク，移民コミュニティ

奥田道大（1999: 279-80）は，「ネットワークは外へ外へと伸びるベクトルを性向とするのに対して，コミュニティは内へ内へとこもるベクトルを性向とする」ので「コミュニティとネットワークはそれぞれのベクトルの矛盾，ジレンマ性を内在している」のだが，このジレンマ性を超える発想と枠組みこそが，エスニック・ネットワークであるという。「エスニック・コミュニティ」という用語は，アメリカの状況の説明において使用しているだけであり，日本の状況を説明する場合には使用していない。

また広田康生は，アメリカの理論的概念の紹介というかたちで「エスニック・コミュニティ」を論じたことはあるものの（たとえば広田 1993），在日移民について記述する際には「エスニック・ネットワーク」のみを使い続けている（たとえば広田 1997）。その理由を広田（2003a: 304-5）は，「社会学で使用されてきたエスニック・コミュニティという用語には，どうしても『独自の社

会的文化的な特徴をもった民族的島（ethnic enclave）』というイメージが付きまとう。……（中略）……こうした事情を考慮すれば，別の用語を使う必要があるのかもしれない」と説明している。しかしながら「領域性にこだわらず社会的世界を称してコミュニティという用語をあてる場合もあることを考慮し，とりあえず，この概念を使用しておく」として，「エスニック・コミュニティ」という用語を留保つきで使用している。

広田（1993）では，「（都市）エスニック・コミュニティ」や「移民コミュニティ」が中心的に論じられていたが，広田（1997）では「エスニック・ネットワーク」や「都市コミュニティ」へと論点が変更されている。しかしながら「移民コミュニティ」という用語を「エスニック・ネットワーク」に代替して記述しているようにも読み取れることから，「移民コミュニティ」の使用が留保されたものと理解した。

この点に関して Castles and Miller（1993=1996: 124-5）は，「少なくとも，何らかの明確な団体組織あるいは地理的に限定された集合体を形成していないとエスニック・コミュニティではないとすると，すべての移民がそのようなコミュニティを形成しているとはいえない」としたうえで「エスニック・コミュニティは変化しやすく複雑で対立し合うネットワークである」と定義している。

本書では，移民コミュニティを，移民ネットワークのまとまり（総体）ととらえる。ネットワークは「存在する」だけでなく，日々刻々と「変化」しているので，ネットワークのまとまりである移民コミュニティも常に変化している。移民コミュニティは，居住地域（ローカル・コミュニティ）と重なる場合もあるが，日本のニューカマーの場合，大半は分散して居住しており，ローカル・コミュニティとは重ならない。しかしながら分散して居住していても，移民は何らかの拠点をもち，その場所を中心としてネットワークを形成する。そうしたネットワークが「増殖」し，移民コミュニティは形成されていく。

2.4　社会的世界

以上をふまえると，在日パキスタン人を含めたニューカマーの事例においても，「移民コミュニティ」という概念を用いることができるように思われる。

しかしながら、今も論争の絶えない概念であるため、現段階ではその積極的な使用を控え、その上位に位置する概念として「社会的世界（social world）」を用いる。つまり、本論文における「社会的世界」とは、移住の段階（＝移動の局面）もしくは移民コミュニティ形成の段階（＝居住の局面）において生じる移民ネットワークおよび移民コミュニティの総体であり、ホスト社会、送出社会のみならず、時には第三国をも結びつける役割を果たすものとする。

「社会的世界」といえば、A. Schutz（シュッツ）の『社会的世界の意味構成』が有名だが、前述の説明からわかるとおり、本書はA. Schutzのそれ[6]を援用しているわけではない。宝月（2005: 3-4）によると、「社会的世界」はシカゴ学派のモノグラフに散見される、理論的というよりは記述的な概念であった。特定の地域や集団によって営まれている社会生活の有様を意味しており、人々の生活の有様をトータルに記述し、総括するのに有効な概念である。その後現象学的社会学やシンボリック相互作用論など、さまざまな論者によって理論的に精緻化されていくが、そもそもは下位文化を共有する人々の集団をさしていた。P.G. Cresseyは、社会的世界には「独自の振舞い方や話し方、考え方、独自のことば遣いや活動・関心、生活観念、そしてある程度の生活の構図がある」（寺岡 1997: 414）としている。

日本の移民研究では、『在日朝鮮人の生活世界』（原尻 1989）、『「中国帰国者」の生活世界』（蘭編 2000）、『越境する家族――ベトナム人の生活世界』（川上 2001）など、「生活世界」という概念がしばしば使われてきた。この場合もまた、E. Husserl（フッサール）やA. Schutzの概念[7]を援用したものではなく、参与観察、面接調査、生活実態調査、とりわけ生活史（ライフヒストリー）やエスノグラフィなどから得られた当事者側のリアリティを再構成したもの（蘭 2000a: 41; 蘭 2000b: 398）をさしている。

---

6) 『新社会学辞典』（森岡ほか編 1993: 640）によると、「社会的世界」は、現象学者フッサールが「生活世界」と名づけたものを、シュッツが社会学の方法論的基礎づけのために転用し、現象学的社会学の鍵概念に仕上げたものである。
7) 『社会学小事典』（濱嶋ほか編 1982: 220）によると、「生活世界」は、もともとはフッサールの用語で、人間世界の事実的・可能的経験世界を意味するが、後に現象学的社会学において、特にシュッツに継承され、個人が日常生活の営みにおいて出会う人、物、出来事の意味のつながりの世界（経験空間）の総体をさすのに用いられた。

本書では，他の移民研究で使われてきた「生活世界」という概念と比べた場合，「生活」に限定されない，より広く「社会」全体をさすものとして，この用語を採用した。

第3節 ◆ 本書の構成

各章の内容は以下のとおりである。

第2章　移民理論の先行研究

欧米では移民研究の蓄積が豊富である。そこで理論的には欧米の移民研究の枠組みを援用し，日本の事例に即した移民理論を用いる。

移民フローの研究としては，D. Massey らの移民ネットワーク論を中心に論じる。Massey et al.（1998）の *Worlds in Motion* では，移民フローに関する先行研究の変遷がまとめられている。代表的なものとして，新古典派経済学，新移民労働経済学，分断的労働市場論，世界システム論，社会関係資本論（もしくは移民ネットワーク論，移住システム論），累積要因論などがあげられるが，その中から本研究が主に用いる理論的枠組みは，社会関係資本論（移民ネットワーク論）である。これは，地縁・血縁の連鎖移民や移民斡旋業者の介在など，移住を支える社会的ネットワークの重要性を指摘する立場であり，ネットワークの総体は「移住システム」とも呼ばれる。

移民ストックの研究としては，社会解体説／社会統合説，同化主義／多文化主義，適応／統合といったテーマがあげられるが，本研究では Castles and Miller の移民過程論を中心に論じる。Castles and Miller（1993=1996）は，*The Age of Migration* の中で移住からコミュニティ形成までの過程を移民過程（migratory process）と呼び，4段階の移民過程モデルを提示している。このモデルの利点は，世界中の主要な集団の移民過程をもとに作られ，移民全般に適合するように設計されている点である。

しかしながら，これらのフロー理論とストック理論だけでは，移民のホスト

社会への適応とトランスナショナルな志向性の並存のような事象を分析するには限界がある。そこで有効と思われるのは，フローとストックの連関をめざす移民理論である。たとえば，Portesとその共同研究者たちの研究は，複数の移民集団を調査対象者として取り上げ，移民政策とその集団特有の企業活動，地位達成，子ども世代の社会移動等の関連について包括的に比較検討している。また近年注目され始めたトランスナショナリズム論は，移民が出身国と受入国を頻繁に往復し，出身地との関係を持続させ，政治的・経済的・文化的な越境的社会空間を作り出したことを重視するアプローチである。本研究もこれらの研究動向に注目し，フロー理論とストック理論の両方を有機的に結合させることによって，パキスタン人移民の分析に利用していく。

第3章　各国の移民政策および社会的背景

日本（ホスト社会），パキスタン（送出社会），アラブ首長国連邦（第三国）の移民政策と社会的背景について検討する。各国の移民政策が主に移民のフローに及ぼす影響について，人口統計や行政資料などを活用しながら分析を行う。国際移民研究においては，送出社会とホスト社会の文脈を包括的にとらえることは，移動要因を解明するうえで不可欠なことである。ある移民が他の移民と異なる社会的立場に置かれている要因を解明する場合，送出社会側およびホスト社会における政治的要因，経済的要因，社会的要因，文化的要因を総合的に考察する必要があるだろう。またこれまであまり考慮されてこなかった第三国の存在も重要となる。社会学とエリア・スタディーズの双方のアプローチを取りつつ，第一に，送出社会の移民政策と社会的背景が移民のフローに及ぼす影響について考察する。第二に，ホスト社会の移民政策と社会的背景が，移民のフローに及ぼす影響について考察する。第三に，第三国の移民政策と社会的背景が，他の地域の移民社会に及ぼす影響について考察するため，本書では，アラブ首長国連邦の状況に注目する。

第4章　移民による宗教団体と同郷団体

1990年代以降増加傾向にある，ニューカマーのパキスタン人移民による宗教団体と，その出身母体となった同郷団体[8]の形成に関する研究である。移

民の宗教活動は，当初は生活安定化のために必要不可欠な要素であったが，ホスト社会側の成員や資源を巻き込むかたちで展開・成熟し，移民コミュニティの形成過程において重要な役割を果たすことを検証する。

在日パキスタン人が主体となって設立した同郷団体とイスラーム団体の主要メンバーに対し，面接調査を行った。またこれらの団体に関する意見を，一般の日本人配偶者女性に聞いた。宗教活動の展開と移民過程論との関連について1つのモデルを提示できるとともに，研究蓄積の多いイスラーム研究においても新たな知見を見出せる。

第5章 移民によるエスニック・ビジネス

在日パキスタン人とその日本人配偶者の「国際結婚」とエスニック・ビジネスの展開，トランスナショナルなネットワークの形成過程の関連について検討する。1990年代以降，在日パキスタン人によるビジネスの起業が盛んになされている。その多くが中古車貿易業に従事しており，すでにこの業界はパキスタン人のニッチとなっている。そしてその取引相手は，アラブ首長国連邦をはじめとする世界各地の中古車市場で事業展開するパキスタン人同胞である。特に，アラブ首長国連邦のドバイ首長国に位置する中古車市場（DUCAMZ）は，フリーポートという利点から，世界中の市場の中継地点として機能している。この中古車市場におけるパキスタン人の参入はめざましい。なかでも日本滞在歴のあるパキスタン人や日本の中古車貿易業者の親族や友人など，日本と何らかのつながりを持つ業者が一定部分を占めている。パキスタン人移民は，トランスナショナルな同胞の配置を基盤として，ビジネスを展開しており，それが結果としてトランスナショナルなコミュニティ形成につながる。

第6章 移民におけるジェンダー関係と家族

在日パキスタン人の「国際結婚」[9]と親族形態について，ジェンダー研究の

---

8) 在日パキスタン人の場合，人口規模が小さいうえ，多民族社会がそのまま日本に移植されていることもあり，厳密な意味での同郷団体はほとんどみられず，「同国人団体」が拠点として機能してきた経緯がある。本稿では，この同国人団体を「同郷団体」と呼ぶ。

第1章 問題の所在　17

研究蓄積を用いて考察する。日本における「国際結婚」の大半は，移民側が女性，ホスト側が男性のカップルであるが，在日パキスタン人の場合，移民側が男性，ホスト側が女性となっている。したがって「国際結婚」の先行研究で指摘されてきたジェンダーの権力関係とエスニシティの権力関係の重なりとは異なり，ジェンダーの権力関係とエスニシティの権力関係のねじれがみられる。

　パキスタン人の来日のピークは 1988 年であったが，それからすでに 20 年以上が経過し，その間にパキスタン人移民の家族形成が進んでいる。日本人と結婚した人の中から，永住権を取得する人も増え，なかには日本国籍を取得（帰化）した人も出てきており，日本人との密接な関係を基盤とした，パキスタン人移民のコミュニティが形成されつつある。それと同時に，「国際結婚」した日本人配偶者および子どもが海外のパキスタン人親族のもとへ移住する傾向もみられる。これはパキスタン人に多くみられる，トランスナショナルな親族形態が基盤となった現象である。またその基盤を利用して，ビジネスや宗教活動を拡大させている。たとえばビジネスでは，世界中に親族を分散させて貿易業を展開し，複数の拠点を往来する傾向がみられる。また宗教的には，トランスナショナルな親族形態を利用して，日本人配偶者や子どもに海外で宗教教育や語学教育を受けさせる傾向がみられる。これは永住権取得後でも同じであり，移民がその場の状況判断で，日本での「生きにくさ」を避け，海外へ脱出する可能性をもつことを示している。パキスタン人移民とその家族にとって，人生の節目における選択肢は日本国内に限定されていない。これらの重要な選択の場面では，しばしばジェンダーの権力関係とエスニシティの権力関係のせめぎ合いが生じる。

---

9)「国際結婚」という用語は，日本人の造語である（嘉本 2001: 3, 2008: 1-8）。文化人類学では，「通婚（intermarriage, mixed marriage）」という用語が用いられる（工藤 2005a: 14）。しかしながら，日本では「国際結婚」という用語が一般的に浸透していることもあり，本書ではカッコつきの「国際結婚」を使用する。

第2章
移民理論の先行研究

オークションの外国人会
員懇親パーティの食卓

第1節 ◆ 移民フローと移民ストックに関する先行研究

　本書の目的は，パキスタン人移民の社会的世界を解明することである。移民の複雑な状況を読み解くために，移民理論の助けが必要となる。以下，代表的な移民理論を紹介しつつ，本書で用いることのできる視角を提示する。

1.1　移民研究の理論的類型化

　移民研究の蓄積を理論的に位置づけようとする場合，各論者の重視する分野によって，着眼点がかなり異なる。それはひと口に「移民研究」といっても，世界中に多種多様な事例が存在し，地理的にも歴史的にも広範な研究蓄積をカバーしきれないうえ，それを網羅的に把握して理論化する作業が容易ではない，

表2-1　Brettell and Hollifieldによる移民研究の類型化

ディシプリン	研究課題	分析単位	有力な理論	仮説例
人類学	移民の文化変容とアイデンティティへの影響	よりミクロ／個人，世帯，集団	関係理論，構造主義，越境理論	社会的ネットワークが文化的相違を維持する
人口学	移民の人口への影響	よりマクロ／人口	合理主義（経済学理論を借用）	移民が出生率を上げる
経済学	移民の促進要因の解明と効果	よりマクロ／個人	合理主義，費用便益，プッシュ・プル	統合は移民の人的資本によって決まる
歴史学	移民経験の理解	よりミクロ／個人，集団	理論化を避け，仮説検証	特になし
法学	法が移民に及ぼす影響	マクロ・ミクロ／政治的法的システム	制度主義と合理主義（あらゆる社会科学理論を借用）	権利が移民奨励構造を創出する
政治科学	国家による移民管理の課題	よりマクロ／政治的な国際システム	制度主義と合理主義	国家が移民賛成派で占められることもある
社会学	移民統合の解明	よりマクロ／エスニック集団と社会階級	構造主義，機能主義	移民統合は社会関係資本によって決まる

出所：Brettell and Hollifield（2000: 3）を筆者が訳出

といった事情が考えられる。

近年,欧米を中心に移民研究の類型化が続々と登場している。Portes (1997) および Schmitter Heisler (2000: 91) によると,移民理論というものがあるとすれば,それは厳密な意味での狭義の「理論」ではなく,類型化やモデル提示を含む広義の「理論」であるとしている。古屋野 (1982: 36) もまた,移民理論は極端にマクロすぎてもミクロすぎても意味がなく,移民の類型化と各類型に対応する「中範囲の理論」が必要であると指摘している。その中で移民の理論研究として単純明快なのは,移民研究をディシプリン別に類型化したものである (表 2-1)。

こうしたディシプリン別の類型化は,移民研究の全体的な傾向を知るためには役立つ。しかしながら個別の調査研究においてより重要なのは,各ディシプリンにおける移民理論を類型化する作業である。そこで,社会学もしくは経済社会学に限定した,Portes and Bach (1985: 335) の有名な移民理論の類型化をみてみよう (表 2-2)。

表 2-2 Portes and Bach による移民理論の類型化

問題領域	正統派	非正統派		
		a	b	c
労働力移動の誘因	プッシュ・プル理論	計画的な労働者募集	周辺部への資本主義の浸透と不均衡の発生	
移動の流れの持続性	高賃金地域への一方的流入	目標達成と還流	さまざまな経済的機会を求めての循環的交替移動	
移民労働力の充用	国内労働力不足に対する補充供給(均衡理論)	下級の経済活動分野への労働供給(国内植民地主義の理論)	国内労働者の組織力に対抗する労働供給(分化した労働市場)	競争的中小企業セクターへの労働供給(二重経済)
移住地における社会的空間的移動の決定因	ヒューマン・キャピタル理論	二重労働市場の理論	多元的に区画化された労働市場(エスニック・エンクレイブ)	
移民の社会的文化的適応	同化理論	集団的進歩の手段としての民族的反発エネルギー	差別への対抗としての民族的反発エネルギー	

出所:Portes and Bach (1985: 335) を森田が訳出 (1987: 47 訳)

この図式は，5つの側面から，それまでの諸理論を位置づけている。もっとも特徴的なのは，1970年代の移民理論のパラダイム転換（正統派としての新古典派経済学から，非正統派としての批判理論へ）を指摘した点である。この図式化は，当時の移民研究の混沌とした状況を理解する助けとはなるものの，1985年という時代的制約もあり，その後主流となる理論が入っていない。坪谷（2008: 24）は，そうした近年の動向を反映させつつ，Portes and Bachの類型化の修正案を6つの側面に分けて提示している（表2-3）。

この修正案は，移民研究の近年の動向を把握するのに役立つ。特にa, b, cなど曖昧だった部分を個別の移民理論に当てはめている点が，意欲的な試みとなっている。しかしながら，各理論の位置づけがより複雑になってしまい，なかには内容が重複するセルもある。経済学的側面と社会学的側面の2つに分けて整理しているが，その両者を図式の中で明確に区分すること自体が難しいことを，坪谷自身が認めている。

そこで，Portes and Bachの5つの側面を，移動の局面と居住の局面の2種類に分け，さらにそれぞれを国家（法的側面），市場（経済的側面），移民ネットワーク（社会的側面）の3種類に分けて，合計6つの側面に分けて整理した類型化（樋口2005a: 15）をみてみよう（表2-4）。この類型化もまた，いくつかの研究テーマを位置づけられないほか，重複するセルや空白のセルが含まれるが，トランスナショナリズム論等，新しい研究潮流も含まれており，現段階ではもっとも網羅的な図式になっているといえるだろう。

では，これらの類型化図式において位置づけられた主要な移民理論の中から，本書において重要と思われるものを中心に取り上げてみよう。まずは移民研究の理論を2つに分けて紹介したい。既存の移民研究において議論の焦点となるのは「なぜ特定の送出地域から特定のホスト社会へ移住がなされたのか」という点と，「ホスト社会に定着した移民グループが，どのように展開してきたのか」という点に分けられる。本書では，前者を移住の段階（＝移動の局面），後者を移民コミュニティ形成の段階（＝居住の局面）と便宜的に区分し，前者を対象とするのが移民フローの研究，後者を対象とするのが移民ストックの研究ととらえる。以下，それぞれの立場で代表的な移民理論について述べる。

表2-3 坪谷による移民研究の類型化

問題領域	新古典派経済学	二重労働市場論	世界システム論	移民ネットワーク論	国際移民システム論	移民過程論
1) 労働力移動の誘因	プッシュ・プル理論	二重労働市場の存在 計画的な労働者募集	周辺部への資本主義の浸透と不均衡の発生	二国間の経済格差	送り出し国と受け入れ国の政策・経済・社会的関係	プッシュ・プル理論
2) 移動の流れの持続性	高賃金地域への一方的な流入	目的達成と還流	さまざまな経済的機会を求めて循環的交替移動	コミュニティや世帯の経済的な出稼ぎへの依存(家族生存戦略), 水路づけ	二国間(関係国も含む)のフィードバックと調整	家族の呼び寄せ 定住意識の高まり
3) 移民労働力の充用	国内労働力不足に対する補充供給(均衡理論)	下級の経済活動分野への労働供給(国内植民地主義の理論)	国内労働者の組織力に対抗する労働供給(分化した労働市場)	均衡理論もしくは二重労働市場論	二重労働市場論	均衡理論もしくは二重労働市場論
4) 移住地における社会的空間的移動の決定因	人的資本理論	二重労働市場の理論	多元的に区画化された労働市場(エスニック・エンクレイブ)	移民ネットワーク	移民ネットワーク	エスニック・コミュニティの形成
5) 移民の社会的文化的適応	同化理論	集団的進歩の手段としての民族的反発エネルギー / ジョブに関する移民どうしの情報ネットワーク	差別への対抗としての民族的反発エネルギー	同胞互助的組織の形成		同化もしくは排除 / 教育・政治を通じた社会上昇
6) 送り出し地域の影響	仕送りによる経済格差の影響		仕送りが生産的投資に向けられない=デモンストレーション効果	消費財の購入による波及効果 小規模工業への投資	仕送りによる経済格差の解消 移民システムのつながりに組み込まれる送り出し社会	

出所:坪谷(2008:24)

表2-4 樋口による移民研究の類型化

		伝統的パラダイム	非伝統的パラダイム			
			国民国家モデル			脱国民国家モデル
移動側面	国家＝入国管理	—	利益集団論 Freeman (1992)	規制レジーム論 Hollifield (1992)	制限的主権モデル Joppke(1998)	国際人権レジーム論 Sassen (1996)
	市場＝労働力需要	プッシュ・プル理論 Harris and Todaro (1970)	二重労働市場論 Piore (1979)			歴史構造論 Portes and Walton (1981)
	移民ネットワーク	—	移住システム論 Massey et al. (1987)			
居住側面	国家＝統合政策	—	多文化主義	包摂レジーム論 Soysal (1994)	市民権論 Hammar (1990) Soysal (1994)	トランスナショナリズム Jones-Correa (1998)
	市場＝労働市場への包摂	人的資本論 Borjas (1999)	二重労働市場論 Portes (1995)	分割労働市場論 Bonacich (1972)	社会的資本論 Piore (1979)	
	移民ネットワーク	同化理論 Gordon (1964)	文化的分業論 Hechter (1978)	エスニック・エンクレイブ論 Portes and Bach (1985)	社会的資本論 Portes (1995)	トランスナショナリズム Basch et al. (1994)

出所：樋口（2005a: 15）

1.2 移民フローの研究

1.2.1 移民フローの代表的理論

代表的な移民理論は，移民フローについて考察したものが多い。Masseyら（1998）の総括によると，代表的な移民理論として，①新古典派経済学のマクロ理論，②新古典派経済学のミクロ理論，③新移民労働経済学，④分断的労働市場論，⑤世界システム論，⑥社会関係資本論（＝移民ネットワーク論，移住システム論），⑦累積要因論があげられている。①〜⑤は移動の発生要因を論じた，経済学に近い理論であり，⑥，⑦は移動の継続要因を論じた，社会学の理論である。以下，簡単に説明しておこう。

新古典派経済学は，移住を個人による合理的選択と位置づけており，この移民理論はプッシュ・プル理論とも呼ばれる。①新古典派経済学のマクロ理論とは，送出国と受入国の間の賃金格差によって国際労働力移動が引き起こされ，賃金格差が解消すれば移動もなくなるので，労働市場のコントロールで人の流れを調整できるとする理論である。②新古典派経済学のミクロ理論は，賃金に加えて雇用機会の格差や移民の人的資本（学歴・技術）に注目した理論である。熟練・技能労働者は国際移動する可能性が高く，賃金の高い安定した職を得られる一方で，非熟練労働者は不安定な職種に固定化するとみる。

　残る③〜⑦の理論は，すべて新古典派経済学の先行研究を批判するかたちで登場した（Portes のいうパラダイム転換）。③新移民労働経済学は，移民は個人単位ではなく，家族・世帯単位で決定されるとし，国際労働力移動が世帯のリスク分散の意味をもつとする理論である。④分断的労働市場論（二重労働市場論）は，国際労働力移動が個人単位や世帯単位の判断ではなく，移民の分断的労働市場を求めるマクロな社会構造によって発生するため，たとえ雇用情勢が好転しても移民の賃金は上昇しないし，移民側もまた低賃金を甘んじて受け入れるという理論である。⑤世界システム論は，資本主義的な世界経済の周辺から中心へと余剰労働力が流れる歴史構造的メカニズムとして国際労働力移動をとらえる。

1.2.2　社会関係資本論，累積要因論

　社会学の理論としては，移動の継続要因を論じた，⑥社会関係資本論と⑦累積要因論があげられる。⑥社会関係資本[1]は，親族・友人・同胞から得る情報やコネといった社会関係資本（移民ネットワーク）を活用することで連鎖移民が発生し，さらに移民後は経済資本（資金）や人的資本（学歴・技術）の不利な条件を，社会関係資本で補い社会上昇を果たそうとする点に注目する理論である。しかしながら，同時にそれに搾取される危険性をあわせもつ点が興味

---

1)「社会関係資本」は，social capital の訳語である。「社会的資本」という訳語や「ソーシャル・キャピタル」というカタカナ表記など，日本での表記方法はまだ統一されていないが（金子 2004: 76），近年「社会関係資本」という表記が普及してきた。

深い。⑦累積要因論は（その名称はあまり知られていないが），移民が送出社会やホスト社会に与える影響に関する理論であり，社会関係資本論の延長ともとらえられる。これら⑥社会関係資本論と⑦累積要因論は，移民フローの研究であると同時に，移民ストックの研究でもある。このあたりが，最初に紹介した理論の類型化を複雑にしている原因の1つでもある。本論文では，主に⑥社会関係資本論（移民ネットワーク論，移住システム論を含む）を援用して議論を進めることになる。

Massey et al.（1998: 42）によると，「社会関係資本」とは経済学者のLouryが1977年に導入した概念であり，「若者の社会化を促すのに役立つ，家族やコミュニティにおける無形の資源」をさすものであった。その後Bourdieuに継承され，人間社会のより広い関係性をさすようになる。Bourdieu and Waqcant（1992: 119=2007: 158）によると，社会関係資本とは，「顕在的あるいは潜在的な資源の総和であり，程度の差はあれ制度化された人間関係，互いに面識があり会釈し合う関係の持続的なネットワークを有している個人や集団の手に入るもの」であり，「そうしたネットワークのおかげで動かすことのできる資本や権力の総和」である。その特徴は，他の資本への可変性であり，移民の場合に当てはめると，社会関係資本が，海外での収入獲得や家族への送金という経済資本へと変わりうる点をさす。

これに対して移民ネットワークは，「地縁・血縁関係や友人を通じて，送出社会やホスト社会において，移民，元移民，非移民をつなぐ紐帯の束」をさす（Massey et al. 1998:42-3）。この紐帯の束は，国際移動のコストやリスクを減少させ，期待される移民の純益を増大させるため，国際移動の見込みを増大させる。ネットワーク関係は，海外就労，高賃金，貯蓄積立，送金といった多様な経済資本へつながる社会関係資本になる。すでに20世紀初頭から移民研究者たちはネットワークの重要性を認識していたが，1980年代に入ってようやくMassey et al.（1987: 170）が，「社会関係資本」としての「移民ネットワーク」を明示した。

移民システム論（移住システム論）は，移民ネットワーク論から派生した理論であり，ネットワークそれ自体が1個の社会組織として発展し，自律的な社会システムであると考える立場である（坪谷 2008: 19）。1970年にMabogunje

がアフリカの村落―都市間移民の研究において導入した用語であり，その後1990年代初めに Kritz et al. が理論として一般化させた（Massey et al. 1998: 60）。日本でも，山中・コガ（1996），小井土（1997），樋口（2002b），坪谷（2008）が移住システム論を紹介したり，実証研究に援用したりしている。

以上，社会関係資本論，移民ネットワーク論，移民システム論について説明してきたが，この3つはすべて移民ネットワークに焦点を当てた研究であり，1つの理論動向ととらえてよいだろう。本書でも，移民ネットワーク論が軸となる。

1.3 移民ストックの研究

1.3.1 移民ストックの代表的理論

移民ストックの研究では，同化，統合，適応，共生といった用語がキー概念となってきた。社会解体説／社会統合説，同化主義／多文化主義，適応／統合といったテーマがあげられる。これらは，各エスニック集団のエスニック・アイデンティティやナショナル・アイデンティティにかかわる問題であるせいか，移民理論というよりは「エスニシティ理論」と呼ばれることが多い。日本では，在日コリアンや日系ブラジル人のエスニシティを論じる際に援用されることが多い。

これとは別に，移民がどのような過程を経てホスト社会でコミュニティを形成していくのかという視点があり，その代表的な理論が Castles and Miller の移民過程論（1993=1996）である。それに類似した研究では，移民がホスト社会に適応し，移民コミュニティへと組み込まれる過程で必要不可欠な要素に関する研究がある。代表的なのは Breton の移民の制度的完成論（1964）である。

さらに，移民ストックの研究で重要なのは，移民がどのように社会移動するのか，いかにして社会上昇を実現していくのか，という議論である。欧米ではそれがエスニック・ビジネス研究として蓄積されており，なかでもミドルマン・マイノリティ理論（Bonacich 1973）やエスニック・エンクレイブ理論（Portes and Bach 1985）が有名である。これらは，移民フローの先行研究でふ

れた④分断的労働市場論のサブ・カテゴリーに位置づけられることもある。加えて，移民がどのようにネットワークを形成し，コミュニティとして連帯するか，という結束理論（連帯理論）として位置づけられることもある（堤 1993: 182）。同郷組織の形成，宗教活動，政治活動の研究もこのカテゴリーに入るだろう。これらはしばしば個別テーマとして扱われるため，移民研究の総括からは省略されることも多いが，移民フローでもふれた⑥社会関係資本論（移民ネットワーク論）と関連の深いテーマでもある。エスニック・ビジネス理論や移民コミュニティの連帯を説明する諸理論については，本書の中で適宜ふれることとして，ここでは「エスニシティ理論」の流れと移民過程論，制度的完成論についてみてみよう。

1.3.2 同化主義，文化多元主義，多文化主義

「エスニシティ理論」の流れについて論じた先行研究は多く，その区分方法は若干異なるもののほぼ同じといってよい（たとえば，堤 1993: 178; 野村 1993: 202-6; 関根 1994: 184-99; 山本 1997: 28-9）。

第1期は，同化主義（assimilation theory），いわゆる「るつぼ論」（melting pot）の段階である。この段階においては，社会が近代化，産業化するとともに人種やエスニシティへのこだわりは減少し，やがてはそれらにもとづく紛争や対立は消滅するものと考えられた。代表的な論者は，R.E. Park をはじめとするシカゴ学派である。

第2期は，公民権運動およびエスニック・リヴァイヴァル（ethnic revival）の段階である。1960年代，アメリカにおいて黒人（アフロ・アメリカン）の公民権運動が盛んになり，それまで優勢であった「るつぼ論」に対する異議申立てがなされた。それと同時に1960年代初め，アジア・アフリカ諸国の独立を受けてエスニック・リヴァイヴァル（ethnic revival）という現象が起き，エスニシティやエスニック集団が世間の注目を浴びるようになった。

これとほぼ同時期に生じたのが，文化多元主義（cultural pluralism），いわゆる「サラダ・ボウル論」の段階である。第1期の一元的な人種の「るつぼ」論とは異なり，プロテスタント，カトリック，ユダヤの各宗教間の婚姻関係が進み，新しい集団関係が形成されたことを重視する立場なので，いわば三元的

（多元的）な「るつぼ論」といえよう。これを前提とした社会統合主義が「文化多元主義」であり，「サラダ・ボウル論」である。アングロサクソン中心主義の考え方を排し，アメリカ文化の伝統をヨーロッパに求める考え方である。代表的論者は，N. Grazer and D.P. Moyniham である。M.M. Gordon は，文化多元主義を同化主義の一形態ととらえていたものの，この立場の論者として位置づけられる（堤 1993: 178; 倉田・山本 2000: 270）。

第3期は，多文化主義（multi-culturalism）の段階である。国民国家は一言語，一文化，一民族によって成立すべきとする同化主義にもとづく国民統合政策を否定し，文化の多様性を認めながら社会統合を図る立場である。異文化・異言語集団を含みながら国家の分裂を避け，統合政策を進めるものである。アメリカ文化の伝統をヨーロッパのみに求めず，アジアやアフリカの文化にも求めようとする考え方であるが，文化の多様性の定義いかんで，多文化主義の内容も多様となるという限界をもつ。

なお，越智（1995a: 4-5; 1995b）は，多文化主義（multi-culturalism）を，「文化多元主義」と訳して使用しており，文化多元主義（cultural pluralism）と多文化主義（multi-culturalism）を1つの段階としてとらえている。狭義の文化多元主義（cultural pluralism）はもともと，イギリス系とフランス系の文化・政治対立に悩むカナダで開発され，それがオーストラリアとアメリカに広まった後，両国において異なるかたちで発展したという。カナダ型がフランス系対象の文化多元主義であるのに対し，オーストラリア型とアメリカ型は，マイノリティ民族集団対象の文化多元主義（つまり多文化主義）であるという。またオーストラリア型を，マスタープラン設定型でどちらかというと上部指導型，アメリカ型を，地域活動家などの草の根運動から積み上げられてきた下部盛り上がり型ととらえている点が異なる。

日本においては，この「多文化主義」が教育現場での「多文化教育」や地域社会での「多文化共生」へと輸入・転用されて，2000年代には一般的な概念になった。しかしながら日本における造語である「多文化共生」という用語は，その取り扱い方が難しく，研究者が安易にこの概念を使用する傾向に対して批判も出ている（樋口 2005c: 295-7; 野元 2005: 5-9）。そもそも「多文化共生」概念は，同化主義／共生主義という対立図式から「共生のほうがよい」という

立場を前提として生まれた運動言説なので,理論的な概念というよりは価値判断を内包した概念になっている。さらに厄介なのは,草の根レベルで用いられてきた「多文化共生」概念が,いつのまにか行政施策でも使われ始め,上からの「多文化共生」が登場したことで,その意味や定義が錯綜した点である。加えて「多文化共生」は文化やエスニシティに注目する傾向があるため,しばしば「民族共生」の視点が欠如しており,差別など社会経済構造上の問題を放置しがちな点も指摘されている。そうした主張を受けて,「多文化・多民族共生」のように両者を併記すべきだとする意見（野元 2005: 5-9）や,「多文化共生」ではなく「統合」をめざすべきだという意見（樋口 2005c: 297）がある。

本書では,「多文化共生」概念は,なるべく用いないこととする。前述のとおり,分析に使用しにくい概念であると同時に,本書が「エスニシティ理論」の主流となるエスニック・アイデンティティやナショナル・アイデンティティの問題をほとんど扱っていないという事情もあるが,何よりもホスト社会側中心の議論になる傾向を避けたいと考えているからである。

1.3.3 移民過程論,移民の制度的完成論

それでは,移民ストックをどのような角度から考えればよいだろうか。本論文では,「移民コミュニティ」の形成をめぐる理論を取り上げる。Castles and Miller（1993: 25=1996: 26-7）は,移民過程論の4段階モデルを提示している。

段階Ⅰ：一時的な若年労働移民中心で帰国志向の高い段階
段階Ⅱ：滞在が延長し,互助の必要性にもとづいた社会的ネットワークの発展する段階
段階Ⅲ：家族呼び寄せが開始し,長期定住意識が高まり,独自機関（協会,店,飲食店,代理店,専門職）をもつエスニック・コミュニティの出現する段階
段階Ⅳ：永住権・市民権を獲得するか社会的に排除されるか分かれる,永住の段階

これは,ヨーロッパ,北米,オーストラリアの移民に適合するように作られたモデルであり,日本におけるニューカマーに援用することに対する批判も多

い。たとえば式部（1996: 316-7）は，このモデルが日本では「外国人労働者から定住者へ」と主張する定住化必然論者の論拠となっているが，ニューカマーは基本的には「一時的滞在者」なので，欧米モデルは日本の状況を説明するのに適合しないとしている。また樋口（2005a: 13）は，移住過程の規定要因が論理的に説明されていないこと，移民政策などの時代的制約が反映されないことを指摘している。さらに坪谷（2008: 21）は，モデルが直線的すぎるので多様な移民過程を説明できないとしている。そして全員に共通する最大の批判は，第4段階を永住の段階としているため，このモデルではトランスナショナリズム論が提起するような現象を説明できない点にある（福田 2007a: 70）。とはいえ，第1〜3段階については，移民過程の整理に役立つモデルであるため，本論文ではその限定的な有効性を認めて，他の理論と並行させつつ考察に利用する。

次に，移民過程論に類似した理論として，制度的完成論を取り上げる。Breton（1964）は移民のホスト社会と移民コミュニティへの適応（integration）の関係性を論じているが，それによれば，移民の適応を支える決定的要素は，ホスト国において移民が接触するコミュニティの社会的制度（institute）（組織）である。また，こうしたコミュニティへの適応の程度を決めるのは，そのコミュニティが内包する制度の完成度による。制度的完成が高度であればあるほど，移民のコミュニティへの適応が進むと考えられている。制度の完成は，以下のような順序で進行する。①当初はインフォーマルな友人関係ネットワークから始まる。②それがよりフォーマルな構造へと発展し，宗教的，教育的，政治的，友好的，民族的，専門・職業的な組織となる。③一部は，福祉的，相互扶助的組織となり，別の一部は，独自のラジオ局を持ち，独自の新聞・雑誌を出版する。コミュニティは多くの商業的組織，サービス組織によって支えられるようになる。④最終的に，コミュニティは独自の宗教組織（教会）と独自の学校を持つようになる。

移民の社会適応において，特に宗教団体の果たす役割は大きいと考えられている。Breton（1964: 200-1）は，移民の適応（integration）[2]に大きな影響を与える制度（institute）として，宗教（教会），福祉，メディア（新聞・雑誌）の3つをあげており，なかでももっとも重要なものは，宗教であるとしてい

る。そして，宗教制度が果たす役割の重要性を指摘しており，それによると宗教制度は多くの活動の中心となるだけでなく，他のアソシエーションの形成や集合行動の組織化を支える機能をもつ。また宗教制度での経験を通じて，移民のエスニシティが形成される。さらに，宗教指導者はエスニック・コミュニティに存在意義を与え，成員にアイデンティティの確立を促し，民族的イデオロギーを擁護する可能性をもつという。

Breton の提示する制度的完成モデルは，Castles and Miller のモデルの第2段階から第3段階の制度形成にあたる部分を，より詳細に規定したものととらえることができる。そこで本書では，Castles and Miller のモデルの第1～3段階を大枠として利用し，補足的に Breton の枠組みを用いることで，パキスタン人の移民過程を検討していく。

第2節 ◆ 移民フローと移民ストックの連関

2.1　移民フローと移民ストックの連関

近年，移民研究の潮流として注目されているのは，移民フローと移民ストックの連関に関する議論である。その中で，このフローとストックの連関を，特に積極的に位置づけているのが，トランスナショナリズム論である。そもそもフローとストックの連関という現象は，古くは19世紀後半から20世紀前半，南・東欧から北・南米へ渡り，継続的に両地域を往復した移民労働者にその原型を見ることでき，その後も「還流型移民（return migration）」として論じられてきた。しかしながらトランスナショナリズム論は昔と今の状況を区別し，

2）インテグレーション（integration）の訳語として「統合」が一般的に用いられているが，Breton 論文における integration という用語は，「統合」というよりも「適応」に近い意味で使用されている。本稿では広田（1993: 295）による「適応」という訳語を採用した。

グローバル化とさまざまな技術革新が国際労働力移動を促進したことによって，現代のトランスナショナルな現象が生じたと位置づけている。

Massey et al.（1998）の総括における⑥社会関係資本論（移民ネットワーク論，移住システム論）や⑦累積要因論は，こうしたフローとストックの連関をすでに説明してきたが，それで十分と考えるか（たとえば Massey, Foner），トランスナショナルな側面をさらに強調するか（たとえば Guarnizo, Smith, Portes），移民研究者の間でも立場が若干異なる（小井土 2005: 396; 村井 2006a: 63; 坪谷 2008; 32）。日本でも，広田（2003a, 2003b），田嶋（2003），小井土（2005）を始め，トランスナショナリズム論を取り上げた研究が続々と登場している。本書でも，移民ネットワーク論，移民過程論に加え，トランスナショナリズム論を援用することになる。

とはいえ，トランスナショナリズム論は 1990 年代に概念化されたものであり，それ以前にも，そうした帰国／永住の図式には当てはまらない移民を論じたものがある。ここでは，1970 年代の間接移民システム論（中継国理論）と，トランスナショナリズム論の提唱者の 1 人である Portes の研究蓄積を概観したのち，トランスナショナリズム論について検討する。

2.2 間接移民システム論

本書で追加的に用いる移民理論として，間接移民システム論（Barrett 1976）があげられる。間接移民システム論は，前述の移民研究の類型化や総括には登場せず，すでに過去のものとして片づけられている。しかしながら，今日のパキスタン人移民の社会的世界を考えるに当たって，示唆的な理論であるため紹介しておきたい。

Barrett（1976: 7-8）によると，1962 年にイギリス移民規制法が施行されて以降，西インド諸島出身の移民は，第一希望のイギリス（中継国）での定住化をあきらめ，第二希望のカナダ（第一次選択受入国，以下受入国と略す）へ再度移民した。この事例から，間接移民システム論（中継国理論）のモデルを提示している（図 2-1）。

移民は，第一希望の移民先から拒否された場合，第二志望ないし第三希望

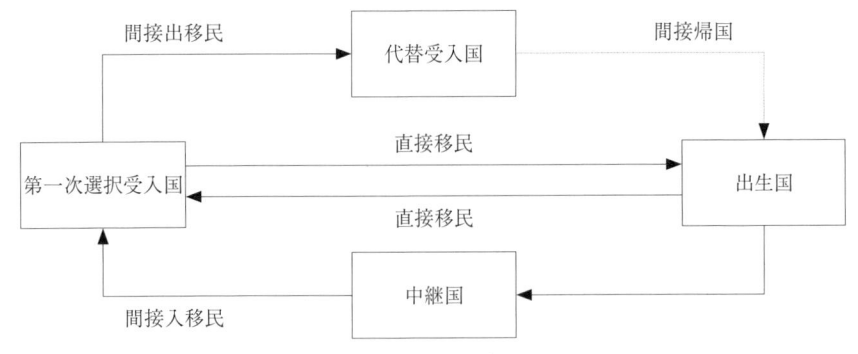

図 2-1　Barrett の中継国モデル（古屋野 1982: 27 訳）

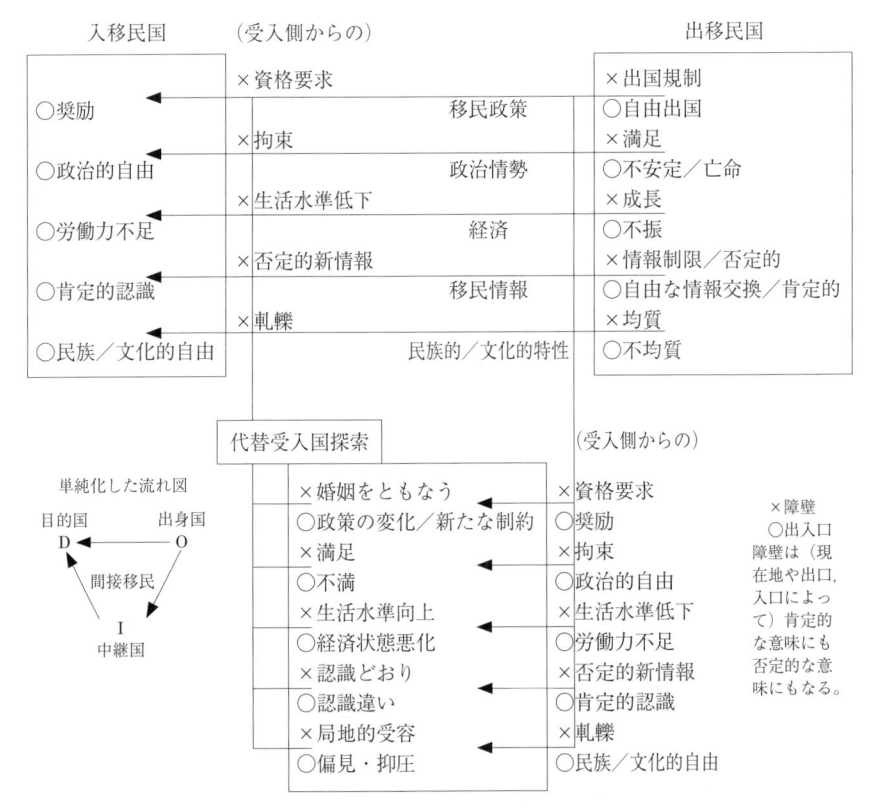

図 2-2　Barrett の出入口／障壁モデル（古屋野 1982: 29 訳）

の移民先に移住する。1960年代のカナダの統計をみると，出身国から受入国の間にある中継国は，1カ国だけであることが多い。また中継国と代替受入国が同じになる事例については，論じていないことをあらかじめ断っている（Barrett 1976:3-4）。さらに受入国から代替受入国を経由する間接帰還移民については，理論上は想定されるが，実証的なデータがないので検証は留保されている（Barrett 1976: 10）。

中継国は受入国へ移民するための障壁を緩和する役割をもつ（Barrett 1976: 5）。この障壁には，移民政策，政治情勢，経済，移民情報，民族的／文化的特質という5つの局面に分けて分析されている。それを図式化したのが図2-2である。

移民の障壁には，肯定的な内容も否定的な内容も含まれるが，そうした障壁がなくなれば出入口が開き，国際移民が実現する。障壁の5つの局面はそれぞれ相互に関連しており，なかでも移民政策は他の局面を法的に規定するので，障壁の中心的役割を果たす（Barrett 1976: 5）。古屋野（1982: 30）は，間接移民システム論が国際移民という現象を1つの閉鎖的システムとしてとらえている点を批判しているものの，移民の社会的側面の解明や障壁に関する検討に有効であると評価している。

1960年代の西インド諸島からカナダへの移民という時代的・地理的制約の中で作られたモデルであるため，現代のパキスタン人移民にそのまま当てはめることはできない。援用するためにはいくつかの修正が必要なので，その修正案は本論文の議論を受けて，提示することになる。

2.3 Portesの移民研究

これまでみてきたさまざまな移民理論において，その中心的役割を果たしてきたのが，Portesとその共同研究者たちの研究蓄積である。Portesの単著・共著・論文は多数あり，すべての内容を紹介することはできないが，ここではその中でも重要な論点をいくつか紹介する[3]。

---

3) 以下，Portesの研究歴に関する記述は，村井（2006b）に負うところが大きい。

Portesは歴史構造的アプローチ[4]，つまり世界システム論（移民フロー理論の⑤）の移民研究者として知られるアメリカの社会学者である（式部 1987: 40）。1944年にキューバのハバナで生まれたが，1960年のキューバ革命の最中，政治亡命者としてアルゼンチンに渡った。1963年にはアメリカに移り，その後社会学の学士号を取得した。大学院においては，チリの都市スラム研究（都市スラムにおける政治的ラディカリズムの研究）について博士論文を書いた（村井 2006b: 56）。1960年代以降のラテンアメリカの都市スラム研究（Portes 1976=1985: 193-206）では，村落―都市の国内人口移動と都市周辺のスラム形成を直結させて論じてきた先行研究を批判し，都市出身者と国内移住者との間に，明確な居住地域の区分は存在しないことを指摘した。そして一部の国内移住者は，スラムを経由することなく縁故関係を頼って都市本域へと流入することを実証した。また，都市本域と周辺スラムの居住者の違いは，その出身地によるものではなく，ラテンアメリカ従属資本主義経済構造における階級的ヒエラルキーに起因するものであることを明らかにした。

2.3.1　エスニック・エンクレイブ論

　1970年代半ば以降，PortesはBachとともに，フロリダに移住したキューバ難民と，テキサスに移住したメキシコ移民の比較研究（Portes and Bach 1985）を手がけた。この研究では，まず正規移民の動向とアメリカの景気変動の関係を相関や回帰分析で検証した（式部 1987: 41-4）。その結果，19世紀末から20世紀初頭には，失業率が上がれば移民規模は縮小していたが，20世紀後半には，失業率が上がっても移民規模が増大し続けていることが明らかになった。その背景には，1965年のアメリカ移民法改定における移民制限の緩和と，社会経済構造の複雑化などがあった。そこでPortes and Bachは，移民はもはや労働力不足を補うためのものではないと主張し，①第一次労働市場において，雇用変動の少ない公共部門や大企業に正規移民が吸収された，②第二次労働市場において，正規移民労働者が自国民労働者に代替された，③上記

4）式部（1987: 47）は，二重労働市場論，世界システム論，従属論を一括して，歴史構造的アプローチと呼んでいる。すでにみたとおり，Massey et al.（1998）は，二重労働市場論を別の理論として整理している。

の2つの労働市場とは無関係な、同胞によって形成された「エスニック・エンクレイブ」(ethnic enclave) に吸収された、という3つの仮説を立てアメリカ労働市場の3層化を示した。続けてPortes and Bachは、非正規・期間契約移民動向とアメリカの景気変動の関係を相関や回帰分析で検証し、結果が正規移民と同様であることを確認した[5] (式部 1987: 48-9)。こうした議論を受けて、Portesらのエスニック・エンクレイブ論は、Bonacichのミドルマン・マイノリティ論とともに、移民フロー理論④分断的労働市場論の論者としても位置づけられるようになった。

同時に、この研究では、同じラテンアメリカ出身にもかかわらず、キューバ移民とメキシコ移民のホスト社会への適応過程が異なることを指摘し、両集団の同化過程を比較している (村井 2006b: 57)。その結果、キューバ移民は同国人のエスニック・コミュニティからのサポート (社会関係資本) が重要な役割を果たしていること、マイアミ周辺に集住しており、ある程度自己完結的な経済諸関係を形成していることを明らかにした。そしてこの社会構造を「エスニック・エンクレイブ」と呼び、ホスト社会における「飛び地」として描いた。このエンクレイブでは、内部で専門家から労働者までまかなうことができるので、内部の労働市場に留まったほうが社会上昇しやすい。エスニック・エンクレイブ成立には、①ビジネスの経験やノウハウを有する企業家 (entrepreneur) の存在、②起業のための必要最低限の資金、③労働力の確保という3つの必要条件があることを指摘した (村井 2006b: 57-8)。

このエスニック・エンクレイブ論については、肯定的側面ばかりを強調しすぎているとして、さまざまな批判がなされた (堤 1993: 187)。たとえばNee et al. (1994) は、多様なエスニック集団が共存する都市においては、集団間の境界は曖昧になり、境界の浸透性が高まるため、エスニック集団の混合した経

---

[5] これらの論点に対して、式部 (1987: 44-55) は、アメリカの現代移民は多種多様であり、移民流入が直ちに労働市場参入を意味しない点、市場参入する場合も時間的ずれが生じる点、第一次労働市場のみならず、第二次労働市場への吸収という解釈についても検証されていない点、非正規・期間契約移民の規模の推計方法が不確かである点、アメリカで主流の農業労働者に特徴的な季節労働を反映していない点、不況下での非正規移民の雇用機会の増減のデータがない点などを批判している。

済が形成される。そこで多くの移住労働者は，より高い給料を求めてエンクレイブ外部で職を求め，時間の経過とともにエスニックな紐帯の利用も減少する。それでもなおエンクレイブ内部へ参入しようとするのは自営業者であるとして，エスニック・エンクレイブの二重理論を提示し，Portes and Bach の枠組みに修正を加えている。

2.3.2 移民の社会統合の類型化

1980 年代後半の Portes と Böröcz による論文「今日の入移民」(Portes and Böröcz 1989=1997: 139-46) の移民理論への貢献は重要である。Portes and Böröcz は，移民フローについて論じたプッシュ・プル理論ないし需要・供給理論（移民フロー理論①・②），移民ストックについて論じた従来の同化理論を批判的に検討した。プッシュ・プル理論に関しては，送出地域と受入地域の有利／不利な社会経済要因を事後的に当てはめた理論であると批判し，景気変動以上に移民ネットワークが移民動向に影響を及ぼすことを指摘した。従来の同化理論に関しては，同化を不可逆的な直線的過程ととらえてきたとして批判し，移民の多様性やホスト社会での上昇可能性を考慮すべきだとしている。

そして移民の定住様式を，①流出の条件，②移民の出身階層，③受入状況の3つの局面から提示した（Portes and Böröcz 1989: 615-8）。①流出の条件で，もっとも特徴的な事例は経済的移民と政治的難民の違いである。たとえば難民はホスト社会から公的支援を受けることができ，それは一方で政府機関への長期的依存をもたらすものの，もう一方で早期適応の条件を整えさせる。また，難民には帰国という選択肢がないので，他の経済的移民に比べて早期にホスト社会へ同化する傾向がみられる。②移民の出身階層は，村落・都市の労働者層出身，管理専門職出身，企業家出身の3つに分けられる。③受入状況は，ホスト国側政府や雇用主や周辺住民の態度，エスニック・コミュニティの特徴といったさまざまな要素によって規定される。そこで，議論を単純化させるために，ホスト社会の受容度の高さによって，不利，中立，有利の3つに分ける。これらを用いて，先進社会における現代移民の社会統合を類型化したのが次の表である（表2-5）。

結論として，プッシュ・プル理論や従来の同化理論を超えて，さらに国民

表2-5　Portes and Böröcz による移民統合の類型化

受入状況	階級的起源		
	肉体労働力	専門・技術職業人	企業家
不利	下層労働市場への参加	貧民街での開業	少数派中間商人
中立	上層・下層労働市場への参加	上層労働市場への参加	本流小規模企業
有利	小企業家への上昇	専門職業人ないし社会的指導者への上昇	局地経済での成功

出所：Portes and Böröcz（1989: 620）を柴田が訳出（1997: 150訳）

国家の枠組みを相対化して，巨大な組織から世帯までを含むような国際移民の包括的システムに着目することを提唱している。そして移民と他の国際的諸過程（資本，技術，制度，文化などの移転）との関連を理解するのが今後の課題であるとしている（Portes and Böröcz 1989: 626）。この最後の主張は，世界システム論の立場から移民システム論を支持したものと考えられる（山中・コガ 1996: 55）。

2.3.3　トランスナショナリズム論

1980年代前半以降，Portes は Stepick とキューバ難民の社会統合に関する研究を続ける（Portes and Stepick 1993）。さらに1980年代末以降，Portes は Rumbaut とともに，移民第二世代の経年的研究に着手し（村井 2006b: 58），移民の子どもがアメリカ社会と親の文化との間で引き裂かれつつ成長を遂げる中で，どのような変化が生じたかを明らかにした（Portes and Rumbaut 2nd ed. 1996）。

1990年代後半，Portes はそれまでの移民理論を再提示するとともに（Portes 1997），社会関係資本論（Portes 1998）やトランスナショナリズム論（Portes et al. 1999）といった新しい研究潮流に関する論文を立て続けに出している。なかでもトランスナショナリズム論は，1990年代前半に N. Glick Schiller ら人類学者の研究グループが提唱した理論的立場で，以降アメリカを中心に影響力を増しつつある研究アプローチである。その背景には従属理論や世界システム論の影響がみられ，従来の移民研究に対しパラダイム転換を迫る

ものであった（村井 2006a: 62）。Portes は，この新しい理論を批判的に検討し，分析枠組みの精緻化を試みている（村井 2006a: 64）。そこでまずはトランスナショナリズム論の概要を整理した後，再度 Portes の議論に戻りたい。

2.4 トランスナショナリズム論

2.4.1 トランスナショナリズム論の概要

　トランスナショナリズム論は，「上からのグローバリズム」に対抗する「下からのトランスナショナリズム」を肯定的にとらえ，移民の頻繁な移動によって作り出される越境的な社会領域に注目する。具体例として，移民による出身国への投資，政治的関与，複合的な帰属意識，移民ネットワーク（社会関係資本）の形成があげられる（小井土 2005: 382-387; 広田 2003: 328-32）。こうした研究潮流を，1970 年代以降の第 1 のパラダイム転換（新古典派経済学からその批判理論へ）に次ぐ，1980 年代以降の第 2 のパラダイム転換（国民国家的枠組みからトランスナショナリズム論へ）ととらえることもある（樋口 2005a: 16-7）。

　トランスナショナリズム論は，人類学，社会学，政治学，地理学などの分野で広く共有される理論である。代表的な先行研究は，カルチュラル・スタディーズの Appadurai や Clifford，社会科学分野の Glick Schiller et al. や Portes や M.P. Smith などがあげられる（Guarnizo and Smith 1998: 4）。Guarnizo and Smith（1998: 3-34）によると，トランスナショナリズム論には，グローバル化に対する批判とは対照的に，移民の越境的な社会領域形成や脱国家的な行動規範を「反体制的な大衆の抵抗」もしくは「ネーションに対抗する語り」と位置づけ，それを好意的に受けとめてしまう研究もみられる。しかしながら，トランスナショナリズム現象の内実はそれほど単純なものではなく，まずナショナリズムの弱体化にはつながらない。なぜならば歴史的に，国民国家は海外に離散した自国民とのつながりを保ち続けてきたし，移民の間でもナショナリズムが保持され続けるからである。さらに，近年の大量移民時代に入り，送出国側が出移民を国家に再編入し始めて「脱領土的国民国家」を形成しつつあるうえ，受入国側は移民に対して依然として強大な権力を行使し続けているからである。

トランスナショナリズム論の基盤となる空間（社会領域）は，「トランス・ローカリティ」であり，その3つの要素は，移民，受入地域の地域性，送出地域の地域性である。このようなトランスナショナルな実践や関係性は，移民の第一世代限定の現象ではなく，第二世代や第三世代も，出身社会のプライドを「再発明」して保持している。

　トランスナショナリズム論は，①資本主義のグローバル化，②グローバルな政治変動，③技術革新によって可能になったトランスナショナルな社会関係，④社会的ネットワークの空間的拡大という4つの側面から構成されているが，その分析視角にはいくつか課題が残されている。まず第一に，マクロ・メゾ・ミクロの多様な分析レベルが混在している点である。第二に，「トランスナショナルな社会関係」とそれ以外の峻別の曖昧さなど，概念化に再考の余地がある点である。第三に，複数地域間・同集団比較，同地域・複数集団間比較など比較研究がまだまだ不足している点である。

2.4.2　Portesのトランスナショナリズム論批判

　Portesは，人類学者たちのトランスナショナリズム論の提唱に対し，基本的にはその立場を継承している（村井 2006a: 64-6）。そして1999年の学術雑誌のトランスナショナリズム論特集号において，その概念の曖昧さなどを批判的に検討することによって，分析枠組みの精緻化を試みている（Portes et al. 1999）。

　第一の批判は，トランスナショナリズム現象を確定するための条件である。Portesらは，①移民と送出社会の人々を含む相当数の人間がそのプロセスにかかわっていること，②その活動が一時的もしくは例外的なものではなく一定の安定性と持続性を有すること，③その活動内容が既存の概念ではとらえきれないものであること，という3つの条件を提示している。

　第二の批判は，トランスナショナリズム概念の曖昧化を避けるために，それを狭く限定的に使用すべきとの指摘である。これまでの先行研究のように国境を越える活動や経験をすべて無条件にトランスナショナリズムとしてとらえるのではなく，「国境を越えた持続的な基礎のうえに成立する，高密度の交流，新しい形の交渉，複合的な活動」に限定した。

第三の批判は,トランスナショナリズム現象を分析する単位を「個人とそれを支えるネットワーク」に限定すべきとの主張である。コミュニティ,国際的企業,政党,中央政府や地方政府などの単位の分析は後回しでよいという。

　第四の批判は,トランスナショナリズムの活動をすべて一緒に論じるのではなく,①経済的活動,②政治的活動,③社会文化的活動の3つのカテゴリーに分けて論じる必要があるという指摘である。さらに,国家や多国籍企業のような「制度化された」アクターの活動と,移民支援組織の草の根的活動を区別する必要がある。この議論をまとめたのが以下の表である(表2-6)。

　第五の批判は,トランスナショナリズム現象が成立する条件を同定する必要があるという主張である。その条件としてあげられるのは,①移動手段の飛躍的な発達(航空機など),②コミュニケーション技術の革新(国際電話,ファックス,電子メール,衛星放送など),③国境を越えた移住を支援する社会的ネットワークの確立である。

　こうした課題は残されているものの,本論文では「パキスタン人移民の社会的世界」は,トランスナショナリズム論に適合的と思われる。第一に,経済的活動としては,中古車貿易業者がニッチを形成していて,世界各地に拠点を形

表2-6　Portes et al. のトランスナショナリズムとその活動類型

制度化のレベル		経済的活動	政治的活動	社会・文化的活動
	低い	・国境をまたいだ非公式の商取引 ・帰還移民によって故国に創設された零細企業 ・長距離の周期的労働移民	・移民たちによって創設された郷里の市民委員会 ・郷里の政治団体と移民委員会の同盟 ・故国の選挙候補者のための資金調達活動団体	・アマチュアの国際スポーツ試合 ・移民の拠点で開催されるフォーク・グループの公演 ・郷里の聖職者による海外の教区信者訪問
	高い	・第三世界の諸国に対する多国籍企業の投資 ・海外の旅行市場の開発 ・移民の拠点における故国の銀行の代理店	・領事館員と政党の海外支所 ・故国政府が二重国籍を承認 ・故国の立法府の議員に選ばれた移民	・国家レベルの国際美術展覧会 ・故国の有名芸術家の海外公演 ・海外の大使館による定期的な文化的催事

出所:Portes et al.(1999: 222)を村井が訳出(2006a: 66訳)

成しており，トランスナショナリズム論の格好の事例である。第二に，政治的活動としては，出身国の政治を動かすほどのインパクトはないものの，近年は日本国内にパキスタンの政党支部が続々と設立されており，政治のつながりが強まっている。第三に，社会文化的活動としては，同郷団体が宗教団体や商工会議所などの母体となってきた。加えて越境的な宗教活動が盛んである。以上の理由から，本論文では移民フローと移民ストックの連関をより積極的に論じるトランスナショナリズム論の立場に立ちつつ，パキスタン人移民の社会的世界を分析していく。

第3章
各国の移民政策および社会的背景

UAE ドバイのナイーフ地区のスクールバス

第 1 節 ◆ 送出社会：パキスタン

本章では，今日のパキスタン人移民の社会的世界形成の背景にある，「送出社会：パキスタン」「受入社会：日本」「第三国：アラブ首長国連邦」の歴史的経緯や移民政策の変遷をたどる。そして各国法制度がパキスタン人移民に与えた影響について，それぞれ詳しく検証していきたい。まずは，「送出社会：パキスタン」の文脈をみてみよう。

1.1 パキスタンの移民政策

1.1.1 イギリスとその植民地への移民──1940〜1960年代

パキスタンの建国は1947年であるが，移民は建国前からすでに始まっていた（Anwar 1996=2002: 21-8）。当初の移民先は旧宗主国イギリスで，その歴史は17世紀まで遡ることができる。また20世紀初頭には，パキスタン（当時は英領インド）のパンジャーブ地方出身の水夫らがイギリスの港湾地帯に住み始めた。彼らは1940年代初頭には内陸部の都市（バーミンガムなど）へ移動して定住し始めた。また第一次世界大戦以降，インドやパキスタンの商人がイギリスに渡っている。こうした移民はすべて，植民地政策を背景としたものである（Anwar 1996=2002: 28）。

そして1947年に英領インドが分割されて東西パキスタンが建国されると，インド・パキスタン間で大規模な人口移動が起こり，パキスタンは独立早々，国内に大量の避難民（インドからパキスタンへ移住した人々で，ムハージルと呼ばれる）をかかえることになった。加えて飛び地国家であること，旧英領インドの経済的後進地域であったこと，インドという巨大な市場と切り離されたこと，政治的混乱が続いたことといった不利な条件が重なり，国内の経済状況は1950年代末まで停滞していた（清水 1992: 842）。

そこで1940年代初頭に宗主国イギリスへ渡った移民を糸口として，1940年代から1950年代にかけて，イギリスへの移民が徐々に進行した（Anwar 1996=2002: 13-14）。パキスタンからイギリスへの大量移民は，第二次世界大戦

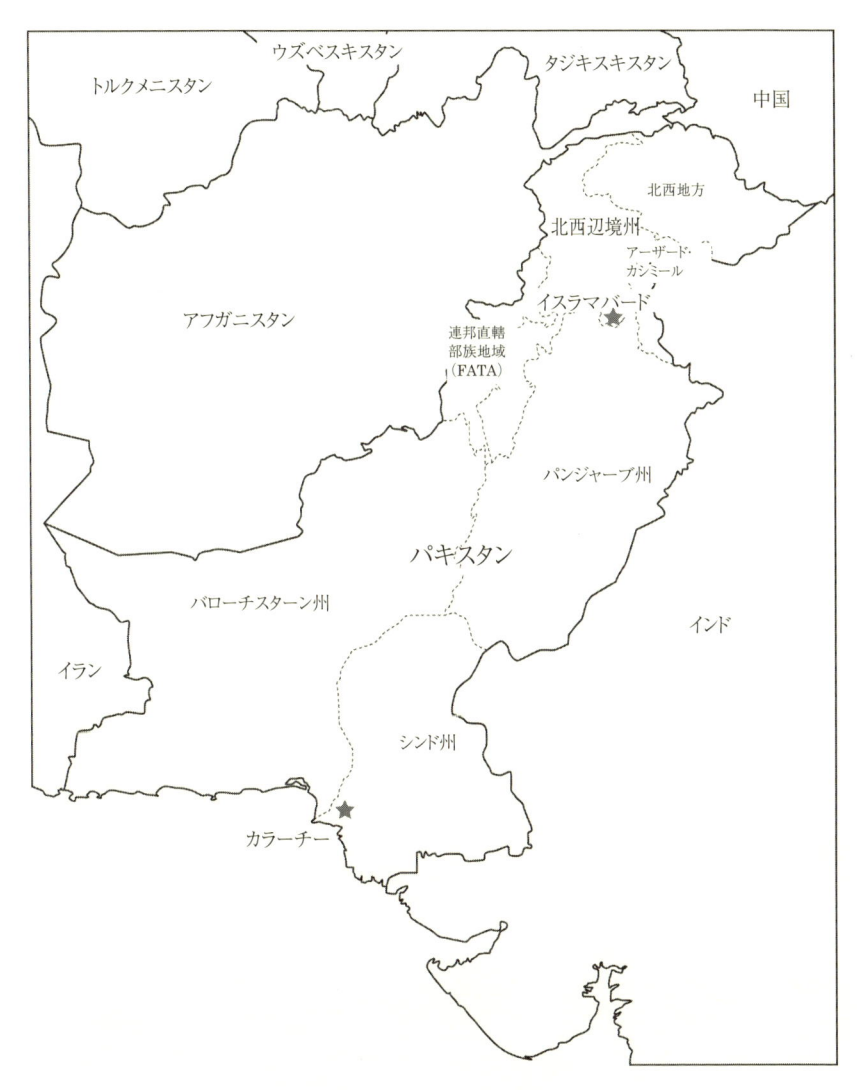

図3-1　パキスタン地図

後の1945年以降に起きているが（Anwar 1996=2002: 28），それは独立時に移住を経験した人々（ムハージル）の多くがイギリスに再移住したこととも関係している（Anwar 1996=2002: 2）。イギリスに定住した初期移民は後続者を呼

び寄せ，連鎖移民の源となった。また1950年代後半には移民の手配をする旅行代理店が設置され，移民の流れを促進した。とはいえ，当時はまだ「一時滞在」目的の単身男性が大半だった（Anwar 1996=2002: 15）。

1960年代初頭，パキスタンからイギリスへの移民の流れに転機が訪れる（Anwar 1996=2002: 15）。1962年からイギリスで連邦国移民法が施行されることが決まり，移民が大幅に規制されることになったのである。この時期にはパキスタンからイギリスへの駆け込み移民が急増し，移民の数も前年の1961年にピークを迎えた。この移民急増の背景には，パキスタン政府側の移民送出政策もあった。それまでパキスタン政府は国内の人口減少を止めるために移民流出制限を行っていたが，1961年にイギリスの移民制限の動きが差し迫ってくると，この出国制限を取りやめ5,000人のパキスタン人をイギリスに移住させた（Anwar 1996=2002: 23）。パキスタン国内のダム建設にともない，土地を失う住民をイギリスへ移住させた「ミールプール出身者」は特に有名である（長谷 1993）。

1962年の移民規制ではバウチャー制が導入され，新規移民に対する保証人制（sponsorship）や身元引受人制（patronage）が始まり，入国後の雇用を保障した証明書の取得が義務化された。この制度によって，先行移民は親戚・友人の仕事を探し，彼らの保証人になったので，それがかえって親族間や友人間の関係を強化させる作用をもたらした。また，「一時滞在」目的だった単身男性の移住労働者たちは，バウチャー制を使って家族・親族をイギリスに呼び寄せたので，その将来設計もイギリスでの「定住」や「永住」へと転換した（Anwar 1996=2002: 15）。

1.1.2　中東産油国への移民──1970～1980年代

1960年代にパキスタン経済は高成長期を迎えたが，外国援助への依存が強まり，財閥の急成長と貧富の格差の増大といった問題をかかえた。こうした貧富の格差の問題は，後のバングラデシュ独立（1971年）の一因ともなる（清水 1992: 842）。そこでパキスタン政府はこの事態を打開するために，1970年に出稼ぎ奨励策を出し，1971年には労働省のもと，「移出民および海外雇用局」（Bureau of Emigration and Overseas Employment）を設置した（深町 1992:

95-6)。同局は,当初は欧米への移住労働者の送出を奨励する目的で設置されたが,すぐにその移民先を変更することになった。そのきっかけとなったのは,1973年の第一次石油ショックである。パキスタン経済は「非産油国の中でもっとも大きな打撃」を受けたため,1970年代初頭からの石油ブームで好況であった中東産油国からの援助が急増した。同時に大量のパキスタン人が建設ブームのアラビア(ペルシア)湾岸に出稼ぎに出るようになり,移住労働者の本国送金が急増すると,中東への移民送出に関する業務が中心になった。1979年には労働省自体が改組されて,「労働・人的資源・在外パキスタン人担当省」(Ministry of Labour, Manpower and Overseas Pakistanis)となり,斡旋業者に対する規制や出移民家族の福祉増進を目的とした「在外パキスタン人基金」(Overseas Pakistanis Foundation, OPF)の設立が進められた(図3-2)。

1980年代初頭の最盛期には,200万人近いパキスタン人が中東産油国で就労していたと推計される。業種も非熟練労働だけでなく,建設業における熟練労働(レンガ工,大工など)やサービス業(運転手,仕立屋,調理人,給仕など)など多岐にわたったが,熟練労働者を海外に送り出してしまったため,国内の生産活動に必要な人材が不足する事態となった(Shah 1983: 413)。またこのよ

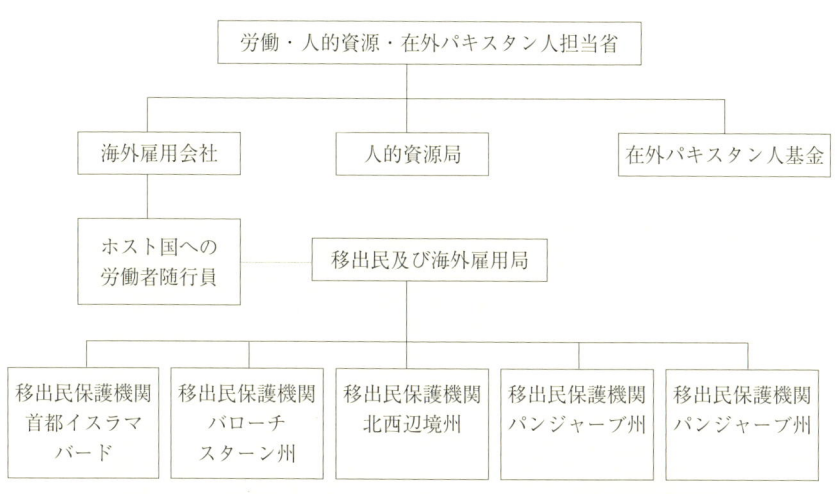

図3-2 労働・人的資源・在外パキスタン人担当省組織図
出所:Shah (1983: 413) を筆者が訳出

うな出稼ぎ労働者の本国送金は全体の所得水準を引き上げたものの，他方で所得格差の拡大を引き起こした（清水 1992: 842）。

その後，1983年の原油価格下落による中東の景気後退を受けて，中東産油国への出稼ぎの流れは滞り，外貨送金は1982／83年をピークに減少した。しかしながら，パキスタン経済は依然として出稼ぎ労働者の本国送金で貿易収支の赤字を埋めるという形態を取り続け，1988年の段階でも140万人のパキスタン人が中東産油国にいたと推計されている（深町 1991: 19-20）。

また政治的には，1980年代以降，ムハージルの自己主張の強化がみられた（広瀬 2003: 235）。独立時にパキスタンへ移住した人々とその子孫であるムハージルは，移住後も「本当のパキスタン人」として社会的に認められず，就職の機会が少ないなどの不満を蓄積させていた。特にムハージルの多い商業都市カラーチーでは，1984年にムハージル民族運動党（MQM）という政党が結成され反政府活動を行ったため，政治的に不安定な状況が続いていた。1980年代後半に来日したパキスタン人はカラーチー，ラーホールといった大都市出身者が多いという調査報告があるが（手塚ほか編 1992: 166），こうした政治的不安定さも移民の動機の一端と考えられる[1]。

中東への移民の流れを大きく変えたのは，1990年8月の湾岸危機である。クウェートからの本国送金が停止され，移住労働者が相次いで帰国したため，10万人を超える帰国民への手当てなどがパキスタン経済に打撃を与え，国内の雇用情勢はいっそう悪化した。加えて同年，アメリカは核兵器開発への疑念が晴らされていないとして，対パキスタンの援助停止を発表したが，これは冷戦の終結によって対ソ前線国家としてのパキスタンの役割が低下したことが背景となっている。この時期のパキスタンは，きわめて厳しい社会状態に置かれていた。

---

[1] 筆者の聞取調査では，当時のカラーチーでの政治状況を理由に，親が息子に日本への出稼ぎを勧めたケースが2件あった。五十嵐（1999: 24-6）やズベル（1999: 173）もまた，同様の語りを紹介している。

1.2　パキスタン人の日本出稼ぎブーム

1.2.1　日本出稼ぎブームの到来

　そのような送出社会側の厳しい社会事情を背景として，1980年代半ば以降，アジア系労働者による日本出稼ぎブームが始まる。このアジア系労働者の象徴的存在となったのが，政府やマスコミによって「外国人労働者」とレイベリングされた，パキスタン人とバングラデシュ人の移住労働者であった。

　パキスタン人の入国者数は，1984（昭和59）年頃から増加傾向を示し，1986（昭和61）年には1万人，1988（昭和63）年には2万人を突破した（図3-3）。1987（昭和62）年頃には行政側が，「就学」や「短期滞在」の在留資格取得者による資格外活動（資格外就労）に対して「不法就労」というレイベリングを行い，マスコミに公表し始めたことから，「外国人労働者」の存在が社会問題化され始める。資格外就労者と就労していた超過滞在者を合わせて「不法就労」者と呼び，その統計を公表し，「不法就労」の急増に対する懸念を強調し始めたのもこの時期である。

　しかしながら，「不法就労」者数の推移をみると，1980年代後半の「不法就労」者数はフィリピン人を除けばかなり少なく，またパキスタン人やバングラデシュ人が特に多いともいえない状況であった（図3-4）。にもかかわらず法務省は外郭団体「入管協会」（1987年設立）を通じて，「不法就労」者の職種を，国籍別に詳細に公表している。

　たとえば1988〜1989年の男性「不法就労」者の職種をみると（図3-5），パキスタン人の5割以上が工場労働者であり，同様の傾向はバングラデシュ人にもみられる。これは建設労働者の割合が高い韓国人，マレーシア人，フィリピン人と比べて特徴的である（樋口・稲葉 2004: 62-3）。また1986〜1989年の男性「不法就労」者，および1993，1995年の摘発強化期間に摘発された男性「不法就労」者の職種をみると（図3-5），全体的には建設労働者が4割程度で推移している。それに対してパキスタン人の場合，1986年には工場労働者が7割を占め，建設労働はほとんどいなかった。その後すぐに建設労働者の割合が増え，1988年以降は3割を占めるようになったが，それでも工場労働者が5割を占めている。

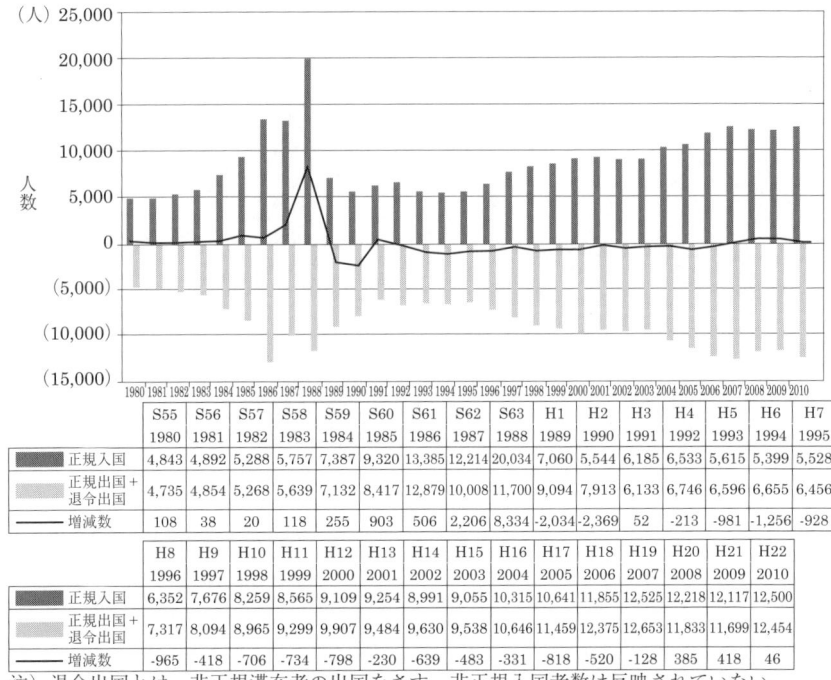

	S55 1980	S56 1981	S57 1982	S58 1983	S59 1984	S60 1985	S61 1986	S62 1987	S63 1988	H1 1989	H2 1990	H3 1991	H4 1992	H5 1993	H6 1994	H7 1995
正規入国	4,843	4,892	5,288	5,757	7,387	9,320	13,385	12,214	20,034	7,060	5,544	6,185	6,533	5,615	5,399	5,528
正規出国＋退令出国	4,735	4,854	5,268	5,639	7,132	8,417	12,879	10,008	11,700	9,094	7,913	6,133	6,746	6,596	6,655	6,456
増減数	108	38	20	118	255	903	506	2,206	8,334	-2,034	-2,369	52	-213	-981	-1,256	-928

	H8 1996	H9 1997	H10 1998	H11 1999	H12 2000	H13 2001	H14 2002	H15 2003	H16 2004	H17 2005	H18 2006	H19 2007	H20 2008	H21 2009	H22 2010
正規入国	6,352	7,676	8,259	8,565	9,109	9,254	8,991	9,055	10,315	10,641	11,855	12,525	12,218	12,117	12,500
正規出国＋退令出国	7,317	8,094	8,965	9,299	9,907	9,484	9,630	9,538	10,646	11,459	12,375	12,653	11,833	11,699	12,454
増減数	-965	-418	-706	-734	-798	-230	-639	-483	-331	-818	-520	-128	385	418	46

注) 退令出国とは，非正規滞在者の出国をさす。非正規入国者数は反映されていない。

図3-3 出入国者数とその増減数の推移 パキスタン人

出典：法務省『出入国管理統計年報』各年版，各年末現在

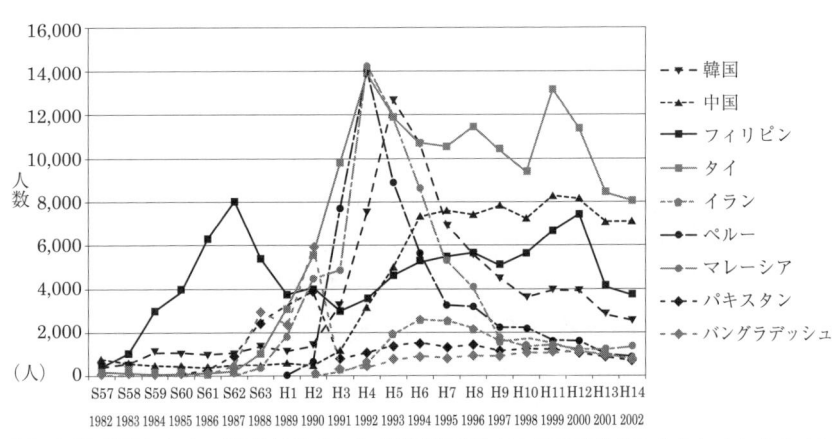

注)「不法就労」とは，「資格外活動」と「資格外活動がらみ不法残留」をあわせたもの（入管協会『国際人流』創刊号：40）。パキスタンは2002年で公表終了。

図3-4 国籍別「不法就労」者数の推移

出典：入管協会『国際人流』，入管協会『出入国管理関係統計概要』各年版

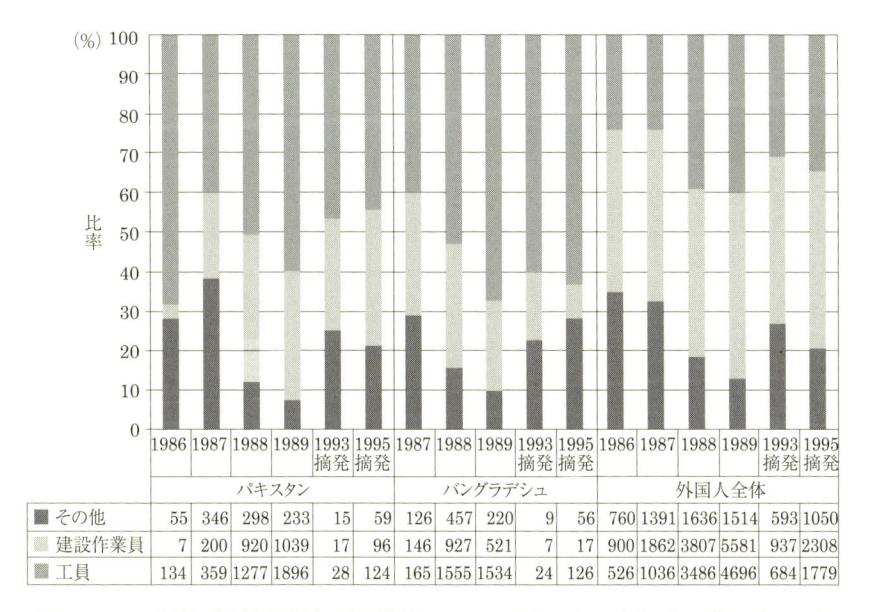

	1986	1987	1988	1989	1993 摘発	1995 摘発	1987	1988	1989	1993 摘発	1995 摘発	1986	1987	1988	1989	1993 摘発	1995 摘発
	パキスタン						バングラデシュ					外国人全体					
その他	55	346	298	233	15	59	126	457	220	9	56	760	1391	1636	1514	593	1050
建設作業員	7	200	920	1039	17	96	146	927	521	7	17	900	1862	3807	5581	937	2308
工員	134	359	1277	1896	28	124	165	1555	1534	24	126	526	1036	3486	4696	684	1779

図3-5　男性「不法就労」者の職種（比率）　パキスタン人とバングラデシュ人

出典：入管協会『国際人流』各号

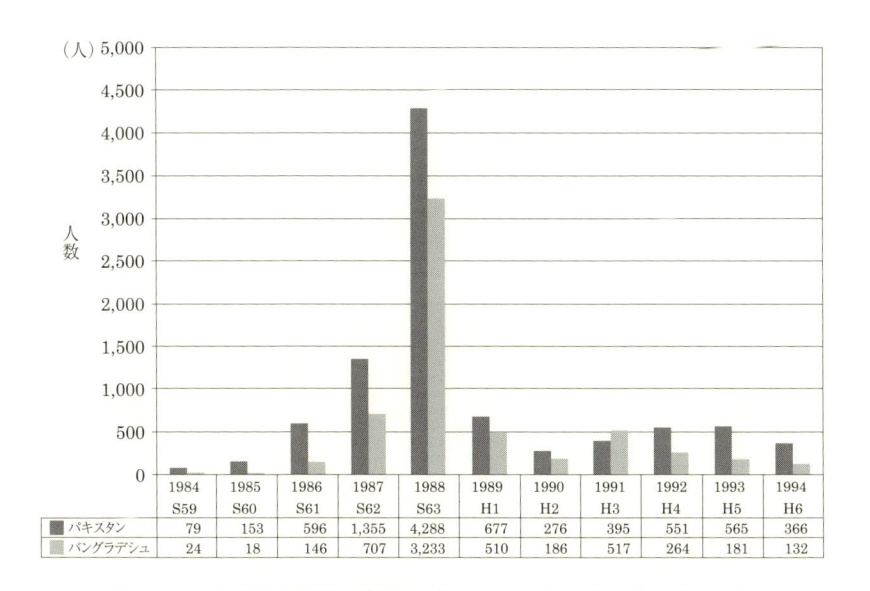

	1984 S59	1985 S60	1986 S61	1987 S62	1988 S63	1989 H1	1990 H2	1991 H3	1992 H4	1993 H5	1994 H6
パキスタン	79	153	596	1,355	4,288	677	276	395	551	565	366
バングラデシュ	24	18	146	707	3,233	510	186	517	264	181	132

図3-6　上陸拒否者数の推移　パキスタン人とバングラデシュ人

出典：入管協会『出入国管理関係統計概要』各年版，各年末現在

第3章　各国の移民政策および社会的背景

資格外就労者数の増加に直面した日本政府は，移民政策を一部転換する。たとえば「就学」に関しては，1988年に就学生ビザの発行において規制を強化し（桜井 2003: 69），「短期滞在」に関しては，パキスタン，バングラデシュからの入国者に対する審査を厳格化して上陸拒否を急増させ（図3-6），1989年1月15日にパキスタン，バングラデシュとの査証相互免除協定を一時停止した（山神 1989: 29）。

　これを受けて，パキスタン，バングラデシュの入国者数は激減する。両国の入国者数をみると，1987年，1988年と急増しているが，1989年には激減している。それぞれ具体的にみると，パキスタン人の入国者数は，1987年（12,214人），1988年（20,034人）と急増しているが，1989年（7,060人）に激減している（図3-3）。バングラデシュ人の入国者数は，1987年（5,854人），1988年（14,500人）と急増し，1989年（3,425人）で激減しており，パキスタン人と全く同じ状況にある。1988年が南アジア系外国人による出稼ぎブームの頂点であったといえよう。ただし「ブーム」とはいっても，前述のとおり1988年の中東産油国における推定パキスタン人数は140万人であるのに対し，同年の日本における推定パキスタン人数は1万人程度でしかないことは確認しておく必要があるだろう。

　査証相互免除協定停止は，別の問題も生じさせた。出入国を繰り返して「短期滞在」ビザを取得していた人々が，再入国できなくなり，結果的に超過滞在に転じたのである。パキスタン人の出入国者数をみると（図3-3），1986年までは入国者数と出国者数が均衡していたが，査証相互免除協定の停止を控えた1988年には8,000人以上が日本に残っている。こうして南アジア系外国人労働者に対する「不法就労」（資格外活動）のレイベリングに加えて，「不法残留」（超過滞在）のレイベリングが行われるようになった。

　出入国管理，中でも外国人の入国の可否は国家の主権的裁量事項とされており，国家は人の国際移動をコントロールできる。この事例をみても，日本政府がかなり意図的に移民のコントロールを行い，それがきちんと「成功」していたことがわかる。

1.2.2　各国法制度の影響

　では,そもそもパキスタン人の日本出稼ぎブームは,なぜ起きたのだろうか。1985年9月の先進国蔵相会議(G5)におけるプラザ合意以降,円高が急激に進行し,日本とアジア諸国との経済格差・賃金格差が拡大した。一方日本の労働市場では逼迫状態が生じていて,特に建設業などで人手不足が深刻化していた。ちょうどこの時期,中東産油国が不況期にあり,アジア諸国(特にパキスタン,バングラデシュ)の労働者らが,新たな出稼ぎ先を探していた。プッシュ・プル理論を支持する研究者は,こうした供給側と需要側の要因が一致して,アジア系移住労働者が日本国内へ流入したと説明している(たとえば後藤1990)。

　しかしながら,このようなプッシュ・プル理論による説明は,「なぜこの時期に,特定のアジア系移住労働者が日本を移住先として選択したのか」という問いに,十分に答えているとはいいがたい。たとえば,①当時,中東の移住労働者でもっとも多かったのはインド人であるのにもかかわらず,なぜインド人は来日しなかったのか。②当時,中東でパキスタン人の雇用機会が減少していたのは確かだが,バングラデシュ人の雇用は反対に増加していたのに,なぜ来日したのか(第3章第3節参照)。このような疑問に,プッシュ・プル理論は答えることができない。本書で筆者が移民フローの理解においてもっとも重視しているのは,「各国法制度によって移住労働者の方向づけがなされた」という視点である。では具体的に理由を検討してみよう。

　第一に,インド人が来日しなかった理由を説明するのは,日本が特定の相手国と結んでいた査証相互免除協定の存在である。日本は,1961(昭和36)年1月1日にパキスタン(当時,バングラデシュは東パキスタン)と査証相互免除協定を結んだ。その後1973(昭和48)年8月20日には,分離独立したバングラデシュ(1971年独立)とも同じ協定を結んだ。この協定締結の背景には,日本とパキスタンの間で戦後すぐに始まった,綿花の取引関係があったと考えられている[2]。

---

2) 査証相互免除協定の締結年月日とその時代背景については,在カラーチー日本総領事館領事の野田浩一氏に,電話(2005年9月5日)とメール(同18日)でご教示いただいた。

当時の時代背景を詳細にみてみると（土橋1987: 62），1957（昭和32）年に岸総理大臣（当時）がパキスタンを訪問，1960（昭和35）年にはアイユーブ・ハーン大統領（当時）が訪日，1961年に池田総理大臣（当時）がパキスタンを訪問，1962（昭和37）年には皇太子殿下（当時）がパキスタンを訪問し，両国の友好関係が確認された。これを契機として，日本の対パキスタン工業資材輸出（工業機械や自動車関連製品など）が増加し，1960年には日本の輸入超過から輸出超過へと転じた。

　さらに1960年には，日本の政府開発援助（ODA）が開始し，対パキスタンの円借款が始まった。バングラデシュ独立（1971年）以前の対パキスタン円借款のうち，61％は東パキスタン（バングラデシュ）を対象としていた（佐藤1993: 240-1）。1970～80年代の日本のODA相手国リストをみると（表3-1，表3-2），1975年には，日本の二国間政府開発援助（ODA）の相手先としてバングラデシュが，1980年代にはバングラデシュ，パキスタンの両国が上位に位置しており，1980年代の無償供与でも両国が上位にあることがわかる（Nuscheler 1990=1992: 66, 152）。

　さらにパキスタンの貿易相手国をみると，1990年代前半の輸出相手先の上位4位までに日本が入っている（繊維品）ほか，輸入相手先に関しては5年のうち4年間は日本が第1位（自動車）である（土橋1987: 65）。このような資本

表3-1　日本の二国間ODA・上位10位

順位	1975	1980	1985	1987
1	インドネシア	インドネシア	中国	インドネシア
2	韓国	バングラデシュ	タイ	中国
3	フィリピン	タイ	フィリピン	フィリピン
4	マレーシア	ビルマ	インドネシア	バングラデシュ
5	エジプト	エジプト	ビルマ	インド
6	バングラデシュ	パキスタン	マレーシア	タイ
7	インド	フィリピン	バングラデシュ	マレーシア
8	タイ	韓国	パキスタン	ミャンマー
9	イラク	マレーシア	スリランカ	トルコ
10	ナイジェリア	スリランカ	エジプト	パキスタン

出典：外務省経済協力局，1988，『我が国の政府開発援助（上）』（Nuscheler 1990: 66）

表3-2 日本の無償協力供与国・上位10位

順位	1982	1985	1988
1	タイ	バングラデシュ	バングラデシュ
2	バングラデシュ	タイ	フィリピン
3	ビルマ	ビルマ	パキスタン
4	パキスタン	パキスタン	タイ
5	ネパール	スリランカ	スリランカ
6	スリランカ	フィリピン	中国
7	フィリピン	インドネシア	インドネシア
8	中国	スーダン	ザイール
9	スーダン	ネパール	スーダン
10	エジプト	中国	ネパール

出典：外務省経済協力局，1989，『我が国の政府開発援助（上）』（Nuscheler 1990: 152）

投資と国際労働力移動の組み合わせは，Sassen（1988=1992）の主張とも整合性をもつ。

Sassenの理論に関しては，日本の状況を分析するには適当でないという批判もあるが（たとえば佐藤 1998），少なくとも日本の経済的プレゼンスが「日本＝先進国」というイメージ形成に与えた影響は考慮してよいだろう。一方，日本はインドとはこの査証相互免除協定を結んでおらず，よってインド人移住労働者は1980年代のニューカマーの来日ブームに乗ることができなかったのである（南埜ほか 1999b: 215）。

第二に，この時期にバングラデシュ人が来日した理由を説明するのは，日本側の移民政策の転換である。日本政府は，1982（昭和57）年に入管法（出入国管理法）を改定し，「就学」および「研修」という在留資格を新設した。特に「就学」に関しては，1983（昭和59）年に中曽根首相（当時）が提唱した「留学生10万人構想」と関連している。1983年以降，就学生を受け入れる日本語学校が首都圏に次々と開校した。また同年，法務省は留学生に対して週20時間までのアルバイトを認め，就学生に対しても入国管理局へ届け出ることを条件に，同様のアルバイトを認めた。これは外国人が非熟練労働に携わることを事実上容認したものである。このような日本側の移民政策の転換を受け，1980年代に留学生や就学生が増加した。また「研修」の新設は，日本の文化

や技術を学ばせることによって「国際貢献」を対外的に示そうとする日本の姿勢を示すと同時に,「単純労働者」は受け入れないという方針を固持する日本にとって労働力導入が可能となる裏の手段でもあった。実際バングラデシュ人は,この「留学」「就学」「研修」目的での来日が特に多い（第3章第2節参照）。

　第三に,この時期にパキスタン人が来日した理由を説明するのは,日本とパキスタンの外交関係である。1983年7月にパキスタンのズィアーウル・ハック大統領（当時）が訪日したことを受け,1984（昭和59）年4～5月に中曽根首相（当時）と安倍外務大臣（当時）がパキスタンを公式訪問した。この訪日・訪パは,前回の1960（昭和35）年・1961（昭和36）年以降,23年ぶりに実現したものであり,日パ双方の関係諸団体から大いに歓迎された。雑誌『パーキスターン』（1984年6月号）は,「中曽根首相訪パ記念」特集号を組み,両国関係者の挨拶文を掲載している。たとえばこの外交交渉の結果,「青年・学生交流の増大,経済使節団の派遣,産業技術研修生の受入れ等種々の協力案件が合意」されたことが,河村外務省南西アジア課長のメッセージの中で伝えられている（1984年6月号：4）。また「我が国の貴国に対する民間投資の拡大は,単に物の往来のみならず,人的往来,技術移転を伴うもの」であり,「貴国から新たに技術研修生を受け容れることを検討」している,という安倍外務大臣の挨拶文も掲載されている（1984年6月号：22）。さらに,パキスタン側新聞報道の中には,「パキスタン人産業研修生の受け入れを明らかにしたが,パキスタン側はこれを大いに有効に利用すべきである」（『パキスタンタイムズ』1984年5月4日）,「パキスタン国民研修生受入れの申し出はもっとも歓迎すべきことである」（『ムスリム紙』日付不明）という論調や,12ページ全紙カラー刷り写真入りで,日本特集号を刊行した新聞があったこと（『ジャング紙』1984年4月30日）などが紹介されている（『パーキスターン』1984年6月号：33-4）。実際に,1980年代後半に来日したパキスタン人の間では,「中曽根元首相は,パキスタン人の日本出稼ぎの門戸を開いた恩人」という認識が共有されており,「中曽根元首相は今でも人気がある」という[3]。

---

3) 滞日パキスタン人の日本人配偶者女性より,電子メール（2005年9月13日付）で情報をいただいた。

第四に，パキスタン人が来日した動機を補強するのは，パキスタン側の移民奨励政策である（詳細は第5章を参照）。具体的には「パーソナル・バッゲージ・スキーム」と「ギフト・スキーム」という制度で，前者は，海外就労者が帰国時に家電製品などを無税で持ち込むことのできる制度である。そして後者は，海外就労者が6カ月に1台，低率の関税で自動車を持ち込むことができるというものである。パキスタンでは日本の自動車や家電製品の人気が高いので，たとえ観光や就学目的（日本語学校の学生）で来日したとしても，日本に6カ月滞在して自動車や家電製品をパキスタンに持ち帰れば，それ自体が魅力的なサイド・ビジネスになった（深町 1990: 29; 佐々木 1991: 66-70）。

　雑誌『国際人流』を担当していた法務省官僚の佐々木は自身の著書において，入国管理局の窓口に配属されていた1986年当時，毎日パキスタン人，バングラデシュ人を相手に，短期滞在ビザの更新手続きをしていた事を回顧している（佐々木 1991: Ⅳ）。それによると，彼らのビザ更新の理由は「広島や長崎への観光」であるにもかかわらず，その身元保証人[4]は「○○鉄工所社長」であり，入国管理局側も資格外就労の現実を知っていながら，そこは見て見ぬふり，暗黙の了解で「延長は1回限り」という判をパスポートに押していたという。こうした現実をみれば，日本出稼ぎブームが決してプッシュ・プル理論の説明するような経済的な現象だけではなく，法制度による「お墨付き」を背景として起こった現象だったということがわかるだろう[5]。

1.2.3 移民ネットワークの影響

　こうした各国法制度を受けて，パキスタン人の日本出稼ぎの水路づけがなされ，連鎖移民の源となる移民ネットワークが発生し，さらなる移民流入が促進

---

4) 短期滞在を延長する場合，日本滞在を保障する資金の証明が必要となるが，それができない場合は身元保証人が必要とされる。詳しくは『国際人流』4（1987年9月号：40）を参照のこと。
5) 当時は欧米諸国の移民制限が厳しく，先進国の中では日本以外にビザなしで入国できるところがなかったという説明や，1980年代初頭から韓国，台湾など東アジアへの出稼ぎがみられるようになっていたことから，隣の日本にも目が向いたといった説明もある。しかしながら，このことはもう少し慎重に検討されるべきであろう。

されたと考えることができる。これが本書における移民フローの理解のための，2つ目の視点である。移民過程の初期段階における移民ネットワークには，渡航手続き，職業紹介，送金という側面が想定されるが，この3者は不可分なケースもある。それぞれ具体的事例をみてみよう。

　第一に，パキスタン・日本間の渡航手続きである。佐々木（1991）は，1988〜1990年の近隣アジア諸国（送出社会・ホスト社会双方）における自身の現地調査から，パキスタン側の移住労働者送出エージェントについて記述している。それによると1988年当時，海外就労（主に中東・欧米）を斡旋するリクルーターはパキスタン全国に300件近くあった。海外渡航のための公式的な必要経費は2,350ルピーで，その内訳は，厚生基金寄付金550ルピー，保険料（2年以内の事故・病気に対応）350ルピー，リクルーター手数料1,450ルピーである。しかし実際の相場は，1986年当時で2万ルピー，1988年当時で2万8,000〜3万ルピーであった（佐々木1991: 59）。

　日本出稼ぎの場合，パキスタン側窓口となっていたのは数件の旅行代理店だった（佐々木1991: 73-5）。査証相互免除協定中には，来日したパキスタン人の7割はこうした旅行代理店で日本の情報を得たのち，自分で航空券を手配して渡航し，残り3割はブローカーの手を借りていたようだ。ブローカーは，旅行代理店だったり個人だったりするが，個人の場合はホテルを転々として，トラブル（パキスタン側での出国拒否，日本側での入国拒否など）が発生すると姿を消すこともあったという。ブローカーの手数料は1988年当時で，日本（査証相互免除協定中）の場合は4万ルピー，査証取得のより難しいアメリカの場合は5〜6万ルピーであった。五十嵐（1999: 26-7）は，1989年当時のカラーチーの新聞には，日本出稼ぎの成功談が連日掲載されていたこと，そして同じ新聞に日本側事業者と連携した人材派遣業者の求人広告が掲載されていたことを記している。

　第二に，日本側の職業紹介である。ルポライターの黄（ファン）は，1980年代後半のパキスタン人職業紹介ブローカーの様子を描いている（1990: 13-28）。ムサティ（仮名）は1980年代半ばに来日し，1987年9月に埼玉県川口市へと転居した。移住労働者に職（町工場）やアパートを斡旋する仕事をするために，取り締まりが厳しく外国人への風当たりの強い東京から，滞日パキスタ

ン人の多い地域へ移動した。移住労働者は，パキスタン人だけでなく，バングラデシュ人，ガーナ人と多様である。ムサティ自身は，バローチスターン出身だが，ウルドゥ語（パキスタンの公用語），ベンガル語（バングラデシュの公用語），英語，日本語を使いこなす。10代でラーホールなど都市部へ出稼ぎに行き，20代でイランへ出稼ぎに行った経験をもち，イランからの帰国後，日本へ出稼ぎに来た。彼の斡旋料は1回で，事業者側から2万円，労働者側から5万円を受け取る。斡旋業者の中には，事業者側から10万円，労働者側から毎月2，3万円取る「悪質」な業者もいるので，彼は「良心的」業者と位置づけられている。ある鋳物工場の場合，外国人に支払う時給は700円程度で，日本人の900円よりも低い。移住労働者側が賃上げ要求をすれば，ムサティは事業者側に呼ばれ，移住労働者側をなだめる役目を果たす。また住宅も斡旋しているので，大家側から苦情が出れば同席して対処する。

　丹野（2007:79-83）によると，パキスタン，バングラデシュ，イランといった資格外就労者の場合，業務請負業者やブローカーは，労務管理上の問題から，特定のエスニック集団のみを対象にする傾向がある。日系ブラジル人と比べた場合，資格外就労者の職探しの特徴は，エスニック・ネットワークが媒介する職業移動・転職システムである。この場合のエスニック・ネットワークとは，①地縁・血縁を基礎としたもの（無償の職業紹介）が多く，②市場的関係（有償の職業紹介）や，③時には宗教的連帯も含むものである。これを，ホスト社会内部における連鎖移民のメカニズムと位置づけている。

　①地縁・血縁の場合，誰か帰国者や転職希望者が出ると，空いた仕事の求人情報が地縁・血縁の同胞に伝えられ，新しい移住労働者がその仕事に収まる。また追加の労働者が必要なときも同様に，ネットワークを通じて求人情報が流される。事業者側も，追加や補充の求人情報があると，「誰かいい人はいないか」と自社の労働者に声をかけ，情報をネットワークに流してもらう。つまり資格外就労者を新規採用する場合，紹介者が大きなウェイトを占めることになる。言い換えれば，事業者側は新規採用労働者本人を選考するわけではなく，その人物を呼び込んだ労働者を「選択する」ことになるという。このような資格外就労者の職業移動の構図を，丹野は「間接信用」にもとづく移動と呼ぶ。

　②市場的関係の場合，求人情報はエスニック・ブローカーによって「商品」

として売買されるが、この場合も「間接信用」にもとづく移動であることに変わりはない。ブローカーは労働者に複数の求人情報を紹介し、労働者は各職場に面接に行く。求人情報料の支払方法は、就職後の後払いが基本である。1995～1999年に丹野が調査時の求人情報料の価格は、3万以下～15万以上まで、業者によって差があった。これは、求人情報リストの掲載数、得られる賃金の高さによって決まるからである。ブローカーは定期的に取引先企業を回って、新たな求人情報を探しつつ、雇用・就職したのに情報料の支払いを免れようとする事業者・労働者の裏切り行為を監視する。

③宗教的連帯について、丹野は特に説明していないが、それとは別に地縁・血縁やブローカーを利用せず、自ら飛び込みで職探しをする労働者の存在を指摘している。もし仕事を見つけることができ、さらにそこで事業者の信用を得られれば、それはエスニック・ネットワークにとって、新しい雇用市場開拓の可能性につながる。

第三に、日本・パキスタン間の送金である。丹野（2007: 83-4）によると資格外就労者の職業移動・転職システムは、査証相互免除協定停止を契機として一転した。停止前は、①の地縁・血縁を中心とした呼び寄せと職業紹介が多く、帰国者が地縁・血縁者の本国送金役を担うという、雇用と送金が対になる傾向がみられた。しかしながら停止後は、同胞の新規流入が経たれ、②のブローカー以外の就職が難しくなり、本国送金も「地下銀行」と呼ばれる送金ブローカーによって媒介されるようになった。つまりコミュニティ内の互助から、専門家によるサービス業へと変化したという。

ここで1980年代後半の来日・就職経路を、元滞日パキスタン人移住労働者の語りから紹介しよう。

> 1988年に友人に誘われて、渡日しました。渡航手続きはエージェントを通してやりました。パキスタン側のエージェントは、普通のパキスタン人男性で、今は日本で中古車貿易の仕事をしている人です。日本側のブローカーは群馬の日本人ヤクザでした。日本入国後は、群馬のヤクザのところで働きました。時給1,200円の仕事でしたが、500円分はヤクザにピンハネされ、手取りは700円分でした。1989年末には、手切れ金を払うことを条件に、

横浜へ移動しました。手切れ金は月5万円で，何カ月か払い続けました。横浜では塗装工場で働きました。ここで1997年に帰国するまで（筆者注：約7年間）働き続けました。それから夜は居酒屋で働き，この仕事は5年くらい続けました。（中略）1995年に弟が来日したので，同じ職場を紹介して弟に仕事を教え，私は1997年に帰国しました。

（2005年6月7日聞取）

　パキスタン側エージェントは，皆よりも少し早く来日したパキスタン人です。日本語が話せて，日本のこともよく知っています。仕事の紹介もできます。パキスタン側の家族を使って，人の移動を手助けしていました。ビザ免除がダメになり廃業し，みんな中古車を始めました。渡航手続きの料金は3万5,000ルピーで，当時のレートで日本円25万円くらいでした。その内訳は，まず航空券で15万円くらいかかります。往復航空券ですが，片道しか使いません。その他の手数料が10万円くらいです。たとえばトランジット滞在費，日本滞在費，仕事紹介料などが含まれています。来日の際には，通訳が同行しました。通訳はエージェントの義理の姉でした。

　仕事は，最初の6カ月は群馬県大泉市で，自動販売機の下請工場で働きました。ヤクザにピンハネされていたので，月給は15万円くらいでしたが，住居費，水道光熱費はかかりませんでした。職場にブラジル人が入ってきたので辞めました。次の6カ月は山梨で，電子部品の組立工場で働きました。同じ群馬のヤクザの派遣でした。その後は，1989年末のことですが，塗装工場の社長が，近くの板金工場で働くパキスタン人の友人に「人を探して」と言ったので，その友人に仕事を紹介してもらいました。紹介料は必要ありませんでした。塗装工場の初月給は28万円で，その後も30万円くらいもらっていました。レストラン（筆者注・居酒屋）の分を合わせると月給40万円になることもありました。

（2005年6月9日聞取）

　さらに，その弟の語りから，1990年代後半の来日・就職経路をみてみよう。

　私はパキスタンで4年半ほど働いていましたが，会社の都合で解雇されて

しまいました。その頃兄が日本にいて，日本に来ないかと誘いました。時間をかけて話し合い，私も日本に行くことを決意しました。渡航の手続きはブローカーに依頼し，1995年に来日しました。来日してすぐに兄のアパートに向かい，そこで10日ほどゆっくり過ごしました。その後兄の勤める塗装工場で仕事を始めました。兄は私が来日して1年半後の1997年に帰国しました。兄の帰国後しばらくして，会社が倒産してしまいました。私は友人のアパートに移り，3カ月ほど仕事を探しました。そして友人の紹介で次のゴム工場を見つけました。

（2003年参与観察）

　以上，丹野の分析といくつかの事例をみてきたが，筆者が移住労働者の調査を始めた1996年時点で，パキスタン人による渡航手続き，職業紹介，送金のブローカーの仕事はすでに縮小していた。

　第一にパキスタン側の渡航手続きブローカーに関しては，移民送出の歴史的経緯もあり，その資源（ノウハウ）を活用して日本行きの手配でも主導的役割を果たしてきたようだ。しかしながら2000年代，日本行きを取り扱う業者はほとんどみられなくなったという。在留資格の安定した在日パキスタン人本人が，それぞれ公的機関に出向いて，親族呼び寄せを申請できるようになったからである。とはいえ，こうしたブローカーは旅行代理店や貿易業者のサイド・ビジネスであることが多く，条件（たとえば日本側の出入国の規制緩和など）が整えばいつでも再開できる仕事でもあるという側面をもつ。

　第二に職業紹介ブローカーに関しては，1996年時点ですでに縮小傾向をみせており，地域によっては別の国籍のブローカーへと代わっていた[6]。その後も，地縁・血縁のみならず友人・知人による無償の職業紹介が中心となっており，1990年代後半の景気後退期という事情もあって，職業斡旋ブローカーの存在意義が減少したと考えられる。こうしたブローカーの一部は，その後中古

---

6) たとえば1990年代半ばの茨城県の事例では，ペルー人労働者に仕事を斡旋する職業紹介ブローカーは，かつてはパキスタン人が多かったものの，その後イラン人へと代わっていた。詳しくは入管問題調査会（1997, 1999）を参照のこと。

車貿易業者へと転業しており（第5章参照），2000年代はほとんど噂を聞かなくなった。この点において，日系ブラジル人，ペルー人の状況とはかなり異なることがわかる。

　第三に，「フンディ」と呼ばれる送金ブローカーは，日本・アラブ首長国連邦・パキスタンの3カ国をつなぐことで成立してきた。日本では労働者の本国送金機能を果たすだけでなく，アラブ首長国連邦からの中古車輸出売上代金の受取機能も担ってきたが，9.11以降の日本側・パキスタン側双方の取り締まり強化（黒崎・小田 2002: 19）の流れを受け，2000年代にほぼ消滅している。

　以上，在日パキスタン人の移民フローを支える移民ネットワークをみてきたが，これらは市場媒介型／相互扶助型（樋口 2002b: 61-2）のどちらに当てはまるだろうか。それを判断するためにはデータがまだ不足しているが，現段階では以下のような構図がみられる。第一の渡航手続きに関しては，相互扶助型から始まったが，パキスタン人移民の歴史的経緯もあって市場媒介型も発達していた。査証相互免除協定停止以降は，市場媒介型に変わったが，近年は移民個人に資源が蓄積され始めたので，相互扶助型に戻りつつある。第二の日本国内での職業紹介に関しては，当初は相互扶助型が中心であったが，査証相互免除協定停止以降は市場媒介型に傾いた。その後景気が後退し，パキスタン人の滞在も長期化して，再び相互扶助型に戻っていった。第三の送金については，移民初期は相互扶助型がみられたが，査証相互免除協定停止以降は市場媒介型に変わった。その後警察の取り締まりもあって，正規の銀行送金へと落ち着いた。

　では，日本出稼ぎブームで増加したパキスタン人移民は，その後どのような移民過程をたどったのであろうか。次節では，パキスタン人移民がホスト社会側の移民政策と格闘しつつ，ホスト社会の成員と家族形成し，移民コミュニティを形成していく様子（移民ストックの側面）を，「ホスト社会：日本」の文脈においてみてみよう。

第 2 節 ◆ ホスト社会：日本とパキスタン人

　「送出社会：パキスタン」から「ホスト社会：日本」へ移住したパキスタン人移民は，ホスト社会側の移民政策に翻弄されつつも，それと日々格闘しながら自分たちの生活を安定化させていくこととなる。そして，ホスト社会において新たな社会関係を構築していく。本節では，日本政府がパキスタン人をはじめとするアジア系移住労働者を排除した経緯と，パキスタン人移民の対抗手段，つまり家族形成し，社会関係資本を獲得していく過程について検討してみたい。

2.1　パキスタン人の排除

　前節でみたように，1987 年頃からパキスタン人やバングラデシュ人といったアジア系労働者の資格外就労が社会問題化され始めた[7]。それに対応するかたちで，1987 年以降，パキスタン人，バングラデシュ人の入国審査で上陸拒否が急増し，1989 年に両国との査証相互免除協定が停止され，移住労働者の流入（移民フロー）がほぼ遮断された。にもかかわらず，日本政府は南アジア系労働者に対する移民政策をさらに厳格化していく。それは，査証相互免除協定の停止で帰国できなくなった超過滞在者（移民ストック）に対する措置である。

　1986 年頃から 1990 年にかけて「出入国管理および難民認定法」（以下，入管法）の改定作業が法務省と労働省を中心に行われた。そして非熟練労働者，行政側の用語では「単純労働者」の受け入れの可否について，「開国論」／「鎖国論」と呼ばれる論争を巻き起こした。この論争において「単純労働者」のイメージとして念頭に置かれていたのは，パキスタン人，バングラデシュ人といった南アジア系外国人であった（たとえば『国際人流』4: 40; 14: 37; 15:21;

[7) この時期，パキスタン人，バングラデシュ人の男性労働者は「ジャパゆきくん」と呼ばれていた。この呼称は，フィリピン人女性労働者が「ジャパゆきさん」と呼ばれていたことと対になっている。これらの用語は「からゆきさん」をもじった呼称であり，こうした差別的な呼称も，「外国人労働者」の社会問題化を助長させた。

23: 3-9)。

　しかしながら，実際には南アジア系外国人の資格外就労者（「不法就労」）や超過滞在者（「不法残留」）が飛び抜けて多かったというわけではない。前節で見たように，確かにパキスタン人，バングラデシュ人の資格外就労者は，1980年代末に一時的に増えたものの，1990年代初頭には激減しており，全体的にみても両国民が特に多いとはいいがたい。また1990年の超過滞在者数（推計）を見ると，パキスタン人（7,986人）は総数の7.5％，バングラデシュ人（7,195人）は6.8％であり，フィリピン人（23,805人）の22.4％や韓国人（13,876人）の13.0％などと比べてみても特に多いとはいえない。

　南アジア系外国人は，単純に数が多かったから社会問題化したのではなく，他の外国人労働者に比べてより可視的であった（目立った）からこそ社会問題化したと考えられる[8]。南アジア系外国人が特に社会問題化された理由としては，①東アジア系外国人や日系人と比べて，見た目にも外国人であると判別がつきやすかったこと[9]，②単身男性が多く，特定のアパートや工場の寮などに集住したため，近隣住民からから「怖い」「異様」といった反応が出たこと，③サービス業で就労するアジア人女性に比べて，製造業，建設業といった比較的目につきやすい職場での就労が多いことから「外国人が日本人の仕事を奪おうとしている」という危機感を生じさせたこと，などが考えられる。そして行政がパキスタン人，バングラデシュ人に対して付与した「不法就労」（資格外活動）や「不法滞在」（超過滞在）のレイベリングが，マス・メディア，保守系論客によって「不良外国人」として増幅され，結果的には「外国人労働者」＝南アジア系外国人というイメージが固定化したのではないだろうか。

　1990年入管法改定に向けた一連の作業において，パキスタン人，バングラデシュ人といった南アジア系外国人は「単純労働者」として排除され，その代

---

[8]「可視的マイノリティ」については，田村（1992: 226-7; 1997: 158）を参照のこと。
[9] たとえば雑誌で「外国人労働者」の記事を掲載する場合，内容が韓国・朝鮮人や中国人に関するものであっても，パキスタン人やバングラデシュ人の写真を使用するケースが多い。これは雑誌を売るためには，「可視的」な南アジア系外国人の写真を使って読者にインパクトを与えたいという，マス・メディア側の戦略であるという。2003年12月16日，報道写真家の佐藤兼永氏にご教示いただいた。

替措置として日系人の導入が正式に決定された。さらにいえば，国際貢献の理念からすれば南アジア系外国人にも当然受ける権利があるであろう「研修生」資格は，その後の実務的な運用においてインドネシア人に重点的に付与されており，南アジア系を排除した。また1990年代，パキスタン人とバングラデシュ人は，超過滞在者として摘発対象に位置づけられ，排除すべき移民の代表的なエスニック集団となった。パキスタン人とバングラデシュ人は，国家の成員として望ましくないと判断された人々であるといえよう。1980年代半以降，資格外就労の摘発が強化され，1990年代以降，超過滞在者の摘発が強化された。多くのパキスタン人にとっては，職場と自宅を往復するだけの生活の繰り返しであり，必要最低限の買出し以外は外出せず，警察や入管の監視に怯えて暮らす日々を送っていた。

　1980年代の移民政策の再転換とその後の取り締まり強化は，摘発側の現場担当者にとっても，当初は納得しにくい職務であったようだ。雑誌『パーキスターン』1990年1月号（110: 7）に掲載された，外国人労働者問題に関する投書によると，「入管の『不法就労者』摘発の仕事をする友人が『正直言って，人さらいみたいですよ。私のやっている仕事は』と，さみしげにぽろりともらしたことばは，彼の本音だと思います。ある警官の友人は『にこやかにパキスタンの思い出でも語れたらいいですよ。でも，嫌でも職質しなきゃならないんですよ』。労働者を取り締まる，嫌われる仕事をしている人たちもつらいんでしょうね。何だか行き場のない怒りと，寂しさ，空しさを感じます」というエピソードを紹介している。

　そもそも日本政府が「国際貢献」の名のもとに，パキスタン人やバングラデシュ人に対して門戸を開放し，人的交流することを決めたはずだったのに，気がつけばその数が急増し，ビザを更新する入管職員も見て見ぬふりをできなくなった。上陸拒否を頻発し，査証相互免除協定を停止してみたものの，移民ストックは減らない。「外国人排斥」の保守系世論にも後押しされ，警察と入管が摘発を始めたものの，政策理念と現実の職務の不一致に悩む日々，ということだったのだろうか。

2.2 パキスタン人移民の家族形成

2.2.1 在日パキスタン人のジェンダー・バランス

　在日パキスタン人の事例を，移民ストックの理論である移民過程論（Castles and Miller 1993=1996）に当てはめて考えてみれば，1980年代後半が，「若い労働者の一時的労働移民」が中心で，「海外送金と母国への帰国志向が強い」第一段階に当たると考えられる。ところが，1989年の査証相互免除協定停止，および1990年の入管法改定以降，在日パキスタン人は在留資格が不安定であるからこそ「帰りたくても帰れない」状況に追い込まれ，日本滞在を長期化させていった。そして来日当初の帰国予定を少しずつ引き伸ばし，少しでも生活を安定化させようと努力するようになった。

　1987年頃から超過滞在者が増え始め，特に1987～1990年は自主帰国や摘発（両方あわせて退去強制と呼ばれる）による出国者も多かったが（図3-7），一方でパキスタン人の外国人登録者数は徐々に増加していく（図3-8）。超過滞在者数（非正規滞在者とみなす）と外国人登録者数（正規滞在者数とみなす）を合計したものを，パキスタン人の推定人口とみなした場合，両者の合計は1992年の12,161人を頂点として，1990年代を通じて減少しているが，正規滞在者の占める割合は増加していることがわかる（図3-9）。

　ここで注目しておきたいのは，男性の割合が圧倒的に高いという，在日パキスタン人のジェンダー・バランスである。性別の外国人登録者数をみると1984年には78.4％が男性であったが，出稼ぎブーム以降の1990年（88.7％）は約9割が男性であり，その後も1995年（92.2％），2000年（90.7％）と9割を維持してきた。2005年（87.5％），2010年（80.3％）は8割まで下がってきたが，それでもまだまだ男性の占める割合が高い。

　性別の超過滞在者数（推計）をみると，1990年（98.5％），1995年（97.0％），1999年（96.5％）とさらに男性の比率が高かった（図3-10）。

　外国人登録者を性別・年齢別にみると，パキスタン人男性の場合（図3-11），1984年は20代後半を頂点として，20代前半から40代後半にかけて広く分布していたが，出稼ぎブーム以降の1990年は20代後半（頂点）と30代前半が急増している。1995年には20代後半から30代後半が急増しており，頂点

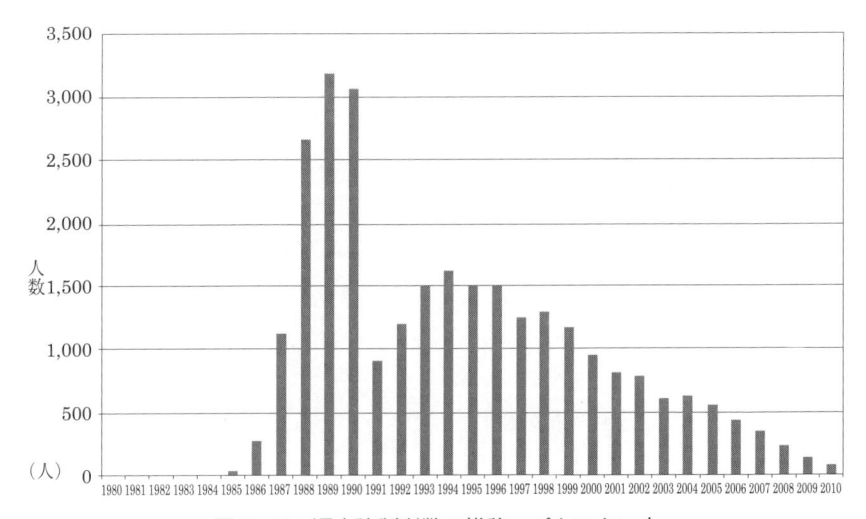

図3-7　退去強制者数の推移　パキスタン人
出典：法務省『出入国管理統計調査年報』各年版，各年末現在

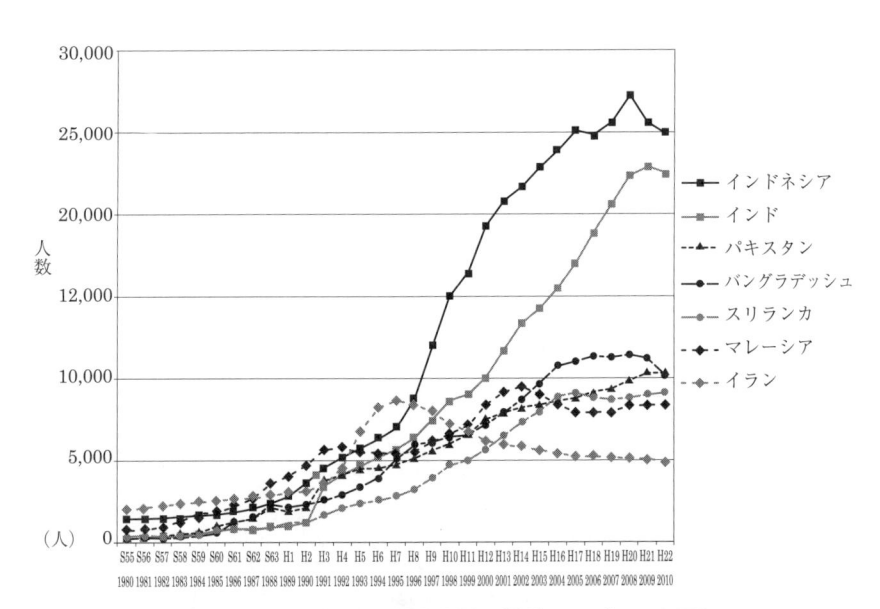

図3-8　国籍別外国人登録者数の推移　アジアの主要な
イスラーム諸国および南アジア諸国
出典：法務局『在留外国人統計』各年版，各年末現在

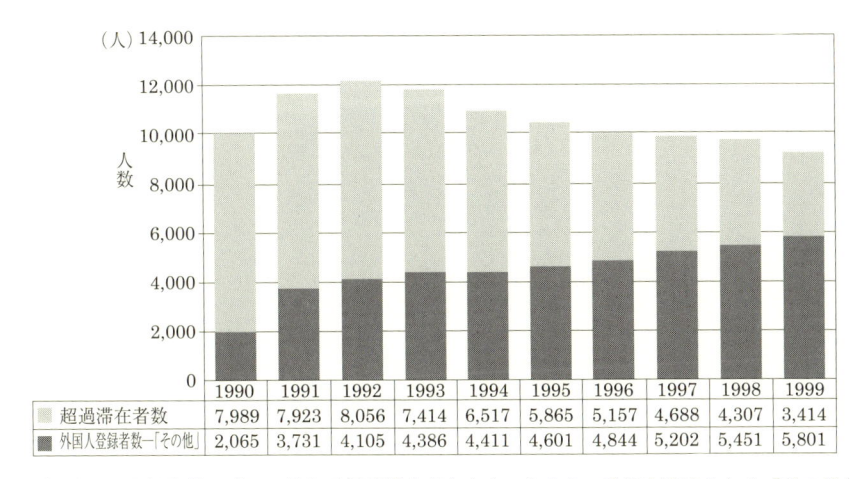

	1990	1991	1992	1993	1994	1995	1996	1997	1998	1999
超過滞在者数	7,989	7,923	8,056	7,414	6,517	5,865	5,157	4,688	4,307	3,414
外国人登録者数−「その他」	2,065	3,731	4,105	4,386	4,411	4,601	4,844	5,202	5,451	5,801

注）外国人登録者数の「その他」は超過滞在者をさすことから，重複を避けるため「その他」を引いた。

図3-9　推定人口　パキスタン人

出典1：超過滞在者数（「不法残留」推計値）は入管協会『国際人流』各号（1999年公表終了）。1990年は7月1日，1991〜1995年は11月1日，1996〜1999年は翌年1月1日現在。

出典2：外国人登録者数は法務省『在留外国人統計』各年版，各年末現在。ただし，1991，1993年の「その他」は公表されていないため，独自に推計値を算出して使用した。

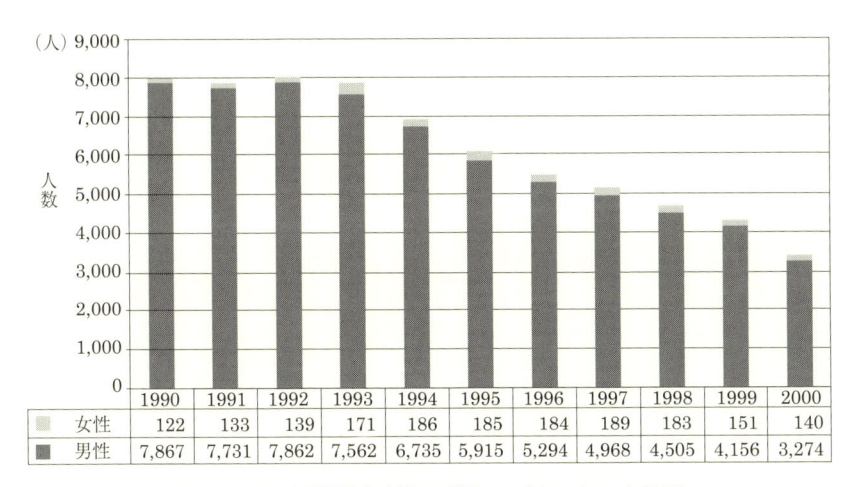

	1990	1991	1992	1993	1994	1995	1996	1997	1998	1999	2000
女性	122	133	139	171	186	185	184	189	183	151	140
男性	7,867	7,731	7,862	7,562	6,735	5,915	5,294	4,968	4,505	4,156	3,274

図3-10　超過滞在者数の推移　パキスタン人性別

出典：入管協会『国際人流』各号。1990年は7月1日，1991〜1996年は5月1日，1997〜2000年は1月1日現在。

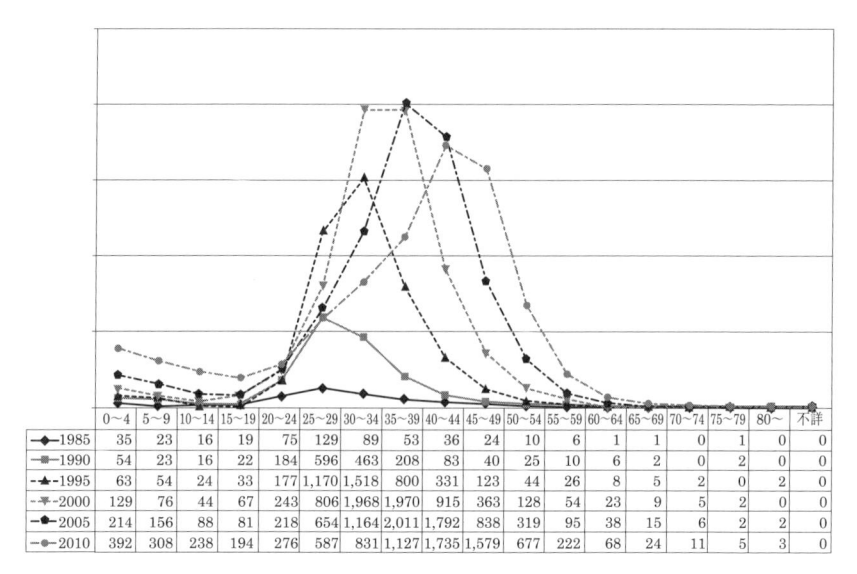

	0～4	5～9	10～14	15～19	20～24	25～29	30～34	35～39	40～44	45～49	50～54	55～59	60～64	65～69	70～74	75～79	80～	不詳
◆1985	35	23	16	19	75	129	89	53	36	24	10	6	1	1	0	1	0	0
■1990	54	23	16	22	184	596	463	208	83	40	25	10	6	2	0	2	0	0
▲1995	63	54	24	33	177	1,170	1,518	800	331	123	44	26	8	5	2	0	2	0
▼2000	129	76	44	67	243	806	1,968	1,970	915	363	128	54	23	9	5	2	0	0
●2005	214	156	88	81	218	654	1,164	2,011	1,792	838	319	95	38	15	6	2	2	0
●2010	392	308	238	194	276	587	831	1,127	1,735	1,579	677	222	68	24	11	5	3	0

図3-11　年齢性別　外国人登録者数　パキスタン人男性　5年ごと
出典：法務局『在留外国人統計』各年版，各年末現在

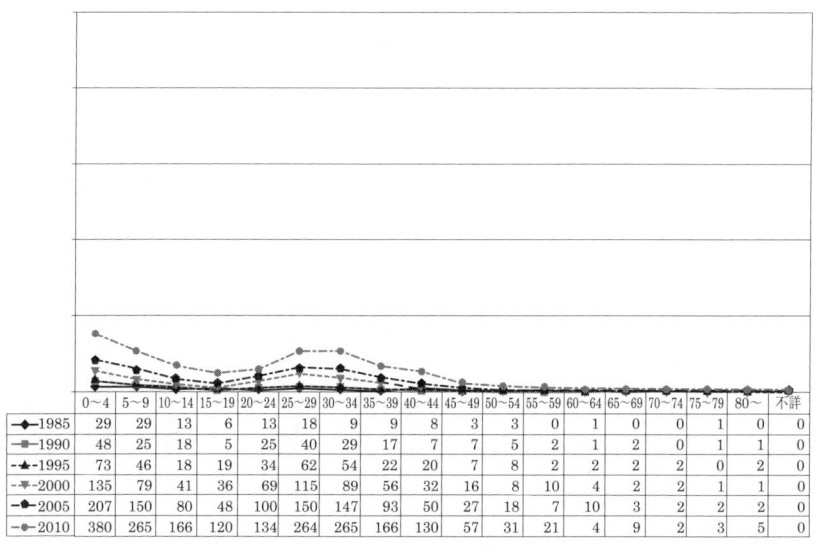

	0～4	5～9	10～14	15～19	20～24	25～29	30～34	35～39	40～44	45～49	50～54	55～59	60～64	65～69	70～74	75～79	80～	不詳
◆1985	29	29	13	6	13	18	9	9	8	3	3	0	1	0	0	1	0	0
■1990	48	25	18	5	25	40	29	17	7	7	5	2	1	2	0	1	1	0
▲1995	73	46	18	19	34	62	54	22	20	7	8	2	2	2	2	0	2	0
▼2000	135	79	41	36	69	115	89	56	32	16	8	10	4	2	2	1	1	0
●2005	207	150	80	48	100	150	147	93	50	27	18	7	10	3	2	2	2	0
●2010	380	265	166	120	134	264	265	166	130	57	31	21	4	9	2	3	5	0

図3-12　年齢性別　外国人登録者数　パキスタン人女性　5年ごと
出典：法務局『在留外国人統計』各年版，各年末現在

が30代前半に移る。2000年には20代後半が減少して30代前半から40代前半が急増し，30代前半と30代後半がほぼ同数で頂点となる。2005年にはさらに20代後半が減少して40代が急増し，頂点は30台後半と40代前半へと移る。2010年には30代が減少し，頂点が40代前半と40代後半に移る。

超過滞在者数が年々減少していることを考慮すれば，第一に超過滞在者の大多数は自主帰国，もしくは摘発されて帰国したが，一部は1990年代に20代後半から30代前半で，2000年代に30代で在留特別許可を得たと予想される。第二に，年齢層の頂点が徐々に移動していることから，1990年に20代前半から30代前半だった人々がそのまま日本に滞在しており，2010年に40代前半から50代前半に達していることが想定できる。

さらに圧倒的に少数ではあるもののパキスタン人女性を年齢別にみると（図3-12），1984年に0～9歳と20代後半を2つの山とする分布を示しているが，1990～2010年とも同様の2つの山を維持したかたちで登録者数だけが増加している。このことからいえるのは，パキスタン人女性の場合，20代後半で来日する人々がわずかながら増加しつつあること，そしてその多くは0～9歳の子どもがいるということであろう。

パキスタン人の男性比率が特に高い理由として，しばしば「ムスリムだから」と，イスラームという宗教によって説明されるが，それだけではインドネシア人ムスリムの女性移住労働者の多さを説明できない。ここでは，伊藤（1992: 299-300）が引用した，Boserupの「女性の出身諸国別活動パターン」を紹介しておきたい。Boserupは，女性の農村／都市における活動率の高低によって，4つの出身諸国別パターンを抽出し，そこから女性の国内労働力移動の傾向を説明している。それによると，①アラブ諸国は「農村でも都市でも女性の活動率が低い」グループであり，女性の労働力移動は少ない。②アフリカとインドは「農村では女性の活動率が高く，都市では低い」グループであり，やはり女性の労働力移動は少なく，男性が移動の主体となる。③東南アジア諸国は「農村でも都市でも女性の活動が高い」グループであり，女性の労働力移動が多く，男女の割合も比較的バランスがとれている。④ラテンアメリカ諸国は「農村では女性の活動率が低く，都市では高い」グループであり，女性の労働力移動が多い。これを援用すれば，③東南アジア諸国のインドネシアでは

女性移住労働者が多く，②インドもしくは①アラブ諸国に近いパキスタンでは，女性移住労働者が少ないことを説明できる。

2.2.2　日本人との結婚と在留特別許可

このようにジェンダー・バランスに大きな偏りを示し，かつ成員の多くが結婚適齢期にあるようなエスニック集団においては，他のエスニック集団からパートナーを得る人が増加することが予想される。

パートナーを得ることには，もう1つ重要な問題がある。それに付随する資源の獲得の問題である。特に結婚の場合，パートナーとの資源の共有が前提となる。このような結婚と資源の関係性は，一般的な事象であるといえよう。

ニューカマーの場合，活動に制限のない在留資格を取得するには，日本人と結婚することがもっとも簡単な方法である。超過滞在者に関していえば，日本において正規の滞在資格を再度取得する確実な手段は，日本人（もしくは滞在資格をもつ外国人[10]）との結婚による在留特別許可の取得しかないと考えてよい[11]。

これは，非熟練労働者としては受け入れないが，日本人と身分関係をもつ外国人には在留資格を付与するという，日本の移民政策の基本姿勢によるものである。身分関係とは，婚姻関係，養子縁組関係，親子関係であり（江川ほか 1997: 175-81），日本の結婚制度，家制度，血統主義を重視する姿勢が反映されている。

---

10) 現状として数は少ない。詳細は第6章を参照のこと。なお本書は，基本的に日本人との結婚に限定した議論となっていることをあらかじめ断っておきたい。
11) 一度帰国して，在留資格を再度取得する方法もあるが，再入国禁止期間というペナルティが与えられるので，すぐには日本に再入国できない。また再入国禁止期間後であっても，日本に超過滞在した履歴が残っているため，在留資格の再取得には通常以上に時間がかかる。移住労働者支援団体の情報によると，2000年1月まで出国した人の再入国禁止期間は1年だったが，実際は，日本人と結婚した人でも，再来日まで2〜4年ほどかかっていた。さらに2000年2月に入管法が厳罰化され，再入国禁止期間は5年に延長された。日本人と結婚した人でも，再来日まで3年以上はかかるとみられており，在留特別許可の意味はますます大きくなっている。
12)「国際結婚」や在留特別許可の申請手続きに関しては，たとえば榎本編（1997）を参照のこと。

ただし法務省から在留特別許可を受けるためには，結婚が法的に成立したものであり，かつ実体をともなうものであることを証明しなければならない[12]。「国際結婚」の場合，日本人同士の結婚とは異なり，結婚を法的に成立させるためには，多数の書類を複数の機関に提出しなければならない。外国人の国籍によっては，出身国から書類を取り寄せたうえで，日本で認証を受けるなど煩雑な手続きを必要とするものもある。また，法務局へ出頭し事実説明するよう求められる場合もある。当然ながら，日本の戸籍制度に則った結婚でなければならず[13]，事実婚や宗教婚は認められない。

　また実体をともなう結婚であることを証明するために，2人の出会いから結婚に至るストーリーを作文して入国管理局に提出し，2人で撮ったスナップ写真を証拠として添付する。面接審査においては，プライベートな質問も覚悟しなければならない。さらに疑惑をもたれる場合には，担当の役人が住居の確認に来るので，2人で一緒に暮らしていることを証明するために，部屋の様子をすべて見せる。これらの手続きを通して，結婚が「偽装結婚」でないことを証明していく。在留特別許可の手続きは，長いときには数年，最短ケースでも半年程度かかるが，現状では日本人との結婚の場合は基本的に許可されている[14]。

　1980年代，在留特別許可は主に長期滞在の在日韓国・朝鮮人が取得していたとみられ，許可数（外国人全体）も年に500人前後であった（図3-13）。1990年代に入ると，ニューカマーの「国際結婚」による在留特別許可が増加した。特にパキスタン，バングラデシュの場合，1989年の査証相互免除協定停止を受け，1990年代に在留特別許可申請が増加した[15]。外国人支援団体で

---

13) 戸籍制度と結婚，国籍に関するさまざまな問題点については，佐藤（1995）を参照のこと。
14) 滞在資格をもつ外国人との結婚によって在留特別許可を申請した場合，日本人との結婚の場合に比べて審査に時間はかかるものの，かなりの確率で認められている。
15) 在留特別許可には，結婚だけでなく，家族をともなった長期滞在，日本人の実子を監護・養育する外国人親，難民に準ずる者など，すべてのケースが含まれている。その内訳は公表されていないが，国会の答弁において一部明らかにされところでは，日本人・永住者との婚姻による在留特別許可の割合は1996年（84.8%），1997年（87.4%），1998年（90.8%）と，8割以上であった（衆議院法務委員会議事録，1999/7/30）。在留特別許可については，「コムスタカ―外国人と共に生きる会」の中島真一郎氏の資料を参考にした。

ある APFS が最初にパキスタン人の在留特別許可申請を扱ったのは 1990 年であるという（吉成 1993: 78）。在留特別許可者数の国籍別内訳は一般に公表されていないが，石井論文（1995: 90）に掲載された表からの算出によると，1990 〜 1992 年は韓国・朝鮮が許可者総数の 70％以上，中国が 6 〜 9％，その他が 16 〜 20％であったが，1993 年には韓国・朝鮮が 53％に減少し，中国は 6％で，その他が 41％に増加している。また在留特別許可の申し立て者数をみると，1990 〜 1992 年は韓国・朝鮮が 60％以上，中国が 11 〜 16％，その他が 20 〜 27％であったが，1993 年は韓国・朝鮮が 45％，中国が 9％，その他が 46％となり，その他が韓国・朝鮮の割合を超えている。

当時，「国際結婚」による在留特別許可の取得には 1 年数カ月以上かかっていたことを考慮すれば，1992 年頃からニューカマーによる在留特別許可申し立ての増加があったことが推測される。その後，在留特別許可（総数）は，1994 年以降徐々に増加し，2004 年には 1 万 3,000 人を突破したが，その後は徐々に減少している（図 3-13）。

こうして在留特別許可を得た人は，日本人と結婚した人（および日本人の子[16]）のための在留資格である「日本人の配偶者等」を取得する。パキスタン人の統計をみると（図 3-14），出稼ぎブーム以前の 1984 年には 112 人だったが，出稼ぎブーム以降は増加の一途をたどり，2001 年には 1,656 人に達するが，その後徐々に減少して 2010 年には 818 人になった。また日本人と結婚した人は，数年後には永住権を取得できることから，「永住者」の資格を取得する人も増加している。「永住者」の外国人登録者数をみると，1984 年には 38 人だったが，こちらも増加し続け，2010 年には 3,280 人に達している（図 3-14）。永住権の許可人数の推移をみると（図 3-15），1999 年頃から急増し，2004，2008，2009 年には 400 人以上に許可が出ている。2010 年の「日本人の配偶者等」と「永住者」を単純に合計した数（日本人と結婚したパキスタン人の推計値とみなす）は 4,098 人となる。

日本人と結婚したパキスタン人が増加しているということは，在日パキスタ

---

[16] パキスタン人の場合，外国で産まれて日本国籍を留保しなかった場合などが考えられるが，ごく少数である。一方，日系人の場合はこの「日本人の子」が主流となるので注意が必要である。詳細は第 3 章付論を参照のこと。

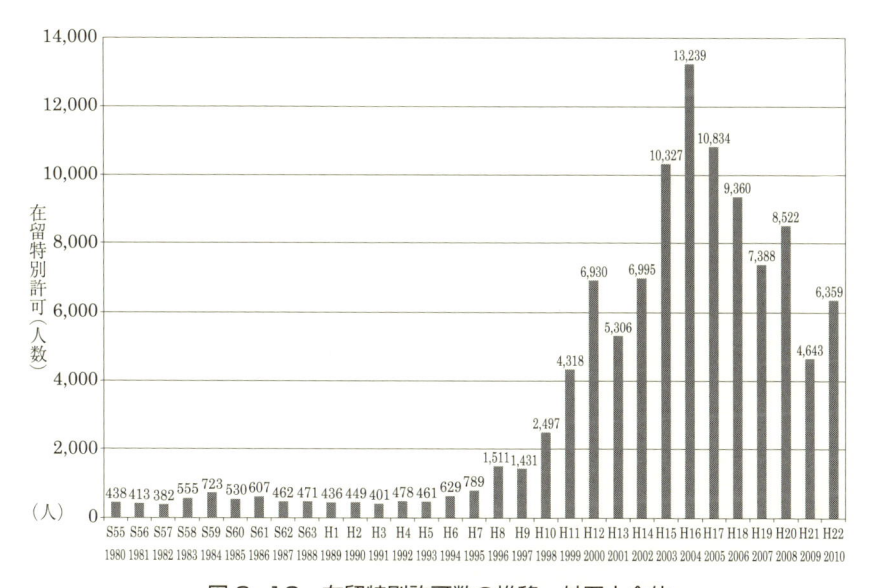

図3-13　在留特別許可数の推移　外国人全体
出典：法務省『出入国管理統計年報』各年版，各年末現在

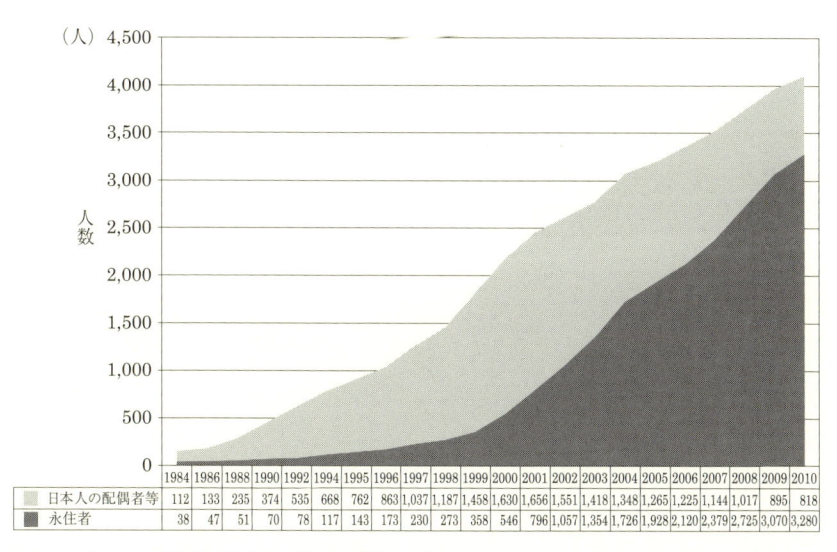

	S55	S56	S57	S58	S59	S60	S61	S62	S63	H1	H2	H3	H4	H5	H6	H7	H8	H9	H10	H11	H12	H13	H14	H15	H16	H17	H18	H19	H20	H21	H22
年	1980	1981	1982	1983	1984	1985	1986	1987	1988	1989	1990	1991	1992	1993	1994	1995	1996	1997	1998	1999	2000	2001	2002	2003	2004	2005	2006	2007	2008	2009	2010
人数	438	413	382	555	723	530	607	462	471	436	449	401	478	461	629	789	1,511	1,431	2,497	4,318	6,930	5,306	6,995	10,327	13,239	10,834	9,360	7,388	8,522	4,643	6,359

	1984	1986	1988	1990	1992	1994	1995	1996	1997	1998	1999	2000	2001	2002	2003	2004	2005	2006	2007	2008	2009	2010
日本人の配偶者等	112	133	235	374	535	668	762	863	1,037	1,187	1,458	1,630	1,656	1,551	1,418	1,348	1,265	1,225	1,144	1,017	895	818
永住者	38	47	51	70	78	117	143	173	230	273	358	546	796	1,057	1,354	1,726	1,928	2,120	2,379	2,725	3,070	3,280

図3-14　在留資格別外国人登録者数　パキスタン人　永住者と日本人の配偶者等
出典：法務省『在留外国人統計』各年版，各年末現在

第3章　各国の移民政策および社会的背景　77

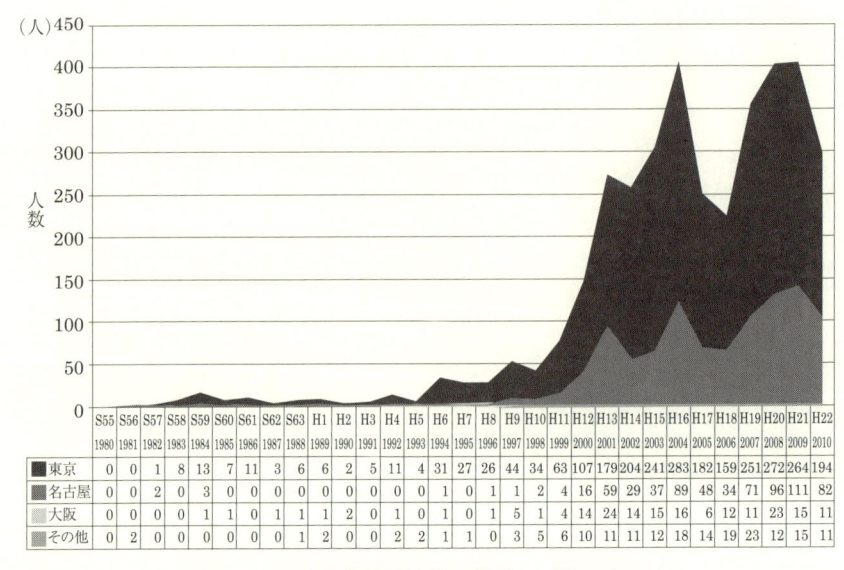

	S55 1980	S56 1981	S57 1982	S58 1983	S59 1984	S60 1985	S61 1986	S62 1987	S63 1988	H1 1989	H2 1990	H3 1991	H4 1992	H5 1993	H6 1994	H7 1995	H8 1996	H9 1997	H10 1998	H11 1999	H12 2000	H13 2001	H14 2002	H15 2003	H16 2004	H17 2005	H18 2006	H19 2007	H20 2008	H21 2009	H22 2010
東京	0	0	1	8	13	7	11	3	6	6	2	5	11	4	31	27	26	44	34	63	107	179	204	241	283	182	159	251	272	264	194
名古屋	0	0	2	0	3	0	0	0	0	0	0	0	0	1	0	1	1	2	4	16	59	29	37	89	48	34	71	96	111	82
大阪	0	0	0	0	1	1	0	1	1	2	0	1	0	1	0	1	5	1	4	14	24	14	15	16	6	12	11	23	15	11
その他	0	2	0	0	0	0	0	1	2	0	0	0	2	2	1	1	0	3	5	6	10	11	11	12	18	14	19	23	12	15	11

図3-15　永住権許可人数の推移　パキスタン人
出典：法務省『出入国管理統計年報』各年版，各年末現在

ン人というエスニック集団に包摂されうる日本人配偶者が同じだけ存在するということでもある。また子どもが生まれれば，そのほとんどが日本国籍をもつ二重国籍者となるため，外国人登録者数には反映されないメンバーが存在するといえよう。1985年頃にパキスタン人の日本出稼ぎブームが始まったことを考えると，初期に「国際結婚」したカップルの子どもは2012年現在成人している計算になるが，大半は1990年代以降に生まれた高校生・中学生以下の子どもたちであろう。

　在日パキスタン人の人口規模が1万人程度と小さいことはすでに述べたが，在日パキスタン人というエスニック集団の範囲を，「在日パキスタン人数＋日本人配偶者数＋子どもの数」と設定した場合，その中に包摂される人数は2倍，3倍となる。在日パキスタン人というエスニック集団は一見小規模ながら，ホスト社会と密接な関係を保ちつつ維持・形成されてきた広がりをもつエスニック集団ととらえることができる。

2.2.3　正規滞在者と非正規滞在者の格差

「国際結婚」が増加すると，結婚によって安定した滞在資格を得た正規滞在者と超過滞在者との間に格差が生じる。これは正規滞在者となったパキスタン人が，労働市場を上昇移動するということではない。

丹野（1998, 1999）によれば，正規滞在者である日系人と非正規滞在者であるパキスタン人，イラン人は，分断的労働市場において全く異なるネットワークで職を探し，異なるスタイルで地域に定着するという。在日パキスタン人は，たとえ正規滞在者になったとしても，分断的労働市場において構築されたネットワーク（丹野のいうところの職長ネット，建設ネット，エスニック・ネット）を放棄するメリットはない。よって正規滞在者になったとしても，別の労働市場へ移動することはなく，所得に大きな差が出ることもない。

ではどのような格差が生じるのだろうか。正規滞在者となった在日パキスタン人は，安定的な法的地位を得たことによって，自分と日本人配偶者がもつ資源を最大限活用するチャンスを得るのである。たとえば工場での労働を辞めて，自営業を起業することがそれに当たる。

これに対して非正規滞在者が既婚者である場合，日本で在留特別許可を得ることは非常に難しい。もちろん非正規滞在者であっても，パキスタンから配偶者や子ども呼び寄せたり，面識のないまま国際電話を使って結婚した配偶者を呼び寄せたりするケースもある。しかしながら，非正規滞在の状態のままで家族を形成するのは，多くの困難をともなう。

また在日パキスタン人が，在日のフィリピン人，ブラジル人，ペルー人など他のエスニック集団の成員と結婚する事例がみられるが，相手が滞在資格をもっていれば日本人との結婚と同様に在留特別許可を受けることができる。しかしながら，相手もまた超過滞在者であれば，生活基盤の不安定なまま日本で家族形成することになる。もしどちらかが摘発され退去強制されれば，そのまま家族離散につながる。滞在資格の有無は，移住労働者の経済的負担や精神的負担に直結する。

このように超過滞在者の大半が帰国する中，滞在を長期化させた在日パキスタン人は，一方で結婚して在留特別許可を取得して正規化し，他方で社会的に不安定な状態から生じる問題を同胞同士で連帯して解決しようと，さまざまな

移民ネットワークを発展させていった。1990年代前半は,「帰りたくても帰れない」状況から滞在の延長が始まり,社会的ネットワークが発展した時期であり,Castles& Miller の移民過程の第2段階に当たっていたと考えられる。たとえば,在日バングラデシュ人を中心とした当事者団体である APFS(アジアン・ピープルズ・フレンドシップ・ソサエティー)は 1987 年に設立され,1990 年代前半には当事者団体の代表的な存在となった(吉成 1993)。また在日パキスタン人を中心としたイスラームの宗教団体もこの時期に次々と設立されている(第 4 章第 1 節参照)。

2.3 パキスタン人移民の特徴

これまで,日本出稼ぎブーム,査証相互免除協定停止による移民フローのストップ,入管法改定と入管の摘発強化による移民ストックの減少,それと同時

表3-3 パキスタン人の在留資格 上位5位

順位	1984	%	1990	%	1995	%	2000	%	2005	%	2010	%
1	日配	17	短期:観光	35	短期:観光	37	短期:観光	22	永住者	22	永住者	32
2	被扶養者	15	日配	18	短期:商用	16	日配	22	その他	15	家族滞在	16
3	短期:商用	10	家族滞在	11	日配	16	その他	13	日配	14	人文・国際	8
4	商用	7	短期:観光	5	家族滞在	6	短期:商用	10	短期:観光	12	日配	8
5	短期:観光	6	就学	5	その他	3	家族滞在	8	家族滞在	10	定住者	7

注)網掛けは,「短期:商用」と「商用」と「人文知識・国際業務」
出典:法務省『在留外国人統計』各年版

表3-4 バングラデシュ人の在留資格 上位5位

順位	1984	%	1990	%	1995	%	2000	%	2005	%	2010	%
1	研修	32	就学	24	短期:観光	21	短期:観光	19	その他	19	家族滞在	22
2	留学	18	留学	23	留学	20	家族滞在	16	家族滞在	15	永住者	20
3	被扶養者	13	短期:観光	13	家族滞在	15	留学	14	留学	14	留学	17
4	就学	6	家族滞在	9	就学	12	その他	10	永住者	11	その他	6
5	日配	5	日配	8	日配	7	日配	9	短期:観光	8	人文・国際	6

注)網掛けは「研修」と「留学」と「就学」
出典:法務省『在留外国人統計』各年版

進行する移住労働者の滞在長期化と「定住化」，日本人との家族形成といった在日パキスタン人の移民過程の前半の段階をみてきた。では，同じ南アジア系外国の人バングラデシュと比べるとどうだろうか。

　まずは在留資格を比較してみよう。パキスタン人の在留資格は，「商用（後の投資・経営）」「短期：商用」「人文知識・国際業務」といったビジネスに関連したものが上位に入っている。それに対してバングラデシュ人の在留資格は，「研修」「留学」「就学」といった学業に関するものが上位に入っている。同じ南アジア人であっても，ビジネスを志向するパキスタン人と，学業や技術習得を志向するバングラデシュ人という違いが表れている。特に「短期：商用」はビザを取得する時点で，日本側取引相手の保証書が必要となることから，ビジネスを志向するパキスタン人が同じ志向性をもつ同胞を呼び込むという側面もあるだろう。

　パキスタン人のパスポートには職業欄があり，しばしば「Business」とか「Business man」といった記載を目にする。この場合の「ビジネスマン」は，日本で一般的に使われる「事務系のサラリーマン」という意味ではなく「実業家・投資家」という意味である。日本で工場労働者として働いていたとしても，自己規定は「実業家・投資家」なのである。もちろん「実業家」と記載した方が「短期：商用」ビザが発給されやすい，という戦略的な側面も否定できないが，いつかは自分で商売を興そうという気持ちの表れとも考えられる[17]。

　このように，パキスタン人の場合，ビジネスへ向かわざるをえない社会的制約があること（雇用の制限），ビジネスに参入しやすい条件を満たしていること（日本人の配偶者や友人・知人とのつながり），ビジネスへ参入しようという意識が同胞内で共有されていること（企業家精神），それを後押しする環境が整っていること（在留資格），といったビジネスへの志向性が重層的にみられる。こうしたパキスタン人の特徴は，パキスタン人の自営業者比率の高さへとつながる（第5章参照）。

　次に出身地域について着目すると，在日バングラデシュ人は特定地域の出

---

[17] とはいえ，この場合の「ビジネスマン」の訳語は，「実業家・投資家」よりは「商人（あきんど）」のほうが現状に近いかもしれない。

身者の占める割合が高いことが，先行研究によって指摘されている。1990～1991年にかけてバングラデシュ開発問題研究所が行った実態調査報告書によると（総合研究開発機構 1993: 6），日本への出稼ぎルートを水路付けたきっかけは明らかでないものの，中東で働いていたあるバングラデシュ人が，日本人の友人から招待されて来日し，就職の可能性を知ってその情報を友人・知人に広めたというストーリーが紹介されている。その人物が，ムンシゴンジ（マンシガンジ）地域のビクランプールという土地の出身者であったので，この地域から多くの人々が日本出稼ぎに行った。その後このニュースは他の地域にも広まったが，それでもビクランプールが最大の送出地域として突出しているという。

　これに対し，在日パキスタン人は，カラーチー，ラーホールといった都市出身者が多いことが先行研究によって指摘されている（手塚ほか編 1992: 166）。中東や日本へ出稼ぎを多く送出したことで有名なグジュラーンワーラーも，ラーホールと同じパンジャーブ州の都市部である。民族的にはパンジャービーがもっとも多く海外へ移住しているといわれる（山根 2003: 37）。工藤（2005a: 324=2008: 261）は，40人の日本人配偶者に聞き取りを行っているが，夫の出身地は，ラーホール（16人）がもっとも多く，カラーチー（12人）がそれに続いている。その他は，それぞれ1～2人の横並びである。また，1999年1月に埼玉県で来日前の居住地を訪ねる質問紙調査をしており（工藤 2005a: 338=2008: 274），回収した95件のうち，ラーホール（24人）がもっとも多く，スワービー（13人），ペシャーワル（7人），カラーチー（6人），イスラマーバード（5人），マルダーン（5人）と続く。前者と違ってカラーチーの数が比較的少ないが，ラーホールが多いことは確認できる。注目に値するのが，サウジアラビア，ドバイ，韓国といった第三国経由（18人）が多い点であり，移民理論で紹介した「間接移民システム論」を想起させる。筆者が日本人配偶者22人に対して行った聞取調査では，主要な調査地であったカラーチー（14人）がもっとも多く，その他はそれぞれ1～2人の横並びであった（付録の調査票・結果参照）。

　このような出身地に関する傾向の違いは，それぞれの内包するエスニック集団の違いに反映される。つまり，在日バングラデシュ人のエスニック集団

が，おおむねベンガリ（ベンガル人）に限られるのに対し[18]，在日パキスタン人のエスニック集団は，パンジャービー，パシュトゥーン，バローチ，スィンディー，ムハージルなど多種多様であり，本国での民族構成を強く反映した状況にある。

　続いて学歴についてみてみよう。実はパキスタン人移民の学歴に関するデータはほとんどない。2005〜2006年，モスクに集まるムスリム対象の質問票調査をした早稲田大学の報告書によると（店田編 2006: 12），回収した149件のうち，インド亜大陸出身者が48人（32.2％）であった。その内訳は，バングラデシュ24人（16.1％），パキスタン17人（11.4％），スリランカ4人（2.7％），インド3人（2.0％）である。これらインド亜大陸出身者の最終学歴は，大学・大学院6割（58.3％），専門学校・短大2割（18.8％），高校1割（12.5％），中学校（4.2％）と小学校（4.2％）合わせて1割という比率になっている。大学・大学院の割合が高く，学歴の高さが確認できる。しかしながら，モスクに集まるムスリム対象という性格上，比較的宗教熱心な人々が多く，それがサンプルに偏りをもたせている可能性があるうえ，出身国による違いも読み取ることができない。筆者がパキスタン人移民の日本人配偶者22人に対して行った聞取調査では，大学（8人）と大学予科（8人）が多く，専門学校（3人），中学・高校（2人）は比較的少なかった。工藤の調査でも，大学もしくは大学予科を中断もしくは修了した時点で来日した人が多く，パキスタン全体からみれば相対的に学歴の高い層が来日していることを指摘している（工藤 2005a: 43; 2008: 28）。学歴に関する考察は，さらなる研究蓄積を待つ必要がある。

　またパキスタンでは，学生運動が盛んであり，政治や社会に不満を持つ学生の受け皿となるのが，左翼系（労働組合系）かイスラーム系（イスラーム政党系）の団体であるが（浜口 1985: 167），それはバングラデシュも同じである[19]。しかしながら，日本において在日バングラデシュ人は積極的に労働組合系の運動に参加する傾向がみられるのに対し，在日パキスタン人は積極的にイスラーム系の運動に参加する傾向がみられる（支援団体での参与観察）。両者の違いが

---

18) 2007年12月3日，山本薫子氏（首都大学東京）にご教示いただいた。
19) 2008年6月17日，パキスタン人同郷団体元代表へのインタビューより。

みられた事例を紹介してみよう。

1990年代後半に、横浜の外国人支援団体（労働組合の影響が強い）が、傘下に外国人メンバーの国籍別互助組織を作ろうと企画したことがある。そのとき、バングラデシュ人メンバーたちはその呼びかけに応えたが、パキスタン人メンバーたちはその誘いを断った。組織化を断った理由は、「日本には、互助組織とほぼ同じ目的を掲げて活動をしているイスラーム団体がすでにあり、その活動との違いが見出せないから」というものであった。対照的に、バングラデシュ人メンバーたちは、本国でも労働組合系の学生運動に従事した経験をもつ人物を中心に、互助組織の立ち上げを実現させた。結果的にバングラデシュ人互助組織も2年後に活動を休止し、国籍別互助組織の企画自体は失敗に終わるのであるが[20]、短期間でもバングラデシュ人メンバーの組織化が実現したという事実は評価されるべきであろう。このように、パキスタン人とバングラデシュ人にはそれぞれ異なる文脈もみられることから、安易に両者を一括して論じるべきではなく、場合によってはより慎重に分析すべきかもしれない。

以上、「ホスト社会：日本」におけるパキスタン人移民の状況を、移民政策とそれに対する対抗手段、具体的にはホスト社会のメンバーである日本人との結婚という方法によってその苦境を打開し、新たな社会関係資本を獲得する様子をみてきた。また統計結果からその特徴を描き出し、移民過程について言及した。

次節では、「第三国：アラブ首長国連邦」について検討する。アラブ首長国連邦の移民政策は、他の国が決して真似できないような、かなり極端なものである。しかしながら、パキスタン人移民はアラブ首長国連邦に長期滞在し、日本とは比較にならないほど大規模な移民コミュニティを形成し成熟させてきた。また、アラブ首長国連邦には、移民ストックの理論で紹介した「間接移民システム論」に当てはまる現象もみられる。なぜ「ホスト社会：日本」を拠点とするパキスタン人移民にとって、「第三国：アラブ首長国連邦」が必要なのか、次節で詳しく考えてみたい。

---

20) この互助組織の運営が失敗した経緯は、山本（2008: 88-93）を参照のこと。

第3節 ◆ 第三国：アラブ首長国連邦

　これまで「送出社会：パキスタン」と「ホスト社会：日本」の移民政策と社会的背景，それに対応するパキスタン人の移民ネットワーク形成（移民フロー）や移民過程の展開（移民ストック）について論じてきた。ここでは，少し焦点をずらして「第三国：アラブ首長国連邦」について考える。なぜ「ホスト社会：日本」を拠点とするパキスタン人移民にとって，「第三国：アラブ首長国連邦」が重要なのか，その移民政策や社会的背景をとらえながら考えていこう。

3.1　中東・アラブ首長国連邦・ドバイ

　中東[21]は，パキスタン人にとって重要な移民受入地域である。間接移民システム論を援用すれば，「中継国」もしくは「代替受入国」の代表的事例に当たると考えられる。本節では，中東の中でもアラブ首長国連邦を「第三国」と位置づけ，「ホスト社会：日本」「送出社会：パキスタン」を結ぶ拠点として，どのような役割を果たしてきたのかを考察する。

　欧米への国際労働力移動と比較した場合，中東へのそれは，発展途上地域の内部での労働力移動ととらえられてきた。すなわち，「南」から「北」への労働力移動に対し，「南」から「南」への労働力移動という位置づけである（長沢 1994: 95-6）。また，労働者の本国送金というかたちで，「石油の富」の一部を国際的に再分配する，「南」の世界に特徴的なサブ・システムとしてとらえられている。さらに重要なのは，「差別的」ともいえる極端な国籍法や労働法によって，移住労働者をできるだけ定住化させない社会システムを構築している点である。

　中東の中でも，パキスタン人労働者の代表的な受入国は，サウジアラビアとアラブ首長国連邦である。特にアラブ首長国連邦のドバイは，「ドバイ症候群」

---

21) 中東のほかに，「西アジア」という表記方法があるが，本書では広く使われている「中東」という表記を使用する。

（後述）という用語も登場したほど，パキスタン人移民の出稼ぎ先のシンボルとなっている。

「ドバイ」と聞いて，日本人がイメージするのは，オイルマネー，高層ビルの建築ラッシュ，観光リゾートであろう。もう少し具体的に，7つ星の超高級ホテル，ヤシの木や世界地図をかたどって造られた人工島の高級別荘地，ブランド品の買い物三昧，を思い浮かべる人もいるかもしれない。しかしもっとも注目されるのは，教育費無料，医療費無料，一律5％の低関税，所得税・法人税なし，という自国民の優遇政策である。まるで「夢のような国」というドバイのイメージがある一方で，2000年代のドバイの不動産開発ラッシュの様子は「日本のバブル経済」と重なってみえてしまい，危うさを感じざるをえなかったし（たとえば『アエラ』2008年8月10日号），事実そのバブル経済は2009年11月25日の「ドバイ・ショック」ではじけた。そして少し冷静にドバイ社会を見つめてみれば，この繁栄を支えてきたのが，外国人（移住労働者）であることに気づかされる（福田2008b）。アジアの地図をみると，アラブ首長国連邦とパキスタンはとても近い（図3-16）。カラチ―ドバイ間は飛行機で2時間の距離にある。地理的・宗教的近接性を背景として，パキスタン人移民はアラブ首長国連邦に移民コミュニティを成熟させてきた。以下，アラブ首長国連邦の歴史や移民政策，移住労働者のコミュニティ形成について検討してみよう。

3.2 アラブ首長国連邦の歴史と移民政策

3.2.1 イギリス保護領時代前後

アラビア（ペルシア）湾[22]は，古代バビロニア帝国，サラセン帝国，新航路発見，大航海時代と，世界の交易の幹線路をなしてきた。15世紀末のイン

---

[22] 今日ではアラブ首長国連邦とその周辺諸国を，「湾岸」諸国と総称するが，それはかつて「ペルシア湾」と称されていたものが，アラブ産油国の国際的地位と重要性が増すにつれて，「アラブ湾」であるという主張が出てきて，この域内での国際政治問題に発展したため，双方に通ずる「湾岸（Gulf，ガルフ）」が用いられるようになった経緯がある（吉田ほか編 1997: 52-3）。本書では，アラビア湾と表記する。

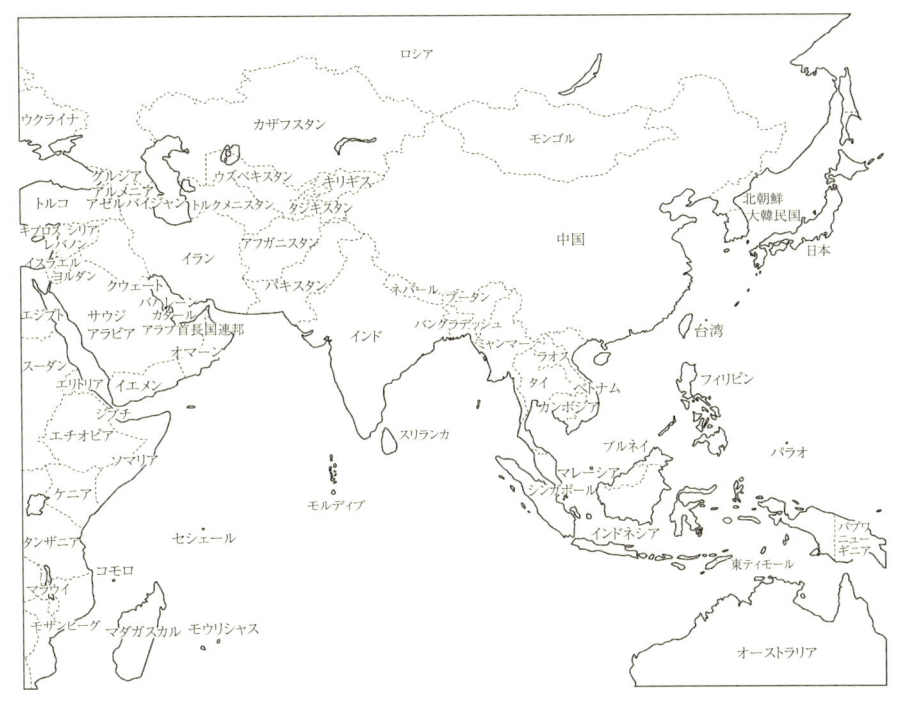

図3-16 アジア諸国・地図

ド洋航路発見後は，アラビア湾はポルトガル，オランダ，フランス，イギリス，ロシア，オスマン・トルコなど，国際相克の場と化す。また17世紀に勢威をあげたペルシアのサファヴィー朝が，湾をまたいで現在のバハレーン，シャルジャなどのアラブ諸地域を占領した歴史もある（富塚 1991: 134-5）。イギリスは，インドへの海上輸送ルートを確保するため，17世紀以降，湾岸地域に拠点を着々と築いた（岡倉 2000: 110）。17世紀後半には，湾岸地域にイギリス商館も設置され，南アジア地域出身の商人が商業都市に集住していた（長島 1999: 32）。

一方，アラビア湾に面するアラビア半島の海沿いの一帯（以下，湾岸地域）は不毛の砂漠で，古くからさまざまな部族が割拠していた。住民の生業は，沿岸部では漁業や天然真珠の採取[23]，内陸部のオアシスでは農業であったが，いずれも生活は貧しかった。生活の貧しさから抜け出すため，湾内を航行する

船舶を狙った海賊行為が跡を絶たず，湾岸地域はしだいに「海賊海岸（Pirate Coast）」と呼ばれるようになった（長場 2001: 31-2）。

イギリスにとってみれば，インドからの海上ルートを確保するうえで，湾岸地域の安定は重要課題だった。そこでまず，1819 年にラス・アル・ハイマの海賊を攻撃し，一般平和条約を締結させ，同条約に他の首長も加えさせた。1835 年には海上休戦条約を，1853 年に恒久休戦条約を締結し，これを契機に湾岸地域は「休戦海岸（Trucial Coast）」と命名された。1861 年にはバハレーンと恒久休戦条約を結び，バハレーンとカタールを保護下に入れ，インド航路の安全を確保した（岡倉 2000: 43）。1892 年には，湾岸地域の首長たちと保護協定を締結し，休戦海岸はイギリスの保護領となった（長場 2001: 31-2）。

南アジアでは，1858 年にムガール帝国が滅亡し，イギリスによる実質的なインド支配（直接統治）が始まり，1877 年にヴィクトリア女王がインド皇帝に就任してインドの植民地化が形式的に完成した（南塚ほか 1999a: 2）。イギリスは，植民地インドを使って，湾岸地域のブシェールに政務長官を置き，その下に植民地経営の尖兵役として政務官などを周辺の主要地域（クウェート，バハレーン，マスカット）に配置した。こうしてイギリスは他の外国の介入を排除した（岡倉 2000: 110-1）。

ドバイが港町として発展した要因は，第一にアラブ商人側の善隣外交とイギリスへの接近にある（武藤 1989: 85）。1833 年にアラブの一部族がドバイに移住すると，この地で真珠採取と真珠のインド輸出，および見返り品の再輸出で生計を立てるようになった。この経済関係を維持するため，善隣外交という手段が取られ，自国の安全保障を求めてイギリスへ接近するアラブ商人側と，軍事的拠点と通商上の施設を求めるイギリス側の利害が一致した。その後イギリスは，20 世紀初頭にペルシア（イラン）で発見された石油利権を確保し，第一次世界大戦頃にはメソポタミア（イラク）でも排他的な石油開発利権を握った（岡倉 2000: 110-1）。第一次大戦以降，イギリスは「パックス・ブリタニカ（大英帝国による平和）」体制を確立し，湾岸地域を「イギリスの湖」と呼び，

---

23) 唯一の現金収入であった天然真珠の採取も，日本の養殖真珠の登場で 1920〜1930 年代には壊滅的な打撃を受け，しだいに衰退していった（安東 1996: 7）。

1971年のスエズ以東撤退までこの地域を支配した（富塚 1992: 135）。イギリスは，植民地インド政府にこの地域の実質的管理を任せ（相澤 2008: 23），インド商人が経済の主導権を握っていたので，独立直前の1969年まで湾岸地域ではインド・ルピーが流通していた（佐々木 1997b: 41）。

　第二に，蒸気機関船の発明である。19世紀中頃に大型汽船がインド洋上に登場すると，ボンベイ―ペルシア汽船の寄港地としてドバイが選ばれ，その汽船料が安かったこともあり，多くのアジア人が移住してきて事業を始めた（田畠 1993: 23）。まずは1891年に，イギリス・インド汽船会社の事務所が開設され，港湾整備や荷役業務などの近代化が進められた。さらに1904年には同汽船会社が定期的に寄港するようになり，経済面でもイギリスとの関係が密になっていった（武藤 1989: 85）。さらに欧州系汽船会社に次いで，インド系ムスリム商人の汽船会社が進出し，低価格運賃を打ち出した。彼らはマッカ（メッカ）への巡礼者を運搬したほか，イラン系資本家の協力を仰いでインド・ペルシア汽船を設立したり，オスマン朝官営汽船をインドへ就航させたりして，新しい人の流れを創り出した（大石 2004: 246-7）。

　第三に，19世紀末にペルシアの帝国主義政策で没落した対岸のアラブ人商人が，湾を渡ってドバイに移住したことである。当時ペルシア側では，貿易制度や関税徴収が強化されたため，新たな行き場を求めたアラビア湾内の貿易商人たちに対し，ドバイが自由貿易の場を提供した。それを機に，徐々に商人たちがドバイに集まり，クリーク（入り江）沿いに港町が形成された。これは，アラビア湾内での貿易ハブの地位を，ペルシアのランゲ港から奪ったことを意味する。20世紀初頭のドバイ人口は3,000人（皆木 2005: 12）とも1万人（武藤 1989: 86）ともいわれている。

　第四に，ドバイ首長の事業家としての強力なリーダーシップである。ラシード首長（当時）は，即位前の1939年以降，内政のかなりの部分を任されていたが，1958年に首長に即位すると，港湾，空港，通信整備のスピードを速めた（武藤 1989: 87）。特に大型船の往来を可能とするためにクリークの工事に着手し，港湾環境を整備して貿易額を大幅に増やし，ドバイの財政状況を一気に好転させたため（皆木 2005: 12），1950年代後半には，ドバイは中継貿易港として発展を遂げた（内川 1999: 132）。こうした経済的発展は，首長家と商人

層の政治的・経済的協力関係のうえに成り立っている。

　一方，独立前のアラブ首長国連邦には，イスラームの宗教教育のための私塾以外の学校がなかったが，例外的にシャルジャには，1953年に男子校が設立され，1960年に女子教育も始まった。そのほかにもシャルジャには，1966年にイギリス軍の駐屯司令部が設置され，当時のアラブ首長国連邦の中で唯一飛行場があったこともあり，「もっとも発展した都市」だった（安東 1996: 20; 佐々木 1997b: 42）。

　岡倉（2000: 30-2）によると，アラビア半島のアラブ人は，内陸部の遊牧民（バダウィ，英語訛りでは，ベドウィーン）と村落・都市部の定住民に分けられるが，いずれも血縁関係を中心にした拡大家族，氏族，部族という絆をもとにした組織を形成・維持している。それと同時に「人種」構成をみると，内陸部の遊牧民を除いて，人種的にかなり混交している。湾岸地域は，インド亜大陸的な特徴をもつ人々が多く，これは数世紀におよぶ湾岸地域と南アジアとの貿易と相互作用の関係を反映している[24]。

3.2.2　アラブ首長国連邦の建国と石油資源開発

　1968年1月16日，イギリス政府は財政緊縮政策の一環として，1971年末を目標に，スエズ以東からのイギリス軍撤退の方針を打ち出した。これを受けて，1968年2月，アブダビとドバイの両首長が会合して，両国で連邦を結成する合意が成立した。これにバハレーン，カタール，「休戦海岸」の残り5つの首長国の首長たちが賛同してドバイで会談し，2月27日には連邦結成の協定が調印され，9つの首長国からなる連邦国家の実現は盛り上がりをみせた。しかしながら，各首長国間の経済格差，民族性の相違，過去の部族間対立

---

[24] このほかにも，中東地域と南アジアの関係の深さを知る事例がある。たとえば，1940～1950年代，サウジアラビアの有識者たちは，息子に高等教育を受けさせるために，近隣諸国あるいはインドへ留学させていた。1955年には，イラク，イラン，パキスタン，イギリスを含めたバグダッド条約機構が成立している。1958年には，サウジアラビアがパキスタン人の経済専門家を通貨庁総裁に起用して国内経済の建て直しを図り，1979年時点で，サウジアラビアは防衛のために，イギリス人，アメリカ人，ヨルダン人，パキスタン人，エジプト人など約6万人の専門家，軍人を雇用している（岡倉 2000: 141, 146, 149, 191）。

を背景とする反目，バハレーンとカタールの主導権争いなどが原因して，連邦実現が暗礁に乗り上げた。結局，バハレーンとカタールは分離・独立へ向かい，1971年8月，9月にそれぞれ独立した。ラス・アル・ハイマを除く6首長国は，1971年12月2日に「アラブ首長国連邦」として独立し，ラス・アル・ハイマも1972年2月10日に連邦に参加し，現在の体制が確立した（長場 2001: 31-2）。

表向きには，各首長国が自発的に連邦を結成したとされているが（GEO project (UK) Ltd。 2003），連邦化を図ったのはイギリスである。イギリス撤収後，イランとサウジアラビアが湾岸地域の覇権を狙っていることは明白であり，さらには石油の開発利権も狙われていたため，地域の混乱と不安定化を避けるため，各首長はイギリス保護下で連邦化を決めた（富塚 1992: 135-6）。

アラブ首長国の7つの首長国は，アブダビ，ドバイ，シャルジャ，ラス・

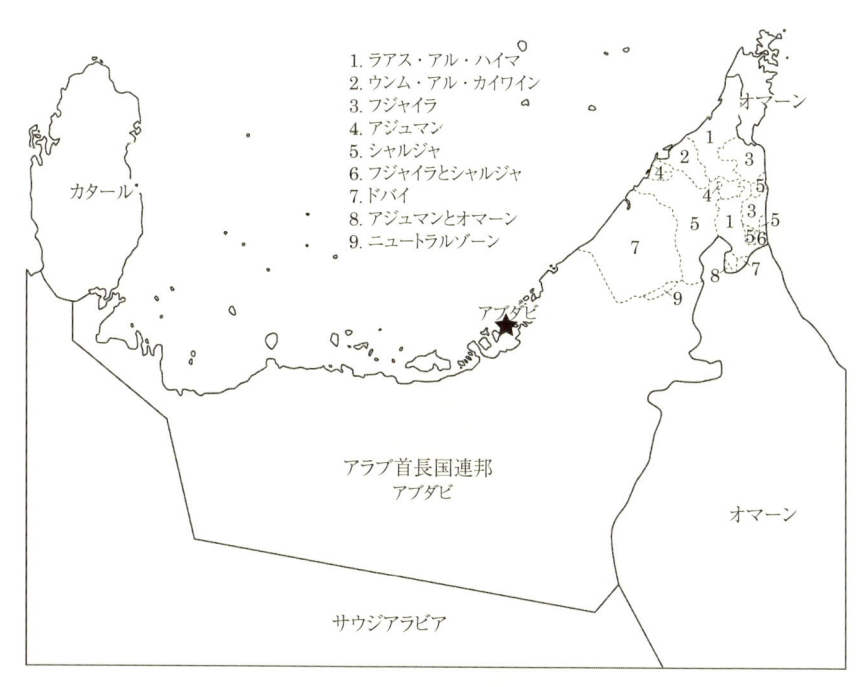

図3-17　アラブ首長国連邦・地図

アル・ハイマ，フジャイラ，アジュマン，ウンム・アル・カイワインである。連邦をなす各国は，いずれも首長を元首とする世襲の君主国である。連邦は大統領を置き，各連邦首相から任命された40名の評議員による連邦最高評議会をもつ。大統領はアブダビの首長，副大統領はドバイの首長である。最高評議会の決定に，アブダビとドバイが拒否権を行使できる（吉田ほか編 1997: 52-3）。首都はアブダビである。7首長国の中でアブダビの面積が圧倒的に大きいが，そのほとんどが砂漠であり，主な都市はアラビア湾岸の首都アブダビと，内陸のオアシスの町アルアインの2カ所である。他の6首長国の内フジャイラを除く5首長国の主要都市はすべてアラビア湾岸に集中している（GEO project (UK) Ltd. 2003）。

アラブ首長国連邦は，明確な国境を連邦内外の諸国ともっていない（吉田ほか編 1997: 52-3）。アラブ首長国連邦の領土内部に隣国オマーンの飛び地の領土があるうえ，各首長国の線引きはないに等しい。各首長国に含まれる部族の領地がバラバラで，線引きしても飛び地だらけになるからである（図3-17）。一般的な地図をみても，アラブ首長国連邦の国境は一応明確にされているが，各首長国の線引きは記載されていないことが多い。

湾岸地域の繁栄のきっかけは，やはり石油の発見である。湾岸地域で最初に石油が発見されたのはバハレーン（1932）だった。アラブ首長国連邦は少し遅れて，1958年にアブダビで海上油田が発見され，1962年に開発が開始された。その後もドバイ（1966年発見，1969年生産開始），シャルジャ（1973年発見，1974年生産開始），ラス・アル・ハイマ（1976年発見，1984年生産開始）と石油資源開発が続いた。1971年に連邦結成したにもかかわらず，1973年頃には目覚しい経済的発展をみせ，1990年代には名目上の1人当たり国民所得は世界一とさえいわれるまでに成長した。またウンム・アル・カイワイン，アジュマン，シャルジャでは天然ガスも発見された。これらの資源は，陸上・海上の双方で発見されている。結果的にアラブ首長国連邦は，アラブ諸国で第3位の石油生産国になった。とはいえ，石油の埋蔵地域は，アブダビ首長国に偏っており，アブダビだけで全体の7〜8割を生産している。よってアブダビが連邦予算の9割を負担している。石油資源で得た利益は他の首長国に分配され，インフラの整備に使われてきた（吉田ほか編 1997: 52-3, GEO project

(UK) Ltd. 2003）。

3.2.3　湾岸諸国の移民政策

湾岸地域では，1930～1940年代に域内労働力移動が始まったといわれる[25]。しかしながら，湾岸地域が本格的な移住労働者の受入地域となったのは，1970年代のことである（小川1987: 283）。

受入第一期は1970年代，1973年の第一次石油危機以降である。この時期は，中東のアラブ非産油国からアラブ人労働者を受け入れた。代表的なのはエジプト人，イエメン人，ヨルダン人（ヨルダン国籍のパレスチナ人）である。受入第二期は，1980年代前半，1980年の第二次石油危機以降である。この時期は南アジア，東アジア，東南アジア地域から移住労働者を受け入れた。代表的なのは，インド人，パキスタン人，フィリピン人である（小川1987: 288-93; 加納1992: 171-4）。

加納（1992: 167-8）は，第一期をアラブ人のムスリム（イスラーム教徒），つまり「同一エスニック集団」の受入期，第二期を非アラブ人の非ムスリム，つまり「非同一エスニック集団」の受入期と区分している。この受入方針の転換には，以下の3つの理由が考えられる。第一にアラブ人ムスリムだけでは，労働需要を満たせなかったからである。第二に，非アラブ人非ムスリムのアジア人が，低賃金で高い生産性を生む効率的な労働者だったからである。第三に，第一期に受け入れたアラブ人ムスリムが，国籍取得を期待する流れを抑制するため，特定の宗教や国家への依存を減少させたかったからである。

このアラブ人のムスリムが「同一エスニック集団」，アジア人が「非同一エスニック集団」という加納（1992）の図式化には若干問題がある。「アラブ人」は，キリスト教徒などを含む大きなカテゴリーであり，ムスリムに限ったとしても1つのエスニック集団としてとらえられるほど単純でもない（大塚2002: 81-2）。反対に「アジア人」の中にはムスリムも多数含まれるが，そうしたム

---

[25] たとえば開発で先発したクウェートは，イギリス保護下の1950年代に移住労働者を受け入れ始めた。公共用住宅建設のため，外国の建設業者が移住労働者を大量に導入したので，1965年には外国人数がクウェート国民数を上回った（小川1987: 283）。

スリムにとってみれば,「アラブ人ムスリム」も「アジア人ムスリム」も宗教的には「ムスリム同胞」である。

　小川（1987: 289, 292）によると,第一期のアラブ域内の国際労働力移動は,基本的には農業後背地から都市への国内労働力移動と変わりがない。その理由として,民族,言語,宗教,文化の同一性とそれにもとづく強固な連帯意識がアラブ世界を形成している点,アラブ人の国家への帰属意識が弱い点,ハッジ（巡礼）の慣習があり,国境を越える労働力移動がごく普通のことと受容されている点をあげている。アラブ人労働者はその教育水準に応じて,専門・技術職から未熟練労働に至る分業関係を作り,経済開発を支えた。

　さらに小川（1987: 293）は,他の中東諸国と比べて湾岸諸国に,1970年代という比較的早い時期からインド,パキスタン人労働者が多く流入している点を指摘している。その理由は,近接するサウジアラビアやクウェートに近隣アラブ諸国の労働者を吸収されてしまい,やむなくイラン,パキスタン,インドから労働力を調達したからである。イラン,パキスタンは非アラブ系であるがイスラーム国家であり,地理的要因に加えて宗教が大きな要因になった。またインドは,非イスラーム国家であるが,前述のとおり古くから湾岸地域と政治,経済,文化の面で深いつながりをもっていた。第二期のインド,パキスタンからの国際労働力移動もまた,イラン同様,アラブ域内労働力移動の延長としてとらえられる。

　1983年以降は石油価格が低落し（オイル・グラッド）,建築ラッシュが一段落したことを受けて,1980年代後半に移住労働者の流入はいったん終息し「安定期」を迎えた。この時期,サウジアラビアは「労働力のサウジ化政策」を強化しようとし,外国人労働者の削減を打ち出したが,一般的に低賃金のパキスタン人やフィリピン人を,さらに賃金水準の低いバングラデシュ人やスリランカ人に置き換えることで経費節減しようとする議論も登場した。結果として,中東のパキスタン人送金額は,1982, 1983年をピークに減少したが,中東のバングラデシュ人送金額は,1980年代後半に増加した（長沢 1994: 100, 125）。アラブ産油国に向かうはずだった移住労働者が,日本に向かったとする通説があるが,この説明はパキスタン人には当てはまるものの,バングラデシュ人には当てはまらないことがわかる。南埜ほか（1999a: 27-30）もパキス

タン人とバングラデシュ人の労働力移動の経緯の違いを指摘している。

1990年8月の湾岸危機・戦争以降は，受入第三期ととらえることができる。1988年にイラン・イラク戦争が終結し，産油国経済は景気回復し，外国人労働者は増大傾向をみせていたが，湾岸危機・戦争がこの状況を一変させた。クウェートやサウジアラビアから敵国陣営のアラブ人が追放され，政治的問題の少ないアジア人労働者へと置き換えられた。またアジア人の家事サービス労働者が増大した（長沢 1994: 127）。追放されたアラブ人移住労働者は財産を持ち出すこともできず，そのまま帰国するか別のアラブ諸国に移動して難民化した（加納 1992: 175-8）。湾岸危機・戦争による政治的不安定と石油価格の下落が影響し，国家財政が悪化したため，その後はアジア人移住労働者も抑制された。

そして2001年9月11日の，アメリカ同時多発テロ以降は，受入第四期ととらえることができる。欧米に流れていたオイルマネーが中東に戻り，特にアラブ首長国連邦はバブル経済期を迎えた。冒頭で紹介したような高層ビルや観光施設の建設ラッシュが続き，移住労働者の受け入れが増加した。この増加傾向は2008年9月の「リーマン・ショック」（世界同時不況）もしくは2009年11月25日の「ドバイ・ショック」まで続いた。

3.2.4 アラブ首長国連邦の移民政策

周辺の湾岸諸国同様，アラブ首長国連邦も1970年代の石油価格の高騰以降，石油資源による富が増大し，経済開発が進んだ。建設ラッシュは，政府と産業界の要請で始まり，特にアブダビ，ドバイ，シャルジャは急速に発展した。アラブ首長国連邦は，建設業界のみならず，あらゆる領域で移住労働者を受け入れてきた。労働者の大多数が南アジア出身の移住労働者であるが，エジプトやパレスチナといった他のアラブ諸国出身者もおり，アラブ人労働者が管理職に就く傾向がみられる（GEO project (UK) Ltd。2003）。こうした受入移民の状況もその後の移民政策も，周辺の湾岸諸国とほぼ同じであるが，アラブ首長国連邦はカタールと並んで，移住労働者への依存度が特に高い（佐々木 1997b:45）。アラブ首長国連邦に外国人，特に南アジア人移住労働者が多い理由を再度整理すると，以下の3つにまとめられる。

第一の理由は，イギリス保護領時代の政策に起因するものである。前述のと

おり，1892年にイギリスは，この地域の主要部族の首長たちと保護協定を締結し，この地域をイギリスの保護領とした。その後，イギリスは，植民地インド政府にこの地域の実質的管理を任せたため，インドの役人や軍人がこの地域に赴任し，長年働いてきたのである。1971年の独立時点には，すでにインド人に依存する社会構造が確立していた。

　第二の理由は，自国民の多くがもともと砂漠の遊牧民（ベドウィン）だったので人口が少なく，自国民だけでは国土開発に必要な労働力や人材を確保できないからである。1958年の独立前のアブダビで海上油田が発見されて以降，石油資源で得た利益はインフラ整備に当てられてきた。その工事のために多数の建設労働者が必要になり，つながりの深い南アジアから多くの移住労働者を受け入れた。特に1970年代には，第一次石油ショック後の開発ブームにより，経済活動が発展し，労働力需要が大幅に増えた。国外からインフラ建設を主とした建設労働者が流入し，インフラ整備終了後に外国人の流入は鈍化した。

　第三の理由は，先発のクウェートの経験から教訓を得て，政治的課題の多いアラブ人ではなく，アジア人を積極的に導入したからである。クウェートは，ことばの通じるアラブ人（特にパレスチナ人）を受け入れたが，その結果アラビア語を通じて，他のアラブ諸国から急進的な思想が流入してしまった。また同じアラブ人ムスリムであるにもかかわらず，クウェート国民と外国人の間に格差を維持してきたことで，摩擦を生んでいた。そこで後発のアラブ首長国連邦は，アラブ諸国だけでなく，アジア諸国からも移住労働者を積極的に受け入れた（高橋 2002: 81）。とはいえ，先発のアラブ産油国に，すでにアラブ人労働者を確保されてしまったので，やむなくアジア人労働者を受け入れたという指摘もある（小川 1987: 293）。

　いずれにせよアラブ首長国連邦の場合，先発の周辺諸国の政策を踏襲するケースがきわめて多い。以下，アラブ首長国連邦の移民政策についてみていこう。アラブ首長国連邦はムスリム国家であり，地域レベルではイスラームが法的根拠となることもあるが，近代法にも準拠している。キリスト教徒や，その他の外国人の宗教に対しても寛容であり，他宗教をある程度保障していることを売りにしている（GEO project (UK) Ltd. 2003）。この点は，周辺諸国，特にサウジアラビアとは異なる。とはいえ，アラブ首長国連邦の急激な近代化はさ

まざまな問題を内部に噴出させた。第一に，責任ある政府と政治参加の要求が自国民から出てきたことであり，第二に外国人が自国民より多いことによる社会的不安であった。1978年の国連統計によると（吉田ほか編 1997: 52-3），人口71万人で，そのうち67万人が外国人，自国民が4万人弱であった。外国人とは，オマーンそのほかのアラブ諸国，パレスチナ，アジア諸国，ヨーロッパからの「一時的居留者」であり，官吏，軍人，政府顧問，専門職，技術者，労働者として働く人々である。また治安と国防に当たっている兵員の8割が「忠誠を信じきれない」外国人であり，自国には専門職や技術者を含む中間層が育っていなかった。パレスチナ人が経済や行政で重要な役割を占めていることから，アラブ・イスラエル問題については，急進派支持，反欧米的になる点も懸念されてきた（吉田ほか編 1997: 52-3）。

　1980年代に石油価格が下落すると，経済的には安定を維持し続けたものの，政治は保守的な政策へと転換した。移民政策では，1980年に「労働法」が初めて制定され，移住労働者に対する基本方針が明文化された（佐々木 1997c: 39-41）。この「労働法」は移住労働者を管理する目的で作られたものであり，自国民優先，アラブ人優先，といった原則も明記されている。この労働法施行以降，アラブ首長国連邦でもっとも外国人管理の厳しい時期を迎える。移住労働者の入国についてさまざまな制限が設けられ，入国許可数が急激に減少した。また現地マスコミが，外国人犯罪率の急増を報じるネガティブ・キャンペーンを張り，移住労働者の増加を社会問題化させて，社会の警戒感を煽るような論調を強めた。過激なネガティブ・キャンペーンについては，当局側が自粛を求めるほどであったという。

　ところが，1985年に政府は移民政策を転換させる（佐々木 1997c: 41-2）。減速した経済を活性化させようと，移住労働者の家族呼び寄せを奨励したのである。また転職時に最低6カ月間一時帰国しなければならないという「6カ月ルール」という移民抑制策も緩和された。石油経済の安定化を背景に，1980年代後半には入国許可数も再度上昇した（図3-18）。

　そして1990年代前半，移住労働者の抑制政策が再度取られた。アラブ首長国連邦では，世界情勢に応じてしばしば政策が変更されるが，この時は世界的な原油価格の低迷で国家収入が減り経済状態が低迷したため，連邦政府は移

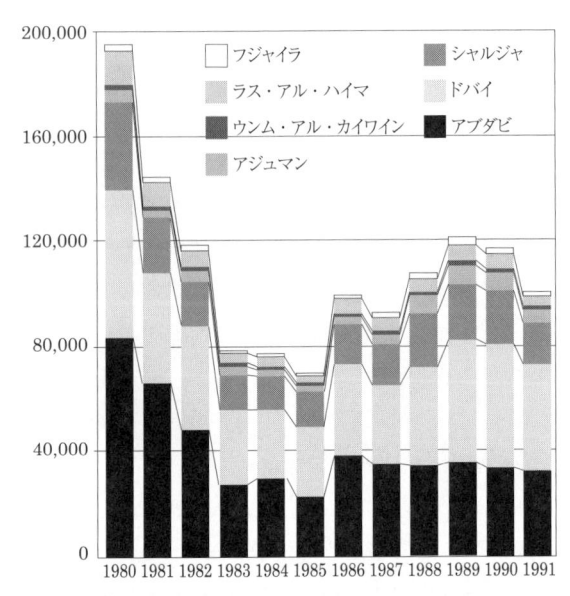

図 3-18 アラブ首長国連邦における労働許可発給数の推移 (佐々木 1997b: 47)
出典：Ministry of Planning, UAE

住労働者の数を抑制する労働政策を取ったのである。1993～1994 年に取られた具体的な施策としては，以下のものがあげられる。①低所得労働者（特にインド人，パキスタン人，アフガニスタン人）の居住許可発給審査を厳格化した。② 1994 年 9 月の労働法改正で，外国人が家族呼び寄せできる月収の基準額を増額した。③ 1994 年中に，外国人向けの電気代などの公共料金，国民保険料，政府の各種手数料などを次々に値上げした。こうして低所得の外国人労働者を帰国させると同時に，流入を抑制した（安東 1996: 16; 佐々木 1997c: 42）。

アラブ首長国連邦では，統計において国籍別数値を公表したがらない傾向がある。国籍別外国人人口統計は国家機密であり，情報の公表に神経を尖らせている。しかしながら，退去強制者数や保護観察者数など，社会問題化される事象の場合は国籍別の統計が公表される。さらにシャルジャでは，外国人の環境衛生への影響を懸念して，伝染病センターの患者数を国籍別・職業別に公表している。その 1992 年統計によると，インド人・メイド，スリランカ人・メイド，インド人・技術者，フィリピン人・メイドの順で多く，国籍別では，イン

ド，スリランカ，フィリピン，パキスタンの順に多かった（佐々木 1997a: 53）。

2000年代に入ると，2001年9月11日のアメリカ同時多発テロ以降，欧米に流れていたオイルマネーが中東に戻り，特にドバイを中心とした新たな開発ブームが訪れ，再度移住労働者が急増した。また移住労働者は雇用契約終了後に帰国することが前提であるが，中にはそのまま定住する人もおり，外国人割合増加の一因となっている（相澤 2008: 23）。

表3-5　アラブ首長国連邦における自国民／外国人比率

自国民	21%	男性	51%	464,000
		女性	49%	442,000
		合計	100%	906,000
外国人	79%	男性	72%	2,465,000
		女性	28%	949,000
		合計	100%	3,414,000
合計	100%	男性	68%	2,929,000
		女性	32%	1,391,000
		合計	100%	4,320,000

出典：人的資源開発・雇用庁（Tanmia），2004年

2004年の人的資源開発・雇用庁（Tanmia）統計をみると[26]，総人口に占める自国民の割合は2割であり，外国人は8割にのぼる（表3-5）。また外国人の男性比率が7割以上と高いのも特徴的である。次に外国人の職種をみると（表3-6），4割が「技術補佐」に従事しており，以下「一般労働」「販売」「サービス」がそれぞれ1割強を占めている。2004年の労働省（Ministry of Labour）統計をみると，アラブ首長国連邦における国籍別労働許可発給数（表3-7），つまり移住労働者の国籍別内訳はインド人が半数，パキスタン人が15％を占めている。

さらに2007年の統計（Tanmia）では，アラブ首長国連邦の就業人口は約311万人であるが，その内自国民の占める割合は10％に満たない。自国民就業者の88％以上が政府部門に従事しており，男性は56％が警察官か軍人である。一方，民間部門就業者256万人の大半は外国人であり，全就業者数全体の22.7％を占める建設業（約65万人）および22.8％を占める商業（約64万

---

[26] 2004年のTanmiaおよび労働省統計データは，アラブ首長国連邦ドバイ首長国のGRC（Gulf Research Center）研究員Emilie Rutledge氏に提供していただいた．表3-5，表3-6，表3-7は，Rutledge氏がアラビア語から英訳したものを，筆者が和訳した。

表3-6 アラブ首長国連邦における外国人の職種（労働省登録）

職種	男性	女性	不明	合計	％
経営	51,312	3,369	2,920	57,601	2.7％
専門	109,561	10,780	7,773	128,114	6.0％
技術	67,483	21,704	6,632	95,819	4.5％
宗教	85,654	16,011	6,760	108,425	5.0％
販売	227,220	18,080	13,542	258,842	12.1％
サービス	191,192	18,063	10,540	219,795	10.2％
農業	11,806	10	509	12,325	0.6％
工業	129,085	9,484	6,416	144,985	6.7％
技術補佐	767,646	374	42,590	810,610	37.7％
一般労働	289,397	659	14,987	305,043	14.2％
投資	3,561	160	113	3,834	0.2％
不明	2,178	105	282	2,565	0.1％
合計	1,936,095	98,799	113,064	2,147,958	100.0％

出典：人的資源開発・雇用庁（Tanmia），2004年12月31日現在

表3-7 アラブ首長国連邦における国籍別労働許可発給数

国籍	人数	％
アラブ諸国	88,782	16.1％
インド	263,805	47.7％
パキスタン	81,380	14.7％
バングラデシュ	35,189	6.4％
アフガニスタン	3,096	0.6％
欧州	8,916	1.6％
イラン	919	0.2％
アフリカ諸国	2,750	0.5％
ネパール	16,772	3.0％
フィリピン	25,020	4.5％
その他アジア諸国	25,972	4.7％
全体	552,601	100.0％

出典：労働省，2004年

人）はほぼ全員が外国人である（相澤 2008: 23）。

3.3 自国民の優遇と移住労働者の現実

3.3.1 自国民の優遇政策

　アラブ首長国連邦では，自国民は「ローカル（local）」もしくは「ナショナル（national）」と呼ばれ，外国人は「エキスパトリエイト（expatriate）」[27]もしくは「ノン・ナショナル（non-national）」と呼ばれる。両者の社会的地位は驚くほど異なる。アラブ首長国連邦は首長の権限が強く，立法権も限定されているので，積極的に自国民優遇政策を取り，内部の不満を抑えている。

　こうした国家形態は，「レンティア国家（rentier state, 地代生活者国家）」と呼ばれている。レンティア国家とは，産油国を世界経済における「地主国家」と位置づけ，石油というエネルギー商品の超過利潤の一部を「地代（rent）」として受け取り，その資金運用による利子収入で生活していることを表した用語である（長沢 1994: 109-10）。石油販売会社から「労せずして得た所得」を，税金の免除など国民の福祉向上に注入するが，その代わり国民に政治参加を認めず，国政に関して発言させない[28]。「税金なし，政治参加なし（No Tax, No Representation）」という側面をもつ（岡倉 2000: 12）。医療費無料，教育費無料も，結婚時に祝い金と土地が政府から支給されるのも，自国民のみが受けることができる特典である（『アエラ』2008年8月10日号）。

　まず医療費は，田畠（1993: 144-6）によると，1991年当時のアラブ首長国連邦では，外国人やその家族，短期滞在者すら，公立病院の救急治療費はすべて無料だった。またドバイだけで6つの公立病院があり，外国人でも政府機

---

[27] 佐々木（1997a: 53）によると，「エキスパトリエイト」という用語は，レイバー（labor）やワーカー（worker）とは異なり，技術，技能，専門知識をもった外国人をさす場合が多いという。

[28] 2006年12月に，ようやく連邦国民評議会の選挙が行われた。女性にも選挙権が与えられ，女性議員1名が当選した。また各首長による勅選議員に女性8名が指名され，計9名の女性議員が誕生し，議員全体の22％を占めることになった（相澤 2008: 24）。自国民の政治参加だけでなく，女性の政治参加もまだ始まったばかりである。

関に勤める者は 25 ディルハム（約 1,000 円）の加入費を払えば「ヘルスカード」が取得でき，その後は公立病院の治療費が 1 回 10 ディルハム（約 370 円）ですむ。一般の外国人は加入費が年間 250 ディルハム（約 1 万円）と高いが，その後の治療費は公務員同様 10 ディルハム（約 370 円）ですむ。とはいえ，外国人はことばや医療サービスの質の問題から私立病院，クリニック，薬局に行く人が多く，こちらはカウンセリング（問診）だけで 4,000 円ほどかかるという。

また教育費は，安東（1996: 20）によると，自国民は公立学校の授業料，教科書代，教材費は無料である。しかしながら公立学校では基本的にアラビア語の授業になるため，アラビア語を母語としない外国人の子どもが入学するのは難しいという。田畠（1993: 147）によると，国立大学生には生活費 800 ディルハム（約 3 万円）が支給される。さらに安東（1996: 22-3）によると，自国民の男子学生の多くが，国からの奨学金を受けて外国に留学するが，国内の基礎教育が不十分で留学の経験を十分に活かしきれない事例も見受けられるという。高等教育以前に，基礎教育の充実が課題として指摘されている。

さらに，会社法によって自国民は優遇されている。外国人が会社や店舗を経営する場合，原則としてアラブ首長国連邦国民（以下，UAE 国民と表記）の共同経営者（スポンサー）が必要となる。大多数の UAE 国民の本業は公務員なので，彼らが実際に経営参加することはあまりなく，副業として名義を貸して報酬を得る。「所得税・法人税なし」に魅力を感じた外国人がビジネスを起こすことは可能だが，UAE 国民の共同経営者にスポンサー料を支払わなければならない。法人税とは別のかたちで，利益を UAE 国民に還元させるシステムができあがっている。UAE 国民は実際に就労することなく，複数企業への名義貸しの収入で暮らしていくことも可能である。

具体的にみてみよう。たとえば日本製品をアラブ首長国連邦で販売したいと考えた場合，販売代理店を設立するためには，UAE 国民との販売店契約が必要となる。その根拠となるのは，アラブ首長国連邦法 "Commercial Agency Law" No.18/1981 およびその改訂法 No.14/1988 であり，「（流通事業における）販売代理者（Agent）はアラブ首長国連邦国民か，アラブ首長国連邦国民が全額出資した会社である」と自国民優先の政策が明記されている（安東 1996: 9）。

また本社の社員を駐在員として現地に派遣して出張所を設立したいと考えた場合，UAE 国民の会社とスポンサー契約し，ビザ取得や労働許可証取得について援助協力を得なければならない。スポンサー会社は実務に関与することはないが，利益金や売上金の一定率の額もしくは所定の額の報酬を支払わなければならない。その法的根拠となるのは，アラブ首長国連邦法 "Commercial Companies Law" No.4/1984 およびその改訂法 No.13/1988 であり，「外国企業の出張所（Branch），駐在員事務所（Representative Office）は，アラブ首長国連邦国民か，アラブ首長国連邦国民が全額出資した企業を現地代理店（Local Agent）と定めて政府に認可要請すること」と明記されている（安東 1996: 10-1）。

さらに合弁会社を設立する場合は，UAE 国民が最低 51% を出資することが大原則となっている。すべての契約は，繁雑な公証手続きを経た後，最終的に連邦の経済商業省に登録され，契約解除は非常に難しい（安東 1996: 9-11）。

最後に，優遇政策ではないが，服装についてみてみよう。冬季（11 〜 3 月）は気候も温暖で，時には雨も降るが，夏季は気温が 38 〜 50 度に達し，湾岸地域は特に高温多湿である。したがって，服装は軽くてゆったりとした形状のものが主である（GEO project（UK）Ltd. 2003）。一般的に，UAE 国民の男性はアラビア服（ディシュダーシャ）に，ネット状の帽子（カハフィッヤ），スカーフ（ガットゥア），黒い輪（アガル）という 3 点セットの被り物を着用している（田畠 1993: 163）。アラブ人同士は，アラブ服のデザインと被り物の種類で出身地が識別できるという。現実に，アラブ首長国連邦においてアラブ服と被り物は，外見から「特権階級」を識別する手段になっている（2005 年現地調査）。アラブ服は民族服とみなされているので，インド，パキスタン人がアラブ服を外で着用することはほとんどなく，もしアラブ人を真似て外出したら，それは「恥ずかしい」こととして受けとめられる。なかには「ドバイで外国人がアラブ服を着用することは法律で禁止されている」という事実無根の噂もあった。アラブ首長国連邦国民の女性の場合は異なり，ムスリムに共通するコート（アバーヤ）とスカーフ（ヒジャーブ）を着用しているので，外見からは自国民／外国人のみならず，アジア人も欧米人も見分けがつかない。とはいえ，コートの色やデザイン，スカーフの色，形状，被り方で出身地が識別できる場

合もあるという。

3.3.2　移住労働者の地位

自国民の優遇策とは対照的に，外国人管理は厳格である。在留資格や在留期限は各雇用主にしっかりと管理される。在留期限を超過した場合のペナルティも厳しい。外国人に永住権はなく，3年ごとに在留期間を延長しなければならない。国籍取得の条件も非常に厳しい。

1972年アラブ首長国連邦法17号によると，国籍付与要件の滞在期間は，オマーン，カタール，バハレーン国民は「継続的に3年」と短いのに対し，この3国以外のアラブ人は，「継続的に10年の合法的滞在」が要件とされる（加納1992: 186）。非アラブ人は，1940年から継続的に合法滞在しているか，「継続的に30年の合法的滞在」かつ，そのうち20年は1972年以降の滞在で，アラビア語を知っている事が要件となっている。とはいえ，この要件を満たせば自動的に国籍が付与されるわけではなく，国籍付与の可能性はきわめて限定的である。

また，アラブ首長国連邦では，自国民男性と外国人女性との結婚は許可されるが，自国民女性と外国人男性との結婚は法律で禁止されている。この手の話は口コミですぐ広まるので，新米の移住労働者もよく知っている。しかしながら，佐々木（1996e: 54, 1998: 55）によると，アラブ首長国連邦国内における自国民男性と外国人女性の交際はあっても，結婚に至るケースはほとんどないという。例外的にみられるのは，海外留学中の「国際結婚」である。

加えて事件・事故は国家の対外的なイメージを傷つけるおそれがあるので，政府は外国人を対象とした治安維持に神経を尖らせている。安東（1996: 17）によると，「アラブ首長国連邦では，犯罪者はすぐに国外追放になるから治安良好」と言われている。行政側は，入国管理，滞在管理，違反取り締まりの3段階で管理をしている（佐々木1997c: 43）。1984～1991年のアラブ首長国連邦の退去強制者数は約1万人でほぼ横ばいで，常にインド，パキスタン，イラン，バングラデシュがトップ4である（佐々木1997c: 43）。また1991年の内訳は，入管法違反が5,000人，労働法違反が5,000人であった（佐々木1996c: 53）。外国人の不動産所有も，2000年代後半まで禁止されてきた。国籍

にもとづいた「階級制度」が，アラブ首長国連邦を支えていることがわかるだろう。

　それでも移住労働者は増え続けている。まるで南アジアの一都市のような町並み（後述）がみられ，移民の言語や食文化が深く浸透し，UAE国民のそれを凌駕している。政府機関や企業のトップはUAE国民であるが，政府でも一般企業でも実務レベルは外国人である。欧米的教育を受けたインド，パキスタン，エジプト，レバノン出身者が，マネージャー，中間管理職，スタッフ等を務めており，英語が共通語として使用されている（安東 1996: 12）。

　2005年の現地調査でUAE国民の公務員数名にインタビューや質問をしたが，その大多数はアラビア語を母語としており，英語が話せる人は少なかった。英語の質問内容は理解してもらえたものの，片言の英単語で返答されて苦慮した。ところが，インド人の部下が登場すると，流暢なヒンディ語で仕事の指示を出す。「ヒンディ語を話せるのか」と質問すると，「ヒンディ語は学校でも勉強したし，仕事でも必要だから自然に覚えた」という。自国民とはいえ，文字通りの「少数派」である以上，「多数派」の外国人の言語であるヒンディ・ウルドゥ語を日常生活に必要なスキルとして身につけている[29]。

　最後に，移住労働者の地位のもう1つの側面として，国籍別のニッチ形成について付け加えておきたい。佐々木（1997d: 41）によると，アラブ首長国連邦では，タクシー運転手はパキスタン人，金融業はインド・ケララ人，生鮮市場の果物売り場はバングラデシュ人，教員はエジプト人，メディアはパレスチナ人，軍人はイエメン人とオマーン人，家事サービス業はフィリピン人とスリランカ人，といった国籍による職業的偏りが顕著だという。歴史的経緯，送出地域の事情，労働市場の構造的問題など，それぞれ背景は異なるが，共通して

---

29) 筆者はアラブ首長国連邦で海外調査を行うにあたり，日本でアラビア語の基礎的な単語を覚えていった。しかしながら，アラビア語はほとんど使用せず，英語ですんでしまった。調査において必要に迫られたのは，アラビア語よりもヒンディ・ウルドゥ語であった。なぜならば，通行人に道を尋ねるにしても，タクシーに行き先を告げるにしても，相手がほとんどインド・パキスタン人であり，しばしば「英語はわからない」という答えが返ってくるからである。とはいえ，パシュトゥーン語，マラウィー語など，インド・パキスタンの地方語を指定されることもあり，その場合はあきらめるしかなかった。

いるのはコミュニティ内の情報ネットワークの重要性である。ネットワークを駆使して，良かれ悪しかれ，特定の国籍の移住労働者が特定の職種に集中していく傾向がみられる。

3.3.3 自国民化政策（emiratization・エミレーツ化）

このような恒常的な外国人比率の高さは，政府も深刻な問題として受けとめている。田畠（1993: 147）によると，「労働力の自国民化政策」（当時はNationalizationと表記）は，1991年時点ですでに叫ばれており，国立機関の職員と学校の教員は自国民を採用するというモットーを掲げ，雇用優先策をとっていた。

また，21歳以下の自国民人口が人口全体の40％以上を占めることから，将来的な自国民の失業率上昇が懸念されており，民間部門における自国民雇用の確保を急務と考えている（相澤 2008: 23）。アラブ首長国連邦政府は就労人口に占める自国民比率を増やすため，1999年に専門機関である人的資源開発・雇用庁（Tanmia）を大統領令によって設置した。Tanmiaは自国民に対して労働技能を修得するための研修を行い，雇用を斡旋することを目的としている。

アラブ首長国連邦は，かなり強引な「自国民化政策」（emiratization・エミレーツ化）を推進してきた[30]。まず1999年1月から，銀行は従業員の自国民化比率を毎年4％以上引き上げ，2007年末までには50％以上にすることを義務づけた。銀行従業員自国民比率は，1999年の12％から2005年の29.8％へと大幅に上昇している。また保険会社も2004年末までに15％，それ以降は毎年5％以上の自国民比率引き上げが義務づけられたが，銀行部門に比べると成果は出ていない。さらに2004年の閣議決定により，従業員50人以上の商業分野の企業は，2004年以降労働者の自国民比率を毎年2％以上引き上げることが義務づけられたが，その後2006年4月40日まで猶予期間が与えられた。2006年6月現在，該当する企業911社のうち，要件を満たす企業は

---

[30] サウジアラビアでは，1983年の石油価格低落以降，「労働力のサウジ化政策」を強化しようとした。隣国オマーンでは，1990年代前半に銀行をはじめとする外国企業に自国民の雇用者の最低率を定めた，自国民化政策（Nationalization）が施行された（安東 1996: 23）。

3.6%，労働者の自国民比率は 0.4%に留まっている。他にも，2006 年 6 月には，従業員 50 人以上の企業は人事部長および秘書をすべて自国民とする規則が定められた。該当する企業の人事部長ポストは 671，秘書ポストは 20,865 あり，外国人人事部長には 18 カ月の猶予が設けられたが，外国人秘書は雇用契約の更新が認められていない（相澤 2008: 23-4）。

3.4 移住労働者のコミュニティ形成

3.4.1 中東へのパキスタン人の労働力移動

このようにアラブ首長国連邦をはじめとする中東の移民政策はきわめて厳しく，また極端な自国民優遇政策がいくつも打ち出されてきたことがわかる。にもかかわらず，中東にはパキスタン人移民が数十年をかけて形成してきた，成熟した移民コミュニティが存在する。ここでは 1970 年代以降にパキスタンから中東へ向かった移民の流れ，その特徴，送出地域におよぼした影響を詳しくみてみよう。

第 3 章第 1 節でもみたように，パキスタンはイギリス植民地時代からずっと，宗主国であるイギリスとその植民地（湾岸地域，アフリカ，南アメリカ等）に労働力を送出していた。しかしながら，本格的な労働力送出国となったのは 1970 年代のことであり，その大半の行き先は中東産油国であった。

パキスタン政府は 1970 年代以降，送出移民促進の政策を打ち出した。まず 1971 年に，「移出民及び海外雇用局」(Bureau of Emigration and Overseas Employment, 以下 Bureau と略す) を設立した。次に 1975 年には，技能労働者の職業訓練機関設置を開始した。毎年 5 万人の熟練／半熟練労働者の職業訓練を目指したが，結果的には毎年 1 万人程度に留まった。

1979 年には労働省自体が改組されて，「労働・人的資源・在外パキスタン人担当省」(Ministry of Labour, Manpower and Overseas Pakistanis) となり，斡旋業者に対する規制や出移民家族の福祉増進を目的とした「在外パキスタン人基金」(Overseas Pakistanis Foundation, 以下 OPF と略す) が設立された（図 3-2 も参照のこと）。1980 年 1 月には OPF が 44 の職業訓練機関を設置したが，これらもまた指導者不足，予算不足，職業訓練期間が長すぎるといった理由で，

十分機能しなかった（Shah 1983: 415）。

　同じく1979年，「移出民令」（Emigration Ordinance）が施行されると，移民送出手続きが厳格化され，移民の福祉を守る規制が取られるようになった。Bureau傘下に「移出民保護機関」（Protectorates of Emigrants）という管理機関が設置され，Bureauの指揮下で移民と民間の雇用プロモーターを規制し，14年以上の投獄を含む罰則も定められた。またOPFは移民のための福祉基金を設立し，全移民がこの基金に寄付することを求めた（Shah 1983: 415）。さらに女性移住労働者が厳しく制限され，職種は家事サービス業（メイド）のみ，しかも45歳以上という年齢制限を設けたため，若い女性労働者の労働意欲を阻害することとなった。

　Bureauに登録される正規の移民送出手続きには，①民間（Private），②公的（Public），③直接（Direct）の3つの経路（Channel）がある。①民間とは，雇用プロモーター経由の移民である。②公的とは，「海外雇用会社」（Overseas Employment Corporation）経由の移民で，受入国政府からの求人情報である。③直接とは，友人・親戚経由の移民であり，雇用主から労働者に直接ビザが発行される。Bureauには上記3つの経路の正規移民が登録されることになっているが，Bureauの統計では①民間69％，②公的5％，③直接26％となっており，③直接の数値が少なすぎる。別の調査では，①民間が1／4，③直接が3／4という結果が出ており，非正規移民の存在も含めて，Bureau統計は全体を反映していない可能性が高い（Shah 1983: 412, 415-6）。

　ではパキスタン人移住労働者の特徴をみてみよう。パキスタン政府の推計値を見ると，1980年頃の在外パキスタン人数は140万人で，その内中東在住者は100万人以上である（Shah 1983: 412）。また移住労働者は，労働者総数の6～8％を占め，25～40歳の男性が大半である。70％が既婚者であるが，わずか4％が家族を同伴・呼び寄せしている。移住労働者の行き先は全体の7割が中東で，34％がサウジアラビア，20％がアラブ首長国連邦であった。中東への移住労働者の2／3が村落出身者で，その一部は海外での求人情報を得るために，いったん都市部に移住している。国際労働力移動が国内労働力移動（村落―都市間移動）の一因となっていることがわかる。また村落出身者の一部は，移民経験によって都市的生活様式を内面化し，子どもの教育により熱心にな

り，パキスタン帰国後も都市部に居住するようになる（Shah 1983: 413）。移住労働者の職業構成をみると，83％が生産部門，17％が非生産部門に就業している。生産部門のうち，43％が非熟練労働者，40％が熟練労働者であった。熟練労働者の職種は，運転手，大工，レンガ職人，仕立屋などである。非生産部門の職種は，技術者，教員，看護士といった専門職，投資家，サービス職である。生産部門が大半を占めており，非熟練労働者が年々増加する傾向にあった（Shah 1983: 413-4）。

　アジアの主要な国際移住労働者供給国のうち，パキスタンが中東への国際労働移動に最も依存していたといわれる。パキスタン政府は，第5次5カ年計画期（1978〜83）には，40万人の送出をめざした。結果的に増加労働力の3割を中東へ送出することができた。第6次5カ年計画期（1983〜88）には，50万人（増加労働力の15％）の送出をめざした。結果的には中東からの帰国者が多く，国内就業状況が悪化し，中東からの送金も30％減少した。第7次5カ年計画期（1988〜93）には，国内就業機会の増加，在外パキスタン人向け製品の輸出，海外労働市場でのシェア維持をめざしていた（Shah 1983: 412; 加納 1992: 174-5）。

　それでは，パキスタン人移住労働者は送出地域にどのような影響をおよぼしたのだろうか。もっとも有名なのは，前述の「ドバイ症候群」である。「ドバイ症候群」とは，パキスタンやインド・ケララ州の出稼ぎ労働者の留守家族，とりわけ妻たちに広まった精神疾患をさす用語である。まだ子どもがいない若い妻が，夫方の拡大家族の中に1人で残される場合に多く発症する。また産油国で夫が身につけた消費スタイルのせいで夫婦関係が不安定化したり，父親の長期不在が原因で子どもに非行や麻薬の蔓延がみられたり，夫の送金をめぐって妻と親族間の争いごとが増えたり，といった家族関係全般の不安定化も含まれる（長沢 1994: 118）。

　とはいえ産油国への出稼ぎ労働者が留守家族に与える影響は，マイナス面ばかりではない。たとえば女性の社会参加や労働参加の促進という積極的な側面が指摘されている。また送金収入という追加所得を得たことで，子ども，特に女子の就学率上昇も報告されている。とはいえ，男子の中等教育では，出稼ぎで不足した国内労働力の補充にまわされ，就学率が低くなる現象もみられた。

さらに送金が女性の労働参加率を再び押し下げる効果もみられる。送金によって家の格式が上がってしまい，女性の社会隔離（パルダ）が強化されるからである。さらに出稼ぎに親族組織の経路を利用した場合や留守家族が親族組織から保護を受けている場合，伝統的な家族・親族関係がより強化される傾向もみられる（長沢 1994: 118-9）。このように移住労働者が送出社会におよぼす影響もまた多面的である。

3.4.2　パキスタン人移民の集住地域

次にアラブ首長国連邦におけるパキスタン人移民の集住地域をみてみよう。ドバイ首長国内のパキスタン人集住地域として有名なのは，ナイーフ地区である（図3-19）。ドバイの中心地区は，運河（クリーク）を挟んで北側のデイラ地区と南側のバールドバイ地区に分けられる。ナイーフ地区は，デイラ地区の

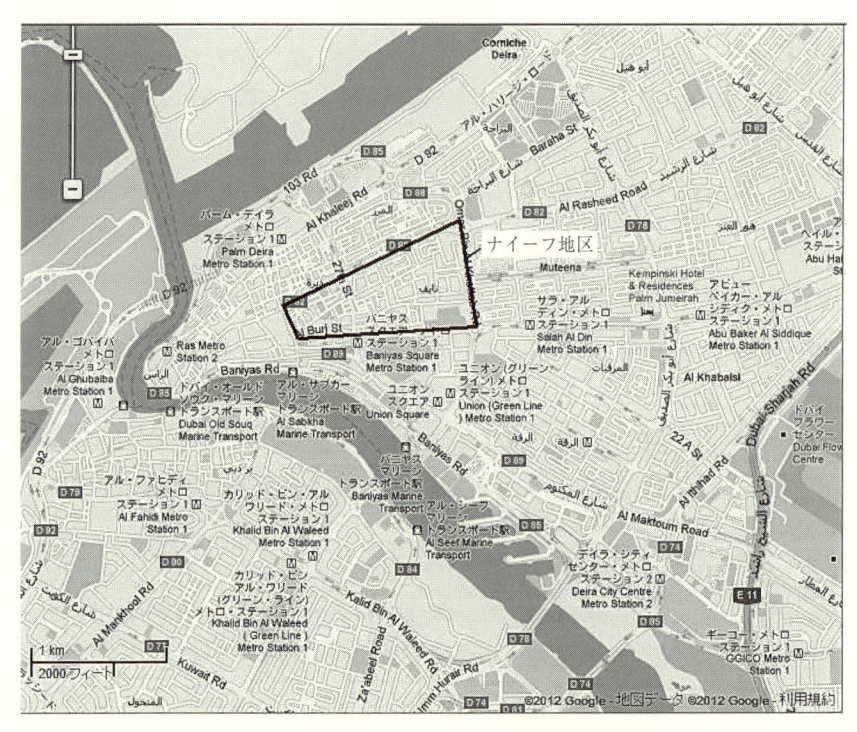

図3-19　ドバイ・地図

中に位置する下町である。この地区は，移住労働者，なかでもインド人とパキスタン人の集住地域となっている。

ナイーフ地区には，衣料品を中心に，電気製品，日用雑貨品など，さまざまな商店が集まったナイーフ市場（スーク）がある。またインドやレバノン料理のレストラン，インド軽食を提供するカフェテリア，フレッシュ・ジュース・スタンドなども周辺に集まっている（佐々木 1996a: 49）。また両替・送金屋も何軒も立ち並んでいる（佐々木 1996d: 58）。

佐々木（1996b: 41-2）によると1994年当時のナイーフ地区には移住労働者のためのアパートがあり，それを他の移住労働者たちに又貸しする商売も成り立っていた。たとえば3つのベッドルームのある部屋の場合，ベニヤ板でさらに仕切って小部屋を5つ造り，新聞に広告を出して1区画500ディルハム（約1万4,000円）の家賃で貸し出す。1区画に3～5人が住むケースもあり，多人数で使用するほど安くなる仕組みである。とはいえ，ゲットー化，スラム化しているわけではなく，それぞれが整然と淡々と生活しているという。地区内には，国際電話の公衆電話に並ぶ移住労働者の列が目撃されている。またビザの申請書類をやりとりするためのFAX店も繁盛していた。こうした単身者向けアパート周辺には女性は住んでおらず，呼び寄せ家族もほとんど居住していないが（1996c: 51），朝のナイーフ地区には，子どもを大勢乗せた「インド人学校」や「イラン人学校」のスクールバスが走っており，周辺の地区には呼び寄せ家族が相当数住んでいたことがわかるという（佐々木 1996d: 58）。

また佐々木（1996c: 49-50）は，ナイーフ地区に住むパキスタン人の渡航手続きブローカーの様子も描いている。中心となるパキスタン人男性はアラブ首長国連邦に来て8年で，最初は旅行会社で働いていたが，渡航手続きブローカーに転身し，その後はキョウダイ3人で役割分担しながら仕事をしている。仕事は電話が中心で，パキスタンからドバイに来たいという連絡を受けては移民局にビザの申請をし，雇用許可証をパキスタンにFAXで送る作業を繰り返している。1994年当時の相場は6,500ディルハム（約18万2,000円）であったという。中東では，大型建設プロジェクトのため数十人，数百人規模の労働者が必要とされる場合，個々の労働者の身分事項を記載しなくてもよい「ブロック・ビザ」が，スポンサーごとに一括で発給される。そのビザが売買され

ているという。こうした親族経営の小規模な企業家にも，もちろんアラブ首長国連邦国民のスポンサー（アラビア語でカフィール）がいる。

　ところで，アラブ首長国連邦の中でインド，パキスタン人のもっとも大きなコミュニティが形成されているのは，ドバイ首長国ではなく，その隣に位置するシャルジャ首長国である。「ドバイ症候群」という用語に代表されるように，ドバイという地名が広く知られているにもかかわらず，実際にインド，パキスタン人の大多数が居住しているのは隣国シャルジャのほうである。シャルジャは，ドバイのベッドタウンのような位置づけで，渋滞がなければシャルジャの中心部からドバイの中心部まで車で30分程度である。しかしながら，別の首長国であるため，たとえば外での飲酒は禁止といったドバイとの法律の違いもみられる。ナイーフ地区のような特定の集住地域があるわけではなく，広い範囲に分散して居住しており，多くは外国人向けの高層アパートに居住している。家族連れも多く，「専業主婦」の女性たちの間では，近隣の単身男性労働者のために定期的に弁当を作って販売する内職が流行っている。休日のシャルジャの公園には，大勢の外国人が家族連れで集まり，会話を楽しんでいる姿がみられた（2005年現地調査）。

3.4.3　パキスタン人の中継貿易参入

　それでは日本に拠点を持つパキスタン人移民が「第三国：アラブ首長国連邦に注目する理由はどこにあるのだろうか。その答えはドバイ首長国の自由貿易特区にある。アラブ首長国連邦は貿易を重視し，港湾整備に力を入れてきた。自由経済の構築，免税・低関税制度，事務所，通信網，空港など近代的なインフラの整備を通じて，国際金融，貿易，投資の環境整備を進めている（GEO project（UK）Ltd. 2003）。とはいえ，前述のとおり，アラブ首長国連邦や湾岸諸国は，自国民を守るために外国企業の進出に対して，労働許可制度や移住労働者抑制など厳しい規制を課してきたが，これが外国企業の現地進出を妨げていた側面は否めない。そこで，ドバイ首長国は，長年培ってきた中継貿易基地の伝統を生かし，より自由なビジネス環境を外国企業に提供するため，自由貿易特区ジュベル・アリ・フリーゾーンを設置した。フリーゾーンの利点はいろいろあるが，以下の点が重要である（安東 1996: 18-9）。①全額外国資本の会社

設立が可能であり，アラブ首長国連邦国民のスポンサーが不要である。②もともと低い関税（5％）を全額免除する。③15年間の法人税が免除され，15年の免除更新も可能である。④外国人労働者の雇用制限が緩和され，各企業が望む人材を採用できる。こうした利点は，日本に拠点を持つパキスタン人企業家にとっても，かなり魅力的である。

たとえばアラブ首長国連邦のドバイに位置する中古車中継貿易市場（DUCAMZ）もまた，このフリーゾーンの1つである。DUCAMZのもつ重要な役割の1つは，入居企業が，外国人労働者の雇用枠を獲得できる点にある。DUCAMZに入居することによって，アラブ首長国連邦における企業家と従業員，その家族の労働許可と在留許可がセットで得られるのである。入居企業は，この在留資格の枠の一部を取引（売買）する。その企業家の年間家賃の負担割合で，使用できる在留資格の人数が決まる。在留資格を得た人は，アラブ首長国連邦に家族を呼び寄せることもできる。こうして呼び寄せられた家族の中には，日本人配偶者と子どもたちも含まれる。これら日本人家族は，2005年夏の調査時点で30家族以上いた（第6章第3節）。

以上，「第三国：アラブ首長国連邦」の移民政策とその社会的背景をみてきた。自国民比率の低さや，移住労働者管理の厳格さなど，他の移民受入国とはかなり異なる特徴をもつことがよくわかる。そのような厳しい差別的な外国人管理にもかかわらず，「ここはパキスタンの下町か」と思うような移住労働者だけの町並みが随所に形成されており，移民コミュニティの制度的完成を目の当たりにすることとなる。それこそが，まさに「中継国」もしくは「代替受入国」としてパキスタン人移民とその家族に選ばれる，拠点の作りやすさの理由である。こうした「中継国」もしくは「代替受入国」としての機能は，エスニック・ビジネス（第5章）や，家族の海外移住（第6章）においてより重要な意味をもつ。

次節では，「ホスト社会：日本」がパキスタン人やバングラデシュ人を排除した根拠について，南アジア人とは対極的な日系人の事例から考えてみたい。

付論 ◆ ホスト社会：日本と日系人

　これまで，「送出社会：パキスタン」「ホスト社会：日本」「第三国：アラブ首長国連邦」におけるパキスタン人移民に焦点を当てて論じてきたが，ここでは焦点を少しずらして，「ホスト社会：日本」における日系人について考えてみよう。なぜならば，日本政府の日系人優先受入政策の中にこそ，パキスタン人やバングラデシュ人といった南アジア系外国人が排除された根拠があるからである。

4.1　国家による人の国際移動のコントロール

　人の国際移動や移民の分析においては，エスニック集団内部の帰属意識（エスニシティ）を研究することが重要な課題になるが，国家もまたその成員を選別する過程で，移民側のエスニック集団の境界を規定する側面をもつ。人の国際移動の研究においては，国民国家という枠組みを相対化すると同時に，国家をアクターの1つとして考慮に入れることが必要となる。人の国際移動は国家からさまざまな制限を受けており，出入国管理，なかでも外国人の入国の可否は国家の主権的裁量事項とされている（出入国管理法令研究会 1998: 1）。この付論では国家による人の国際移動のコントロールに注目することによって，国家による成員選別過程を考察し，国家による移民エスニック集団規定に検討を加える[31]。

　国家による人の国際移動のコントロールは2つの側面から考察される。第一は国家の経済成長との関連，第二は望ましい成員の選別の問題である（小倉

---

[31] ここでいう国家による成員選別とは，国家が誰に成員資格（メンバーシップ）を付与するか判断し決定することをさす（たとえば Brubaker 1990）。成員選別の行われる状況は，成員の定義および選別の方法によって異なる。「段階的市民権」論では，成員を国民，永住市民，外国人，非正規滞在者の4段階に区分しているが（近藤 2001: 346-347），本稿で検討される成員はその中の外国人に当たる。そして選別の方法は出入国管理にもとづく滞在資格の付与に限定される。

1997: 15-9)。本稿では，日本の移民政策である出入国管理および難民認定法（以下，入管法）を取り上げ，第一の側面と第二の側面の交錯する移民政策決定過程，そこから見出される国家による成員の選別過程を社会学的に考察する。

具体的には1990（平成2）年の入管法改定[32]と「日系人」[33]という移民エスニック集団を事例として取り上げる。この入管法改定は，非熟練労働者の導入を認めないという日本の移民政策を決定づけると同時に，代替措置として日系人労働者の導入を認める方針を示すものであった。これにともない，国家は「日系人」というエスニック集団を規定する必要にせまられ，従来の日系人とは異なる新たな「日系人」カテゴリーと「世代」区分を作り出した。

この問題に関する数少ない先行研究においては，日系人優先受入政策は血統主義であるという指摘がなされ（広渡 1992: 409-413），この政策への批判もなされている（前山 1990; 古屋 1999）。これとは別に，この日系人優先受入政策は里帰りを想定したものであり，その後の南米日系人労働者の急増は政策担当者にとって「意図せざる結果」であったとする議論もある（梶田 1998, 1999a, 1999b, 2002）[34]。

本稿では，入管法改定作業を時系列でとらえることによって，国家による成員の選別過程を考察し，先行研究が提示してきた論点を再検討する。はじめに外務省の資料を用いて日系人定義の不確定さを確認した後，先行研究における日系エスニシティおよび従来の世代区分認識にふれる。次に国会議事録や行政資料などを用いて入管法改定作業を時系列で整理し，新しい「日系人」カテゴリーや新しい「世代」区分を作り出した政策の形成過程をとらえる。さらにそこから見出される国家による成員選別過程を分析する。そして成員選別の諸要素を最終的に1つの法律へ収斂させる流れを国家の「ロジック」と呼び，そ

---

[32] 法務省の用語にのっとり「入管法改正」という表現が一般的に用いられているが，これに反対する活動者団体は「入管法改悪」という表現を用いている。ここではより中立的な用語として「入管法改定」という表現を用いる。
[33] ここでは，国家によって作り出された概念を表すために括弧付の「日系人」「世代」を用いており，当事者および研究者によって形成されてきた日系エスニシティ，従来の世代区分とは区別している。
[34] 梶田の共同研究者であった丹野（2007: 286-7）もまた，梶田のこの認識を批判しており，梶田の立場が少数意見であったことを認めている。

れによって規定された移民エスニック集団が，従来のエスニシティにもとづく移民エスニック集団とは異なることを示す。

4.2 日系人の定義と日系エスニシティ

4.2.1 日系人の定義

そもそも日系人という概念はどのように定義されてきたのであろうか。一般的な認識の例として『広辞苑 第4版』をみると，「日系」は「日本人の血統をひいていること」と記されている。では「日本人」とは誰のことで，「血統」とは何をさすのだろうか。たとえば「国籍法」第二条をみると，「日本国民」とは「出生のときに父又は母が日本国民であるとき」云々という条文によって「日本人」が定義されている。また，『国籍法 第3版』（江川ほか 1997: 59）によると「血統主義」とは，「子がその出生に際し，親の血統に従って親と同じ国籍を取得する主義」であり，「血縁関係によって，国家の構成員たる資格を与えるものである」と説明している。しかしながら，日系人を事例として取り上げた場合，背景に歴史的経緯があるため，問題はそれほど単純ではない。ここでは日系人を論じる際に「日本人とは誰か」「血統とは何か」ということが前提となることを確認しておく。

では，政府機関において，日系人はどのようにとらえられてきたのであろうか。戦前／戦後を通じて海外移住を担当してきた省庁は外務省である。『海外在留邦人数調査統計』をみると，日系人の範囲に関して外務省は，1966（昭和41）年時点では日系人を日本人永住者の一部ととらえ，両者を同一視していたが，1968（昭和43）年時点では日系人から日本国籍者を外し，1974（昭和49）年時点ではさらに二重国籍者を外している。この時点で日系人は外国籍者という現在の範囲設定が決まっている。日系人の定義に関しては，1968年には「人種的意味での日本人」としていたが，1974年には「民族的に日本人」，1981（昭和56）年には「民族的に日本系」に変わっている。

そして1982（昭和57）年に，日系人は調査対象から除外され，それまで行われてきた日本人と日系人の人口統計の並列記載は中止される。その理由は，以下のとおりである。①日本国籍をもたないものは対象としていないので，い

わゆる「日系人」人口統計は並列記載しない。参考資料として日系人数を掲げるが,あくまで参考程度のものである。②日系人は一応「日本国籍を有さないが民族的に日本系と考え得る者」と説明できるが,範囲を明確に画し得ないのが問題である(たとえば片親のみが日本人の場合を含めるか,父母ともが日本人という純粋の血統主義に限定するか)。純粋の血統主義に限定すると範囲は明確になるが,現実の「日系人社会」の構成員とはかけ離れてしまい,現実的意味がない。③以前の調査では,このような点を明確にしないまま「日系人」の数字も調査していたが,統計としては誤解を生じやすいので,今後調査対象から除外する。

この説明をもとに以下の2つの論点が引き出される。第一に,日系人の並列表記中止の主な理由は,その定義の不確定さと範囲の曖昧さ,それにともなう集計上の問題としていることである。日系人人口は,現地の各日系人会協力のもとで集計される。実質的には外務省は,日本国籍を持たず,かつ現地の日系人会に登録されている人を日系人として数えてきたのである。日系人定義は集計の前提ではなく,後づけされた説明でしかなかったため,確定させる必要もなかったのだろう。

第二に,日系人の並列表記中止の根本的理由は,定義にともなう問題以前に,国籍離脱者や外国籍者に対する外務省の消極的姿勢を表すものであるように思われる。海外移住政策批判の論点は,戦後日本政府が国策として遂行した海外移住政策が,日本の経済発展をめざす過程で,国内の余剰労働力を海外に棄てる棄民政策であったというものである(若槻 2001)。自国民の扱いを批判される国家が,海外の国籍離脱者や外国籍者を重視しないことは想像にかたくない。これは,国際協力事業団(1974年設立)が日本人移住者とその子弟の支援を行い(国際協力事業団法第21条4項),外務省の外郭団体である(財)海外日系人協会(1977年設立)が日系人,つまりは外国人の支援を行うという役割分担にも関連する問題である。実際に海外日系人協会は,日系人労働者のデカセギ現象が注目される1988年頃までは,組織も業務もごく小規模なものであったという[35]。

1982年以降,日系人の人口統計は「参考資料」として,巻末に付されることになった。1998(平成10)年の統計をみても,「参考資料」として1986(昭

和61)年10月1日現在の推計値を掲載しているのみである。そして付属して掲載されている定義は,「日本人の血統をひく者」と変更されている。この定義は,冒頭の『広辞苑』と同様である。ここでも,「日本人とは誰か」「血統とは何か」という問題へと戻るのだが,それについては次節でふれたい。

4.2.2 日系エスニシティ

外務省の消極的立場とは対照的に,当事者および研究者は各ホスト社会の文脈に即したかたちで日系エスニシティを積極的に論じてきており,先行研究は枚挙に暇がない。たとえばブラジルの代表的な研究としては前山隆(1996),アメリカの代表的な研究としては竹沢泰子(1994),全般的な研究としては移民研究会編(1997)があげられるし,当事者によるエッセイなども多数出版されている。

ここではペルー[36]での2つの先行研究を取り上げる。1つは1969年の在ペルー日系人社会実態調査委員会『ペルー国における日系人社会』という調査報告書,今1つは20年後の1989年の現地調査をもとにペルーでの日系エスニシティを論じた豊田由貴夫の研究である(豊田1990)。まずは,1969年調査における日系人の範囲規定を紹介する。

> 日系人とは,日本からの日本人移住者およびその子孫を含み,子孫はペルー人その他の外国人との混血を含むが,日本人の血を引かない養子は含まない。日本からの移住者とは,現在の日本の46都道府県および沖縄,ならびに旧外地からの移住者を含み,またそれらの大部分は直接ペルーに来住した者であるが,一部には一度ペルー以外の国に移住した後ペルーに入国した

---

[35] 1988年頃は職員3〜4名,パート1〜2名の小さな組織であったという。その後日系人のデカセギ現象を受けて組織を拡大し,国際協力事業団からの一部業務委託が認められた。そして1995年2月には,行政改革による民間委託の1つとして,海外日系人協会は国際協力事業団の予算を受けて,移住部門の業務を委託された。以上,1999年12月と2000年2月,海外日系人協会の担当者からの聞き取りによる。

[36] 筆者は1996〜98年にかけて,日本におけるペルー人コミュニティの調査研究をした。その調査結果は,修士論文(福田1998)にまとめた。また聞取データの一部は,調査報告書(入管問題調査会1997, 1999)として公表されている。

者も含まれている。

(1969: 64)

　これは外務省の日系人定義とは異なり，より現実に即したものと考えられる。この範囲規定から日系エスニシティに関する4つの論点を引き出すことができるが，それらは豊田論文と関連している部分もあるため，合わせて検討してみたい。

　第一に移住者であることを重視しており，駐在員，商社員といった非移住日本人は排除されている（1969: 65）。この点は豊田の研究でも認めてられており，当事者によるエッセイにもしばしば現れる。ただし豊田は，ペルーの日系エスニシティの現状に照らし合わせた場合，世代が下がり混血が進み，移住者意識も希薄なものになりつつあることを指摘している（豊田 1990: 31）。

　第二に出身地として沖縄と旧外地に関する特別の記載がある。沖縄は1969年の調査当時，アメリカの統治下にあったため，分けて記載されたものと思われる。しかし重要なことは，海外日系人に占める沖縄出身者の割合は高く，ペルーでは7割ともいわれていること，そして沖縄移民が他の日本人移民から差別を受け続けながら，沖縄系エスニック・アイデンティティを保持していたことである（海外日系新聞協会 1978, 1979）。また旧外地出身者については，戦前の人口統計資料で日本人移民に含まれていたのは確認できたが，1969年の時点で日系人に含まれている点は注目に値する。この規定は，日系人定義の前提となる「日本人とは誰か」という問いに関連している。「日本人」概念自体が複数民族を包摂／排除する歴史的過程を経て形成されたものであることは，小熊によって指摘されている（1998）。そしてその子孫である日系人もまた，沖縄系や旧外地出身者への包摂／排除を継承しつつ，内部に多様性を含んだ日系エスニシティを形成してきたものと思われる。

　第三に日系人の配偶者および養子である非日系人を排除しており，「血統」が重視されている。豊田もこの点を，日系人の絶対条件とみなしたうえで，「単に『日本人の血が流れている』という共通点だけでは民族集団として一括することはできない」としている（豊田 1990: 27）。ここで「血統とは何か」という前述の問いに若干ふれておきたい。もちろん「血統」および「純血／混血」という概念は，社会的文化的に構築されたものである。加えて，沖縄出身

者や旧外地出身者を,「日本人の血統をひく」ととらえるのか否かという問題も存在する。それでもなお,日系人をめぐる問題を考察するにあたって,「血統」および「純血／混血」は無視することのできない概念である。日系社会は,出身地別の多様性を内包してきただけでなく,現地社会での通婚とそれにともなう「混血」によって民族的多様性を増し,日系エスニシティを多様化させてきた。自分を「ニホンジン」と規定する沖縄系もいれば（山脇 1996),自分が日系人であることをほとんど意識しない若い世代もいるという。豊田は,日系ペルー人社会の「内部における差異の大きさ」を重く受けとめ,日系ペルー人のエスニシティを絶対的・恒常的なものではなく,相対的・変動的なものであると結論づけている（豊田 1990: 42）。

第四に国籍に関する記述がなく,日本国籍保持者も外国籍者も日系人に含まれる。政府機関である外務省が外国籍者のみを日系人として外部化するのに対し,当事者および研究者が国籍に全く言及していないのは,現実の日系人社会を反映した範囲規定であるためと思われる。外務省の消極的姿勢に対し,一部の日系人は各地で組織化し,リーダーらは毎年日本に集まって海外日系人大会を開催している。大会には皇族が招かれ,日本の政治家や政府機関に対して積極的な要請が行われる。海外移民が国策として行われたという歴史的背景もあると思われるが,日系人リーダー側は日本の政治家とのつながりを重視してきたといえよう。また日系二世以降のリーダーらは,日本を介さないトランスナショナルなネットワークも築いている（浅香 1991, 1993）。

4.2.3 従来の世代の区分方法

続いて先行研究から日系の世代の区分方法をみる（在ペルー日系人社会実態調査委員会 1969）。それによると,日本で生まれ,教育を受けた移民の当事者は日本人移民,もしくは日系一世と呼ばれる。日本で生まれたが,一世の扶養家族として子ども時代に移民し,移民先で教育を受けた人々は日本人移民,一世もしくは準二世（前山 1982）と呼ばれる。移民先で生まれた子どもは二世,その子どもは三世,そのまた子どもは四世である。この場合,移民した人物が基点となっており,日系人の世代と国籍の間には関連性がない。日本国籍を保持した日系一世,準二世,二世,三世,四世もいれば,日本国籍を離脱して外国

表3-8 日系人の従来の世代区分

世代区分	世代の説明	国籍
一世	日本で生まれ、教育を受けた移民の当事者。日本人移民とも呼ばれる。	日本国籍保持者／日本国籍離脱者（外国籍者）
準二世	日本で生まれたが、一世の扶養家族として子ども時代に移民し、移民先で教育を受けた人々。日本人移民、一世とも呼ばれる。	日本国籍保持者／日本国籍離脱者（外国籍者）
二世	移民先で生まれた、一世の子ども	日本国籍保持者／外国籍者／二重国籍保持者
三世	二世の子ども	日本国籍保持者／外国籍者／二重国籍保持者
四世	三世の子ども	日本国籍保持者／外国籍者／二重国籍保持者

籍を取得した日系一世、準二世もいる。また、成人してもなお二重国籍を保持している人がいる[37]。ここではこれらを従来の世代区分と呼び、1990年の入管法改定にともない導入される新たな「世代」区分と区別する。

4.3 入管法改定作業――新しい「日系人」カテゴリー

4.3.1 日系人をめぐる動き

　前項では、外務省による日系人定義の不確定さ、および外国籍の日系人に対する外務省側の消極的姿勢を確認したと同時に、当事者および研究者が内部の多様性をとらえようと日系エスニシティを積極的に研究してきたことを指摘した。さらには消極的な政府機関や日本の政治家に対して、日系人リーダーらが積極的に要請を行ってきたことにもふれた。しかしながら、日本の政治家の日系人認識は「海外の経済発展や海外と日本との友好関係に貢献している」といったように、国家の経済発展に視点を置いたものであり、現地日系人社会の状況やエスニシティにはほとんど関心がなかったと思われる。日系人への関心

---

37) 1985年の日本の国籍法改正以前に生まれた日系人は、要件を満たせば成人後も二重国籍が認められる。また現時点で日本国籍を保持していなくとも、さかのぼって日本国籍を取得することが可能である。2001年1月、法務省民事第一課担当者へ電話で問い合わせた。

は，日系人労働者のデカセギ現象が事件として表面化した後，むしろ非熟練労働者導入の代替措置として高まった。しかしながら，日系人労働者導入の議論は国会など表にはなかなか出てこない（広渡 1992: 410）。そこで，ここでは日系人が労働者として注目されるに至った経緯を時系列で整理し，入管法改定作業の背後での日系人をめぐる動きがあったことを確認しておきたい。

法務省は，1982（昭和 57）年にインドシナ難民受入および難民条約批准にともない「出入国管理令」（1951 年制定）を，「出入国管理および難民認定法」へと改定した。これにともない「出入国管理および難民認定法施行規則」も改定され，その第 2 条第 1 号に「日本人の配偶者又は子」という新たな在留資格を定めた。それまで「在留資格 4-1-16-3」（法務大臣が特に在留を認める者）という残余カテゴリーに入れられていたものを，「在留資格 4-1-16-1」（日本人の配偶者と子）という独立したカテゴリーに移したのである。このカテゴリーは婚姻，親子，養子といった身分関係にもとづく在留資格であるため，在留活動については永住許可同様制限がなく，あらゆる業種で就労が可能である。期間も最長 3 年で延長も可能である（入管協会 1989: 67-9）。

日系人のデカセギ就労が開始されると，この在留資格はその重要性を増す。日本国籍保持者は日本人として就労することができたが，その子や配偶者である日系人にはこの在留資格が適用された。さらにそれ以外の外国籍の日系人には，前述の「在留資格 4-1-16-3」（法務大臣が特に在留を認める者）という残余カテゴリーが適用されたが，弾力的運用によって「日本人の配偶者と子」の拡大解釈として扱われたため，活動に制限のない在留資格が与えられた。また 1985 年に国籍法が改正され，父母両系主義が採用されたことも，日系人にとって重要な出来事であった。この時点で日系人のデカセギ就労の法的基盤の一部はすでにできあがっていたといえよう。

デカセギの日系人労働者が注目を浴びたのは，「悪質」な斡旋業者発覚の報道によるものであった。そもそも日系人労働者のデカセギ斡旋を始めたのは，横浜の S 工業といわれている。S 工業は 1982 年頃から日本人労働者の派遣を始め，1984 年秋頃から日系人の日本での就労斡旋を始めた。1987 年 11 月には労働者派遣事業法違反の容疑で立入調査を受け，1988 年 3 月には改善の行政指導を受けたが，ブラジル事務所のみ閉鎖し，派遣業は続けていた。そして

1989年10月に摘発を受け，社長ら2人が労働者派遣事業法違反で逮捕されると（藤崎1991: 166-78），日系人労働者のデカセギ現象は事件として表面化し，注目を集めることとなった。

さらに「在留資格4-1-4」（親族訪問目的の観光ビザ）のまま，資格外就労を行っていた日系人労働者の存在も問題となっていた。1989年2月には，サンパウロ州の下本八郎州議員が来日し，日系人への就労ビザ発給を日本政府関係者へ伝えたが「二世といってもブラジル人なので，特別措置はできない」と外務省幹部に断わられている。当時政府関係者は，日系人の就労を制限する姿勢を示していた（藤崎1991: 84-92）。5月の海外日系人大会では，日系人労働者の処遇改善を訴える要望書が提出されている。6月に状況は転換し，出先公館と入国管理局とが業部の一部分担で合意し，それまで悪評を買っていた現地での査証手続きが簡略化される。これは日系人のデカセギ就労を黙認するという政策転換と受けとめられている（藤崎1991: 92-102）。その後ブラジルでは，1989年7月以降日本語新聞各紙がデカセギ合法化を訴える社説を掲載し続け，1990年2月には野村丈吾前連邦下院議員のデカセギ合法化要請運動と，具志堅ルイス連邦下院議員のデカセギ合法化のためのブラジル法整備案を報じている（藤崎1991: 116-40）。一方，日本では1989年12月に日系人労働者の組織的雇用を目的として，群馬県大泉町周辺の中小企業32社が参加する「群馬県東毛地区雇用安定促進協議会」が設立され，1990年4月には日系ブラジル人労働者の第1陣を受け入れ始めた（小内・酒井編2001: 56-7）。入管法改定作業において日系人が労働者として注目される背後には，こうした動きがあった。

4.3.2　入管法改定作業の流れ1——入管法改定

それでは，改定作業の周辺ではどのような議論がなされていたのであろうか。そもそも労働省は，1967年の第一次雇用対策基本計画の閣議口頭了解以来，「外国人労働者は受け入れない」という立場を守り続けてきた。しかしながら，日本には戦後一方的に国籍を剥奪された在日外国人がすでに定住していただけでなく，外国人労働者を導入する動きがみられた。たとえば1960年代後半から1970年代初頭には，東南アジア諸国の女性労働力が「研修」という名目のもと下請零細企業に導入され，「准看護婦研修」という名目のもと看護

婦も導入されていた。1972年には「国際技能開発計画」が開始され一定枠内で研修生を受け入れ始めた（法政大学大原社会問題研究所 1989）。1980年代初頭には「じゃぱゆきさん」と呼ばれる女性労働者が増加した。1983年の中曽根首相の「留学生10万人計画」は，留学生や就学生を急増させ，彼ら／彼女らはアルバイトとして時間制限つきで非熟練労働に従事していた。また専門技術職への就職には「在留資格 4-1-16-3」（法務大臣が特に在留を認める者）が適用されており，事実上外国人労働者は熟練／非熟練を問わず導入されていた。

1985年のプラザ合意以降円高が急激に進行し，内需拡大路線で中小企業の人手不足が深刻化すると，1986年以降は男性の移住労働者が増加し，1987年頃から「不法就労」が問題視され始めた。こうした状況の中，法務省と労働省を中心に入管法改定作業の準備が始まり，1986年頃から1990年にかけて大規模な改定作業が行われる（法政大学大原社会問題研究所 1989）。

法務省は，1986年12月には2年後の立法化をめざして，雇用者に対する営業停止など罰則を盛り込んだ特別法「外国人労働者雇用者事業法案（仮称）」の検討に入った。1987年2月には外国人労働者に関するプロジェクト・チームが提言をまとめ，在留期間3年の延長なし，家族呼び寄せなしの単身出稼ぎとして「単純労働者」の導入を考えている。6月には外郭団体（財）入管協会を設立，11月には「外国人の就労に関する意識調査」を行い，1988年3月には入管法改定着手方針を発表した。

労働省は，1987年12月に「外国人労働者問題研究会」を発足し，1988年3月には報告書を提出した。この報告書において，労働省は「雇用許可制度」創設案を提唱した（労働省職業安定局雇用政策課 1988）が，この案は外国人の二重チェックになるという法務省の批判，および在日民族団体や経営者団体の反対を受けた。

法務省は1988年4月に第一次骨子案を，5月に入管法改正要綱案を発表し，在留資格の見直し，入管審査手続きの迅速化，就労証明書の交付，雇用主罰則規定，「単純労働者」受入慎重論といった内容を明らかにした。入管協会は1988年1月に「外国人労働者問題検討委員会」を発足させ，5月に中間報告を出したが，その内容は法務省の方針と同じである。

労働省は1988年3月に「外国人の就労実態について」という「不法就労」

表 3-9　入管法改定関連年表

年	月日	入管法関連事項
1967 (S42)	03/14	第一次雇用対策基本計画閣議決定→外国人労働者の入国認めない
1972 (S47)		「国際技能開発計画」開始
1982 (S57)	01/01	「出入国管理および難民認定法」施行→「日本人の配偶者と子」新設
1983 (S58)		「留学生10万人計画」(中曽根首相)
1984 (S59)		S工業による日系人就労斡旋開始
1985 (S60)		国籍法改正→父母両系主義へ プラザ合意(五カ国蔵相会議)→円高が急激に進行 内需拡大路線→人手不足現象が生じる 法務省，日韓法的地位協定にかんする日韓当局者接触開始
1986 (S61)	12	法務省，「外国人労働者雇用者事業法案(仮称)」の検討に入る
1987 (S62)	02 06 11 12	法務省，外国人労働者に関するプロジェクトチームの提言 法務省，(財)入管協会設立 法務省，「外国人の就労に関する意識調査」実施 外務省，外務省領事移住部に外国人課を新設→外国人の就労問題に着手 労働省，「外国人労働者問題研究会」発足
1988 (S63)	01 02 03 04 05 06 07 10/16 11 12	法務省，入管協会に「外国人労働者問題検討委員会」発足 総理府，「外国人の入国と在留に関する世論調査」実施 法務省，入管法改定着手方針発表 労働省，「外国人労働者問題研究会」報告書→雇用許可制度創設案， 「外国人の就労実態について」調査実施 法務省，入管法第一次骨子案公表 法務省，入管法改正要綱案発表，入管協会「検討委員会」報告書 労働省，「外国人労働者問題に関する調査検討のための懇談会」発足 内閣官房，「外国人労働者問題関係省庁連絡会議」設置 第六次雇用対策基本計画閣議決定→専門職外国人の受入拡大 総理府，「外国人の入国と存留に関する世論調査」報告→受入肯定過半数 労働省，労働基準監督署の臨検監督で外国人労働者の調査 内閣官房，「外国人労働者問題関係省庁連絡会議」中間取りまとめ発表 労働省，「外国人労働者問題に関する調査検討のための懇談会」報告書 法務省，入管法改定案まとめる
1989 (H1)	01/15 01 02 03 03/28 05 06 09/08 09/12 10 11 11/17 12/08 12 	査証相互免除協定一時停止(パキスタン，バングラデシュ) 公明党，社会党，「単純労働者」受入賛成表明 下本サンパウロ州議員来日→外務省に日系人優先受入断られる 法務省，入管法改定基本方針を発表 法案は閣議通過，政府案として国会に提出される 海外日系人大会→日系人労働者処遇改善の要望書 出先公館と入管の業務一部分担→日系人の現地査証手続きの簡略化 閣議，外国人労働者問題を協議 閣議，ボートピープルについて閣議了解→不法入国者は退去強制 S工業摘発，逮捕 内閣官房，「関係省庁連絡会議」改定法案早期審議に合意 法務省，日系ブラジル人就労の実態調査実施 衆議院本会議→入管法改正法案通過 参議院本会議→入管法改正法案可決成立 「外国人労働者問題に関する閣僚懇談会」設置→「単純労働」検討継続 「群馬県東毛地区雇用安定促進協議会」設立
1990 (H2)	02 04 05/24 06/01	ブラジルで野村前連邦下院議員，具志堅連邦下院議員が合法化働きかけ 法務省，日系ブラジル人就労の実態調査結果発表→日系人待遇問題なし 「群馬県東毛地区雇用安定促進協議会」第1陣受入開始 法務省告示が出される→日系人の優先受入 改定入管法施行

調査を行い，調査対象事業所の3分の1が「不法労働者」を雇用していることを明らかにした。5月には「外国人労働者問題に関する調査検討のための懇談会（調査会）」を新たに発足させた。6月には第6次雇用対策基本計画（閣議決定）において，「専門技術的な分野や外国人ならではの分野での外国人労働者」を認め，「単純労働の外国人労働者は受け入れない」と従来の基本計画を一部訂正し，専門技術者の受入姿勢を示した。10月には全国の事業所を臨検監督する際に，同時に「不法就労」の調査を行った。12月には懇談会が報告書を出すが，「単純労働者」の受入反対，専門技術者の受入，研修生受入といった内容であり，基本的には3月の報告と同じ内容である（労働省職業安定局雇用政策課1988）。「雇用許可制度」についても再検討を行ったようだが，最終的にこの案は実現しなかった。労働省は法務省に，労働力の需給調節の権限を譲り渡したとみることができる。

それ以外の省庁や政党も動きをみせている。外務省は1987年11月に，外務省領事移住部に外国人課を新設して，外国人の就労問題など総合的な検討に着手する方針を固めた。総理府は1988年2月に「外国人の入国と在留に関する世論調査」を実施，7月に報告を出し，過半数の人が「単純労働者」受入に肯定的であることを示した。内閣官房は1988年5月に，17省庁からなる「外国人労働者問題関係省庁連絡（調整）会議」を設置して総合的な意見調整を行い，11月には「中間取りまとめ」を出した。自民党も1988年に党政務調査会の中に「外国人労働者問題特別委員会」を設置し，関係課題の検討を行っている。1989年1月には，公明党と社会党が「単純労働者」を含む外国人労働者の導入賛成を表明している。

法務省は1988年12月には入管法改定案をまとめ，1989年3月に基本方針を発表し，出入国管理基本計画の策定といった方向性を示した。3月28日に法案は閣議を経て，同日国会に政府案として提出された。

経営者団体としては，非熟練労働者の受入に反対を表明しているもの（東京商工会議所，経済同友会，日経連）がほとんどであるが，1988年12月には二十一世紀経済基盤開発国民会議が，1989年1月には関西経済同友会が，10月には全国中小企業団体中央会が非熟練労働者導入に積極的姿勢を示している。

法案は6月と8月に2回先送りされたが，夏に「偽装難民」が来日したこ

とに勢いを得る。9月8日には外国人労働者問題が閣議で協議され，9月12日にはボートピープルの審査について閣議了解がなされる。1989年10月には17省庁連絡会議が「外国人労働者に関する日本政府の基本的方針」を発表し，①専門技術者受入，②単純労働者は慎重に検討，③研修生受入検討という方針を打ち出した。そして入管法成立後の12月に「外国人労働者問題閣僚懇談会」を設置し，「単純労働者」に関して検討を継続することが外務大臣の発案で決められた。こうしてようやく関係省庁が合意に達すると，その後一気に審議が進む。最終的に付帯決議が付きこそすれ，法案はほぼそのままのかたちで11月17日に衆議院を通過，12月8日に参議院で可決成立した。

大きな論争を巻き起こして成立した改定入管法ではあるが，「不法就労」対策の罰則規定以外，外国人の就労システムは改定前後を通じて基本的には変わっていない（広渡 1992: 405）。変わったといえるのは，入管法に関連する省令や告示といった部分であったが，それについては次節で扱う。

4.3.3　入管法改定作業の流れ2——告示による日系人優先受入

すでに述べたように，この改定入管法は，非熟練労働者の導入を認めないという日本の移民政策を決定づけると同時に，代替措置として日系人労働者の導入を認める方針を示すものであるとされている。しかしながら厳密にいえば，1989年12月8日に可決成立した改定入管法には「日系人」という用語もそれをさす内容もいっさい登場しない。後に発令される告示において，日系人をさす内容が文章で示されているだけである。その告示とは定住者の地位に関する法務大臣の告示で，「出入国管理及び難民認定法第七条第一項第二号の規定にもとづき同法別表第二の定住者の項の下欄に掲げる地位を定める件」という法務省告示（平成2年5月24日　法務省告示第百三十二号）である。告示とは，政令，省令などと同様に，法律自体で規定できない細部的・技術的事項を行政が定める行政立法の一種で，行政機関がその意思や事実を広く一般に公示する方式である（原田 1994: 83-4）。この告示は改定入管法成立の約半年後にあたる1990年5月24日に出され，約1週間後の6月1日に改定入管法と同時に施行されており，これが日系人優先受入の根拠となっている。

ポイントはこの告示が南米日系人労働者の導入を想定して作られたか，とい

う点にある。そもそも「定住者」という滞在資格は，インドシナ難民，中国帰国者およびその家族の法的地位を明確化する目的で創設されたといわれている。南米日系人の法的地位の整備は，当初予定されていなかったようである。

しかしながら，自由民主党発行『月刊自由民主』1989年11月号に掲載された，同誌専属ライター野島年彦の「進めたい日系人の特別受け入れ」には，日系人が人手不足対策の労働力として注目された理由が，はっきりと示されている。南米日系人労働者の導入を唱えていたのは，自民党の「外国人労働者問題特別委員会」の委員長である加藤武徳参議院議員であった。加藤は「一世は日本国籍をもっていて，二世も単純労働でも何でも働いていい資格があるのですが，一世，二世は四十代，五十代と年配の人が多い。私はできれば十代，二十代の日系三世の人たちに日本に来てもらって，働きながら進んだ技術を取得してもらいたいと思っているのですが，三世は現地の国籍だけをとって日本国籍を放棄している人がほとんどなんだそうです。そうすると日系人といっても入管法上，他の外国人と同じ扱いにしかできない。つまり仕事や活動面でいろいろ制約されて単純労働にもつけない。私は，日本国籍を持っていない三世の方々を何らかの方法で特別扱いにし，一世，二世と同じ資格を与えてやれないものかと，いろいろ検討したんです。できれば今度の入管法改正案に盛り込めないかと動いてみたんですが，結局思うようにならなかった。今も心残りになっており何とかならないかと考えているんだがねぇ」と述べている。それを受けて野島は「確かに日系人の就労者を積極的に受け入れようという案は，当面の人手不足の解消に効果的で，しかもすぐ取りかかれる。労働開国反対論の大きな理由は，文化，風習の違うアジア人を大量に受け入れると人種差別など摩擦が起こりやすく，単一民族国家に近い日本の民族構成が崩れてしまうというものだ。しかし，同じ日系人なら日本語を十分に話せない人がいても，それほど気になるまい。……外国人労働者の受け入れに反対する人も，日本の風習を身につけた日系人なら特別扱いにそれほど文句はないだろう」(1989: 98-9)とまとめている。

一度は立ち消えとなった南米日系人労働者導入案は，改定入管法成立後の告示の制定作業において現実化する。国会会議録等の資料を時系列で読み直すと，入管法改定後の半年間に日系人優先受入政策が具体化されたことがわかる（国

立国会図書館 URL)。

　1989年10月25日の参議院予算委員会では，谷川寛三議員がS工業の事件にふれ，初めて南米日系人労働者に言及した。

　11月19日の参議院外務委員会では，中西珠子議員が同じくS工業の事件に関して質問し，労働省の吉免は「ブラジル日系人というのは……外国人とはやはり全く違うわけでございまして，もとをただせば日本人という面がございます」と答弁している。さらに「日本国内での就労のあり方のようなものについて検討を進めたいというふうに考えておりまして，実は外務省さんの方にもブラジル国内の事情等の調査もお願いをしておりまして，そういったものをふまえて適正化でいろんなかたちの方策はとっていきたいというふうに考えております」とブラジル日系人の就労を認める方向で検討中であることを明らかにしている。

　11月30日の衆議院沖縄および北方問題に関する特別委員会では，宮里議員が南米日系人の入国手続きについて質問し，「二世，三世というのは，もともと肉体も魂も日本人と同様」であり「日系人の子弟が日本へ入域してくる場合に，ただ不法就労が目的で入ってくるのだろうというようなかたちで入り口を閉めるのではなくて，……これを温かく迎え入れるということも，この際大事であろうと思います」と述べている。それに対して法務省の堀口は「日系人の就労状況に関する実態の把握をさらに進めますとともに，関係省庁とも協議しながら，今後の対応に遺漏なきを期してまいりたい」と答えている。また外務省の島内も「(親族訪問とは違う)他の目的によりわが国に渡航することを希望する日系の方の取り扱いを含めまして，目下法務省と協議しているところ」と述べている。

　12月5日には，中南米国会議員連盟と在中南米18カ国の大使との懇談会において，外務省の坂本中南米局長は「長時間議論いたしましたが，結論から申しますと，日系人については，技術研修，将来の日本と中南米の懸け橋になりうる日系人という観点から，もっと健全な受け入れ体制を考えるべきではないかということになりました」と述べたが，おおっぴらに日系人を優遇することは，非日系人との関係上難しい問題があり，工夫を要すると語ったという(藤崎1991: 159-61)。外務省は受入の方向で検討中であることを明らかにした

うえで，日系人優先受入案に問題が多いことを認めた。

1990年2月9日には，外務大臣官房の久米領事部長がサンパウロを訪れ，日系人の就労問題について日本政府の見解を初めて明らかにしているが，旧入管法の内容を再確認しただけであり，日系人労働者の受入問題については本間副領事が「6月に施行される新しい法律を待たなければならない」とつけ加えた（藤崎1991: 219-20）。

4月13日，法務省入国管理局は，『在留日系ブラジル人等の稼動状況に関する実態調査の実施について』という調査結果（法務省入国管理局1990）を発表し，「日系人は待遇の面で日本人従業員とほぼ同等の取り扱いを受けており，特に問題がない」という結論を導き出した（藤崎1991: 224）。

4月17日の参議院外務委員会では，猪木寛至議員がブラジルにおいて日系人当事者から就労状況改善の陳情を受けたと発言している。

そして告示の出される3日前である5月21日，参議院予算委員会において中曽根弘文議員から「日系二世，三世の就労，……日本の国内では合法なのだと思いますが」と質問が出されている。塚原労働大臣は「無論一世は問題ないですし，二世も問題ないです。……入管法のあれで今度は三世ももしかしたらよくなるかもしれないですけれども」と日系人労働者の優先受入を認め，「労働省といたしましては，今後とも日系人の就労希望者の増加が予想されますので」と日系人労働者の急増を予測している。また法務省の股野は「日系の二世および三世の方につきまして……新たに定住者という在留資格を与えることにいたしまして……就労を含めてわが国での活動に入管法上の制限を設けない」と明らかにしている。さらに中曽根議員は「1つの地域の商工会とかそういうような団体がまとまって南米から日系人を受け入れようという動きがあるようだが」と付け加えている（国立国会図書館URL）。

6月1日，改定入管法と関連する行政立法が施行され，上記の告示も施行される。サンパウロ領事館では，日系人の優先受入政策について公式発表がなされた（藤崎1991: 228-9）。また入管協会は『国際人流』1990年7月号で「日系人のUターン現象を追う」という特集記事を組み，早速広報に努めている。ただし特集記事の中では，日系人の在留資格の整備は認めても，日系人を労働者として優先受入したわけではないとしている点に留意しておく必要が

ある。外務省担当者は「日系人の方が親族と一定期間暮らせばお金がかかるわけですが、その費用を得るために働くことを認めましょうということであって、日系人の就労を促進したりするものではありません」と説明し、労働省担当者は「就労を目的として設けられた在留資格ではない」と述べ、法務省担当者は「日系人のみにターゲットをしぼって労働者の募集を行うことは、民族的出自による差別であり、ブラジル等において人種差別を行うものであるといった批判、非難を生みかねない」と語っている。日系人労働者の優先受入を認めることによって、現地社会において日本政府が人種差別で批判されること、および日系人労働者が急増した後の影響を考慮しての発言と思われる。

入管法改定後、滞日南米人人口はさらに増加する。梶田らの共同研究グループが1998年12月から1999年4月にかけて行った、入管法改定作業に携わった法務省担当者らへの聞き取りによると、この日系人優先受入政策は里帰りを想定したものであり、日系人労働者の急増は政策担当者にとって「意図せざる結果」であったと語ったそうである（梶田1998, 1999a, 1999b, 2002）。上記のような文脈をふまえるならば、額面どおり受け取るわけにはいかない公式的な回答と考えるべきであろう。

4.3.4 新しい「世代」の区分方法

次に「日系人」のカテゴリー化にともない、法務省が考案した新しい「世代」[38]の区分方法を検討してみたい。法務省が新しい区分方法を編み出したのは、実務上はこれが「日系人」か否かを判断する基準となるからである。この区分方法においてもっとも重要なのは、日本国籍保持者との関係性である。すでにみた従来の世代の区分方法とは異なり、誰が移民したかを考慮に入れていない点に特徴がある。

すでにふれたが、この告示は日系人をさす内容を文章で示しているものの、「日系人」という用語は一度も用いられていない。「日系人」という用語は解説書で

---

[38] ここでは、法務省が考案した新しい区分方法を括弧つきの「世代」「一世」「二世」「三世」で表記し、当事者および研究者によって用いられてきた従来の世代、一世、二世、三世といった用語と区別する。

用いられているだけである。条文には「日系」という用語を絶対使わないとする法務省の方針がうかがえる。そこで法務省入国管理局監修の『注解・判例出入国管理外国人登録実務六法』の平成8年版（入管協会1996）の解説部分[39]をもとに，従来の世代区分と対比させつつ，新しい「世代」の区分方法を検討する。

まず大前提として，日本に戸籍のある人（日本国籍保持者）は，日系人ではなく「日本人」として扱われる（1996: 3-4）。そして，その「日本人」（日本国籍保持者）を基点として，その子（実子と特別養子[40]）を「一世」として扱い，在留資格「日本人の配偶者等」を与える（1996: 133, 149）。「一世」の子は「二世」（解説では「いわゆる日系二世」と表記）として扱い，在留資格「定住者」の3号を与える（1996: 150, 395）。国籍離脱した日本人移民の場合，本人が「一世」になるので，その子は「二世」になる。よって孫は「三世」（解説では「いわゆる日系三世」と表記）として扱い，在留資格「定住者」の4号を与える（1996: 150, 395）。そしてこの規定による「三世」までを「日系人」と定めている。したがって従来の三世でも，一世が移民先で日本国籍を離脱している場合に限り「三世」とみなされる。従来の三世でも，本人が日本国籍保持者であるならば日系人ではなく「日本人」とみなされる。

では，なぜ「三世」[41]まで在留資格を認めたのであろうか。『国際人流』1990年7月号の日系人特集記事において，外務省担当者は「ヨーロッパの移住者送り出し国の例のごとく，自国の血をひいている者については三世まで自国民と同じに扱おうというのが世界の趨勢だ」と語っているが（11-13），説得力に乏しい。

この疑問に関して，梶田らのグループが入管法改定作業の法務省担当者への聞き取りを行っており，それによれば1991年1月に期限の迫っていた日韓法

---

[39] なお，この解説はあくまでも法務省サイドの説明にすぎないため，実際の運用基準とは異なる点も多い。そのあたりに注意して解釈する必要がある。

[40] 実子のみならず，特別養子を子として認めていることから，日本の国籍法や移民政策は厳密な意味での「血統主義」ではなく，「戸籍主義」もしくは「イエ制度主義」であるといえよう。

[41] 厳密にいえば，「定住者」の未成年で未婚の実子（定住者6号）や特別養子（定住者7号）にも，「定住者」の在留資格（ただし活動に制限あり）が付与される。つまり在留に関していえば，「三世」だけでなく「四世」まで認められている。

表3-10 「日系人」の新しい「世代」区分

「世代」区分	在留資格	国籍	条文	従来の世代との関連性
「日本人」	在留資格必要なし	日本国籍保持者／二重国籍保持者	なし	日本国籍を保持する一世，準二世（日本人移民），二重国籍の二世，三世，四世等
「一世」	日本人の配偶者等	日本国籍離脱者（外国籍者）／外国籍者	日本人の配偶者若しくは（中略）特別養子，又は日本人の子として出生した者（入管法の別表第二・第二条の二，第十九条関係）	日本国籍を離脱した一世，準二世（日本人移民），日本国籍を留保しなかった二世，三世，四世等
「二世」（＝「いわゆる日系二世」）	定住者3号	外国籍者	日本人の子として出生した者の実子（告示百三十二号の三号）	日本国籍保持者の孫
「三世」（＝「いわゆる日系三世」）	定住者4号	外国籍者	日本人の子として出生した者でかつて日本国民として本邦に本籍を有したことのあるものの実子の実子（告示百三十二号の四号）	日本国籍離脱者の孫

的地位協定問題における在日韓国人「三世」への永住権付与とのバランスをとったとのことである（梶田 1999: 8-9）。1965年の日韓法的地位協定は，在日韓国人の法的地位の安定化のために，永住許可を申請によって与えることを規定したが，いわゆる在日三世以降については，協定永住許可の対象外となっており，韓国政府の要請があれば，1991年1月16日までに日本政府は協議に応じるものと規定されていた。この問題に関して，入管法改定作業よりも少し前の1985年末から日韓当局者の接触が開始されていたという（広渡 1992: 378-9）。異なった移民エスニック集団である在日韓国人と日系人の間でバランスがとられたのは，これら2集団がかつて日本国民の範疇に入れられていた人々およびその子孫という共通点によるものと考えられる。

4.4　国家による成員選別

　以上の検討を受けて最後に，冒頭で述べた国家の経済成長，および望ましい成員選別という2つの側面から国家による成員選別過程について論じる。その際，日系人優先受け入れ政策を以下の5つの立場（観点）から分析していく。

①「開国論」の主張と非熟練労働者の導入
②「鎖国論」の主張と「単一民族」を守る血統主義
③かつて日本国民の範疇に入れられていた人々およびその子孫の特別扱い
④国際貢献
⑤日系人社会および日系エスニシティへの無関心

　①は非熟練労働者の導入という点である。これを主張していたのは「開国論者」と呼ばれる一部の財界人であり，日本の経済発展には非熟練労働者の導入が必要であるとの理由によるものであった。法務省，労働省は基本的には非熟練労働者の導入のメリットを認めているが，最終的にはそれぞれ「単純労働者」慎重論，反対論を示した。この場合「単純労働者」として念頭にあったのはパキスタン人，バングラデシュ人といった南アジア系外国人であったが，法務省，労働省はこのエスニック集団を国家の成員として望ましくないと判断した。その根底にあったのは，おそらく南アジア系外国人に対する蔑視であったと推測される。そこで，労働省は「研修生」という名目で，外務省，法務省は「日系人」という名目で，それぞれ非熟練労働者を導入する代替措置を考案する。

　②は「単一民族」を守るという点である。これを主張していたのは「鎖国論者」と呼ばれる保守系の論者であり，日本の「単一民族」という有利な特殊性を守るべきという理由によるものである。日本は決して特殊な「単一民族」社会ではないが，「単一民族」神話は根強い。その中で自民党政治家が「単一民族」を崩さないとして，血統主義としての日系人優先受入政策を主張したことは重要である。この政策は，同じ民族である日系人に，活動に制限のない在留資格を付与するのは当然であるとするものである。民族的同質性を強調することによって，外国人労働者に反対する「鎖国論者」をも納得させることができ

るため,「開国論者」の要望と「鎖国論者」の主張の妥協案となる。自民党政治家にとって,日系人は国家にとって望ましい成員であった。しかしながら,法務省,外務省は,日系人労働者の優先受入を認めることによって生じるであろう人種差別批判,および日系人労働者が急増した後の現地の日系人社会や日本社会に与える影響を危惧していた。その結果,日系人の在留資格の整備は認めても,日系人を「労働者」として優先受入したわけではないとするスタンスをとる必要があった。

　③はかつて日本国民の範疇に入れられていた人々およびその子孫の特別扱いという点である。この点は,以下の3つの理由で重要であった。第一に,血統主義を根拠にした場合に予想される人種差別批判を回避できることである。後に日系人優先受入政策が血統主義であると批判されようとも,過去の日本国籍の有無という点において日系人と非日系人を明確に区別しているので,政策担当者としては優先性に説明がつく。だからこそ,条文にはいっさい日系人という用語を用いなかったのであろう。第二に「すぐに取りかかれる」ことである。この入管法は改定前後を通じて基本的システムは変更されていない。日系人に関していえば,改定以前の入管法でも活動に制限のない在留資格がすでに認められていた。それゆえに日系人優先受入政策への変更は,現状の追認として告示など行政立法で対処することができた。入管法ではなく行政立法でこの政策を実現すれば,国会の承認は必要ない。第三に在日韓国人とバランスがとれることである。歴史的経緯を考えれば,日本に定住する在日三世が永住権を取得することは当然である。それに対し,基本的には海外に在住するはずの日系三世が,活動制限のない在留資格を取得することは,決して当然のことではない。これは明らかに在日韓国人のレベルに日系人を引き上げた措置である。にもかかわらず,かつて日本国民の範疇に入れられていた人々およびその子孫という共通点が,両集団のバランスの根拠とされたように思われる。

　④は国際貢献という点である。これは「研修生」受入の文脈でもっとも多く使用されている。具体的には,「単純労働者」導入は問題点が多いが,「研修生」は技術移転を目的とした国際貢献であり,アジアのリーダーとしての日本の責任を果たすことができるという主張である。そして日系人優先受入政策においても,同様の姿勢がみられる。具体的には「日系人」に,日本の進んだ技

術や日本独自の文化を学んでもらい，帰国後は現地の経済発展や日系社会の発展にそれらを役立ててもらおう，という主張である。技術力の高さ，リーダーとしての責任，学ぶべき独自の文化といった表現は，日本人のナショナリズムを満足させ，この政策を正当化させる効果をもつ。国際貢献は，「研修生」や「日系人」を国家の成員として望ましいと考える根拠に用いられている。

⑤は日系人社会および日系エスニシティへの無関心という点である。日系人定義の重要な要素である「日本人とは誰か」「血統とは何か」という前提自体が，重層的かつ複雑な問題をはらんでいること，日系エスニシティは移民以前からの民族的多様性に移民後の民族的多様性が加わり，さらなる内的多様性を呈していることはすでに確認した。

こうした日系人社会や日系エスニシティの状況に対し，日系人優先受入政策を具体化した政策担当者が，関心をもっていたとは，以下の理由から考えにくい。第一に，現地日系人社会に対する無関心である。『国際人流』1990年7月号で外務省担当者が「(南米日系人は)永住するかというと，金が貯まれば帰っていくと思います。移住者を送り出す仕事をずっとやってきた外務省としては，あまり帰ってきてもらうと実際困るんです」と語っている。南米の経済危機の中，日系社会が置かれている状況に全く無関心であるだけでなく，デカセギで日系社会が空洞化する問題については，「外務省としては困る」と述べるに留まっている。また同じ特集記事の中で，労働省担当者は「日系人の方にどうぞ働くために来てくださいとは申し上げません」と語っている。これは日系人デカセギ就労の責任を日系人当事者へ転嫁するものと読める。

第二に，日系エスニシティの内的多様性に対する無関心である。日系人優先受入政策は，現実的には民族的同質性を保障しない。改定入管法施行後に「日系人」カテゴリーの経済的価値に惹きつけられて来日した人々は，民族的多様性を内面化した日系人，その家族である非日系人，そしてそれを偽装した一部の「ニセ日系人」であった。また「単純労働者」導入に反対する意見として，民族的差別や偏見があげられていたが，そうした問題は日系人労働者を受け入れた日本社会においても確認されている。国家が日系人社会や日系エスニシティの内的多様性を把握していなかったとは考えにくく，むしろ多様性を意図的に無視することによって，日系人を非熟練労働に携わる国家の成員として選

別している。国家はエスニシティに無関心であると同時に，エスニシティを意図的に無視することによって，経済成長と望ましい成員選別という2つの側面を妥協させたといえよう。

　以上の5つの観点を，さらに冒頭の2つの側面に限定して整理する。すると国家の成員選別過程の諸要素を，最終的に1つの法律として収斂させる流れがみえる。これを仮に国家の「ロジック」と呼ぶ。なお，入管法改定作業に関する指摘として，各省庁の権益争いであったために，国家として一貫した方針はなかったというものがあるが，ここでは各省庁の権益を最終的に1つにまとめていった流れを国家の「ロジック」と呼んで考察を試みる。

①国家の経済成長（第一の側面）は最優先事項であるが，望ましい成員の選別（第二の側面）を考慮したうえで政策が決定される。望ましい成員選別の際には，特定の人種観もしくは民族観が反映される。
②血統主義は政治的，言説的には効果的な成員選別の根拠（第二の側面）となるが，立法的にはそれを支える別の根拠が必要となる。
③過去において一度でも国家の成員として認めた者，およびそれらの人と身分関係にある者を優先することによって，人種差別批判をかわす（第二の側面）と同時に，彼ら／彼女らを効果的に利用することによって，国家の経済成長をめざす（第一の側面）。望ましい成員選別の具体的基準は，デリケートな問題であるため，国民の議論を通さないところで処理する（第二の側面）。
④国際貢献の名のもとに，国家の経済成長に効果的な政策を採用する（第一の側面）と同時に，国際貢献を成員選別の根拠にも利用する（第二の側面）。
⑤国家の経済成長のため（第一の側面），望ましい成員と判断された移民エスニック集団の社会的・文化的側面としてのエスニシティは，政策に合わせて意図的に無視される（第二の側面）。

　この国家の「ロジック」において，国家の利益は国民，地域社会，移民集団の利益に優先されていることがわかる。この「ロジック」にのっとって国家によって規定された移民エスニック集団は，国家の利益を反映したカテゴリーとなるため，従来の移民エスニック集団とは異なったものとなる。加えて国家に

よる規定，および，それを支える「ロジック」は実務において日常的に運用され，より確固としたものとなる。研究者や当事者は，国家によって規定された概念をしばしば無自覚に導入してしまうが，両者は区別して分析される必要がある。

本節では，移民エスニック集団の分析において，国家をアクターの1つとして考慮に入れることが必要であるという視点に立ち，特に国家の移民政策や法制度が，どのように成員を選別していくのかを考察した。そして国家の経済成長，望ましい成員の選別という国家のコントロールの2つの側面が交錯する中で，国家による成員選別の「ロジック」とも呼べる流れが見出された。また国家による移民エスニック集団規定が，その「ロジック」にのっとって行われる点を指摘した。

日系人優先受入政策を事例とした場合，①国家の経済成長を支える非熟練労働者導入の対象として，アジア系への抵抗感が依然として強いことから，②日系人が望ましい成員として政治的に選別された。しかしながら，③立法的には血統主義ではない別の根拠が必要なため，他の移民集団との整合性をも考慮し，過去における国家の成員という点を利用して，新たな「日系人」カテゴリーが作り出された。④さらに国際貢献も成員選別の根拠として主張されるが，⑤現実的には国家は移民集団のエスニシティを意図的に無視している。その結果，国家の「ロジック」によって規定された移民エスニック集団は，従来のエスニシティにもとづく移民エスニック集団とは異なったものとなる。国家による「日系人」カテゴリーと日系エスニシティとは，区別して論じる必要があるといえよう。

次章では，パキスタン人移民による宗教団体や同郷団体の形成過程をたどりつつ，移民過程の進展や移民コミュニティの制度的完成について考えてみたい。

第4章
移民による宗教団体と同郷団体

上：イード礼拝
下：八王子モスク

第 1 節 ◆ 移民による宗教団体の形成

　これまで「送出社会：パキスタン」「ホスト社会：日本」「第三国：アラブ首長国連邦」それぞれの移民政策と社会的背景を順番にみてきた。一連の作業から，パキスタン人移民が各国法制度の影響を大きく受けていることがわかった。そして各国法制度に対抗しながら，独自の移民ネットワークを形成し，家族形成し，特にアラブ首長国連邦では制度的に完成した移民コミュニティを形成していることも確認できた。

　では，日本におけるパキスタン人移民の移民過程や移民コミュニティの制度的完成はどのような状況にあるのだろうか。ここでは，移民過程や制度化をとらえるのに最適のテーマである，宗教団体の形成についてみてみよう。

1.1　宗教団体研究の概要

1.1.1　移民による宗教団体形成

　日本のニューカマー研究においては，移民の自律的・主体的な活動に対する関心の低さ，たとえば移民研究において欠かすことのできない宗教活動に関する研究蓄積が少ない。ニューカマーの宗教活動に関する数少ない先行研究としては，フィリピン人の宗教活動を扱ったマテオ（1999）があげられる。マテオは既存の教会施設を一時的に借りて催されるフィリピン人の宗教活動を「折りたたみ椅子の共同体」と名づけ，折りたたみ椅子のように必要なときに設置され，集合してはすぐに解散する活動の状況を描いている。ムスリムの宗教活動については，桜井（1998, 2003）の先駆的なモスク調査を皮切りに，工藤（2000, 2005a, 2005b, 2008）をはじめとする文化人類学者による研究，宗教活動の当事者による現状報告，早稲田大学の店田研究室による実態調査（店田編 2006, 2007, 2008）が登場し始めた段階である。

　本節では，パキスタン人移民のコミュニティ形成過程を把握する1つの手がかりとして移民による宗教団体の形成を取り上げ，その機能と役割について検討する。このような移民当事者側の視点に立つ実証研究は，海外の移民研究

ではごくオーソドックスなものであるが,ホスト社会側の視点が優勢な日本のニューカマー研究においては,貴重な事例報告になると考えている。また将来的には,他の移民集団の宗教活動との比較研究も可能であり,この点でも意義をもつ。

　移民の社会適応において,宗教団体の果たす役割は大きいと考えられている。第2章第1節でみたように,Breton(1964: 200-1)は,移民の適応(integration)に大きな影響を与える制度(institute)として,宗教(教会),福祉,メディア(新聞・雑誌)の3つをあげており,なかでももっとも重要なものは,宗教であるとしている。そして,宗教活動が果たす役割の重要性を指摘しており,それによると宗教は多くの活動の中心となるだけでなく,他のアソシエーションの形成や集合行動の組織化を支える機能をもつ。また宗教活動での経験を通じて,移民のエスニシティが形成される。さらに,宗教指導者はエスニック・コミュニティに存在意義を与え,成員にアイデンティティの確立を促し,民族的イデオロギーを擁護する可能性をもつという。

　また移民による宗教活動は,宗教以外にもさまざまな機能をもつことが指摘されている。Min(1992: 1371)は,移民の初期段階では「友人関係の形成」「社会的サービスの提供」という機能が重要であるが,移民して時間が経過するにつれて「出身国の文化的伝統の維持」「集団内における社会的地位の付与」という機能が重要性を増すとしている。

　さらに,移民コミュニティの形成過程においても,宗教団体のような組織の存在は重要である。第2章でみたように,移民コミュニティの形成過程を4段階モデル化した「移民過程論」においては,独自機関の出現が段階Ⅲにおける重要な要素とされている(Castles and Miller 1993=1996: 26-7)。トランスナショナリズム論で提起されているような,定住/帰国という二項対立では説明できない移住過程をとらえきれない限界はあるものの,本書では4段階モデルの限定的な有効性を認め,宗教団体の形成過程の記述にこのモデルを利用する。

　本節の構成は,以下の通りである。まずニューカマーによって設立された宗教団体の位置づけを明らかにする(第2項)。そのうえで,宗教団体の形成過程を検討する(第3項)。そして宗教団体の活動を機能別に整理し(第4項),

その役割を明らかにする。

1.1.2 調査の概要

パキスタン人の自律的・主体的活動の1つとして，在日パキスタン人によって設立された宗教団体Aを事例として取り上げる。宗教団体Aは，ニューカマーのパキスタン人によって1990年代初頭に設立されたイスラーム団体である。そのメンバーは在日パキスタン人男性と，その配偶者である在日パキスタン人女性，および日本人女性によって構成されており，活動はパキスタン人男性，パキスタン人女性，日本人女性の3つのグループに分けて行われることが多い。日本人女性である筆者は，日本人女性グループの活動を中心に，2002年10月から断続的に参与観察している。

本稿には執行部メンバーであるパキスタン人男性1人，日本人女性4人への聞き取り調査で得られたデータを利用した。聞き取りは日本人女性3人に対して，それぞれ2003年8月8日［聞取1］，2004年5月9日［聞取2］，2004年9月27日［聞取3］に，パキスタン人男性に対して2006年4月13日［聞取4］に行った。さらに日本人女性に対して2008年7月12日［聞取5］に聞き取りを追加した。また在日パキスタン人のエスニック・ビジネス調査で得られたデータ［ビジネス調査］も，補足的に用いている。

1.2 日本におけるイスラーム団体

1.2.1 日本におけるイスラーム団体の変遷

宗教団体Aの歴史的・社会的位置づけを明らかにするため，まずは日本におけるイスラーム団体の変遷と，ニューカマーによるイスラーム団体の設立について整理しておく。

戦前にイスラームの宗教施設の設置に尽力したのは，2つのエスニック集団に属する外国人ムスリムであった（小村 1988: 295-304; サマライ 1997: 7）。1935年にはインド系とトルコ系タタール人によって神戸モスクが設立され，1938年にはトルコ系タタール人によって東京モスクが設立された（類型Ⅰ）。戦後は日本人ムスリムが中心となり，イスラーム団体が設立された。なかで

表4-1　イスラーム団体の類型

類型	活動母体，活動の担い手	具体例
I	戦前にムスリム移民が中心となって設立したモスク	神戸モスク（1935～） 東京モスク（1938～1986／2000～）
II	戦後に日本人がかかわって設立した団体	日本ムスリム協会（1952～） イスラミック・センター・ジャパン（1961～）　等
III	各国政府・大使館の付属施設	インドネシア大使館（1962～） サウジアラビア大使館（1982～1996／2001～）
IV	近年，ニューカマーや留学生が中心となって設立した団体	宗教団体A（1991頃～）　等

も1952年に設立された日本ムスリム協会は，1969年に懸案事項であったイスラーム霊園の確保を実現し，現在に至るまで日本人ムスリムの中心的な活動母体となっている（杉本 2002: 150）。また1961年には外国人ムスリムによって，ムスリム学生協会が設立され，1966年に日本人ムスリムと外国人ムスリムによって，国際イスラミックセンターへと発展した。さらに1974年にイスラミック・センター・ジャパンへと改組されて，今日に至る（サマライ 1997: 7-10）（類型II）。またムスリムが国民の主流を占める国々の在日大使館は，付属施設としてイスラームの宗教施設を設置することがある（杉本 2002: 151-61）。そのような例としてインドネシア（1962年設立），サウジアラビア（1982年設立）の大使館付属施設があげられる（類型III）。

そして，1980年代にニューカマーの流入が始まると，戦前からあるモスク（類型I），戦後設立された団体（類型II），そして大使館付属施設（類型III）が，既存団体として重要な役割を果たすようになる。

1.2.2　ニューカマーによるイスラーム団体の設立

移民の宗教活動は，既存団体の施設を活用することが多い（Min 1992: 1378-9）。ニューカマーのムスリムも，ある程度までは既存の施設を利用して，イスラームの宗教実践を継続してきた。しかしながら，施設を借りるかたちでの活動に限界を感じたニューカマーは，有志によるネットワークを形成し，宗教団体を設立し，独自のモスクを開設する（類型IV）。

独自のモスクを開設した第一の理由は，既存の施設の数がきわめて少ないうえ，大都市に集中しているという地理的な問題である。ニューカマーのムスリムの多くは，都心から離れた地域に居住しており，ムスリムの人口分布と既存の施設の分布が一致していなかった。第二の理由として考えられるのは，ニューカマーのムスリムと出身国の宗教団体とのつながりである。実際に類型Ⅳの団体のいくつかは，出身国の宗教団体と何らかのつながりをもつ（たとえば桜井 1998: 54; 小牧 2000a: 109）。

　類型Ⅳの団体は，出身国別に分かれる傾向がみられ，もっとも多いのはパキスタン人の団体で，次がバングラデシュ人の団体である。移民による宗教活動は，イスラームやキリスト教のような普遍宗教であっても，実際にはエスニック集団を基盤とすることが多く，特に移民初期にはエスニック宗教に近くなるという（高橋 1993: 15; 樋口 1995: 47）。

　ムスリムの中でも，人口規模の小さい在日パキスタン人の設立した団体が多い理由として，以下のことが考えられる。一般的な傾向として，出身国であるパキスタンが「ムスリム国家（世俗主義）か，イスラーム国家（非世俗主義）か」という国家アイデンティティの問題を独立以来ずっとかかえており，宗教に対する国民的関心が高い［聞取3］。さらに具体的な政策として，ハック大統領（1977〜88年在任）が推進したイスラーム化政策およびそれにもとづくイスラーム化教育が影響している。特にこの時代に学校教育を受けた世代は，他の世代に比べて，宗教に厳格な傾向がみられる[1]。1980年代後半の日本出稼ぎブームにのって来日した年齢層が，まさにこの世代に当たる。

　本稿で事例として取り上げる宗教団体Aは，4つのモスクと2つのムサッラー（一時的礼拝所）をもつ，類型Ⅳの団体の中で2番目に大きな規模の団体である。1番大きな宗教団体Bが独自の布教方法を特徴としているのに対し，宗教団体Aはクルアーン（聖典コーラン）やハディース（預言者言行録）を規準とした，比較的オーソドックスな宗教的立場を表明している［聞取3］。既存のイスラーム団体や類型Ⅳの他の団体とも，さまざまな交流があり，類型Ⅳの代表的な事例ととらえて差し支えないと考えている。なお，本稿では宗教団体

---

1) 2005年2月22日，麻田豊氏（元東京外国語大学）のご教示を受けた。

Aを匿名としているため，類型Ⅳの他の団体もすべて匿名にしている。

1.3 宗教団体の形成過程

ここでは，宗教団体Aの形成過程をみる。出入国管理政策などの時代的制約を受けつつ進展する，在日パキスタン人の移民過程とあわせて検討することが重要と思われるため，時系列で記述する。加えて組織構成についても言及する。

1.3.1 宗教団体Aの設立経緯――1990年代前半

前述のとおり，パキスタン人の日本出稼ぎは1980年代半ばから徐々に増加していたが，1987年頃に「外国人労働者」としてその存在が社会問題化され始め，1988年に入国者数はピークを迎えた。この時期は，移民過程論の段階Ⅰ（一時的な若年労働移民中心で帰国志向の高い段階）に当たるだろう。

そして，1989年1月15日に査証相互免除協定が一時停止されたことを受けて入国者数は激減し，その結果超過滞在者数が増加した。また1990年の入管法改定に向けた一連の作業において，南アジア系外国人は，国家の成員として望ましくないと判断され，排除の方針が決まった。このような状況下の1989～1990年頃，日本での生活環境がイスラームから乖離していくことを懸念した，あるパキスタン人男性が，宗教団体の設立を発案した［聞取1］。

当初は，パキスタン人10人の仲間が同郷団体のメンバーとして，既存のイスラーム団体（類型Ⅱ）の会議に参加していた（第4章第2節参照）。この同郷団体は，主に同胞への互助活動などを行っていたが，組織としては「脆弱」であった。同郷団体での組織化に限界を感じた有志6人は，1991年7月に独自の団体「宗教団体A」の設立を決め［聞取1］，1991年末か1992年初頭に活動を開始した［聞取4］。宗教団体Aが1994年に作成した規約によると，公式的な設立年月日は1992年10月11日となっている[2]。設立後，最初の活動は貯金とダイアリー（礼拝の時刻や文言を収めたスケジュール帳）の発行であっ

---

[2] 正式な記録というものは残されていないので，他の年月も含めて，すべて関係者の記憶やメモによるものである。近年，宗教団体Aはその活動経緯をまとめる作業を始めている。

た。また 1992 〜 1993 年には，雑誌の発行を開始した［聞取 1; 4］。

1990 年代前半は，在日パキスタン人と日本人女性との結婚が増加した時期でもある。これを受けて，1994 〜 1995 年には男性メンバーの配偶者女性らが，女性の参加者を増やす目的で「婦人部」を設立した。そしてそれまで男性のみで行っていたキャンプのようなイベントに，女性も参加するようになった。当初の「婦人部」はパキスタン人女性が大多数を占め，日本人女性はごく少数であったことから一緒に活動していたが，その後日本人女性の参加者が増えたため，言語別に 2 つに分けた［聞取 1］。この時期は「移民過程論」の段階Ⅱ（滞在延長と社会的ネットワークの発展段階）に当たると思われる。

1.3.2　宗教団体 A によるモスクの設立—— 1990 年代後半

宗教団体 A の場合，設立後に拠点をたびたび変更しており，独自の拠点をもつことが重要課題となっていた。まずは 1993 年頃に神奈川，1995 年頃に茨城の賃貸マンションにムサッラー（一時的礼拝場所）を開設した。また近隣に礼拝施設のない地域では，公民館を借りて集団礼拝を行っていた［聞取 4］。

1996 年には，ムスリムの所有物である正式なモスクを開設するため，千葉で物件を探した。物件の条件は，外国人の多く住む地域の近辺で，交通の便のよい場所であり，礼拝の方向と物件の方向が一致することであった。また，静かな住宅街は，住民との摩擦が生じることが懸念されるため除外した。最終的に，もとはパブとして使われていた中古物件を購入して改修し，1997 年 8 月，千葉にモスクを設立した。立地環境は，住宅と商店の混在する地域であり，駅からは徒歩圏内である。前が公園であることが，この物件を選んだ決め手である。なぜならば，年 2 回の宗教行事の際にこの公園を利用できるだけでなく，日常的な活動時でも子連れの人たちが子どもを遊ばせることができるからである［聞取 1］。

さらに 1998 年には，東京でモスク用の物件を探した。物件の条件は千葉の場合とほぼ同じで，外国人の集まりやすい地域で，交通の便がよく，礼拝の方向と物件の方向が一致することであった。また当時は，東京都内の既存のモスク（類型Ⅰ，Ⅲ）が改築中で，ニューカマーによる他のモスク（類型Ⅳ）もま

だ設立されておらず、都内にモスクがなかった。そこで、日本人ムスリムの拠点（類型Ⅱ）のある西東京とは反対側の東東京地域で、かつ外国人の多く集まる上野近辺に物件を探すこととなった。候補の中古物件は、製造業の集積地域にあり、住民との摩擦を最小限にとどめることが期待できた。鉄道駅からは遠いが、大きなバス通りに面しており、バス停から近く、複数の鉄道駅からアクセスが可能というメリットがあった。そこで1998年、もとはショールーム兼工場として使われていた中古ビルを購入して改修し、同年、東京のモスクを設立した［聞取1］。この時期は「移民過程論」の段階Ⅲ（独自機関をもつエスニック・コミュニティの出現段階）と考えられる。

1.3.3　宗教団体Ａによるモスク基金の設立──2000年代前半

　2003年、千葉のモスクが老朽化して台風で壁が壊れてしまったため、改築が決定された。宗教団体Ａは、モスク改築のために、新たに基金を設立した。また近隣住民約40軒を、1軒ずつ挨拶して回った。その後、自営業者を中心に献金が集まり、2004年6月には千葉のモスクが再オープンした。改築したモスクのデザインは日本人の建築士によるものである［聞取1］。外装は白を基調としたシンプルな造りで、周囲の住宅とも調和している。

　またモスク基金はその後も継続され、2004年2月には群馬に第3のモスク、2004年5月には栃木に第4のモスクを購入している［聞取4］。今後の展開として、神奈川にもモスクが欲しいという要望が出ているが、固定資産税など設備維持が大変なので実現には至っていない［聞取1］。また日本人女性メンバーを中心に、宗教法人格を取得する準備が進められているが［聞取2; 3］、さまざまな書類作成が必要なうえ、議事録を提出しなければならないなど、外国人中心の宗教団体にとってはハードルが高く実現は難しい［聞取5］。

　設立から20年が経過するが、課題を残しつつも、各地にモスクを着々と増やし、日常的な活動も活発である。

1.3.4　宗教団体Ａの組織構成

　次に、宗教団体Ａの組織構成をみてみよう。宗教団体Ａの場合、組織構成は規約によって定められている。正式な成員は「メンバー」と呼ばれ、規約

```
           ┌─────────────┐
           │  男性執行部  │
           └─────────────┘
    (代表，副代表，事務長，役員)
       │                    │
┌─────────────┐      ┌─────────────┐
│  男性メンバー │      │  女性メンバー │ ＝女性執行部
└─────────────┘      └─────────────┘
                    (パキスタン人，日本人)
       │              │            │
┌─────────────┐ ┌─────────────┐ ┌─────────────┐
│イベント参加者│ │イベント参加者│ │イベント参加者│
└─────────────┘ └─────────────┘ └─────────────┘
  パキスタン人男性  パキスタン人女性    日本人女性
```

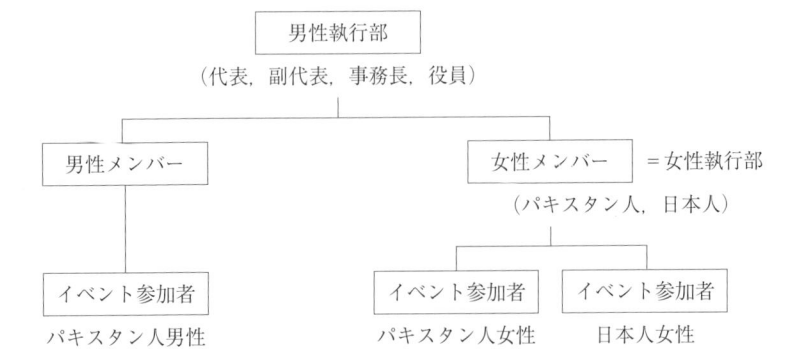

図4-1　宗教団体Aの組織構成図

の内容を理解したうえで署名をし，参加表明した人をさす。規約は最初にウルドゥ語（パキスタンの公用語）で作成され，後に英語と日本語に翻訳された［聞取3］。

　2006年4月現在，「男性メンバー」は約40人で，全員がパキスタン人である。男性メンバーの中から選出された人々が「男性執行部」（約10人）となり，合議制（シューラ）で会の方針を決定する。男性メンバーの半数は工場労働者，残り半数は中古車輸出業を営む自営業者である。「女性メンバー」は約10人で，パキスタン人と日本人が半々である。全員が男性メンバーの配偶者である。女性メンバーは数が少ないため，全員が即執行部となる。シューラの会合は，緊急に開かれたり，夜遅く開かれたりすることもあるので，女性メンバーは参加しない。意見を出したいときは，配偶者男性に伝達してもらう。日本人女性の一部は外で仕事をしており，残りは主婦であるが，夫の仕事（自営業）を手伝っている人が多い。男女ともメンバーは固定しているわけではなく，移動がある。特にメンバーの帰国による脱退は多く，設立当時のメンバーはほとんど残っていない［聞取1］。2006年4月の時点で，設立時の有志6名の内，残っているのは3名であった［聞取4］。

　イベントや勉強会などに参加するだけの人々は，メンバーとは異なり，宗教団体Aの正式な成員ではない。これらの人々を本稿では「イベント参加者」と呼ぶことにする。男性のイベント参加者はほとんどがパキスタン人で200人前後，女性のイベント参加者はパキスタン人，日本人とも20〜30人

前後である。イベント参加者への情報伝達は，メンバーが行っている［聞取1］。以上のとおり，宗教団体Aは，主要メンバーの入れ替わりにもかかわらず，しっかりとした組織構成を維持し，モスクを着々と増やし，一定数のイベント参加者を得ており，ホスト社会における移民の生活基盤の1つとなっている。

近年，在留資格上の「永住者」数も増加しており，中には日本国籍を取得（帰化）した人もいて，在日パキスタン人はすでに「移民過程論」の最終段階Ⅳ（永住の段階）に突入しているといえるかもしれない。しかしながら，「永住」とは逆説的なトランスナショナルな展開志向もまた同時にみられるので，次項で詳しく論じたい。

1.4 宗教団体の活動の諸機能

Min（1992: 1372）は，移民による宗教活動が，宗教以外にもさまざまな機能をもつと指摘している。宗教団体Aの活動もまた多岐にわたることが，参与観察および聞き取り調査を通じて明らかになった。そこで本書では宗教団体Aの活動内容を，主要な機能から付随的な機能へと並べて整理し，宗教的機能，教育的機能，社会的機能，政治的機能，経済的機能に区分して記述することを試みる。

さらに，宗教団体Aの活動には内向きと外向きの2つのベクトルが含まれることがわかった。内向きのベクトルとは，宗教実践を維持しつつ日本で安心して暮らしながら，地域社会への適応をめざすベクトルであり，「ホスト社会での生活安定化志向」と言い換えることができる。それに対して，外向きのベクトルとは，世界宗教であるイスラームの内面化を通じて，イスラーム共同体（ウンマ）とのつながりを強め，パキスタンや第三国への円滑な帰国や移住を促すベクトルであり，「トランスナショナルな展開志向」と言い換えることができる。この外向きのベクトルは，移民過程論ではとらえきれない部分であり，近年注目されているトランスナショナリズム論による補完が有効である。本節では，第2章第2節で紹介したトランスナショナリズム論を念頭に置きつつ，宗教団体Aが，ホスト社会での生活安定化志向だけでなく，トランスナショ

ナルな展開志向をもつことを,活動の機能別に検討していく。

1.4.1 宗教的機能——モスクの管理・運営,冠婚葬祭

　宗教団体である以上,宗教的機能は基本的かつもっとも重要な機能である。基本となるのは,モスクの管理・運営,冠婚葬祭への対応である。

　まずモスクの管理・運営は,メンバーの中でモスクの管理責任者に任命された人,およびその配偶者が担当している。管理責任者の男性(夫)は,モスクにおける事務処理を担当するほか,礼拝時にはイマーム(導師)の仕事を兼ねる。管理責任者の女性(妻)は,事務処理を補佐するほか,女性信者への対応や金曜礼拝で振舞われる食事の準備をする。次に冠婚葬祭への対応であるが,モスクでは結婚式,入信式,葬式,宗教行事(祭事)などが執り行われる。結婚式では,男性メンバーが宗教上の立会人になっている。希望すれば,立会人に式場まで出張してもらうことも可能である。また結婚の当事者の一方が日本人の場合,結婚式と入信式が同時に行われることが多く,結婚に関する必要書類の作成は,モスクの主要な仕事となっている。葬式に関しては,東京のモスクに専用の施設を備えていることもあり,比較的多くの葬式を執り行う。出入りの葬儀業者(日本の業者)もおり,イスラーム式の葬儀を行うことができる。遺体は,出身国へ搬送されるか,日本ムスリム協会(類型Ⅱ)の所有するイスラーム霊園に埋葬されるかのどちらかである。宗教行事(祭事)は,年に3回ある。具体的には年2回のイード(大祭・小祭)と預言者生誕祭(マウリード)にちなんだ講演会(勉強会)であり,近郊のホールを借りて開催する[聞取3][3]。

　ムスリムにとってみれば,日本において安定的にモスクが運営され,礼拝や冠婚葬祭といった宗教実践が保障されることは,安心してホスト社会で暮らせることを意味する。しかしながら宗教実践の保障は,同時にパキスタンの価値観の維持を意味しており,円滑な帰国・移住を可能にさせる。それだけでなく,イスラーム自体が世界宗教であることから,パキスタンのみならず世界中のムスリムとの連帯を促し,イスラーム共同体とのつながりを強めることにもつな

---

3) すでに述べたとおり,千葉のモスクは年2回の宗教行事(イード)のときには公園を利用している。

がる。宗教的機能が，ホスト社会での生活安定化志向とトランスナショナルな展開志向の両方を同時に内在していることがわかる。

1.4.2 教育的機能――出版活動，宗教・語学教育

　教育的機能としては，出版活動，宗教・語学教育があげられる。まず出版活動では，設立初期から雑誌とダイアリーが発行されている。雑誌は長い間ウルドゥ語で発行されてきたが，2003年から日本語のページが登場した。その他の出版物では，イスラームの著名な思想家の著作を翻訳した小冊子，子ども向け教材の翻訳書，リーフレットの発行などがある。それらに使用されている言語は，ウルドゥ語と日本語である。版下は日本でパソコンを用いて作成され，印刷・製本はコストを下げるためにパキスタンへ発注する［聞取3］。

　次に宗教・語学教育には，子ども向けと日本人女性向けのものがある。子ども向けの教育としては，千葉のモスクで平日放課後に，イスラームの勉強と学習支援を兼ねた教室が開かれている。ラマダーン（断食）期間中には，クルアーン（コーラン）読誦の教室が毎日開かれる。また神奈川のムサッラーでは，週末に日本人女性と子どもが集まり，親と子の勉強会を開いていた。日本人女性向けの教育としては，アラビア語講座，ウルドゥ語講座，勉強会などがあった。アラビア語講座は，語学教育というよりは，クルアーン読誦のためであり，宗教教育の側面が強い。それに対してウルドゥ語講座は，夫側の文化を身につけるため，また夫の出身国へ適応するための語学教育である。また勉強会は，ハッジ（巡礼），ラマダーン（断食）などの宗教的なイベントに合わせて年数回開かれる［聞取3］。このような宗教・語学教育は，Minの「出身国の文化的伝統の維持」に重なる（Min 1992: 1373）。

　教育的機能に関しては，パキスタンや他のイスラーム諸国とのつながりを念頭に置いたトランスナショナル志向のものが多い。特に在日パキスタン人の場合，教育のために子どもをパキスタンに移住させる傾向がみられる（工藤 2000: 116-7）ほど，イスラームの習得やパキスタン文化の維持が重要視されている。しかしながら，日本において十分なイスラーム教育が受けられれば，わざわざ子どもをパキスタンに送る必要がなくなるという側面もある。事実，「子どもをパキスタンに送りたくないから，日本でイスラーム教育に熱心に取

り組む日本人女性もいる」[4]ことから，教育的機能はホスト社会へ残るための必要不可欠な要素とも考えられる（福田 2004: 176）。

1.4.3 社会的機能（1）——集団内的機能

社会的機能には，複数の側面がみられるため，エスニック・メディアの社会的機能に関する「集団内的機能（intra-group functions）」と「集団間的機能（inter-group functions）」の区分（白水 1996: 19）を援用し，2つに分けて論じたい。

「集団内的機能」とは，エスニック・コミュニティのホスト社会での生活安定化促進機能，言い換えれば生活上の情報ニーズを満たす機能である（白水 1996: 19）。本事例では，パキスタン人男性，パキスタン人女性，日本人女性というエスニック・コミュニティの成員同士のネットワーク形成，および情報交換について論じたい。

まずパキスタン人男性のネットワーク形成であるが，日常的な行動範囲内にモスクがある人は少数であり，礼拝のためにモスクに通う人々はメンバーや近隣のムスリムなどに限られている。それでも，千葉のモスクの場合，毎週土曜日の勉強会（ダルス）には，車で1時間ほどの遠方から，パキスタン人男性とパキスタン人女性のカップル，その子どもたちがモスクに集まる。男女に分かれてイスラームの講義を聞いた後には，それぞれ食事を囲みながら情報交換や仲間作りが行われる。参加者の中にはパキスタン以外の国籍のムスリム同胞もいた（参与観察）。

何らかのイベントを行う際は，メンバーの個人的なネットワークを通じて呼びかけている。たとえば，パキスタン人に中古車輸出業者が多いことから，港やオークションなどパキスタン人が多く集まる場所で情報を流し，チラシや雑誌を配布している。それに対してパキスタン人女性の場合は，ネットワークが限られていることもあり，男性や日本人女性以上に頻繁にモスクでイベントを行い，情報交換を行っている［聞取3］。パキスタンでは女性がモスクへ行く習慣がないことから，移民過程で生れた現象である。なお日本人女性とは言語

---

4) 2004年6月10日，在日パキスタン人の日本人配偶者女性へのインタビューにて。

的な障壁があるだけでなく，かかえている生活課題も異なるため，イベントでも別々に集まることが多い［聞取1］。

日本人女性のネットワークは，主にパキスタン人男性のネットワークを通じて形成されてきた。イベントを行う場合には，結婚・入信時の名簿をもとにイベント情報を送付するほか，継続して情報提供を希望する人には，FAXやメールで情報を流している［聞取1; 3］。

イベントの多くはイスラームの勉強を目的としたものであるが，親睦を深めるためのキャンプ，バーベキューパーティ，花火パーティといったものもあり，ネットワークの構築もまた重要な課題となっている。これらのイベントや勉強会は，仲間作りや情報交換の場となっていた（工藤 2000: 115; 寺田 2003: 179-80）。Min（1992: 1372-4）の「友人関係の形成」，生活相談をはじめとする「社会的サービスの提供」はこれに相当する[5]。

一方で，宗教に関心のない日本人女性も多い。その場合は外国人支援団体，「国際結婚」当事者団体，地域の国際交流活動などへの参加が認められる。また同じ境遇の人との交流を全く持たない日本人女性は，夫のネットワークを介して必要な情報を得ているものと思われる。ある日本人女性は，モスクでのイベントに参加しない理由として「モスクは，教会と同じようなイメージ。かえって教会の方が身近な感じがする。モスクには興味がないから行かない」と語った[6]。宗教団体側も，イスラームに興味のない人々に参加を呼びかけるような機能はもっていない。

社会的機能の集団内的機能は，ホスト社会での生活安定化志向を示すものと思われる。しかしながら，パキスタンや第三国へ帰国・移住するための情報を，そこで培われたネットワークを通じて得ることもあり，トランスナショナルな展開志向との関連も見過ごすことはできない。

---

5) Min（1992: 1390）の指摘した，「集団内における社会的地位の付与」という潜在的機能は，本事例においてデータがなかったため，検討することができなかった。今後の課題としたい。
6) 2004年10月14日，在日パキスタン人の日本人配偶者女性へのインタビューにて。

1.4.4 社会的機能（2）――集団間的機能

「集団間的機能」とは，エスニック・コミュニティとホスト社会（マジョリティ）との橋渡し，および他のエスニック・コミュニティとの橋渡しの機能である（白水 1996: 23）。本事例では，地域社会との仲介機能，および国内／海外の他のイスラーム団体とのネットワーク形成について論じたい。

まず，地域社会との仲介機能についてみてみよう。東京のモスクの場合，所在する地域には町内会がなく，町内会費の徴収もなく，回覧板もほとんどない。「お祭り」関連の会合はあるが，他宗教（神道）の祭事なので参加できない。また製造業の集積地域であることから特定業種の同業者組合があるが，業界団体なのでこちらも参加できない。地域と交流をもちたくても，なかなかよい方法が見つからないという悩みをかかえている［聞取3］。千葉のモスクの場合，町内会は存在するものの，会議などの活動に参加したことはない。しかし公園のお祭りに参加し，パキスタンの軽食を販売したことがあるほか，近所の人たちをモスクの食事会に一度招待したこともある［聞取4］。また9.11以降に公安の監視が強まったが，すべてを包み隠さずオープンにみせるという方針で対応している［聞取1］。

国内の他のイスラーム団体とのネットワーク形成としては，各団体の代表者の集まる会議（類型Ⅰ，Ⅱ，Ⅲ，Ⅳを網羅）が開催され，情報交換している［聞取4］。日本人女性メンバーは，日本人ムスリマ（女性のムスリム）のネットワーク（類型Ⅰ，Ⅱ，Ⅲ，Ⅳを網羅）に個人的に参加し，イベント情報など連絡を取り合っている。他のニューカマーによる団体（類型Ⅳ）とは，各々のイベントを相互訪問したり，招聘したゲストを講演会に招待し合ったりして，交流している［聞取2］。また主要な既存団体（類型Ⅱ）からは出版物の提供を受けている。それらの出版物は，独自の出版物と並べて販売もしくは配布している。海外のイスラーム団体とのネットワークとしては，パキスタンのイスラーム団体から，ラマダーン（断食）のためのハーフィズ（クルアーン暗唱者）やモスクのイマーム（導師）を派遣してもらったり，講演会のためのゲストを招聘したりしている。ただしそれ以外に資金援助などは受けておらず，日本での活動は完全に独立したものである［聞取4］。

社会的機能の集団間的機能の場合，地域社会との関係構築はまだその途上に

あるものの，将来的にはホスト社会での生活安定化をめざすものと位置づけられる。それに対して，国内／海外のイスラーム団体とのネットワーク形成は，イスラーム共同体とのつながりを強める，トランスナショナルな展開志向である。

1.4.5　政治的機能——エスニシティ形成と集合行動

政治的機能としては，エスニシティ形成，およびそれにもとづく集合行動などが想定される。しかしながら，宗教団体Aはその政治的機能については，きっぱりと否定している［聞取1，2，4］。第1節でも述べたように，Breton（1964: 200-1）は，宗教組織が移民コミュニティにおいて果たす役割の重要性を指摘している。具体的には，他のアソシエーション形成の支援，集合行動の組織化，移民のエスニシティ形成，アイデンティティの確立，民族的イデオロギーの擁護などであるが，機能別に分けて考えると，これらはほとんど政治的機能に関連するものと思われる。

では，在日パキスタン人の場合はどうだろうか。2001年5月に富山で起こったクルアーン破棄事件は，在日ムスリムに大きな衝撃を与え，抗議活動という集合行動へと発展した。この集合行動は，ムスリム・エスニシティの突出点[7]となりうる出来事に思われたが，逆に日本社会側にイスラームの攻撃的イメージを植えつけてしまった側面もあり，結果的にはこの事件に対するムスリム同胞内部の温度差を表面化させた。さらに2001年9月11日のアメリカ同時多発テロによって，ムスリム・エスニシティ形成の可能性は決定的に打ち砕かれた。日本社会において，イスラームは過激な宗教というイメージが固定化し，日本中のイスラーム団体は公安の監視下に置かれた。

2001年10月，富山事件の犯人である若年女性が逮捕され，その動機が仲の悪い父親を困らせるためであり，ムスリムに対する嫌がらせではなかったことが判明した。しかしながら，9.11以降，ムスリムに対する迫害がいくつか報告されている。たとえば埼玉のモスクでは，2003年に日本人がムスリム

---

[7] Cohen（1978=1996: 171-8）によれば，エスニシティの生成には突出点と呼ばれるきっかけがある。

の子どもからクルアーンを奪い取り、ドブに投棄するという事件が発生した。しかしながら、それに対する抗議活動は行われず、マスコミでも報じられなかった。ムスリム側が「これ以上注目を集めたくない」と考えたからであった(『Newsweek日本版』2004年2月25日号：19)。もちろん中には、アフガニスタン攻撃反対やイラク攻撃反対といった反戦活動に参加したムスリムも存在するが、このような社会情勢において、イスラーム団体が主体となって政治的活動を行うことは難しい。Bretonの指摘したような宗教活動の持つ政治的機能は、実はホスト社会側の政治情勢に大きく左右されるものであることが、今回の事例から指摘できるだろう。

　政治的機能の分析に関しては、宗教団体Aの事例は適切でないので、将来的な可能性として考えてみると、政治的機能はホスト社会における生活の安定化を志向するものとも思われるが、同時にムスリム・エスニシティのようなトランスナショナルなアイデンティティの構築を促すものとも思われ、やはり両方の側面をもつといえよう。

1.4.6　経済的機能——経済活動と宗教活動の相互作用

　経済的機能に関しても、宗教団体Aは「お金儲けをするつもりはない」ときっぱりと否定している［聞取1］。しかしながら、宗教団体側の意図とは異なる文脈において、宗教活動と経済活動には相互作用がみられる。また宗教活動を支えるためにはエスニック資源が動員されるし、宗教施設の設置はエスニック資源の集積を促す。

　まず経済活動と宗教活動の相互作用として、情報交換に関する事例があげられる。すでに述べたとおり、在日パキスタン人は中古車輸出業者が多いため、宗教団体Aがイベントを開催する場合、港や中古車オークションといったビジネスの場で情報が流される。反対に宗教イベントにパキスタン人が大勢集まれば、そこでは中古車輸出業者同士の情報交換が行われる［ビジネス調査］。これは経済活動が宗教活動を支え、宗教活動が経済活動を支える事例と考えられる[8]。次にエスニック資源の動員に関しては、モスクの改築のために宗教団体Aによって設立された基金が適当な事例と思われる。この基金の場合、他のイスラーム団体にみられるような、外国政府からの援助はほとんどなく、そ

の80％は自営業者からの寄付であった。また自営業者の内訳は，80％が中古車輸出業者，残り20％がハラール食材店とレストランであった［聞取3］。宗教団体Aは，在日パキスタン人の経済活動によって支えられており，宗教活動のためにエスニック・コミュニティ内部の資源が動員されていることがわかる。さらにエスニック資源の集積に関していえば，千葉のモスクの設立後に近隣にハラール食材店とハラール・レストランが開店している点を指摘しておきたい。またモスク設立以前から外国籍住民の多く住む地域ではあったが，モスク設立後にムスリムが近隣に集まる傾向もみられる。あるパキスタン人女性は，現在の居住地を選択した理由として「モスクが近いし，ハラール・ショップもあるから」と述べており，生活圏内に宗教施設や食材店があることの重要性を指摘している[9]。これは，モスクの設立をきっかけとして，エスニック資源が特定の地域に集積し，エスニック・コミュニティに必要な制度が整い，メンバーが増える，という流れを示唆している[10]。

　経済活動と宗教活動の相互作用，エスニック資源の動員・集積といった事象は，ホスト社会における生活基盤の確立を示すものと思われる。しかしながら，ここでいう経済活動の大部分を占めている中古車輸出業者の場合，世界中に親族や友人を分散させて事業展開するビジネス・スタイルがみられることから（福田 2004: 174, 2006: 124-7），まさに彼らがトランスナショナルな展開志向を牽引しているともいえる。

　以上，宗教団体Aの形成過程は，移民政策などの時代的制約を受けつつ進展する，移民コミュニティ全体の移民過程と結びついていることが確認された。またホスト社会の成員でもある日本人配偶者を組織構成へと巻き込むことによって，活動をより安定化させている。さらに宗教団体Aの活動内容は多岐にわたり，宗教的機能（モスクの管理・運営，冠婚葬祭）だけでなく，教育的

---

8) また岡井（2007b: 202-3）は，パキスタン人男性がAとは別の宗教活動を通じて知り合ったバングラデシュ人男性を自身の中古車ビジネスに誘った事例を紹介している。
9) 2003年11月25日，パキスタン人女性との会話より。
10) ただし，モスクの所在する千葉県X市の外国人登録者数の推移（千葉県総合企画部政策推進室）を見ると，パキスタン人は1987年47人，1990年76人，1995年170人，2000年181人，2005年154人，2010年105人と，2000年代に入って減少している。9.11以降の出入国管理政策が影響したものと思われる。

機能（出版活動，宗教・語学教育），集団内的な社会的機能（仲間づくり，情報交換），集団間的な社会的機能（地域社会との仲介，他のイスラーム団体とのネットワーク形成），経済的機能（経済活動と宗教活動の相互作用，エスニック資源の動員・集積）をあわせもつ。ただし政治的機能（エスニシティ形成，集合行動）はホスト社会の政情によって制限されるため，現代日本においてはその役割を果たしていない。宗教団体Aの活動は，宗教実践を維持しつつ日本で安心して暮らすことをめざす「ホスト社会での生活安定化志向」と，世界宗教であるイスラームの内面化を通じて，イスラーム共同体とのつながりを強め，パキスタンや第三国への円滑な帰国・移住を促す「トランスナショナルな展開志向」の2つのベクトルを同時にもつ。移民の宗教団体は，先行研究で指摘されたようなホスト社会への適応を促す役割を果たすだけでなく，海外のムスリムと連帯したり，帰国・移住を促したりする役割も果たすことが明らかになった。

次節では，パキスタン人移民の同郷団体について論じる。同郷団体は，宗教団体とある部分では重なるものの，別の部分ではエスニック・ビジネスと重なるなど，より複雑な様相をみせている。

第2節 ◆ パキスタン人移民による同郷団体の形成

前節では宗教団体について検討し，その形成過程がパキスタン人の移民過程と深く関連していることがわかった。そして宗教団体が，宗教的機能だけでなく，教育的，社会的，政治的，経済的機能を果たしていることも確認された。

では，同郷団体はどうだろうか。同郷団体の形成過程もまた移民過程と関連する。さらに，パキスタン人移民の場合，コミュニティの歴史的変遷と同郷団体が関連している。以下，具体的にみてみよう。

2.1 同郷団体研究の概要

2.1.1 同郷団体研究の理論的枠組み

　第2章第1節で見たように，Breton（1964）は移民のホスト社会と移民コミュニティへの適応（integration）の関係性を論じているが，それによれば，移民の適応を支える決定的要素は，ホスト国において移民が接触するコミュニティの社会的制度（組織）であるとしている。また，こうしたコミュニティへの適応の程度を決めるのは，そのコミュニティが内包する制度の完成度による。制度的完成が高度であればあるほど，移民のコミュニティへの適応が進むと考えられている。制度の完成は，①当初はインフォーマルな友人関係ネットワークから始まる。②それがよりフォーマルな構造へと発展し，宗教的，教育的，政治的，友好的，民族的，専門・職業的な組織となる。③一部は，福祉的，相互扶助的組織となり，別の一部は，独自のラジオ局を持ち，独自の新聞・雑誌を出版する。コミュニティは多くの商業的組織，サービス組織によって支えられるようになる。④最終的に，コミュニティは独自の宗教組織（教会）と独自の学校を持つようになる。

　また，Castles and Miller（1993=1996: 26-7）は，移民過程論の4段階モデルにおいて，段階Ⅱを，滞在が延長し，互助の必要性にもとづいた社会的ネットワークの発展する段階とし，段階Ⅲを，家族呼び寄せが開始し，長期定住意識が高まり，独自機関（協会，店，飲食店，代理店，専門職）を持つエスニック・コミュニティの出現する段階としている。

　これらの理論モデルは，移民過程の前半から中盤にかけて，インフォーマルな友人関係のネットワークが，フォーマルな組織へと発展することを示している。では，パキスタン人移民の同郷団体はどうだったのであろうか。

2.1.2 調査の概要

　実はパキスタン人の場合，同郷団体はニューカマーの出稼ぎブームより25年も前に設立されている。筆者は，パキスタン人によって1960年代初頭に設立された同郷団体 α の元代表2名，およびそこから分岐した別の同郷団体 β の現事務局長，同郷団体 α とつながりの深い宗教団体の元代表に対して，面接

調査を行った[11]。

同郷団体 α の元代表であるパキスタン人男性に対しては，2008 年 6 月 17 日と 7 月 10 日［聞取 6］に聞き取りをした。別の同郷団体 β の事務局長，兼経営者団体の事務局長であるパキスタン人男性に対しては，2008 年 5 月 22 日と 2009 年 12 月 11 日と 2011 年 9 月 20 日［聞取 7］に聞き取りをした。さらに同郷団体 α の元代表である別のパキスタン人男性に対して，2010 年 1 月 18 日と 2 月 8 日［聞取 8］に聞き取りをした。加えて，同郷団体 α とつながりの深い宗教団体の元代表であるパキスタン人男性に対して，2010 年 1 月 25 日に聞き取りをした［聞取 9］。

2.2 同郷団体の形成

2.2.1 同郷団体 α の設立

日本で最初のパキスタン人による同郷団体 α は，故人であるワカル（仮名，以下同様）によって 1962 年頃に設立された［聞取 6; 7］。この時期に同郷団体が設立された理由は明らかでないが，日パ首脳会談が開かれ（1960 〜 1961 年），両国間で査証相互免除協定が始まり（1961 年），さらにトヨタのパキスタン向け自動車輸出が始まった時期と一致しており，日本とパキスタンの外交関係が実質的にスタートした時代的背景と関連するものと思われる。

この同郷団体 α の主要メンバーはパキスタン人留学生で，日パ友好をめざして一般の日本人と文化交流することが目的だった。具体的な活動としては，劇，ダンス，歌などをホールで上演していた［聞取 6］。ワカルはジャーナリストであり，NHK のパキスタン担当やパキスタン国内向け雑誌の日本特派員を務めていた人物である［聞取 6; 7］。妻が日本人女性（大学教授）だったこともあり，こうした同郷団体の活動にも力を注いでいた［聞取 6］。しかしながら当時は在日パキスタン人が少なく，金曜礼拝にもパキスタン人 2 人程度，外国人全員で 10 人程度しか集まらない時代だったので，イベント参加者が確保で

---

[11] 2008 年 5 月〜 2009 年 3 月の面接調査（［聞取 6］〜［聞取 9］）には，藤崎香奈氏（元首都大学東京大学院修士課程）が同席した。

きず，活動は徐々に下火になった［聞取6］

この時期，同郷団体とは別にパキスタン人移民の活動拠点となっていたのが，イスラームの宗教団体である。イスラーム団体は特定の外国籍者を対象とした組織ではなく，日本在住のムスリム全体（外国人・日本人両方）のための組織であるが，布教という共通の目的があるので，文化交流主体の同郷団体に比べて，より活発な活動を展開してきた。

2.2.2 イスラーム団体の影響――ジャマーアテ・イスラーミー

後に同郷団体 a 会長となるジャヴィードも，1965年に日本ムスリム協会（前節の類型Ⅱ，1952年設立）の招聘で初来日した［聞取6］。当時，日本ムスリム協会は組織的に脆弱だったので，イスラミック・センター・ジャパン（前節の類型Ⅱ）の前身である，ムスリム学生協会（Muslim Student Federation, 1961年設立，事務所は代々木八幡）の協力を受け，合同委員会（1961～1966年）を結成して布教活動を推進していた（サマライ1997: 9）。ジャヴィードの招聘もその布教活動の一環だった［聞取6］。

ジャヴィードは，大学卒業後に自動車販売会社に就職し，来日前には支店長として東パキスタン（現バングラデシュ）に赴任していた。その時に，日本留学から帰国して東パキスタンで就職したばかりのタリクに会い，布教活動のために渡日するよう誘われた。タリクは，日本留学中にムスリム学生協会の活動に参加していたので，パキスタン帰国に際して布教活動できる人物をリクルートするように依頼されていた［聞取6］。

ジャヴィードはインド出身であるが，大学2年生だった1949年，分離独立後のパキスタンへ移住したムハージルである。学生時代には，叔父の影響で「ジャマーアテ・イスラーミー（イスラーム党）」の傘下の学生組織「イスラーミー・ジャマアト・タラバ」に入り，その後は学生会長を務めたこともある［聞取6］。

ジャマーアテ・イスラーミーとは，イスラーム思想家であるサイイド・アブール・アーラー・マウドゥーディー師（1903～1979年）が創設した宗教団体である（井上2003: 6）。イギリス植民地時代に，反英運動に連動して始まった大衆的イスラーム運動の流れをくみ，1941年にインドで設立された。当初

は布教活動をしていたが，1947年のパキスタン分離独立後は，政治に関与するようになる。政治や経済への積極的発言[12]が，この宗教団体の特徴といえる。ただしインド側のジャマーアテ・イスラーミーは，政治的に難しい立場にあり，セキュラーな態度をとっているので，パキスタン側とは別組織になっている（小牧 2000a: 106, 109）。

　マウドゥーディーは，イスラーム化政策を推進したハック政権時代（1977～1988年）のイデオローグとして知られる（井上 2003: 8）。聖典に近代的価値をあわせて解釈・理解する「イスラームの近代化」を批判したが，一方で西欧近代的価値を否定する復古主義運動とも異なっていた。「西洋の学問に通じながらイスラームを現代的に編纂する」けれども「はじめにイスラームありき」という立場に立ち，近代教育を受けた人材と宗教教育を受けた人材を交流させた団体運営を行った（井上 2003: 8）。現在インド，パキスタン，バングラデシュ，スリランカといった南アジアのほかに，イギリス，アメリカ，日本，ドイツ，イタリア，マレーシア，アラブ首長国連邦など，世界各国でその関連団体が活動している。しばしば「イスラーム原理主義」とレイベリングされるが，「平和的，民主主義的活動を肯定しており，パレスチナ問題を除いて，テロは容認していない」という［聞取 6］。

　ジャヴィードは，東パキスタン赴任後もジャマーアテ・イスラーミーの活動に参加し，チッタゴンで労働組合をジャマーアテ・イスラーミー系組織へと転向させた「実績」をもつ。来日の際もマウドゥーディーに会って許可を貰い，来日後は同師に手紙を出して，日本での布教方法についてアドバイスを求めた。たとえば，他の新興宗教のように不特定多数を戸別訪問する布教活動はしないほうがよいとか，日本人ムスリムを積極的に海外留学させたほうがよいとか，パキスタン人とバングラデシュ人は言語が違うので分けて組織化したほうがよいといったアドバイスである［聞取 6］。

---

[12] ある日本人女性は，マウドゥーディーの思想における宗教と経済活動との関連性について，「Weber の『プロテスタンティズムの倫理と資本主義の精神』に似ている」と指摘した（2008 年 7 月 12 日聞取）。

2.2.3 イスラーム団体の影響――タブリーギー・ジャマーアト

1966年，ムスリム学生協会はウメル（イラク系アラブ人）ら創設者たちの帰国に合わせて，国際イスラミック・センターへと改組した。この団体も日本ムスリム協会と合同委員会（1966～73年）を結成した（サマライ 1997: 9）が，実際にはこの時期から日本人と外国人の活動が分かれてしまった［聞取 6］。この時期の主な布教活動は，代々木上原の東京モスク（現・東京ジャーミー）に毎週末集まり会議を開くことだった。参加者は外国人だけでなく，優秀な日本人ムスリムも参加していた。ジャヴィードは，その後日本人女性と結婚し，日本の大学院修士課程にも進学した［聞取 6］。

この時期の別の布教活動として重要だったのは，タブリーギー・ジャマーアトである。タブリーギー・ジャマーアトとは，イスラーム思想家であるムハンマド・イリヤース師（1885～1944年）が創設した布教団体[13]である（小牧 2000a: 107）。こちらもイギリス植民地時代，反英運動に連動して始まった大衆的イスラーム運動であり，1926年にインドで設立された。ムハンマド・イリヤースは，北インドのデーオバンド・イスラーム神学校（ダールル・ウルーム・デーオバンド）で学び，北インドで布教活動を始めた後，ニューデリーに本拠地を移し，タブリーギー・ジャマーアトを組織した。1947年のパキスタン分離独立を機に，パキスタンのラホール近郊（ラーイーウィンド）に本部を移した。現在もインド亜大陸を中心に，多くの支持者を集めている。インドではニューデリー，バングラデシュではダッカに同組織の各国本部がある。タブリーギー・ジャマーアトの特徴は，独自の布教方法にある。独自の教材を用いて仲間同士で学び合うほか，世界各国・全国各地のモスクやムスリムの自宅を訪問し，布教活動することが奨励されている。

日本に最初にタブリーギー・ジャマーアトのメンバーが布教に来たのは1956年で，以降頻繁に来日している。この布教活動は日本人ムスリムに大きな影響を及ぼした（サマライ 1997: 8）。ジャヴィードもまた，来日後にタブリーギー・ジャマーアトの活動に関心を持ち始める。なぜならば，日本にお

[13) 岡井（2007a: 31）は，タブリーギー・ジャマーアトを，明確な「宗教団体」ではなく，「宗教運動」であるととらえている。

いてその布教方法が予想以上に有効だったからである。そこで，1967 〜 1968 年には自宅に布教団を 4 カ月間宿泊させるなどして協力した。1970 年にはパキスタンにいったん帰国するが，日本人の妻が日本に戻りたいと希望したので，数カ月後には日本に戻った。その後は日本で自営業（宝石商）を始めた。当時，有力な宝石商たちがイスラームの布教活動と関係があったからである［聞取 6］。

　国際イスラミック・センターは，1973 年にウメルを招聘し，彼が再来日したのを機に，1974 年にイスラミック・センター・ジャパン（以下，センターと略す）へと改組した（サマライ 1997: 9）。また 1974 年頃タリクも招聘され，センターの運営に合流した。ジャヴィードは，ウメルとの間に意見の相違が出てきたため，センターでの活動を辞めた［聞取 6］。

2.3　同郷団体の分裂・独立

2.3.1　第一次分裂期――エリート組と一般組の分裂

　センターを辞めたジャヴィードは，在日パキスタン大使に「在日パキスタン人を組織化してほしい」と頼まれたこともあり，1975 年頃に同郷団体 a の会長になる。当時は，劇の上演などの活動はしておらず，インターナショナル・スクールの教員をしていたパキスタン人男性（前会長）が勉強会などを開き，留学生や実業家といったエリート層中心のサークル活動をしていた。ジャヴィードは，同郷団体 a の運営に力を入れ，預言者生誕日集会を開催した。また独立記念日に合わせて，子どものためのプログラムや日帰りバス旅行を企画した。さらに週 1 回はパキスタン人を集めて，イスラームの話をする会合を設けた［聞取 6］。

　この時期，同郷団体 a の活動に参加し始めた人の中に，トシフがいた。トシフは，ジャヴィードの次に同郷団体 a の中心となる人物で，そもそもは鉄鋼工場の研修生として来日したが，日本人女性と結婚して，自営業者に転身し，ビジネス（中古車貿易）で成功を収めた人物である。第一線を引退した後，同郷団体 a やセンターでの活動を通じて敬虔なムスリムになった。トシフはタブリーギー・ジャマーアトの活動にも参加し，ジャヴィードと 2 人でパキスタ

ン本部（ラーイーウィンド）まで行ったこともある［聞取6］。

同郷団体 a は，毎年会長選挙を開催していたので，会長は時々交替していた。ある年の選挙でジャヴィードに対立候補が現れ，それをきっかけに協会メンバーが2つに分裂した（第一次分裂期）。一方はジャヴィード率いるエリート組（大手企業社員，留学生），他方は対立候補率いる一般組（自営業者，労働者）である。対立候補のパキスタン人男性は，その年の会長になりたかったが，エリート組につぶされてしまい，People's Pakistan Association（PPA）という別組織を立ち上げた。トシフを含む自営業者は PPA に流れたが，その後 PPA 会長が亡くなり，PPA 次期会長が同郷団体 a の副会長を兼ねるようになると，PPA は自然消滅した［聞取6］。

2.3.2　第二次分裂期──さまざまなイスラーム団体の分裂

1980年代，センターはイラン人資産家の寄付を受けて，専用の事務所ビルを建てた[14]。これを受けて，在日ムスリムたちは老朽化した旧・東京モスク（1986年閉鎖）からセンターの新事務所へと活動拠点を移した。同郷団体 a も，毎週末センターで会議を開き，参加者の中には日本ムスリム協会やタブリーグのメンバーも含まれていた。センターの新事務所には台所が併設されており，寝泊りも自由だったので，続々とパキスタン人たちが集まり始めた。1980年代後半にはニューカマーが急増し，労働者と自営業者が台頭してきたので，この時期には同郷団体 a もエリート組と一般組の2つのグループを統合せざるをえなくなった。同郷団体 a はほかにもさまざまな対応を迫られ，たとえば労働者が急増して，パキスタン大使館の対応も横柄になり，それに対して抗議を行った。

この時期はさまざまな出来事が起きたが，最大の事件は S・ラシュディの『悪魔の詩』の日本語訳出版である。この本の出版に抗議して，同郷団体 a は記者会見を開き，広報担当のトシフがムスリムを代表して発言した［聞取6］。

---

14) イスラミック・センター・ジャパン（前身のムスリム学生協会と国際イスラミック・センターを含む）は，この新事務所建設までに，代々木八幡のアパート→東北沢のアパート→東北沢の二階建て住宅（現在はセンター管理人の住居）→現在のビルと事務所を何度も移転している［聞取6］。

1990年代に入ってトシフが会長になると，ジャヴィードは事務局長になった。その頃，同郷団体 a は第二次分裂期を迎える。それまで，同郷団体 a の活動（会議）に参加していたメンバーの中から，イスラーム団体が続々と分裂・独立していったのである。最初に分裂したのは①タブリーギー・ジャマーアトであった。前述のとおり，タブリーギー・ジャマーアトは1950年代から日本で布教活動をしていたが，1991年に埼玉県春日部市に独自のモスクを設立し，新たな活動拠点を獲得したことで，同郷団体 a の活動から分裂した。次に分裂したのは②イスラミック・サークル・オブ・ジャパンと③ミンハージュル・クルアーンである。これらはそれぞれ独自の組織を設立し，同郷団体 a の活動から分裂して，独立していった［聞取6］。

　こうしたさまざまなイスラーム団体の分裂・独立の背景には，イスラームの多様性の問題が横たわっている。同じ状況はイギリスのムスリムの間でもみられる（長谷 1993: 277-8）。イギリスやヨーロッパのムスリムは，しばしばマスコミによって1つの集団であるかのように扱われてきたが，それは正確な理解ではない。イギリスのムスリムは，一枚岩の集団ではないし，そのように機能したこともなかった。出身国，出身地域別，かつ宗派別に，それぞれが独自の宗教コミュニティを作り，おのおのがモスクを運営している。出身地の南アジアにおける宗教的多様性を反映して，移民の宗教組織もきわめて多様である。

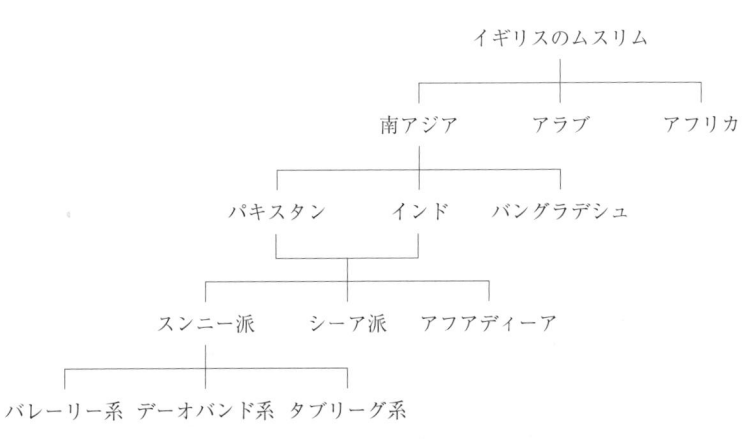

図4-2　イギリスのムスリムの多様性（Werbner 1990:341; 長谷 1993: 278 訳）

イギリスの例をみれば，日本で多数のイスラーム団体が設立されたことも，当然の流れであったといえよう。日本の場合，移民の同郷団体がさまざまな宗教団体の母体となった，という点が興味深い。同郷団体の宗教的機能が，メンバーの増加などの要因によって，本体から切り離された事例ととらえることができる。

ジャヴィードは，1990年代半ばに神戸に移動して，同郷団体 a 関西支部を立ち上げ，同郷団体 a の仕事を引退した［聞取6］。

2.3.3　第三次分裂期——宗教重視派とビジネス重視派の分裂

ジャヴィードの引退後，同郷団体 a の活動はトシフが中心となった。しかしながら，さまざまなイスラーム団体が分裂して抜けたことで，トシフをはじめとする同郷団体 a に残った人々の宗教重視の傾向が目立ち始めた。加えて，トシフは「アフレ・スンナット」という聖者崇拝的傾向を持つ宗派に属している。その最大の特徴は，預言者生誕日に合わせてマウリードというお祭りを開催することであり，一般的にはバレーリー派（バレールヴィー派）[15]と呼ばれることもある。「アフレ・スンナット」以外の宗派は，マウリードが聖者崇拝につながるとして，お祭りの開催を否定していることもあり（前節の宗教団体Aも，お祭りを避け，講演会や勉強会を開催してきた），そのことも問題になってきた［聞取6］。

こうした状況の中，1998年の会長選挙をきっかけにして，第三次の分裂が起きた。一方はトシフ率いる宗教重視派であり，もう一方はビジネス重視派である。宗教重視派は，国籍は関係なくイスラームを重視する立場である。これに対して，ビジネス重視派は，宗教を問わないが国籍を重視する立場であり，パキスタン人企業家のためのビジネス環境整備を求め，これを機に同郷団

---

[15] パキスタンを含めた南アジアでは，イスラーム法学系上，スンニー派が大部分を占め，なかでもハナフィー法学派が優位を占める。さらにハナフィー法学派内部に派閥や対立の構図があり，デーオバンド系とバレーリー系の論争もその一例である（加賀谷 1987: 81）。前述のタブリーギー・ジャマーアトやジャマーアテ・イスラーミーは，厳密にはデーオバンド系ではないが，その信仰体系はデーオバンド系に近いとみなされている（小牧 2000b: 43; ワスィーム 2002: 210）。

β という別の団体を立ち上げた［聞取 7］。トシフもまた，いったん同郷団体 a のアドバイザーになったが，その後同郷団体 a から距離をおくようになった［聞取 7］。

2.3.4　同郷団体 β と在日パキスタン商工会議所

同郷団体 β は，同郷団体 a から分裂して 1998 年に設立された同郷団体で，ノマン（仮名）が事務局長を務める［聞取 7］。この団体の活動目的は，「日本における在住パキスタン人への支援と，パキスタン人と日本人との友好と問題解決を図ること」である。英語で明文化された規約を持ち，2002 年 12 月 12 日に埼玉県に県内 NGO 団体として登録した。公的機関に「登録」済みということが自慢である［聞取 7］。

会長は 2 年に一度選挙で決まるので，特定の人が長く会長職を務めることはないが，これまでの会長はすべて企業家（自営業者，商人）である。会員登録はないので，入会届も必要ないし，会費もない。宗教は問わないが，国籍は重視しているので，全員にパスポート提示を求めている。また日本国籍取得者の入会は認めるが，パキスタン政府が発行する「在外オリジン・カード（Oversea Origin Card）」の提示を求める。理事（協会役員）は 27 名で，会費は月 500 円程度である。しかしながら，ホテルでの会議開催費などはすべて理事が負担しており，会長は全費用の半分を負担しなければならないので，理事や会長になるのは大変である。費用の負担配分については会議で役員が決定する［聞取 7］。

会長や理事は各種公的行事に参加する。各大学のウルドゥ語学生とも交流会をもち，会長から大学生へプレゼントを渡している。パキスタン側のスキーのナショナル・チームを毎年日本合宿へ招聘し，日本国内観光の手伝いもする。またパキスタン側の文化人を招聘し，大学やホテルなどで講演会を開催したこともある。独立記念パーティや総会は，東京のホテルで年 1 回盛大に開催する。協会役員はそれぞれ困った人の相談にのる活動もしており，問題が大きければ協会として対処する。このように，活動内容は広範かつ多様である［聞取 7］。

ノマンは，今もパキスタン国内向け雑誌の日本特派員を務めているが，こ

の仕事は薄給なので「ボランティア活動」といった感じである。もともとは，1980年に中東関連の通信社の日本特派員として来日した。1983年から国連大学で働き始め，1989年に退職した。退職後は，息子が1986年頃に始めた中古車貿易業を手伝っていたが，1998年に同郷団体βが立ち上げられ，当時の会長に協力要請されて事務局長に就任した。事務局長の給料は出ないので，こちらも「ボランティア活動」である［聞取7］。

また同団体は，2006年7月に商工会議所を設立した。商工会議所は，パキスタン人企業家がビジネスで何らかの問題をかかえたときに，それを解決するための活動をするので，会員全員の希望で設立することに決めた。設立には経済産業省の認可が必要なので，ノマンは2005年からその準備に奔走した。

この商工会議所の会員になるためには必要書類を提出しなければならない。例として，2年分の決算書のコピー，古物商・法人の登記簿，社長の外国人登録証明などである。こちらも日本国籍取得者の入会は認められる。会費は集めていない。商工会議所は1つの国で1つしか作れないので，こちらは他の団体と分裂争いになることはない。公的機関に「認可」を受けていることが誇りである。世界銀行のメンバーになっているので，各地の商工会議所や大企業の社長が出席する総会に毎年参加している。さらに同団体は，2007年にパンジャーブ観光協会を設立した。パンジャーブ州の観光開発公社の日本代理店をしており，パキスタンへの観光促進に努めている［聞取7］。

以上，同郷団体βの形成過程をみてきたが，その第一の特徴は，公的な「登録」や「認可」を重視する戦略をとってきた点である。これは，「登録しておかないと事件になったときに困る」という経験によるものである。きっかけとなったのは，1998年頃起きたパキスタン人男性の交通事故死である。この事故を警察がきちんと捜査してくれなかったので，日本人配偶者女性の要望もあって協会側から圧力をかけたところ，反対に協会のことを調べられ，さらに未登録団体であることを問題視されてしまった。そこで，すぐに埼玉県に団体登録することを決めたという［聞取7］。

第二の特徴は，在日パキスタン大使館と対立していた点である。同郷団体αも，これまで大使館側に対して抗議をすることはあったものの，決定的に対立したわけではなかった。それに対して同郷団体βは，大使館が同郷団体の統一

を打診してきたときにそれを断り，さらに大使館の意向を無視して商工会議所を設立したため，大使館側と決定的に対立してしまった［聞取7］。

　第三の特徴は，宗教ではなく国籍を重視する立場である。従来の同郷団体 a が宗教でメンバーを組織化しようとしてきたのとは，全く異なる立場である。こういう別の立場の組織化が実現したのは，移民コミュニティの制度的完成が進み，ある程度コミュニティが「成熟」したことによって表面化した，内部の政治的対立の反映ととらえることができる。

　第四の特徴は，「人はそれぞれ違う意見をもっているのだから，組織も無理に1つにまとめる必要はなく，目的別に複数あったほうが便利でよい」という主張である［聞取7］。同郷団体 $β$ は，特にインターネットでの情報発信が多く，外部にもオープンである。出版物も重視しており，積極的に従来の同郷団体との差別化を図っている。

2.4　同郷団体の位置づけ

　初来日から43年が経ち，すでに第一線を引退したジャヴィードは，現在，インターネットを使った情報発信，在日パキスタン人のネット新聞への意見投稿，著書の出版など，執筆活動を継続している。また毎週金曜日には，代々木上原の東京ジャーミーに礼拝に行き，その後パキスタン人のシニア・メンバー数名と食事をしたりお茶を飲んだりしながら，さまざまな問題に関して意見交換するのが習慣になっている。同郷団体 a の元代表2名，同郷団体 $β$ の現事務局長の3名に共通していえるのは，政治，経済，宗教への積極的な発言や同郷団体への献身的な貢献が彼らの人生そのものであるということである。それは「生きがい」と言い換えてもよいだろう。

　同郷団体は，当初は留学生の親睦目的で設立された，一部のインテリのための組織だったが，その後はイスラームという宗教を前面に打ち出し，宗教団体の代替として機能してきた。ところが宗教団体の分裂を経て，近年はビジネスを前面に打ち出す活動が目立ってきた。パキスタン人移民の同郷団体は，他の宗教団体や経済団体のような明確な目的に欠けるせいか，内部対立が多く，しばしばその役割が不明確になるようである。

同郷団体の分裂は，日本におけるパキスタン人コミュニティの成熟と，それにともなう内部の政治的対立の反映といえるだろう。それに加えて，パキスタン本国での政治の流動化を受けて，近年，パキスタンの政党の日本支部が，日本各地で続々と設立されている。そうした日本支部を取り仕切っているのは，パキスタン人の企業家が多い。もちろん政治的信念をもって活動している人もいるが，現段階では経済的なメリットを求めて活動している人が多いようである［聞取7］。次章では，こうしたパキスタン人企業家について考えてみよう。

第5章
移民による
エスニック・ビジネス

上：オークションのせり風景（2007年9月）
右：オークションの礼拝ルーム（2007年9月）

第1節 ◆ パキスタン人移民のニッチ形成

　これまで，移民ストックの理論である移民過程論を援用しながら，宗教団体の形成過程を分析し，移民過程の最終段階は，単なる永住の段階ではなく，トランスナショナルな志向性とホスト社会への志向性の両者が並存した段階であることを確認した。さらに宗教団体や経済団体など，さまざまな活動の母体となった同郷団体の変遷を検討し，宗派，職業，階層，政治的傾向といった送出社会側の多様性とある程度連動した社会構造を，移民コミュニティ内部で再生産していることを考察した。
　このように，移民ストックの研究において，宗教団体や同郷団体といった，主体的な活動に注目することは，移民の社会的世界をとらえるうえで欠かせない要素である。これまで宗教団体や同郷団体といった非営利活動，もしくはエスニック集団の福祉や互助を目的とした活動をみてきたが，それとは対照的な営利活動，エスニック・ビジネスもまた，移民の社会的世界をとらえるうえで必要不可欠な要素である。
　筆者は，1998年7月から在日パキスタン人のエスニック・ビジネスについて参与観察を始めた。このテーマについて周囲の人々はおおむね「ものすごくめずらしい事例」という反応を示すが，業界の実務レベルの方々からは「とても興味深い」という反応を受けた。筆者は当初，この反応の違いに戸惑ったのだが，この温度差こそがエスニック・ビジネスがニッチを形成している点とつながってくる。多くの日本人の目には映らないエスニック・ビジネスも，特定の業界では一定の存在感をもつのである。以下，パキスタン人移民のエスニック・ビジネスとニッチ形成をみてみよう。

1.1　パキスタン人の企業家比率

1.1.1　パキスタン人の職業構成
　まずは在日パキスタン人の職業構成を把握するために，1984～1999年の職業・性別の外国人登録者数（1999年公表終了）をみてみよう。女性の場合，

一貫してほぼ全員が「無職」である。男性の場合（図5-1，図5-2）も「無職」は多く，1984年（61%），1990年（76%），1995年（70%），1999年（61%）と6割から7割を推移していた。しかし在留資格で「短期滞在」が1984年（20%），1990年（40%），1995年（56%），1999年（34%）と一定の割合を占めていることとあわせて考えると，「無職」と答えざるをえなかった人の大部分も実際は何らかの職に就いていた可能性がある。

「無職」以外の職業をみてみると，「技能工・生産工程従事者」の増加が著しく，比率的には1984年に1%だったのが，1999年には13%になっている。実数も1990年（39人），1995年（417人），1999年（806人）と急増しており，1995年以降は「無職」を除いてもっとも多い。在日パキスタン人の多くが工場労働者であったことが確認できる。一方「管理的職業従事者」は，比率では3〜4%を維持しているが，実数は1990年（63人），1995年（129人），1999年（231人）と倍増ペースである。自営業者（企業家）の増加が反映されているものと思われるが，規模としてはまだまだ限定的である。

また，「販売従事者」「事務従事者」「貿易従事者」「サービス従事者」は，比率では「販売従事者」を除いて減少しつつあるが，実数はすべて増加している。日本人経営者の企業における就労の増加だけでなく，同国人経営者の企業における就労の増加もその一部に含まれるだろう。

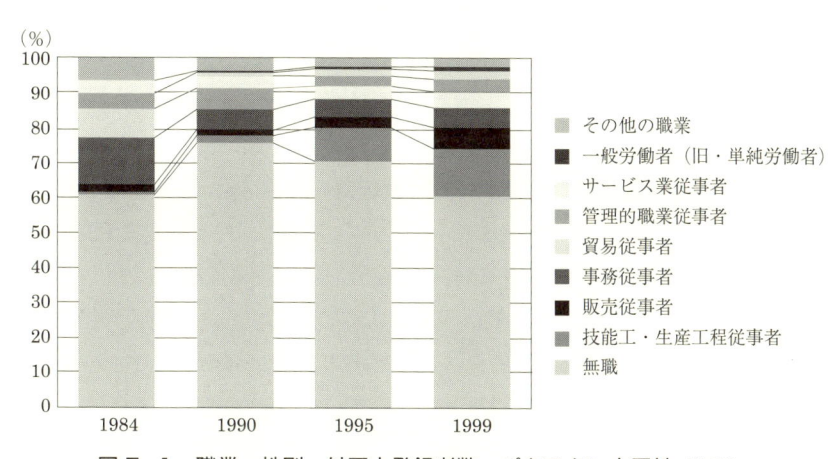

図5-1 職業・性別 外国人登録者数 パキスタン人男性（比率）
出典：法務省『在留外国人統計』各年版，各年末現在（1999年公表終了）

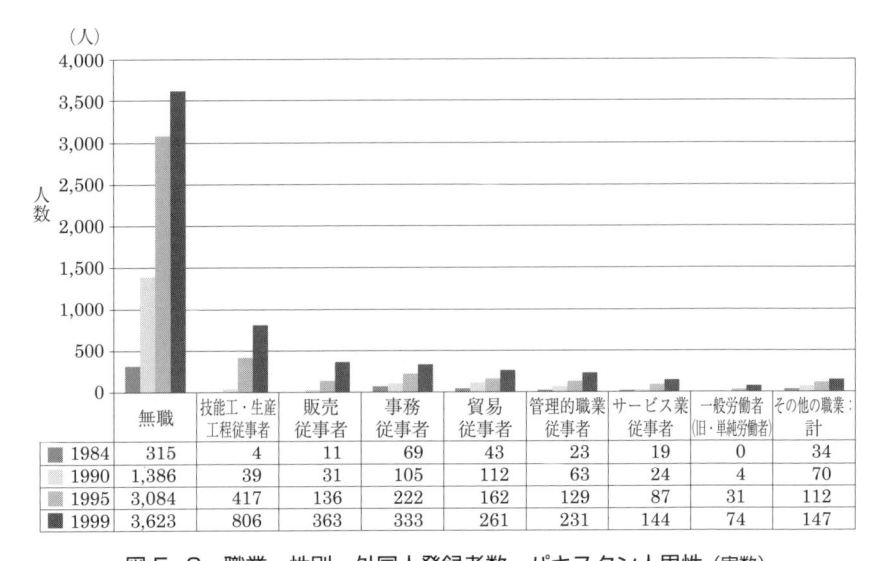

	無職	技能工・生産工程従事者	販売従事者	事務従事者	貿易従事者	管理的職業従事者	サービス業従事者	一般労働者(旧・単純労働者)	その他の職業：計
1984	315	4	11	69	43	23	19	0	34
1990	1,386	39	31	105	112	63	24	4	70
1995	3,084	417	136	222	162	129	87	31	112
1999	3,623	806	363	333	261	231	144	74	147

図5-2　職業・性別　外国人登録者数　パキスタン人男性（実数）
出典：法務局『在留外国人統計』各年版，各年末現在（1999年公表終了）

1.1.2　パキスタン人の企業家比率

エスニック・ビジネスは，移民のコミュニティ形成における重要な要素である。特に政策的に排除されてきた移民にとって，起業はもっとも有望な上昇移動の経路である。日本のエスニック・ビジネスもまた例外ではない。しかしながら，エスニック・ビジネスへの参入形態は，しばしば移民集団間で相違がみられる。

在日コリアンに自営業者が多いことは，知られている。また在日中国人，ブラジル人，ベトナム人の自営業者に関する研究も登場している。在日パキスタン人の自営業者の先行研究はほとんどないが，在日外国人の企業家比率（2000年国勢調査報告）をみると，在日パキスタン人は他の移民集団に比べて自営業者の割合が高いことがわかる（表5-1）。企業家比率は，韓国・朝鮮人がもっとも高く（38.6％），パキスタン人（27.0％），インド人（18.9％），中国人（13.1％）がそれに続く。さらに企業家の内訳をみると，韓国・朝鮮人の場合，雇人ありの自営業者が多いのに対して，パキスタン人の場合は，雇人なしの自営業者が多い。インド人や中国人の場合は，役員が多いことと比べても，パキ

表5-1　在日外国人の企業家比率

国籍	国勢調査回答者数	就業者		就業者の内訳			
				被雇用者		企業家	
		人数	%	人数	%	人数	%
韓国・朝鮮	529,408	256,127	48.4	157,310	61.4	98,817	38.6
パキスタン	4,666	3,298	70.7	2,408	73.0	890	27.0
インド	5,032	3,185	63.3	2,583	81.1	602	18.9
中国	253,096	121,751	48.1	105,850	86.9	15,901	13.1
タイ	23,967	9,666	40.3	8,565	88.6	1,101	11.4
フィリピン	93,662	42,492	45.4	39,282	92.4	3,210	7.6
ベトナム	12,965	6,501	50.1	6,061	93.2	440	6.8
マレーシア	5,849	2,704	46.2	2,522	93.3	182	6.7
バングラデシュ	5,015	3,390	67.6	3,184	93.9	206	6.1
ペルー	27,220	20,264	74.4	19,840	97.9	424	2.1
ブラジル	188,355	129,093	68.5	126,857	98.3	2,236	1.7
インドネシア	14,610	10,245	70.1	10,114	98.7	131	1.3

国籍	企業家の内訳								家族従業者	
	役員		自営業							
			全体		雇人あり		雇人なし			
	人数	%	人数	%	人数	%	人数	%	人数	%
韓国・朝鮮	27,624	28.0	52,722	53.4	26,068	26.4	26,654	27.0	18,420	18.6
パキスタン	215	24.2	641	72.0	181	20.3	460	51.7	34	3.8
インド	312	51.8	242	40.2	132	21.9	110	18.3	48	8.0
中国	6,991	44.0	5,873	36.9	2,670	16.8	3,203	20.1	3,025	19.0
タイ	125	11.4	466	42.3	201	18.3	265	24.1	508	46.1
フィリピン	359	11.2	1,204	37.5	428	13.3	776	24.2	1,643	51.2
ベトナム	158	35.9	227	51.6	46	10.5	181	41.1	55	12.5
マレーシア	81	44.5	61	33.5	18	9.9	43	23.6	39	21.4
バングラデシュ	76	36.9	116	56.3	58	28.2	58	28.2	14	6.8
ペルー	163	38.4	221	52.1	57	13.4	164	38.7	40	9.4
ブラジル	691	30.9	1,149	51.4	369	16.5	780	34.9	394	17.6
インドネシア	33	25.2	62	47.3	18	13.7	44	33.6	36	27.5

注：国勢調査回答者数のアジア上位10カ国と南米上位2カ国の計12カ国。網掛けは各項目の上位3カ国。
出典：総務省統計局，2004『国勢調査報告』平成12年，第8巻，2000年10月1日現在。

スタン人は特徴的である。

では、なぜパキスタン人の場合、自営業者（企業家）が多いのだろうか。それについては、より具体的な事例研究を通して考えるので、ここではこの問いを保留しておく。

1.2　パキスタン人企業家の業種

1.2.1　エスニック・ビジネスの業種の類型化

エスニック・ビジネスでは、エスニック食材店やエスニック・レストランが代表的業種と思われがちだが、ほかにもさまざまな業種がある。『Directory of Pakistani Businessmen in Japan（在日パキスタン人企業家ダイレクトリー）』は、ホームページ作成業や翻訳業など、多角的にビジネス展開しているある在日パキスタン人企業家が作成したものである。かつては印刷版とオンライン版があったが、2012年現在は、オンライン版のみ利用できる。閉鎖した企業のデータが含まれる、業種ごとの登録なのでデータが重複する企業がある、グループ企業は支店ごとに登録される、といった問題はあるものの、在日パキスタン人企業家の傾向を把握するには役立つ。このデータを利用して、パキスタン人のエスニック・ビジネスの業種を、類型化すると以下のようになる（表5-2）。

エスニック財とは、パキスタンでの生活習慣に起因する財であり、ハラール食材店、エスニック・メディア、レストラン、絨毯、宝石がそれに当たる。非エスニック財とは、日本での生活に起因する財であり、ほとんどのものがこちらに含まれる。エスニック市場とは、在日パキスタン人のコミュニティ内部向けであることをさし、一般市場とは、ホスト社会向けや他の外国人向けであることをさす。

コミュニティ内部（エスニック市場）を主なターゲットとしている業種は多く、ハラール食材店、エスニック・メディア、旅行代理店、国際電話代理店などがあげられる。これらの業種は基本的にはコミュニティ内部向けであるが、ターゲットを少しでも拡大するために、コミュニティを横断する可能性をもつ。たとえばハラール食材店であれば、ラテンアメリカや東南アジアなど、他の地

域の商品も一緒に並べて販売する。メディアであれば、テレビやラジオは言語を共有できる人々（ウルドゥ語とヒンディー語）を対象に巻き込むことができるし、雑誌や新聞は英語で発行したり、日本語ページを設けたりする。

またターゲットをコミュニティ内部（エスニック市場）とホスト社会（一般市場）の両方に定める、エスニック・レストランのような業種もある。エスニック・レストランの顧客の一定数は、ホスト社会側の日本人であることから、自分たちのコミュニティだけに頼らない安定した経営が望める（樋口ほか 1998；樋口・丹野 2000；竹下 2002）。ホスト社会向けの販売に重心を移すことによって、売り上げを伸ばすこともできる。

反対にターゲットをホスト社会（一般市場）に絞った、出身社会の製品（エスニック財）の輸入販売という業種もある。具体的には絨毯、宝石、民芸品といった出身社会を象徴する商品を日本人向けに輸入販売する場合である。これらはホスト社会をターゲットとしている点において、コミュニティ内部向けのビジネスよりは販路拡大が望めそうであるが、商品が嗜好品や贅沢品であるせいか、それほど人気の高い業種ではない。

表 5-2　パキスタン人企業家の業種の類型化

		ビジネスの市場	
		エスニック市場	一般市場
取扱商品	エスニック財	ハラール食材店（66） メディア（9）	レストラン（51） 絨毯（17） 宝石（6）
	非エスニック財	コンピューター（7） 旅行代理店（5） 通信・国際電話（4） 翻訳（2）	中古車貿易（374） 機械貿易（47） 貿易一般（42） 輸出入代行（4）

注）Kim（1987: 228），樋口・高橋（1998: 8），樋口（2007:120）を参考にして作成。カッコ内は、ダイレクトリーに掲載されている事業所数（重複あり）を表す。

出典：『Directory of Pakistani Businessmen in Japan（在日パキスタン人企業家ダイレクトリー）』
　　　http://www.pakistani.jp/directory（アクセス日：2011 年 12 月 12 日）

最後に,出身社会・第三国(一般市場)をターゲットとする,日本製品の輸出販売という業種がある。本書が取り上げる中古車貿易業をはじめ,中古機械,家電,部品の貿易業などがこれに当てはまる。この業種は,コミュニティ内部向け(エスニック市場)の業種以上にホスト社会側の日本人の目には映りにくいかもしれない。しかしながら,在日パキスタン人の間では,この業種がもっとも人気があるだけでなく,日本人業者が追随して市場に参入してくるほど注目されている。

なお,これらターゲットの異なる業種を複数経営する企業もみられる。たとえばハラール食材店がレストランを併設しているケース,レストランが民芸品を販売しているケース,ハラール食材店やレストランが中古車貿易を兼業しているケースなどである。小規模な多角経営は,エスニック・ビジネスの特徴の1つである。

1.2.2 パキスタン人の業種と推移

では,もう少し詳しく業種をみてみよう(表5-3)。もっとも多いのは中古車貿易業者[1]であり,全体の59%を占めている。中古車貿易業者の占める割合が圧倒的に高い。2位はハラール食材店で,全体の11%である。「ハラール」とは,ムスリムが食べることを許されている食品をさし,たとえば,肉およびその加工品は決められた方法で屠殺された肉を使用していなければハラールと認められない。また酒,豚肉は禁じられている。ハラール食材店は,パキスタン人移民にとってなくてはならない業種であるといえよう。3位はレストラン(8%)で,近年は大規模業者が支店を各地に多数出店する形態が目立っている。4位は機械貿易(7%)である。5位は,貿易一般(7%)であり,その取扱商品はほとんど中古機械である。

2002年11月,2005年10月,2009年1月,2011年12月のデータ(約3年ごと)を比較すると,事業所総数は9年間で431件から634件に増加して

---

1) 本書では「中古車貿易業」という用語を,中古車の輸出入にかかわる業務全体(中継貿易を含む)をさすものとして使用する。これに対し「中古車輸出業」という用語は,日本からの中古車輸出業務に限定される場合に使用する。

表5-3 パキスタン人企業家の業種の推移

	業種	2002年11月		2005年10月		2009年1月		2011年12月	
		事業所数	%	事業所数	%	事業所数	%	事業所数	%
1	中古車貿易	234	54%	281	56%	348	59%	374	59%
2	ハラール食材店	64	15%	67	13%	64	11%	66	11%
3	レストラン	31	7%	35	7%	47	8%	51	8%
4	機械貿易	16	4%	27	5%	43	7%	47	7%
5	貿易一般	37	9%	44	9%	43	7%	42	7%
6	絨毯	17	4%	19	4%	17	3%	17	3%
7	メディア	4	1%	4	1%	2	0%	9	0%
8	コンピューター	5	1%	4	1%	6	1%	7	1%
9	宝石	4	1%	4	1%	5	1%	6	1%
10	旅行代理店	4	1%	5	1%	4	1%	5	1%
11	輸出入代行	6	1%	7	1%	3	1%	4	1%
12	通信・国際電話	4	1%	4	1%	4	1%	4	1%
13	翻訳	2	0%	2	0%	2	0%	2	0%
14	印刷	3	1%	2	0%	0	0%	0	0%
	合計	431	100%	505	100%	588	100%	634	100%

出典：『Directory of Pakistani Businessmen in Japan（在日パキスタン人企業家ダイレクトリー）』2002年11月，2005年10月，2009年1月，2011年12月．http://www.pakistani.jp/directory

いる。各業種の比率に，大きな変化はみられないが，中古車貿易の比率はやや増加し，ハラール食材店はやや減少している。

次に中古車貿易業者の県別事業所数をみると（表5-4），神奈川（79件），埼玉（63件），東京（62件），といった関東圏への集中が確認できる。おおむね人口分布と重なるが，人口で最多の埼玉ではなく，横浜・川崎港のある神奈川が1位である点が特徴的である。また新潟（23件），富山（18件）といった日本海沿岸の事業所数も多い（第5章第4節参照）。

2005年10月，2009年1月，2011年12月のデータを比較すると，1位の神奈川と2位の東京が横ばい，もしくは微減しているのに対し，それ以外の関東圏は事業所数が増加している。また新潟，富山も増加している。他の道府県はおおむね横ばい，もしくは微増である。

以上，パキスタン人企業家の場合，ハラール食材店やエスニック・レストランといったエスニック・ビジネスの代表的業種を抑え，中古車貿易業が代表的

表5-4 パキスタン人中古車貿易業者の県別事業所数

都道府県	2005年10月	2009年1月	2011年12月
北海道	3	5	5
岩手県	2	2	2
宮城県	3	3	3
福島県	5	5	5
茨城県	12	15	17
栃木県	1	4	6
群馬県	4	15	16
埼玉県	40	59	63
千葉県	24	32	35
東京都	65	64	62
神奈川県	80	75	79
新潟県	12	20	23
富山県	4	13	18
石川県	1	1	1
長野県	4	5	7
岐阜県	0	3	1
静岡県	3	5	5
愛知県	3	6	7
京都府	0	1	1
大阪府	4	5	6
兵庫県	1	1	1
広島県	2	2	2
香川県	0	1	1
福岡県	0	2	3
熊本県	0	1	2
鹿児島県	0	1	1
不明	8	2	2
合計	281	348	374

注）網掛けは上位3都県。
出典：『Directory of Pakistani Businessmen in Japan（在日パキスタン人企業家ダイレクトリー）』2005年10月, 2009年1月, 2011年12月, http://www/pakistani/jp/directory.

業種となっていること，関東圏と北陸に分布していることが確認された。それではなぜ，中古車貿易業が代表的業種となったのだろうか。

1.3 中古車貿易業界とパキスタン人移民

1.3.1 中古車貿易業界におけるエスニック・ビジネスの市場規模

2003年の中古車国内市場は7兆円（96％），中古車輸出市場は3,000億円（4％）であり[2]，中古車輸出業者の5割以上がパキスタン人である（『朝日新聞』2004年4月5日夕刊）。また中古車輸出業者は全国で800業者，その内パキスタン人が350業者，バングラデシュ人が100業者，スリランカ人が100業者との推計が出ている（"The Japan Times" 2004年6月3日）。このパキスタン人業者の数や比率を推計しているのは，「日本中古車輸出業協同組合」という業界団体である。

この業界団体によると[3]，「外国人の会社の組合への参加は少なく，1995年設立当初から現在に至るまで常に1／4程度」であり，組合員の国籍別把握はしていない。

2004年6月現在,同組合の組合員名簿[4]において,外国人経営者の会社とみられるのは104社中14社(13%)にすぎなかった。そして「3年前(2001年)に『タウンページ』と『イエローページ』を用いて調査したときには,中古車輸出業者と思われるものは全国に1,200業者あった。実際に営業しているのは2/3程度と考え,800業者と概算した」との回答が得られた。しかしながら,これらの数字はすべて組合の推計値でしかなく,「正確な数字は誰も調べていない」ので,実際の業者数はわからないという。「中古車輸出業を許認可制にして,国がきちんと実数を把握すべき」というのが組合側の主張である。

　また2006年12月の組合への聞取調査[5]では,パキスタン人業者数の推計値は500～600社へと上方修正されていた。また外国人の組合員は20人程度に増え,その大半がパキスタン人であるという。

　一方,筆者は2004年6月に中古車オークション対象のアンケート調査を行った。FAXにて調査票を配布し,FAXにて回収したが,危機管理や企業秘密といった理由で,回収率がかなり低かった。限定的な情報開示であることを前提に市場規模を概算すると,外国人業者の占める割合は,会員総数の3～5%,売上総額の3～10%未満である。前述の朝日新聞の,中古車市場に占める輸出市場規模(4%)とほぼ一致しており,まだまだ市場規模は小さいと判断した。

　なお,2007年9月の中古車オークションへの聞取調査[6]では,中古車輸出市場規模はその後も徐々に拡大したとの指摘を受けた。調査に協力して頂いたオークションの場合,輸出専門のオークションではないが,それでも輸出業者の落札比率はピーク時で3割に達する。輸出業者のうち,大口仕入れをする

---

2) 中古車国内市場7兆円の算出方法は,年間中古車販売台数800万台×平均単価(おそらく87.5万円)。中古車輸出市場3,000億円の算出方法は,年間中古車輸出台数60万台×平均単価50万円。朝日新聞社の前田基行氏に,2004年12月31日づけ電子メールにて,ご教示いただいた。
3) 2004年6月4日,日本中古車輸出業協同組合の担当者に,電話で問い合わせた。
4) 日本中古車輸出業協同組合は,組合員名簿をネット上で公開している。
　http://www.jumvea.or.jp/j/index.php (アクセス日:2009年1月31日)
5) 2006年12月25日,日本中古車輸出業協同組合の木村俊郎専務理事へのインタビューより。
6) 2007年9月4日,中古車オークションの海外部門担当者へのインタビューより。

のは日本人業者であるが，小口仕入れをするのは外国人業者である。また国内向けの小売業者の場合，「夏枯れ」と呼ばれる季節による需要の波があるが，輸出業者の場合は通年で変動が少ない。パキスタン人企業家は，会員数としてはそれほど多くないが，非会員の来場者が多くてビジネスも活発な印象がある。小口仕入れであっても業者数自体が多いので，オークション側も安定する。また外国人企業家は，オークションに直接来場せずに，ネット経由の入札が多いのも特徴である。会場を選ばず，必要な車すべてに入札するビジネス・スタイルがみられるという。外国人会員向けのサービスとしては，英語の話せるスタッフを用意しているほか，豚肉を除去した食事（チキンカツやチキンカレーなど）を提供している。また会場内のロッカー室を改装して，礼拝スペースを常設した。

　他のオークションにも，外国人会員のために行っている独自のサービスがある。たとえば，連絡事項や商談伝票を英語で表記したり，ハラール食材を使用したインド・カレーやサンドイッチを提供したり，英字のニュースレターを発行したりといった対応がみられる。また金曜日開催のオークションの場合，ムスリム用の集団礼拝スペースが用意されるケースが増えてきた。千葉の場合，毎週15人程度が金曜礼拝に集まる。また金曜日以外開催のオークションの場合も，上記のオークションのように礼拝スペースを常設する場合もあれば，断食期間のみ臨時設営する場合もある。中古車オークション側が，外国人企業家を魅力的な顧客としてとらえていることがわかる。外国人企業家側もそうしたサービスを熟知しており，企業家同士で情報が交換されている。特に金曜礼拝のスペースを提供するオークション会場の情報は，宗教団体の冊子にも掲載され，広く配布される。

　以上，具体的な数値はともかく，他の外国人企業家や日本人業者の参入もみられるものの，パキスタン人企業家の占める割合がもっとも高いのは確かなようである。中古車貿易業が在日パキスタン人のニッチになっているといってよいだろう。

1.3.2　パキスタン人中古車貿易業者の類型

　初期に起業した業者の家族の話によると，在日パキスタン人の中古車貿易業

者の間では，1970年代参入が第1期組，1980年代後半参入が第2期組，という認識があるという。筆者は1990年代後半以降に参入したパキスタン人業者を第3期として追加して，3類型に分けた（表5-5）。以下，第1期組から第3期組の事業展開について事例を紹介しよう。

1.3.3　第1期参入組――1970年代〜1980年代前半

日本で中古車貿易業を始めた人物の1人として有名なのは，タスリーム（仮名，以下同様）（2010年1月18日聞取）である。タスリームは，1973年に研修生として来日した。日本の特殊鋼技術を学ぶため，パキスタン政府の後援を受け，日本の企業数社を回って1年間の研修を受けた。彼の父親はパキスタンで綿製品の貿易をしていた実業家であったため，日本滞在中に父親の会社を日本側の企業に売り込む手伝いもした。そして1974年にパキスタンへ戻る折には，父の友人が「帰りに日本から車を1台持ちかえれば儲かるよ」とアドバイスしてくれたのが，中古車貿易のきっかけだった。最初は車種も全くわからず，とりあえず新車3台を持ちかえったが，結果的に1台しか儲けが出なかった。その後4カ月ほどかけて，パキスタン側に日本で習得した研修内容（特殊鋼技術）を伝え終えると，1975年に再度日本に戻ってビジネスを開始することにした。タスリームは日本を選んだ理由を「本当はアメリカに行きたかったが，日本語がわかるので日本のほうが安心してビジネスができると考えた」と答えた。来日後は住む場所を見つけるのも一苦労だった。最初は安く宿泊できる研修センターに滞在しながら，マンションを探した。入居手続きは大

表5-5　設立時期区分による中古車貿易業者の類型

類型	設立時期	社会的背景	事例（仮名）
第1期参入組	1970年代〜1980年代前半	日本出稼ぎブーム以前（〜1984）＝パキスタン向け	タスリーム社，シャヒド社，パシャ社
第2期参入組	1980年代後半〜1990年代前半	パキスタン向け停止以前（1985〜1993）＝アラブ首長国連邦経由パキスタン向け	ラヒム社，ハシム社
第3期参入組	1990年代後半〜2000年代	パキスタン向け停止以降（1994〜）＝世界各地へ事業展開，ロシア向け本格化	カラチ社，富山県組

変だったが，日本語ができたので，日本人が物件探しに協力してくれて，その人の助けを借りてようやく入居できた．

1975年には資本金500万円を用意して株式会社を設立した．当時は，パキスタン人の個人企業家は2，3人いたが，法人を設立したのはタスリームが初めてだった．ビジネスの業種は綿製品の輸入と中古車の輸出だったが，これらが予想以上にうまくいき，弱冠24歳のタムリームが立ち上げた会社は，設立2年目で2億円を売り上げた．事務所もビルのワン・フロアに広げた．

1970年代当時，中古車貿易には「リコンディション」と呼ばれる輸出向けの修理や整備が必要だったので，北海道から鹿児島まで全国各地に支店を作り，従業員は100人に増えた．パキスタンだけでなく，スリランカ，バングラデシュ，アフリカにも輸出していたが，当時の中古車輸出は本当に難しかったという．なぜならば法人登記が前提とされていたうえ，輸出検査代が1台につき12～13万円かかったからである．とはいえ1台で1,500ドル（45万円）が儲かった時代だった．1977年には30～70万円の価格の中古車を仕入れていた．オークションがなかったので，ディーラーから仕入れていた．

1978年は1970年代の中古車輸出の最盛期だった．月に450台をパキスタン向けに輸出した．当時は「ギフト・スキーム制度」の時代（211ページ参照）で，ドバイ，サウジアラビア，イギリスなど各地で中古車貿易用書類を作成していた．ところが1979年初頭にはパキスタン政府が中古車輸入を中止した．理由は中古車を輸入しすぎて，中古部品が多くなりすぎたから，であった．しかしながら実際はスズキやトヨタの現地進出計画が始動した時期であり，日パ両政府が決めた規制強化だった．1979年3月には，「ギフト・スキーム制度」の内容も，「別送品スキーム制度」へと変更された．それまでの「ギフト・スキーム制度」では，在外パキスタン大使館に行ってパスポートに判を押す手続きだけでよかったのだが，「別送品スキーム制度」では本人がパキスタンに入国する際に通関手続きとしてパスポートに判を押す手続きが必要になった（第5章第3節参照）．

アラブ首長国連邦における古参組の例もみてみよう．シャヒド社は，1974年にアラブ首長国連邦のドバイで繊維業ビジネスをスタートした（2005年7月13日聞取）．1980年にドバイで中古車貿易の書類作成の仕事を始め，同年

カラーチーにも事務所を開いた。1992年にはケニアとシャルジャに中古車輸入販売店を設立し，2000年にシャルジャからドバイの中古車中継貿易市場DUCAMZへと移転した。

　パキスタンの場合も，その歴史は1970年代に遡る。ウベイド社（2005年9月8日聞取）は，1974年頃にパキスタンのカラーチーで中古車貿易の仕事を始めた。当時はカラーチーのイスラミア・カレッジ地区に中古車業者が集積し始めた時期であった。1991年にイスラミア・カレッジ地区に中古車販売店を開いた。またパシャ社（2005年7月12日聞取）の場合は，1979年にパシャの兄（1番目）が建築会社の社長である父親の援助を受けて，パキスタンのカラーチーで設立した会社である。当初は中古車のリース会社を経営していたが，1990年にイスラミア・カレッジ地区に中古車販売店を開いた。1992年に別の兄（2番目）がアラブ首長国連邦のドバイのナイーフ地区近辺で，中古車輸入販売店を設立し，2000年にドバイのDUCAMZに移転した。ケニアで別の兄（3番目）が中古車輸入販売店を設立し，2001年に日本でパシャ本人が中古車輸出会社を設立した。パシャは1990年代に日本で工場労働していた兄の呼び寄せで来日し，中古車買い付けの仕事を始めたが，いったんパキスタンに帰国して結婚した。その後再度商用ビザで来日し，中古車輸出会社を設立した。

　第1期参入組に共通するのは，もともと他の業種に携わっていた業者が，各国法制度を受けて中古車貿易業に参入し，第三国へ事業展開するという経緯である。これら古参組グループが，後に日本，パキスタン，アラブ首長国連邦のみならず，世界各地を結ぶ中古車貿易市場において，牽引的役割を果たすようになる（第5章第3節）。

1.3.4　第2期参入組——1980年代後半〜1990年代前半

　前述のタスリームの場合，1979年以降，中古車貿易が低迷していた時期には，綿製品の輸入が軌道にのっていたのでビジネスとしては全く問題がなかった。実際1987年頃まで，日本で中古車貿易の会社はほとんど登場しなかったという。タスリーム社も同胞に国内仕入れを依頼してコミッションを渡していた程度だった。実は1985年頃の主流ビジネスは絨毯の輸入で，バブル時代はよく売れていたが，タスリーム社は絨毯には参入しなかった。

1988年，タスリーム社は中古車貿易で新たな海外展開を始めた。ニュージーランド，オーストラリア向けの取引を始めたのである。さらに1989年には南米のチリ，ペルー向けを始めた。この時期に南米向けに参入した背景には，チリ政府とペルー政府の法改正がある。当時，チリ政府は「中古車が必要なのでハンドルが左右逆でも輸入してよい」という政府方針を出し，ペルー政府もそれに追随した。南米参入はパキスタン人業者で2社目だった。1990年には資本金を2,000万円に増資するほど会社は大きくなっていた。

　同じ時期，タスリームはビジネスの比重を減らし，同郷団体での同胞支援に力を注ぎ始めた。1982年頃から来日するパキスタン人が徐々に増え始め，1989年にピークを迎えた。1987年にタスリームが同郷団体の活動にかかわるようになる頃には，超過滞在の相談も増えていた。「国際結婚」の相談も多く，以降5,000人の結婚に携わってきた。さらにバブル経済が崩壊後には仕事を探す人も増えたので，中古車の仕事を紹介して発注も出した。住む場所のない人には事務所を提供して泊めさせたこともある。

　このような初期参入業者のサポートを受けつつ，1980年代後半以降，ニューカマーのパキスタン人が次々と中古車貿易業に参入した。ハシム社（2005年9月12日聞取）は，出稼ぎ労働者から企業家に転じ，トランスナショナルに事業展開した典型である。ハシム（仮名）は，1988年に来日した，いわゆる「1988年組」である。パキスタンでは父親の自動車修理工場を手伝っていたが，父親の勧めにより，友人を頼って来日した。その後，日本人の経営する自動車修理会社で働くかたわら，サイドビジネスとして中古車輸出業に携わっていたが，1992年に日本人女性と結婚し，それを機に本格的に中古車輸出ビジネスに参入する。妻の父親の勧めもあり，1993年には法人登記し，ハシム社を設立した。ハシム社も，パキスタン政府の規制強化のあおりを受け，1995年にアラブ首長国連邦，1996年にチリへ事業を展開し，親族を各拠点に配置した。また1999年には，事業の本拠地をアラブ首長国連邦のシャルジャへと移し，2000年にドバイのDUCAMZに出店した。

　一方で，アラブ首長国連邦においても参入業者が増加した。たとえばラヒム社（2005年7月2日聞取）は1991年に設立された会社である。ラヒム（仮名）は1975年に軍の仕事でアラブ首長国連邦に移住した後，ずっと軍の仕事に従

事していたが，1991年に体調を崩したのを機に軍を辞め，中古車貿易業を始めた。最初はシャルジャで中古車販売店を設立し，アメリカ在住の兄に中古車を輸出してもらって，クウェート向けに再輸出していたが，1993年からギフト・スキームで日本車を輸入し始めた。日本側の取引相手は同じ宗派に属するパキスタン人同胞であり，ラヒム社の社長は出張で何度か来日した経験もある。2000年にドバイのDUCAMZに移ると，同年日本にも中古車輸出会社を設立した。

　第2期参入組に共通するのは，日本出稼ぎをきっかけとして構築された移民ネットワークを活用しつつ，アラブ首長国連邦をはじめとする第三国で事業を展開させた点である。このグループが，第1期参入組の牽引する中古車貿易市場において，薄利多売など新しいビジネス・スタイルを持ち込む新たな勢力となっている（第5章第3節）。

1.3.5　第3期参入組——1990年代後半～2000年代

　タスリームの印象では，1995年以降中古車貿易業者が急増したという。その中には，タスリーム社から独立した会社や，さらにそこから独立したような会社も多く含まれていた。実はこの時期に新規業者が増加した背景には，日本側の政策変更がある。1995年5月に「輸出貿易管理令」が改定され，中古車の輸出前検査と通産省承認が不要になったのである。この規制緩和は，パキスタン人企業家にとっての参入障壁を一気に取り払うものであった。さらに1995年には，「通関業法基本通達」も改訂され，旅具通関の要件が緩和された。旅具通関とは，寄港中の船員が携行品（手荷物）として日本製品を持ち帰ることのできる制度である。この携行品の枠が「5万円以下」から「3台・30万円」に拡大されたことを受け，日本各地の港湾周辺ではロシア人船員向けの中古車貿易が一気に活気づき，特に日本海沿岸の貿易港周辺には多くのパキスタン人業者が集積し始めたのである（第5章第4節）。

　とはいえ，第3期参入組は，初期参入の恩恵を受けることができず，起業や事業展開における障害も多かった。そうした不利な条件を，どのように克服していったのだろうか。次節では，第3期参入組の事例について，より詳しく検討してみよう。

第2節 ◆ パキスタン人移民の中古車貿易業と
　　　　　ネットワーク形成

　前節では，パキスタン人の企業家比率の高さ，そして中古車貿易業者の多さについてみてきた。そしてパキスタン人中古車貿易業者を，参入時期によって3つのグループに区分した。ここでは，第3期参入組に当たるパキスタン人中古車貿易業者を事例として取り上げ，その業務内容やネットワーク形成について詳細に検討する。まずは，前節でもふれた中古車オークションの光景を紹介しよう。

2.1　中古車オークションの光景

　建物の入り口には，銀行のカウンターのような受付が設置されている。来場の手続きをすませて，せり会場の扉を開けると，中にはすり鉢状の空間が広がっていて，まるで映画館，もしくは大学の大講義室のようだ。正面には巨大なモニターが設置されており，次々と中古車の画像が映し出される。せりはコンピューター制御で，客はテーブルの下に設置された手元のボタンを，せりのタイミングに合わせて押し，最高額を出せば落札できる。せりは高スピードで進み，1台10秒程度しかかからない。こうして数十万，数百万円の車が，次々とせり落とされていく。落札希望者は，その10秒に全神経を集中させるが，せりが終われば，次の落札希望車両のせり時間まで他の同業者と談笑してすごす。
　このような光景が，各中古車オークションで週1回繰り広げられる。来場する客も，何曜日は何オークション，というように，オークションの開催状況に合わせて1週間のスケジュールを決めている[7]。中古車オークションに参加する外国人客は多い。これら外国人のほとんどが，中古車貿易業者である。とりわけ南アジア系外国人が多く，パキスタン人，バングラデシュ人，スリラ

---

[7] 筆者が確認できた範囲で，中古車オークションは全国に10系列，約100会場ある。

ンカ人が混在している。この業界では外国人企業家が一定の存在感をもつ。もちろん日本企業も外国人企業家が牽引する中古車貿易業に注目し，次々と参入しているが，資金調達や仕入れ面で圧倒的に有利な立場にあるにもかかわらず，中古車貿易では苦戦を強いられることも多い。ではなぜ，中古車貿易業がパキスタン人企業家のニッチとなったのだろうか。本稿では移民ネットワーク（社会関係資本）と信頼関係という観点から考察する。

2.2 中古車貿易業の業務内容

中古車貿易業者はどのように車を仕入れ，輸出・販売しているのだろうか。カラチ社（仮名）は第3期参入組の会社である。1993年に来日して工場で働いていたアンワルが，日本人女性の香織との結婚後，2000年に起業した。設立当初の年商は3,000万円程度であったが，設立6年目には2億円程度になった。年商数十億円の大規模業者，年商数千万円の小規模業者，年商数百万円の零細業者の混在するパキスタン人企業家の中においては，中規模の会社であるといえよう。ここではカラチ社を事例として，中古車貿易業者が，どのように車を仕入れ，どのように輸出・販売するのかを，具体的にみていこう。

日本国内で中古車を仕入れ，修繕・運搬し，輸出手続きをして海外の中古車販売業者や消費者に販売するというのが業務の流れである（図5-3）。以下，業務の流れに沿って，商品が世界各地にわたるまでを追ってみたい。

2.2.1 仕入れ

商品は，中古車オークションから仕入れることが多い。かつては，大手ディーラーの業務販売部門から下取り車を仕入れることもあったが，近年す

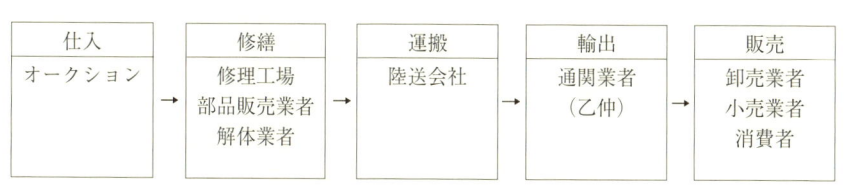

仕入	修繕	運搬	輸出	販売
オークション	修理工場 部品販売業者 解体業者	陸送会社	通関業者 （乙仲）	卸売業者 小売業者 消費者

図5-3　中古車貿易業の業務の流れ

べてオークションに出品されるようになった。カラチ社の場合，複数のオークションを利用して仕入れている。とはいえ，オークションの会員資格を得るのは，外国人企業家にとって容易なことではない。多くのオークションが，日本人や不動産を所有した人物を保証人として求めているからである。カラチ社の場合は，妻の香織と彼女の父親が保証人となった。

しかしながら冒頭でふれたように，オークションにはたくさんの外国人企業家が参加している。会員資格をもたない外国人企業家は，会員資格をもつ人に同伴してオークションに参加することが多い。同胞内の限られた資源を最大限に活用する一例といえよう。また先発の外国人企業家Aは，後発の企業家Bが入会する際に保証人を依頼されるが，企業家Bもまた，さらに後発の企業家Cが入会する際には保証人になることを求められる。

2.2.2　修繕・運搬

次に，修繕・運搬についてみていこう。オークションで仕入れた商品車は，必要であれば修繕してから輸出する。カラチ社の場合，仕入れのうち2割程度は修繕が必要なので，日常的にスリランカ人の修理業者と取引している。この業者は日本人女性と結婚しており，日本人の自動車修理業者社長の助力を得て，輸出向けの自動車修理工場を経営している。

カラチ社が外国人修理業者を利用するメリットは，納期や修理方法で融通が利くうえに低価格なことである。輸出先が左ハンドル国の場合，右ハンドル車を左ハンドル車に改造するよう求められることがあり，このような改造を請け負うのは，大半が外国人修理業者である。日本人の修理業者は，国内市場で通用する完成度の高さが魅力であるが，輸出向けにはコストがかかりすぎる。

修理に必要な部品は，メーカーの純正部品会社から購入することもあるが，解体業者から購入することが多い。解体業者にも，多くの外国人が参入している。カラチ社の事務所がある千葉県の場合，スリランカ人，アフガニスタン人[8]，ナイジェリア人などさまざまな国籍の外国人が，日本人の解体業者社長のサ

---

[8] アフガニスタンの主要民族パシュトゥーンとパキスタンの少数民族パシュトゥーンは同じエスニック集団である。パキスタン国籍のパシュトゥーンもまた解体業者へ参入するケースが多い。加えて，パンジャービーも解体業への参入が比較的多い。

ポートを受けて,中古部品の輸出業を営んでおり,中には自分の会社を設立した人もいる[9]。

　修繕の必要がなければ,商品車はオークションから港へ,そのまま運搬されることが多い。受注仕入れが多いこともあるが,保管場所に在庫をかかえることは好まれず,仕入れるや否や販売先を見つけるべく携帯電話で商談が始まる。カラチ社の場合,自社トラックを所有しており,アンワルや従業員が運搬業務を担当している。会社設立直後はトラックもなく従業員もいなかったため,アンワル自ら商品車を運転して運搬し,人手(業務を手伝ってくれるパキスタン人同業者)が足りなくなれば,香織もそれを手伝った。このような,日本人配偶者を事務職だけでなく現場の仕事へと巻き込む二人三脚の経営スタイルは起業初期によくみられる。また自社トラック購入前は,バングラデシュ人の陸送会社に運搬業務を発注していた。

　このように,カラチ社の場合,同国人だけでなくスリランカ人,バングラデシュ人など他の外国人企業家との取引も多い。その理由の1つとして,千葉という地理的条件が考えられる。一般的に南アジア系外国人は関東圏に集中しているが,2005年末の外国人登録者数をみると,パキスタン人人口は埼玉,東京,神奈川,愛知に続き千葉は第5位(724人)であるのに対し,スリランカ人人口は千葉が第1位(1,467人),バングラデシュ人人口は東京,埼玉に次いで千葉が第3位(1,093人)である。パキスタン人同業者が少ないぶん,同国人同士の競合は減るが,その反面取引相手,情報源,協力者なども減ってしまう。それをカバーするのが,他の国籍の同業者である。この場合の使用言語は,相手がバングラデシュ人であればウルドゥー語[10]が使用されるが,相手がスリランカ人であれば日本語である。見た目はよく似た南アジア系外国人同

---

9) 輸出相手国の規制で,中古車を車両のまま輸出することができない場合,いったん車両を解体し,部品をコンテナに詰めて輸出する。この場合,外国人企業家にとっては輸出のための解体作業が中心業務となる。また解体に持ち込まれた事故車の中から,比較的状態のよいものを修繕し,オークションに出品して国内で転売する業者もいる。ただし,2005年の自動車リサイクル法施行以降,こうした自動車解体業のビジネスは難しくなっている。

10) バングラデシュは,1971年の独立まで東パキスタンだったことから,バングラデシュ人の中にはパキスタンの公用語であるウルドゥー語を習得している人も多い。

士が，日本語を駆使して商談する光景が日常的にみられる。

2.2.3 輸出・販売

輸出・販売は，自分の出身国向けがもっとも簡単である。しかし，中古車貿易は年式，品質検査，関税などの規制が多く，出身国には輸出できないこともある。カラチ社の場合も，出身国であるパキスタンへの中古車輸出が長年制限されていたため，世界各地に住む友人・知人に向けて輸出し始めた（第5章第3節参照）。具体的には，アラブ首長国連邦，ケニア，ニュージーランドが主要な輸出先となった。またそれらの友人・知人が，チリ，ペルー，ニカラグアに拠点を設けたため，小口の輸出先も増えた。さらにその後は，ロシアや再開したパキスタン向けにも力を入れ始めた。

輸出手続きのため，カラチ社は主に4社の通関業者（乙仲）と取引をしている。これらはすべて日本の会社であるが，主にパキスタン人の同業者から紹介を受けた。それぞれの得意な仕向地が決まっているため，仕向地ごとに取引業者を選択している。

海外の取引先とは電話やメールなどで日常的に商談するほか，年に数回の海外出張を通じて取引条件を改善する。貿易代金の決済方法は，中古車貿易業では現金送金（T／T）が多く，他では一般的な信用状（L／C）は少ない。カラチ社の場合も同様で，信用状の取引は一部の仕向地を除いてほとんどない。これは信用状に，代金回収のリスクを軽減できるメリットがある一方で，時間とコストがかかるというデメリットがあるからだ。それに対して現金送金は，時間もコストもほとんどかからず利便性が高い。同国人の友人・知人が取引相手なので，ある程度の信頼関係が取引の前提となっていることもあり，決済方法ではリスク回避より利便性が優先される[11]。

日本企業が中古車貿易業界に積極的に参入できない理由の1つとして，パキスタン人業者の薄利多売のビジネス・スタイルに対抗できないことがあげら

---

11) とはいえ，リスク回避の措置が全く採られないわけではない。新規取引の場合，代金回収の時期を，契約成立時（船積み前の「前払い・前受け」）5割，船到着時（船積み後の「後払い・後受け」）5割と定めることがあり，このような契約条件を設けて互いのリスクを軽減している。

れる。しかも，かつては仕入れ価格に相当の利益を乗せて輸出・販売することができたが，インターネットの普及にともない仕入れ価格がガラス張りとなってしまったため，手数料程度しか上乗せしない商売が増え，薄利多売の傾向は進んでいる（『流通ニュース』2007 年 1 月号）。カラチ社の場合も，2008 年までは年商が年々増加していたが，利益率は低いままであり，利益率を上げることが切実な課題とされていた。

南アジアやラテンアメリカを旅行すると，街中で「〇〇ホテル」など日本語のロゴの入ったマイクロバスが走っているのを目撃することがある。そして，そのロゴ自体が「日本製」を証明するブランドマークと認識されている。日本製中古車は，パキスタン人企業家の手を通じて世界各地に渡り，しばしば日本語のロゴ入りのまま，一般市民の足として第二の人生を送ることになる。

2.3 トランスナショナルなネットワークの形成と活用

以上，カラチ社の事例を通して，パキスタン人企業家が，どのように仕入れ，輸出・販売するのかをみてきた。こうした事業の基盤となっているのが，パキスタン人企業家の移民ネットワーク（社会関係資本）である。ここでは，カラチ社の経営者であるアンワルの起業・事業展開過程を追うとともに，彼を取り巻くさまざまなネットワークをみていきたい。

2.3.1 渡日の移住システム──親戚・地縁ネットワークの影響

アンワルは，パキスタンの商業都市カラーチーの下町出身である。両親はインドから移住したムハージル（移住者）で，アンワルは 6 人キョウダイの 3 番目として生まれた。

第 3 章第 1 節でもふれたが，ムハージルとは，1947 年の分離独立時に，インドからパキスタンに移住したウルドゥー語を母語とする人々とその子孫をさす（麻田 1987: 134-5）。人口規模が小さく[12]，分離独立時こそ指導的役割を果たしたものの，その後はマイノリティとして，政治的・経済的に厳しい立場を強いられてきた人々である。主にカラーチーに集住しており，近年ではパキスタンの「五番目の民族」として権利を主張するようになった（広瀬 2003: 234）。

アンワルの育った下町もまた，ムハージルの集住地域であった。幼少期の生活は貧しかったが，地元の幼なじみとともにクリケットやホッケーといったスポーツに熱中する日々をすごしていた。このときの幼なじみ5人組が，その後の起業およびビジネス展開において重要な意味をもつようになる。

その後，アンワルは大学でコンピューターの勉強をしながら，副業としてパソコン販売とプログラミングの仕事を始めた。大学卒業後の人生設計として，長兄のいるアメリカに留学し，パキスタンに戻って本格的に商売を始めたいと考えた。しかし，父親はすでに退職し，兄2人が生計を支えていたため，留学費用は自分で稼ぐ必要があった。時同じくして幼なじみ5人組のうち3人が，アラブ首長国連邦，日本，南アフリカへ出稼ぎに行った。アンワルもアラブ首長国連邦へ出稼ぎにいこうと考えた。

ところが，日本にいる親戚のハシムから，「日本のほうが早く貯金ができる」と来日を勧められた。パキスタンではソニー，スズキ，トヨタなどの日系ブランドの人気が高く，日本製品には慣れ親しんでいたため，アンワルは「運がよければ，いつか日本でコンピューター会社に就職できるかもしれない」と考えた。先に渡日した幼なじみのムラドや別の友人たちも，「物価は高いが，仕事はたくさんある」という。こうしてアンワルは，1993年にハシムを頼って来日した。

2.3.2　工場労働とビジネス修行——横浜時代のネットワーク形成

来日後，アンワルはハシムの仕事を手伝うつもりだった。しかしながらハシム社には，すでにパキスタン人の従業員が数人いて，アンワルの仕事はほとんどなかった。加えて社長の親戚であることを従業員の1人から妬まれたため，アンワルは中古車貿易業からいったん身を引く。ハシムは出稼ぎ組の成功者

[12) 前述のとおり，パキスタンは多民族国家・複数言語社会である。民族的にはパンジャービー（59.6%）が圧倒的なマジョリティであり，スィンディー（11.1%），パシュトゥーン（9.0%），ムハージル（6.3%）がそれに続く（麻田1987: 139）。ムハージルは「ウルドゥー語話者」と言い換えることができるが，国語であるウルドゥー語を母語とする人がわずか6%しかないことが，パキスタンの複雑な民族状況を象徴している。

の1人ということもあり，多くの同胞から慕われ，後続組からさまざまなケアを求められる立場になっていた。したがって，そのような取り巻きにとってみれば，社長の親戚であるアンワルの登場はおもしろくなかったのだろう。そこでアンワルは，いくつかのアルバイトを経て，横浜の塗装工場で仕事を始めた。来日当初から，雇われつづけるよりは自分で商売を始めたいと思っていたが，そのためにまずはお金を貯める必要があった。

　日本での住居はハシムに見つけてもらった。そこは6畳1間のアパートで，しばらくの間は2, 3人で同居していた。この山田荘は，在日外国人の間で有名な外国人の集住するアパートで，築年数が古く日本人は入居したがらないため，所有者も積極的に外国人を受け入れていた。20室のうち日本人は5～6室程度しかおらず，パキスタン人，フィリピン人，ペルー人など外国人が随時入れ替わって住んでいた。入国管理局にも目をつけられ，何度となく摘発を受けているが，しばらくするとまた外国人が戻ってくる。

　山田荘の住民は，日本人も外国人もほぼ全員が工場労働者だった。仕事の後や休日は，同国人の家に集まって夕食をともにすることが多く，さまざまな情報交換の場ともなっている。同国人といっても，さまざまな民族や世代の人々が住んでおり，カラーチーでは接点のない人々との出会いもあり，後にアラブ首長国連邦の取引相手となるオスマンやナイームともここで知り合った。彼らは，アンワルと同じカラーチー出身のムハージルで，年齢も近く，すぐに仲よくなった。オスマンとは週末にクリケットをしてすごしたという。

　その後，アンワルは同居ではなく1人で静かに住みたいと考え始めたが，山田荘では同胞の受け入れを常に期待されるため，なかなか1人で住むことはできない。そこで仕事先に頼んで，工場近くに会社名義のアパートを借りてもらった。新しいアパートへ移ってからは，横浜近辺に住む気の合う友人と一緒に過ごすことが多くなった。この時期の友人は全員カラーチー出身のムハージルで，電車で10分ほど離れたところに住んでいたが，一緒に日本語教室に通ったり，誰かの家に集まって夕食をともにしたりという生活を送っていた。金曜日には会社から昼休みを長めにもらい，一緒に集団礼拝に出かけた。この時期の友人の1人であるパシャは，のちにアラブ首長国連邦やケニア向けでカラチ社の取引相手となる。パシャは，当時から中古車貿易業に携わっていた

ため，起業を夢見るアンワルに対して中古車輸出ビジネスの最新情報やアドバイスを与えてくれた。

1999年，アンワルの日本滞在に転機が訪れる。それは日本人の香織との結婚であり，結婚を機に横浜の塗装工場の仕事を辞め，千葉での起業を決意した。千葉を選んだのは，香織が住んでいた場所で土地勘があったうえに，幼なじみのムラドが一足先に千葉でビジネス修行を始めており，横浜で世話になった同業者と競合しなくてすんだからである。

こうしてアンワルは，再び親戚ハシムの協力を得て中古車輸出業の修行を始めた。ところが，同年ハシム社は事業方針を転換し，本拠地を日本からアラブ首長国連邦に移した。その後，アンワルとハシムとの取引関係は徐々に減り，もとの親戚関係に戻った。代わりにアンワルの修行時代を支えたのは横浜の友人パシャと，ハシム社を通じて知り合ったウマルだった。アンワルは，千葉の解体業者をまわって車を仕入れ，横浜のパシャ社やウマル社に転売した。当時，会社を持たない個人企業家は，各地の解体業者をまわって仕入れた中古車を，国内の同国人企業家に卸して日銭を稼いでいた。利ざやは少ないが輸出するよりも売上の回収が早いので，こうした小規模売買を重ねて資金を貯めることができた。

またアンワルはこの修行時代に，人気の高い車種の情報を集めるとともに仕入・販売の相場を把握し，ビジネスに必要なノウハウを習得した。同時に少しずつ大手ディーラーや中古車オークションとの取引を開始し，帰国した横浜時代の友人，知人に連絡を取り，独自の輸出先を開拓していった。

2.3.3 起業と資源動員――日本人配偶者の役割

修行を始めて約1年後の2000年，アンワルは千葉でカラチ社を設立し独立を果たした。起業において重要な位置を占めたのは，日本人である妻の香織である。結婚は，資源動員過程にホスト社会の構成員を引き込むうえでもっとも重要な手段である（伊藤 1994: 85; 福田 2004）。パキスタン人企業家の間でも，国際結婚を契機として配偶者を巻き込んで起業する，もしくはサイドビジネスとして始めていた個人事業を法人化するといった傾向がみられる。

2.3.3.1　共同経営者として，家族従業員として

　法人設立の手続きは煩雑で外国人経営者にとって難しいため，司法書士に手続きを依頼することが多いが，カラチ社は開業費用を節約するために，妻の香織が手続きを行った。有限会社設立のための資本金300万円と当面の運転資金は，アンワルが工場労働で貯めた資金に加え，香織の両親から資金提供を受けた。事務所は自宅と兼用であり，中古車の保管には一般の駐車場を利用した。

　経理や事務もまた，日本人配偶者がしばしば動員される業務である。パキスタンの中流家庭では，女性が外で就労することを嫌がる傾向（パルダ）がみられる。しかし日本では，夫が自営業の場合には妻が内外で仕事を手伝うことが多い。妻が「専業主婦」と自己規定している場合でも，大なり小なり夫の仕事を支えていることが多い。カラチ社の場合，設立当初は香織が経理と事務を担当していた。これはカラチ社に限ったことではなく，他のパキスタン人企業家に共通してみられる傾向であり，日本語力，事務処理能力を含めて，日本人配偶者の労働力は活用すべき資源となっている。

　その後経営が軌道に乗れば，妻の仕事を他の従業員に振り分け，経理は税理士に任せるなど，妻の負担を減らしていける。カラチ社でも，日本人のパート従業員を雇用し，貿易関係や自動車関係の書類作成や経理を任せるようになった。ただしその後も，アンワル不在時の金銭管理は香織が担当しなければならない。負担を減らすことはできても，完全になくすことは難しい。

2.3.3.2　保証人として

　日本人配偶者に求められるもっとも重要な役割は，保証人になることである。オークションの会員資格取得をはじめとして，資金調達，営業許可の取得，不動産取得や仕事上の取引において日本人の保証人は不可欠な存在となる。カラチ社の場合も，銀行から融資を受ける場合，日本人の香織が保証人となる。対照的な事例が，パキスタン人3人が共同経営するビラル社である。経営者が外国人のみの会社であっても，日本で安定した経営をしていれば，銀行から融資を受けることはできる。しかしながらビラル社は，日本人の保証人がいないこと，経営者の在留資格が期限つきであることを理由に，高金

利の短期融資しか受けられなかった。

とはいえ，パキスタン人企業家の主な居住国であるパキスタンやアラブ首長国連邦に比べると，日本のほうが金利は安い[13]。加えてパキスタン人企業家の場合，利子を嫌うイスラーム国で融資を受けることを避ける傾向もあり，トランスナショナルなビジネス環境の中でもっとも効果的な融資を選んでいる[14]。

2.3.4　事業の拡大——親族・地縁ネットワークの活用

2.3.4.1　信じられるのは家族だけ——親族ネットワーク

親族ネットワークの活用は，パキスタン人企業家の事業拡大の基本であり，特に男キョウダイの動員が多い。「キョウダイは喧嘩も多い」という否定的意見もあったが，圧倒的多数が，「信じられるのは家族だけ」という肯定的意見であった。カラチ社の場合も，事業を拡大させるために男キョウダイを動員したかったが，条件があわず断念した。そこでアンワルは，キョウダイの代わりに，イトコを巻き込むことにした（図5-4）。

カラチ社が事業内部に引き入れたのは2名のイトコであり，アンワルにとって弟のような存在である。イトコを海外の輸出拠点に派遣し，現地の取引業者側に滞在させることによって，カラチ社は商品を適正価格で販売し，売上金を直接回収することができる。得られた利益の一部はパキスタンに送金され，イトコ2名の家族の生計を支える。親族の動員は，アンワルの事業のみならず，親族の生活も安定させる仕組みになっている。ただし，別の親族たちもカラチ社の事業に参加させてほしいと頼みに来るが，アンワルはビジネスの安定を第一に考えなければならないため，人選は慎重に行っている。

[13) 近年，日本の銀行融資の金利が2〜3％であるのに対し，パキスタンの銀行融資の金利は5〜15％くらいである。パキスタンはイスラーム諸国の中でも，イスラーム金融のサービスが普及している国であるが，一般的な銀行のサービスは日本とほぼ同様である。なお，融資を受ける場合は，イスラーム銀行も一般の銀行も返済する額はあまり変わらないという。
14) 同様のことは，在日コリアンの事例においてもみられる（朴 2002: 252）。

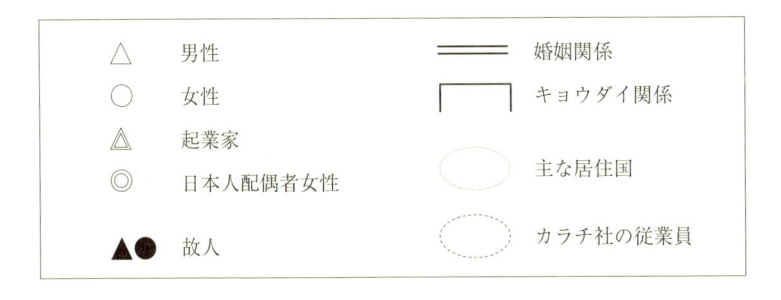

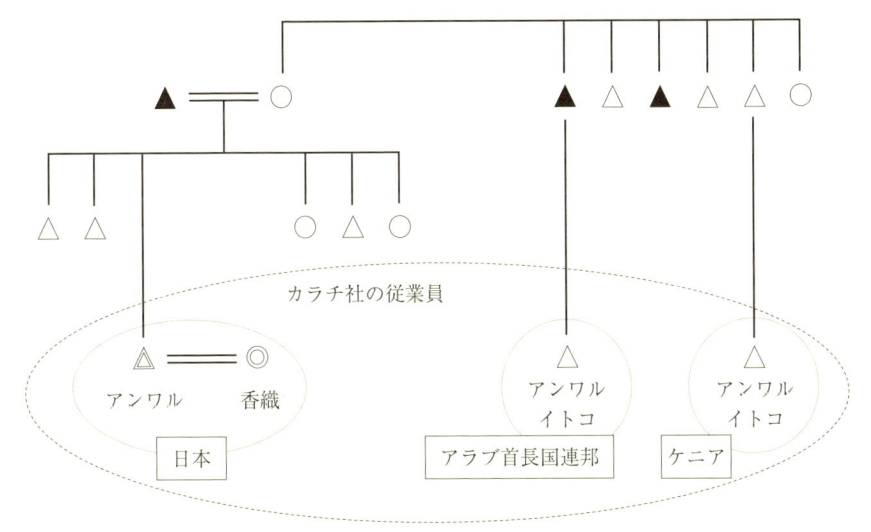

```
┌─────────────────────────────────────────────────┐
│   △      男性           ══════   婚姻関係        │
│   ○      女性           ┌───┐    キョウダイ関係  │
│   △      起業家                                  │
│   ◎      日本人配偶者女性        主な居住国      │
│                                                  │
│   ▲●     故人                    カラチ社の従業員│
└─────────────────────────────────────────────────┘
```

図5-4　親族ネットワーク──カラチ社の場合

2.3.4.2　キョウダイ同然の信頼関係──地縁ネットワーク

　アンワルは事業拡大のために，親戚に加えて，地縁ネットワークを活用している（図5-5）。地縁ネットワークとは，アンワルの生まれ育ったカラーチーの下町で形成された，幼なじみのネットワークである。彼らはすべてアンワルと同じムハージルであり，生まれ育った環境も同じである。政治的傾向や経済的レベルも似ている。アンワルにとって「キョウダイ同然の友人」であり，彼らの家族が経済的に安定し，ともに社会上昇を果たすことは，アンワルにとっても望ましい。

　この点で，幼なじみは他の友人ネットワークとは位置づけが決定的に異な

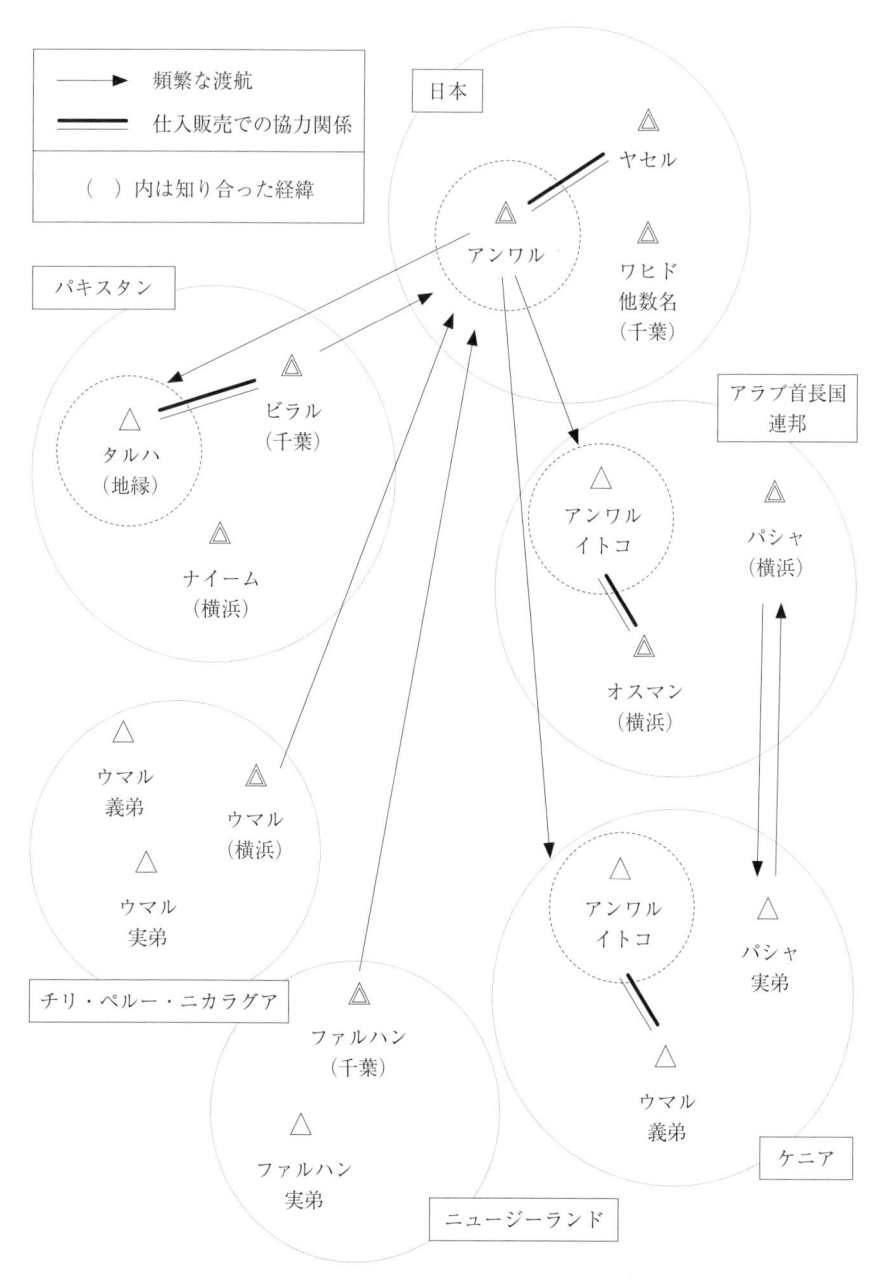

図5-5　友人ネットワーク──カラチ社の場合

る。幼なじみには、「親密な友情」が前提となった「信頼」があり、より踏み込んだ協力が可能となるが、親族ネットワークと同様に人選は慎重にならざるをえない。アンワルは、それまで会社勤めをしていた幼なじみのタルハを事業に誘い、カラーチーでの販売業務を任せた。タルハは中古車販売の知識や経験を全くもっていなかったが、会社勤めで長年営業に携わった経験をもち、性格的にも営業に長けていたためパートナーに選んだ。しかしそれ以上に、タルハが人格的にも「信頼」できたことが決め手となった。それに対して、日本での出稼ぎ経験があり、ともに中古車ビジネスの修行をしたこともある幼なじみのムラドは、一見パートナーとして最適に思われる。しかし、アンワルは彼を選ばなかった。彼はパキスタン帰国後、独自の事業を立ち上げたが資金繰りに困り、日本にいるアンワルや他の旧友を騙して借金を重ねた。結局事業は失敗し、借金は返済されなかった。約束を守らなかったこと、彼にビジネスのセンスがなかったこと、加えて悪い人間とのつながりが多いことから、パートナーとして不適格と判断されたのである。

2.3.5　トランスナショナルな販売網——友人ネットワークの活用

ここまでみてくると、資金調達や仕入れにおいて圧倒的に不利な立場にあるパキスタン人が、中古車貿易業界で成功した秘密がわかるだろう。それは、同国人ネットワークを利用してトランスナショナルな販売網を築き上げ、取引上のリスクを低減できたからである。ニッチ市場たる中古車貿易業で、日本企業がそこまでの販売網を築くことは難しい。カラチ社に戻ると、やはり友人・知人との取引が主な柱となっている。これら独自の取引相手が開拓できたことで、親戚のハシム社が本拠地を海外に移した後も、カラチ社は自力で事業を拡大できたのである。

2.3.5.1　工場労働の中で出会った友人——横浜時代の友人ネットワーク

カラチ社の取引相手のうち、オスマンとナイームは横浜時代に山田荘で出会った友人である。どちらも日本の工場で数年間就労した後、中古車貿易業の修行を積み、1990年代後半にパキスタンに帰国してパキスタン人女性と結婚した。2人ともパキスタン帰国後すぐにアラブ首長国連邦へ移住し、日

本で得た友人ネットワークを利用して，中古車貿易業を始めた。つまり彼らにとって日本は，間接移民システム論における「中継国」であり，アラブ首長国連邦が「第一次選択受入国」となったのである。

特にオスマンは，アラブ首長国連邦に独自の店舗を所有し，小規模ながらも安定した経営を続けている。一方ナイームは，アラブ首長国連邦での事業展開の後，ケニアに拠点を移して中古車貿易を続けてきた。ナイームにとって3番目の移住先であるケニアは，「代替受入国」に当たるだろう。さらにナイームは，近年「出生国」パキスタンでも中古車貿易を展開している。取引量の増減はあるものの，カラチ社は両者との取引を長年続けている。

横浜時代に親戚のハシム社を通じて知り合ったウマルとその親族との取引も重要である。ウマル社は，ウマル本人が日本での仕入れを担当し，ニカラグアに実弟，チリに義弟，ケニアに義弟を配置して中古車を輸出し，近年はラテンアメリカ向けを伸ばしてきた。カラチ社は，主にケニアのウマル義弟と取引をしており，アンワルのイトコが現地でサポートを受けている。

このネットワークの人々は，すべてアンワルと同じカラーチー出身のムハージルで，「同じ境遇の同胞」として日本で知り合い，その後十年来の友人となった。今はビジネス上の付き合いが増し，知り合った頃のような「親密な友情」は必要なくなったが，友人として「信頼」できる人々である。ただし，単に友人だから取引相手になったのではない。友人の中から，ビジネス上「信頼」できる最適の取引相手が選択されたのである。

とはいえ，遠く離れて取引関係を続けていれば，その関係に変化が生じることもある。たとえば，友人パシャとは横浜時代に「気の合う友人」として付き合っていたが，起業後はパシャとその家族との取引関係へと変化した。パシャ社は，パシャ本人が日本での仕入れとアラブ首長国連邦での売買を，実弟がケニアを担当しており，カラチ社は主にケニアのパシャ実弟と取引を続けてきた。しかしながら，徐々にパシャ社からの代金回収が滞りがちになった。パシャ社は，宗教上の理由から銀行の融資を受けたくないので，事業資金が足りなくなれば友人から借り入れるのが当然であるという。それが結果的に友情を破綻させても仕方がないというのが，彼らのビジネス哲学である。その結果，カラチ社はパシャ社との取引をやめることにしたのである。

その後アンワルとパシャとの関係は，元の友人に戻った。

2.3.5.2　同業者との連帯と緊張関係——千葉同業者ネットワーク

　カラチ社の場合，オークションなど仕入れの場面で知り合った千葉の同国人企業家との協力関係が，重要度を増してきた。同国人企業家とは，他の外国人企業家よりも一歩踏み込んだ信頼関係を構築・維持できる。ただし民族的には，パンジャービーやムハージルなど一様ではない。そこには，親族・地縁ネットワークや横浜時代の友人ネットワークに共通する同一エスニシティ優先の属性原理とは異なるルールが存在する。同国人の比較的少ない千葉では，地元での日常的な接触経験が，同国人同士の信頼関係を高める効果をもつ。

　その中の1人ヤセルは，千葉で有限会社を経営しており，民族はパンジャービーである。日本人と結婚しており，生活の拠点も千葉にある。カラチ社とヤセル社は，仕入れで協力関係にあり，カラチ社が起業した頃から千葉での仕入れに関する情報を教えてくれた恩人でもある。カラチ社に日本人社員を雇用するように勧めたのもヤセル社であった。

　ほかにも仕入れで協力関係にあるパンジャービーの企業家が数人いる。そのうちの1人であるワヒドは，インドネシア人と結婚しており，やはり千葉に住む。同業者の紹介でカラチ社に就職し，1年間社員として修行していた。独立後に有限会社を設立し，日本人の共同経営者も見つけたが，すぐにその日本人男性と折り合いが悪くなり，その後は1人で会社を経営している。日本人協力者がいないため，独立後も継続してカラチ社の仕入れルートを一部利用していたほか，書類作成など事務を一部委託することもあった。

　ファルハンは，カラーチー出身のムハージルであり，男キョウダイ2名で有限会社を共同経営している。ニュージーランド向け輸出に特化しており，カラチ社のニュージーランド向け取引相手である。生活の拠点もニュージーランドにあり，兄の配偶者は日本で知り合った日系ブラジル人，弟の配偶者はパキスタン人であるが，家族全員でニュージーランドに居住している。日本側仕入れ担当者として日本人社員を雇用しており，キョウダイ2名は日本とニュージーランドの往復を繰り返す。

ビラルは，カラチ在住の知人から紹介を受けたカラーチー出身のムハージルであり，パキスタン人3名で株式会社を共同経営している。主にアラブ首長国連邦向け取引に携わっていたが，近年はパキスタン向けに特化するようになり，パキスタンでの卸売・小売に関してカラチ社のタルハをサポートしている。ビラルはじめ3名ともパキスタン人と結婚しており，生活拠点はパキスタンにある。パキスタン側の在庫が少なくなると，3名がそれぞれ来日し，まとめて仕入れるとまたパキスタンに戻る。

　このネットワークの人々は，近年ビジネスを通じて知り合い，地元での日常的な接触を通じて友人になった。彼らとの間には「親密な友情」は必要なく，かえって「親密」ではないほうがよいこともある[15]。しかしながら，「信頼できる取引相手」というビジネス上の関係のみではなく，「信頼できる友人」であることが重要である。友人だからこそ，困ったときには物心両面で助け合うし，生活や将来設計に関する情報など，ビジネス以外の情報も交換し合う。

2.4　ネットワークの序列

　最後に，カラチ社を取り巻くネットワークを序列化した図をみてみよう（図5-6）。まず各ネットワークを「信頼度」の高さを基準に並べると，家族（キョウダイ，日本人配偶者を含む），親族（イトコ），地縁（幼なじみ），エスニシティ（ムハージル），ナショナリティ（パキスタン人），その他の外国人という序列がみられる。

　これらのネットワークは，日本移住以前からのネットワークと，日本移住後のネットワークに分けられる。日本移住以前からのネットワークには，家族，親族，地縁という序列上位の3つのネットワークが含まれる。これらは事業

---

[15]「親密な友情」にもとづく友人の場合，まずは家族を紹介し合う。一方，企業家同士の場合，家族の紹介は絶対条件ではない。日本人配偶者女性たちも，モスクのイベントなどで親睦を深める際には，夫のビジネスの話はあまりしないほうがよい，という暗黙のルールがある。夫同士に利害関係があった場合，妻同士も「親密な友情」を築くことは難しくなるからである。

内部の管理部門へ動員され，自社の輸出販売拠点に販売責任者（管理職）として配置される人々のネットワークでもある。

　日本移住後のネットワークには，エスニシティ，ナショナリティ，その他の外国人という序列下位の3つのネットワークが含まれる。これらは事業外部の取引相手，もしくは事業内部の現場の従業員として配置される人々のネットワークである。

　さらに移住後のネットワークをみると，友人形成の基本として，同一エスニシティ優先の属性原理が働いていることがわかる。しかしながら，同一エスニシティのネットワークが乏しい地域で，ビジネス上の協力者が必要な場合は，同一ナショナリティの同業者ネットワークが形成される。この同国人ネットワークでは，日常的な接触を前提とした「信頼」を担保として，仕入れ資金の貸借も可能である。さらに，必要に応じてその他の外国人のネットワークも活用されるが，同一エスニシティや同一ナショナリティほどの「信頼」が確保できないため，表面的な取引関係や協力関係に留まることも多い。

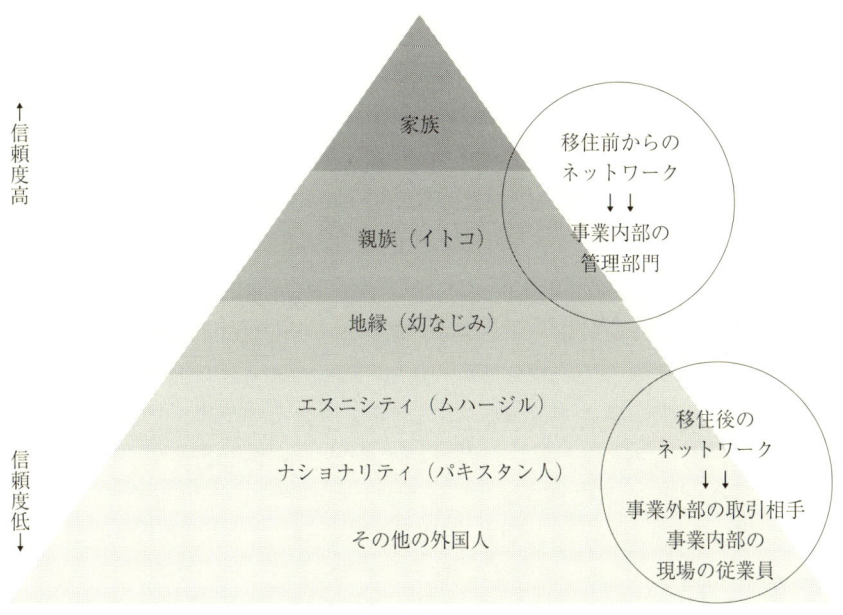

図5-6　ネットワークの序列

第5章　移民によるエスニック・ビジネス

以上のような複合的なネットワークが基盤となって，パキスタン人企業家の中古車貿易業が成り立っている。トランスナショナルに張りめぐらされた複数の移民ネットワーク（社会関係資本）を，それぞれの特性を活かしてバランスよく活用するビジネス・スタイルこそ，日本企業には真似できないパキスタン人企業家の強みといえよう。ビジネスのために軽々と移住していく企業家たち，そして移民企業家によって形成されるトランスナショナルなネットワークとその活用こそが，中古車貿易業がパキスタン人企業家のニッチとなった重要な要因の1つなのである。

　では，このような移民企業家のトランスナショナルなネットワーク形成の社会的背景には何があるのだろうか。次節では，パキスタン人がニッチを形成したもう1つの理由を，各国法制度の側面から考えていきたい。

第3節 ◆ パキスタンとアラブ首長国連邦側の中古車市場形成

　前節において，第3期参入組のカラチ社を事例として，その業務内容とネットワーク形成の問題を考えた。その中で，中古車貿易業がパキスタン人移民のニッチとなった理由の1つが移民ネットワーク（社会関係資本）であることが解明された。ここでは，理由の2つ目について考える。それは法制度の側面である。第3章で見たとおり，各国法制度は移民フローや移民ストックを決定的に規定する。ではパキスタン人企業家のニッチ形成において，法制度はどのような役割を果たしたのであろうか。パキスタンとアラブ首長国連邦の中古車市場形成の流れをたどりながら，検討してみよう。

3.1 パキスタン向け中古車貿易からトランスナショナルな事業展開へ

3.1.1 黎明期

　中古車輸出業界の歴史（表5-6）は，1960年代に始まる（木村 2006: 3-7）。トヨタをはじめとする日本製自動車の人気を受けて，日本製中古車がアジア諸国へと輸出され始める。パキスタンもまた，そうした向け地の1つであった[16]。パキスタンでは，1961年頃に日本車（新車）の輸入が始まって日本車の人気が高まり，それを受けて1968年頃に日本製中古車の輸入が始まった。これは，1966年7月に日本で中古車の輸出承認基準が制定された時期と符合する。1960年代に中古車輸出が増加すると，粗悪な日本製中古車に対するクレームが現地から続出した。中古車のみならず新車市場への悪影響を懸念した日本政府は，中古車の輸出承認申請制度を制定し，指定整備工場の発行する「保安基準適合証明書」の添付を求めた。しかしながら，粗悪な中古車の輸出が続いたため，1971年に日本自動車査定協会に輸出前検査を全面的に委託し，品質の統一化が図られた。厳しい整備・輸出検査を経た中古車は，「ユーズド・カー」（used car）ではなく「リコンディション・カー」（recondition car）と呼ばれ，付加価値をつけて輸出されるようになった。当時のパキスタン側業者は，日本の中古車販売業者に直接注文を出して輸入していた。

　1970年代に入ると一部のパキスタン人投資家が中古車貿易業に参入し始め，専門業者だけでなく投資家が中古車の買い付けのために渡日するようになった。第3章第1～2節でみたように，パキスタンは原綿の取引で日本の戦後復興を支えた国であったことから，日パ両国は1961年に査証相互免除協定を結んでおり[17]，この協定の存在も投資家の渡日を容易にした。このような投資家の市場参入を受けて，日本製中古車の人気はさらに高まった。特に1978年の

---

[16] 2005年9月8日，パキスタンの中古車販売組合（All Pakistan Motor Dealers Association, 1994年設立，聞取当時の会員数2,400社）へのインタビューより。以下，パキスタンにおける中古車貿易の変遷については，この聞取データを用いて記述する。
[17] 査証相互免除協定の時代的背景については，在カラチ日本領事館の野田浩一領事より，2005年9月5日に電話で，また9月18日付メールにてご教示いただいた。

表5-6 中古車貿易関連年表

年	日本	パキスタン	アラブ首長国連邦	ソ連／ロシア
1961	日パ・査証相互免除協定	日パ・査証相互免除協定 日本車（新車）輸入開始		
1966	7月、「輸出貿易管理令」で自動車の輸出承認基準を制定	1968年頃～ 日本製中古車輸入開始		
1971	7月、中古車の輸出前検査開始→日本自動車査定協会に全面委託		12月、アラブ首長国連邦としてイギリスから独立、連邦を結成	
1978		日本製中古車輸入ピーク		
1979		中古車輸入規制←スズキの現地工場を保護するため	シャルジャ：パキスタン向けの中古車中継貿易が始まる	
1986		1985年頃～ 日本出稼ぎブーム		ペレストロイカ（改革）開始。この頃、日本側の旅具通関（携行品1台・5万円以下）を利用した中古車輸入開始
1988		日本出稼ぎピーク		自動車の輸入関税引下げと、ペレストロイカの進展により、旅具通関の中古車輸入増
1989	1月15日、日パ・査証相互免除協定停止	1月15日、日パ・査証相互免除協定停止		
1990	6月1日、「出入国管理および難民認定法」改定			
1991				12月、ソ連崩壊
1993		中古車輸入規制強化←トヨタ現地工場を保護するため		
1994		1月、中古車輸入規制再強化→実質的輸入停止、それに対抗するために組合設立	シャルジャ：アブ・シャガラ地区の中古車市場にパキスタン人企業家集積、組合設立	
1995	5月、「輸出貿易管理令」改定→輸出前検査と通産省承認不要に（規制緩和の一環） 9月、「日本中古車輸出連合会」（中輸連）発足			日本側で旅具通関の携行品の枠が緩和（3台・30万円以下）され、中古車輸入が急増
1997	6月、中輸連を通産省認可→法人化「日本中古車輸出業協同組合」（中輸協）へ改称		ドバイ：DUCAMZ建設開始	
1998				ルーブル危機で中古車輸入が停滞（2000年頃まで）
2000	経済産業省、「自動車リサイクル法」立法準備のための検討開始		ドバイ：DUCAMZ開設し、アブ・シャガラ地区の業者がいっせいに移転	
2002			アフガニスタン特需	10月、自動車輸入関税引上
2003		中古車輸入規制緩和←国内自動車価格高騰抑制のため	イラク特需	7月、自動車輸入関税引上
2004		中古車輸入規制再緩和→実質的輸入再開		
2005	1月1日、「自動車リサイクル法」施行→零細の解体業者や薄利多売型業者へ打撃 7月、「道路運送車両法」改定→輸出車両の登録制度化の開始			7月、日本側の旅具通関廃止・業務通関への一本化を受け、貿易統計上のロシア向け輸出台数が急増

出典：各種文献と調査データより作成。

ピーク時には，年間2万5,000台以上（5万円以上の車両）がパキスタンに輸出された（日本自動車査定協会 1996: 164-5）。

ところがちょうど同じ頃，スズキのパキスタン進出の話が出ていたため（鈴木自動車工業 1985: 14-7），パキスタン政府は国内の自動車産業（スズキの現地工場）を保護するため，1979年初頭に中古車の輸入を規制した。パキスタン側中古車輸入業者はこの事態を打開するため，すでに施行されていた移民奨励策に着目し，その制度を利用した中古車輸入へとビジネス・スタイルをシフトさせた。具体的には3つの制度があり，1つ目は「ギフト・スキーム制度」という在外パキスタン人が，2～3年に一度パキスタン側家族に自動車（年式制限あり）を送ることができる制度であり，2つ目は「パーソナル・バッゲージ制度」という在外パキスタン人が，2～3年に一度自動車（年式制限あり）を持ち帰ることができる制度であり，3つ目は「トランスファー・オブ・レジデンス制度」という海外就労を終えたパキスタン人が，帰国と同時に自動車（年式制限なし）を持ち帰ることができる制度である[18]。

こうして，①少数の高額な中古車を，日本の中古車販売業者から直接パキスタンへ輸入する業者，②多数の低価格中古車を輸入するため，移民奨励策を最大限活用できる（海外在住パキスタン人数の多い）アラブ首長国連邦経由でパキスタンへ輸入する業者へと分化した。

3.1.2 ニューカマー参入期

1980年代後半に入ると，出稼ぎ目的で日本へ渡航する「ニューカマー」のパキスタン人が増加し，これら移住労働者の一部が自営業者に転身した。この時期のパキスタン人企業家の多くは，日本人との家族形成を機に起業したり，サイド・ビジネスを本業にしたりする傾向がみられる。また帰国後，日本で培ったネットワークを活用して，中古車貿易業へ参入する移住労働者も登場した（福田 2007b）。

---

[18] タスリーム氏の認識では，1979年3月に「ギフト・スキーム制度」が終わり，その後は「別送品スキーム制度」（「パーソナル・バッゲージ制度」「トランスフォー・オブ・レジデンス制度」をあわせた呼称）へと移行したという（2010年1月18日聞取）。

ニューカマー参入期の日本から輸出されていたのは，国内ではあまり商品価値がない廃車であり，特に自動車解体業者から安価で仕入れたものも多かった。他の同業者との競合がほとんどなかったこともあり，利益率も高かった。1989年1月15日に査証相互免除協定は停止されたものの，日本側からの中古車の供給は加速し，車両価格も下がっていく。そうした成功者の噂がパキスタン人コミュニティに流れ，1990年代前半にかけて次々と参入者が現れた。同様の噂が他の外国人コミュニティや日本人業者にも流れ，日本人を含む多国籍な市場が形成されていったのが，この時期の特徴である。

3.1.3　トランスナショナルな事業展開期

　パキスタン人の中古車貿易業者にとって決定的な打撃となったのは，1993年と1994年のパキスタン政府による中古車輸入規制強化である。1992年にトヨタ自動車のパキスタン進出が決まると，パキスタン政府はまたしても国内の自動車産業（トヨタの現地工場）を保護するため，1993年に中古車輸入を一部規制した。さらに1994年1月には，突然規制を大幅強化したため，この時から実質的に中古車輸入が困難になった[19]。パキスタン向けに専念していたパキスタン人企業家は，別の販路を開拓せざるをえなくなったのである（図5-7）。

　この政策転換によって大打撃を受けたパキスタン側の中古車輸入販売業者（約3,500件）の一部は，アラブ首長国連邦に移転することを決めた。アラブ首長国連邦に移転した業者（約700件まで増加）とパキスタンに残った業者（約1,700件まで減少）の一部有志は，それぞれ中古車商工組合を組織化し，強引に中古車輸入規制を決めたパキスタン政府に対する抗議活動を始めた。しかしながら，その後ホンダ，起亜（KIA），現代（HYUNDAI）が相次いでパキスタンに進出してきたこともあり，中古車輸入規制は変わらなかった。国内の自動車産業保護政策の弊害を訴え続けたこの闘いは法廷闘争へと発展し，2004年まで続いたという。

　とはいえ，パキスタン政府の規制強化は，客観的にみれば「災い転じて福となす」ともとらえうるビジネスの転換点となった。パキスタン人企業家は，も

---

19) 具体的には，自動車の輸入関税が3.6倍に引き上げられた。

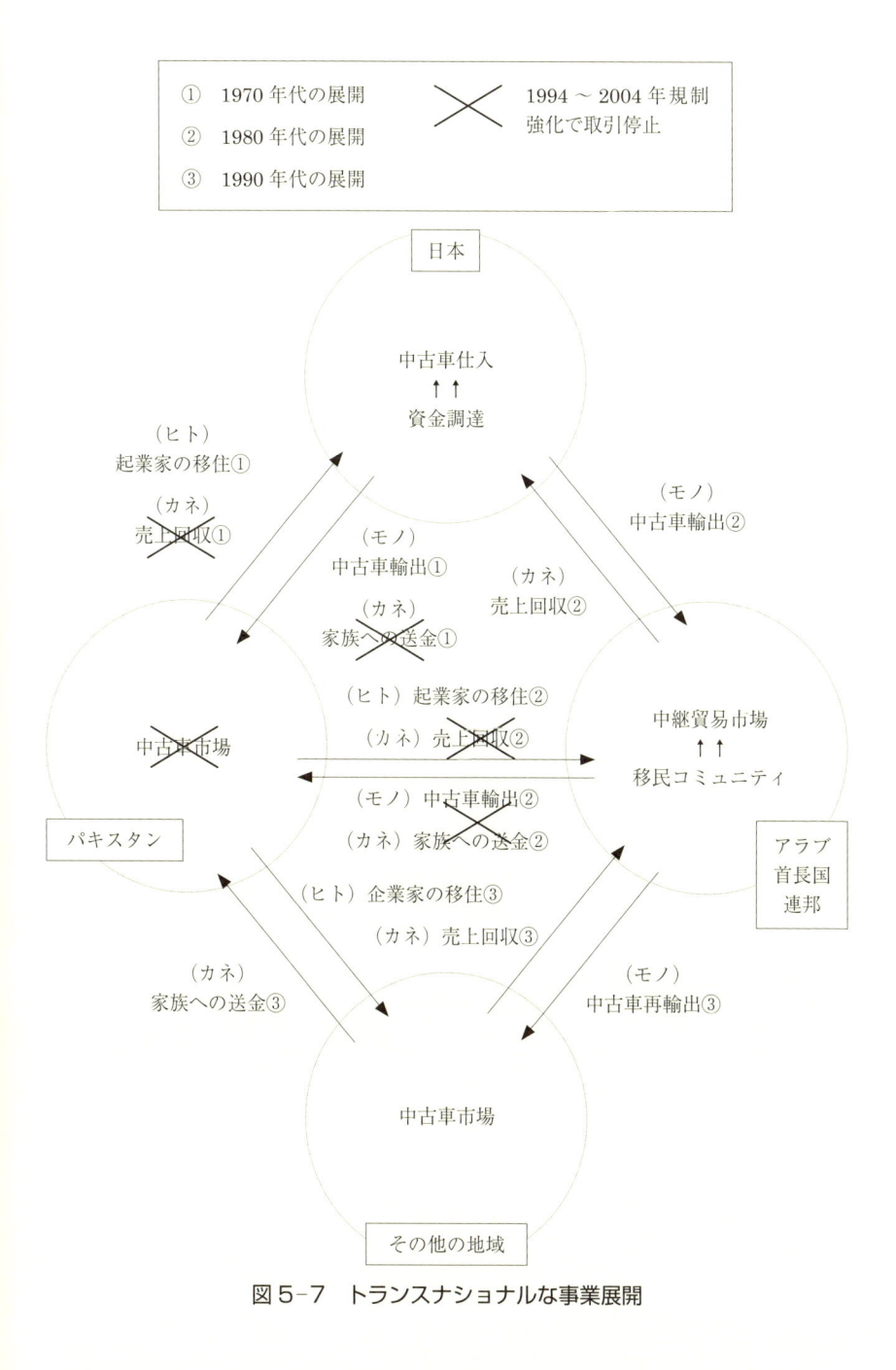

①　1970年代の展開　　　✕　1994〜2004年規制
②　1980年代の展開　　　　　強化で取引停止
③　1990年代の展開

日本
中古車仕入
↑↑
資金調達

(ヒト) 起業家の移住①
(カネ) 売上回収① ✕
(モノ) 中古車輸出①
(カネ) 家族への送金① ✕
(カネ) 売上回収②
(モノ) 中古車輸出②

(ヒト) 起業家の移住②
(カネ) 売上回収② ✕
中古車市場 ✕
(モノ) 中古車輸出②
(カネ) 家族への送金②

パキスタン

中継貿易市場
↑↑
移民コミュニティ

アラブ首長国連邦

(ヒト) 企業家の移住③
(カネ) 売上回収③
(カネ) 家族への送金③
(モノ) 中古車再輸出③

中古車市場

その他の地域

図5-7　トランスナショナルな事業展開

第5章　移民によるエスニック・ビジネス　213

はや出身国の市場に頼ることができず，世界各地で販路を開拓せざるをえない状況に追い込まれたことで，友人・知人といった同胞を世界中の中古車市場へと移住させ，それぞれに貿易や生活の拠点を設置し，トランスナショナルなネットワークを構築することになったのである。ともすれば狭いエスニック・コミュニティ内で閉塞し，内部資源を枯渇させる危険性をはらんだ事業形態であったものが，世界各地へ広がるトランスナショナルな事業形態へと展開した。それと同時に，出入国管理の厳しい日本に入国（もしくは再入国）できないパキスタン人企業家にとってみれば，第三国で中古車貿易業に参入できるチャンスが増えたのである。そうした拠点の代表的事例が，次に紹介するアラブ首長国連邦の中継貿易市場である。

3.2　アラブ首長国連邦向け中古車貿易と世界各地の拠点形成

3.2.1　アブ・シャガラ地区の中古車市場

　第3章第3節でみたように，アラブ首長国連邦は1971年にイギリスから独立したが，イギリス領時代の1958年に油田が発見されたため，インド人やパキスタン人など南アジアから労働者や技術者を大量に受け入れ，1970年代には各エスニック集団の大規模な移民コミュニティが形成された。その中で，1970年代にはパキスタン人移民の一部が，シャルジャ首長国のアブ・シャガラ地区に，自然発生的な中古車販売業者の集積地域を形成した[20]。1980年代には，前述のとおり，パキスタンの移民奨励策を利用した中古車の中継貿易が始まり，パキスタン向け中古車を専門に扱うパキスタン人企業家が続々と転入して来た。

　1994年に，パキスタン政府の輸出規制で行き場を失ったパキスタン人企業家の一部（700件程度）がアラブ首長国連邦へ移住すると，アブ・シャガラ地区の資源（店舗や起業ノウハウなど）を活用して，ここに右ハンドル専門の中継貿易市場が形成されていく。日本での出稼ぎからパキスタンへ戻った帰国者も

---

[20] 1975年に軍の仕事でアラブ首長国連邦へ移住したパキスタン人企業家ラヒム（仮名）へのインタビューより（2005年7月3日聞取）。

また，アラブ首長国連邦に再移住し，日本滞在中に培われたネットワークを活用して中古車貿易業を始めた。

パキスタン人企業家がアブ・シャガラ地区に急増すると，さまざまな問題が発生し始めた。それに対処する目的もあって，古参組のパキスタン人企業家を中心に，中古車商工組合（Car Dealers' Association, 1994年設立）が設立された。この中古車商工組合の話によると[21]，設立当初の目的は3つの問題を解決することにあった。1つ目の目的は前述のとおり，中古車輸入規制を決定したパキスタン政府に対し抗議活動を行うことであった。2つ目の目的は，左ハンドル車しか認められていないアラブ首長国連邦において，商品車である右ハンドル車を移動させるための運転許可の取得，およびナンバープレートの取得の問題を解決することであった。3つ目は，駐車スペースの確保であった。

特に3つ目は切迫した問題だった。「自然発生的な中古車販売業者の集積地域」であるアブ・シャガラ地区は，パキスタン人業者の大量流入以降，慢性的な駐車スペース不足に頭を悩ませていた。そこで中古車商工組合は，まずシャルジャ政府に専用市場を建設してくれるよう要望したが聞き入れてはもらえなかった。次にドバイ政府（税関）に同様の要望をしたところ，貿易拡大による財政の安定化をめざしていたドバイ政府は，中古車の中継貿易を将来的に魅力あるビジネスと評価して，その要望を受け入れた。

3.2.2 DUCAMZの中古車市場

アブ・シャガラ地区のパキスタン人中古車販売組合から要請を受けたドバイ首長国政府は，1997年に中古車中継貿易市場（Dubai Cars & Automotive Zone，以下，DUCAMZ）の建設に着手した。2000年に市場が完成すると，アブ・シャガラ地区の業者はすべてDUCAMZに移転・入居した。パキスタンとドバイ首長国の地理的な近さも手伝って，ドバイ首長国は治安がよく，交通アクセスのよい，域内主要都市としての地位を確立し，多くのパキスタン人企業家

---

[21] 2005年7月13日，アラブ首長国連邦の中古車商工組合（Car Dealers' Association, 1994年設立，聞取当時の会員数はDUCAMZ入居企業全390社）へのインタビューより。以下，アラブ首長国連邦における中古車貿易の変遷については，この聞取データを用いて記述する。

を惹きつけた。こうした施設や制度の整備もあり，2000年以降，アラブ首長国連邦の中古車貿易は活況を呈した。

同市場の入居業者は，日本側のパキスタン人企業家と何らかの関係をもつ南アジア系の企業家にほぼ限定されており，日本人業者の新規参入は難しい状況にある。2005年のDUCAMZ入居業者対象の電話・面接調査[22]の結果をみると（付録の調査票参照，回答数41件），オーナーや販売責任者の国籍（複数回答可）は，パキスタン人37件（90.2％）が大多数であり，バングラデシュ人12件（29.3％）やアフガニスタン人5件（12.2％）を大きく引き離している。またオーナーや販売責任者と日本との関係（複数回答可）は，「日本人女性の夫の親戚」19件（46.3％），「日本人女性の夫の友人」14件（34.1％），「日本で就労経験あり」8件（19.5％）であった。それに対し，「特に関係なし」は5件（12.2％），「日本人女性の夫本人」は4件（9.8％）と少ない。

2005年のDUCAMZは「勝ち組」の大手業者と「負け組」の小規模業者の二層構造になっていた。大手業者の場合，1人の経営者が複数の社名（3～5個）で複数の店舗（6～8個）を使用している。反対に小規模業者の場合，1つの社名を冠した店舗内に，2～3人の経営者が同居している。つまりDUCAMZには，公式には390個の店舗があり，320社の社名が存在するが，どちらの数字も実際の業者数とは一致せず，正確な業者数を知る手段もないのである。さらに「勝ち組」の大手業者は，2つのグループに分けられる。1つ目は，パキスタンやアラブ首長国連邦で古くから中古車販売業を営んできた古参組の業者，2つ目は，日本での出稼ぎ経験を経て中古車貿易業を起業し，1994年以降アラブ首長国連邦に進出した新規参入の業者である。古参の業者が中古車商工組合などで中心的な役割を担い，安定的な経営を持続している一方，新規参入の業者で成功して「勝ち組」となっているのはごく少数である。

とはいえ，DUCAMZの提供するサービスは入居業者からおおむね好意的に受けとめられている。さらにパキスタンとドバイ首長国の地理的近接性も手伝って，ドバイ首長国は「治安がよく，交通アクセスのよい，域内主要都市」

---

[22] 2005年6～9月，DUCAMZ入居企業に対して電話調査と面接調査を行った。回答数は電話調査が32件，面接調査が9件，合計41件であった。調査方法の詳細については，第1章第1節を参照のこと。

としての地位を確立し，多くのパキスタン人中古車貿易業者を惹きつけているのは間違いない。

　しかしながらDUCAMZでは，アフガニスタン戦争後はアフガニスタン向け，イラク戦争後はイラク向けの取引が一気に増えるものの，またすぐに門戸が閉じるという，輸出相手国の貿易規制の変遷に依存した不安定なビジネス・スタイルが続いているのも実情である。2005年7月現在，右ハンドル車が使われているアフリカ諸国や，ハンドルの左右を問わない旧ソ連諸国が主要な向け地となっていたが，これらの国々との取引もいつまで続くかわからないという。

　以上みてきたように，アラブ首長国連邦の中古車市場がパキスタン人企業家に占められている理由は，両国の地理的近さや文化的・宗教的共通性の問題以前に，両国の法制度や政策の変遷とパキスタン人企業家側の対抗措置によるものである。アラブ首長国連邦における中古車市場の形成史そのものが，パキスタン人企業家の生き残り戦術と切っても切り離せない関係にあるのである。

3.2.3　世界各地の拠点形成

　パキスタン人企業家は，アラブ首長国連邦以外にも友人・知人といった同胞を積極的に世界各地の拠点に配置して，事業をトランスナショナルに展開させた。代表的な拠点として，ニュージーランド，ケニア，ウガンダ，タンザニア，南アフリカ，イギリス，アイルランド，チリ，ペルーなどがあげられる。これらは主に旧英領植民地であり，基本的に左側通行・右ハンドル車の国々である（表5-7）。また，印僑やパキスタン人のコミュニティがすでに形成されている場合もあり，そうした基盤を利用してビジネスを拡大していった。アフリカ諸国向けの場合，日本から輸出された中古車が，アラブ首長国連邦の中継貿易市場を経由し，さらにアフリカ諸国へと再輸出されることもある。その場合，日本を出た中古車は，あるパキスタン人企業家から別のパキスタン人企業家へ渡り，さらにまた別のパキスタン人企業家へ渡ってようやくエンド・ユーザーにたどり着くのである。

　これらの広範な貿易拠点の設置は，同業者ネットワークを通じて得た情報をもとに，パキスタン人企業家が積極的に開拓していった結果である。たとえば，A国の中古車輸入規制が緩和されたという噂を聞くと，言語的な障壁もものと

もせずA国の中古車市場へと飛び，取引相手を見つける。安定した取引が可能となれば，親戚や友人・知人を移住させて配置し，自社の支店を開設する，といった手順である。

パキスタンの規制強化から約10年後の2003年には，パキスタンの中古車輸入規制が一部緩和され，パキスタン人企業家による出身地域向け取引が再開した。パキスタン政府は，国内の自動車産業が新車価格を吊り上げているとして，2003年に中古車輸入規制を緩和するという対抗措置をとり，2004年にはさらに規制を緩和して関税を1994年以前の基準に戻した。これを受けて，世界中に分散していたパキスタン人企業家の一部は帰国して，パキスタンの中古車市場に再度参入した。また，アラブ首長国連邦の中古車商工組合によると，2000年に一度は空洞化したシャルジャ首長国のアブ・シャガラ地区も，周辺アラブ諸国出身者や左ハンドル車を取引したいパキスタン人業者が徐々に入居し始め，2005年7月現在は「左ハンドル車専門の中古車市場」として再生している。しかしながら，パキスタン政府はじめ各国法制度への不信感は今も根強いため，世界各地の拠点とそれを結ぶトランスナショナルなネットワークは，その後も維持され続けている。

パキスタンだけでなく，2005年1月に施行された日本の自動車リサイクル法もまた，パキスタン人中古車業者の国際的なビジネス展開に大きな影響を及ぼしている。具体的には，解体業や中古部品販売業の取引が厳格化されたため，特に薄利多売型の業者に打撃を与えた。こうした業者にとっては，今後ビジネス・スタイルに何らかの変更が迫られることは間違いなく，事実一部の業者は他の業種へ転業している。日本においてパキスタン人移民は中古車輸出業というニッチを形成しているが，それは世界各国の中古車貿易政策に翻弄されつつ，その中で生き延びてきた移民起業家たちの努力の結果でもあることを，指摘しておきたい。

以上，パキスタン人移民が，「送出社会：パキスタン」「第三国：アラブ首長国連邦」をはじめ，世界各地に事業展開して貿易拠点を形成した経緯を，法制度に着目して整理した。次節では，なぜパキスタン人企業家が日本国内では日本海沿岸地域に集積し，拠点を形成してきたのかを論じる。

表 5-7　中古車貿易業の輸出先と左右ハンドル一覧

地域	右ハンドル国（日本と同じ） ←旧英領植民地が多い	左ハンドル国
西アジア		・アラブ首長国連邦（中継貿易中心，国内向けは左のみ） ・アフガニスタン（右も可だったがその後禁止，ほぼドバイ経由） ・イラク（ほぼドバイ経由）
南アジア	・パキスタン ・バングラデシュ ・スリランカ	
東南アジア	・シンガポール ・フィリピン（日本人業者多い）	
東アジア	・中国（香港）	・中国（本土） ・韓国 ・モンゴル（右も可，中国経由，中継貿易市場あり）
中央アジア		・ロシア（右も可，モスクワでは左が中心，極東では右が中心） ・カザフスタン（右も可だったがその後禁止）
ヨーロッパ	・イギリス ・アイルランド	
オセアニア	・ニュージーランド（国策で積極的に中古車輸入） ・オーストラリア（中古車輸入規制中）	
アフリカ	・ケニア（ドバイ経由多い） ・ウガンダ（ドバイ経由多い） ・タンザニア（ドバイ経由多い） ・南アフリカ（中継貿易のみ，国内向けなし）	
中南米		・チリ（右は不可，中継貿易市場あり） ・ペルー ・ボリビア（チリ経由）

注）2009年1月現在，主にパキスタン人企業家による向け地。

第 4 節 ◆ 中古車貿易業と日本海沿岸地域の拠点形成

　前節では，パキスタン人企業家が，「送出社会：パキスタン」と「第三国：アラブ首長国連邦」の法制度の影響を受けつつも，それに対抗しながら中古車貿易市場を形成してきた経緯をみた。パキスタン人移民は世界各地に拠点を形成し，トランスナショナルに事業展開していることも確認できた。では，パキスタン人移民は，「ホスト社会：日本」には市場を形成していないのだろうか。実は富山，新潟，北海道の日本海沿岸地域には，パキスタン人企業家を中心とする中古車貿易業者の集積地域が形成されている。本章では，富山を事例として取り上げ，日本国内における拠点形成の問題について考えてみよう。

4.1　パキスタン人企業家へのバイアス

　第 3 章第 2 節でみたように，在日パキスタン人は人口規模が 1 万人と小さく，また居住地域も関東近郊に集中しており，日本の地域社会においては他の外国人と比べて存在感の小さな集団といえる。しかしながら，とりわけ中古車貿易業界においては，存在感の大きな集団である。
　ところが，業界団体をはじめとする日本人業界関係者ですら，パキスタン人企業家の状況をあまり把握しておらず，中古車貿易業がパキスタン人企業家のニッチとなった理由も明らかにされてこなかった。その背景には，日本人業界関係者とパキスタン人企業家の間の接点や交流が少なく，パキスタン人企業家の実像が見えにくいという問題が横たわっている。加えてマス・メディアから得られる情報は事件・事故に偏っているため，パキスタン人企業家やムスリム

---

23) 富山におけるパキスタン人移民と日本人側の摩擦を象徴する事件として，2000 年 8 月から始まった右翼団体の街頭宣伝車活動や襲撃，2001 年 5 月のクルアーン破棄事件，この事件に対する同郷団体主導の抗議行動が有名である（室生 2001; 清野 2001; 上之郷 2004）。その背景にある日常レベルの摩擦については，小林（2006）の整理が参考になる。近年，日本人住民によって展開されている「外国人排斥運動」については，小林真生氏（国立民族学博物館）と藤崎香奈氏（元首都大学東京大学院）に情報を提供していただいた。

に対するバイアス（偏見）がますます強くなり，心理的な障壁だけがさらに高まってしまう。このようなバイアスの増幅が，日本人の地域住民による「外国人排斥運動」というもっとも先鋭的なかたちで現れたのが，日本海沿岸地域の富山である[23]。

とはいえ，日本海沿岸地域のこうした状況は，実はパキスタン人企業家に限定されるものではなく，ロシア人をはじめとする他の外国人企業家にも大なり小なり共通する問題である（小林 2006, 2007）。このような状況を放置せず，中古車貿易業界の重要なアクターである外国人企業家の実像を把握しておくことは，日本人側・外国人側の双方にメリットがあるだろう。つまり，両者の相互理解が進めば，外国人企業家に対するバイアスが低減されると同時に，日本人業界関係者は広範囲かつ多様な市場動向を知ることができ，日本の中古車業界のビジネス環境もより良好なものになるのではないだろうか。また外国人企業家に関する正確な情報が蓄積され，さらに地域住民にまで広く共有されるようになれば，バイアスの増幅によって高まった不安感も解消されるのではないだろうか。

上記のような問題関心をもちつつ，これまであまり解明されてこなかった側面，つまりなぜパキスタン人企業家が日本においてロシア人企業家と取引関係を構築することができたのか。そして，なぜ日本海沿岸地域に集積し拠点を形成したのか，という問いについて考え，その社会的背景を明らかにしていきたい。

4.2 パキスタン人企業家のロシア向け中古車貿易への参入

4.2.1 旅具通関とロシア向け中古車貿易の経緯

ロシア向けの中古車貿易のビジネス・スタイルは，前節でみたような，世界各地での拠点形成へと結びつく中古車貿易のそれとは大きく特徴が異なる。ロシアは，2008年まで日本からの中古車輸出台数第1位の向け地であり（2005年27万台，2006年39万台，2007年48万台，2008年56万台），上位3カ国のアラブ首長国連邦（11万台，12万台，12万台，10万台）やニュージーランド（13万台，10万台，10万台，6万台）と比べてみても，その輸出台数が突出し

て多い（阿部 2007: 4; 浅妻編 2011: 4-12）。この輸出台数を支えてきたのは，パキスタン人企業家というよりは，ロシア人企業家と日本人業者である。

ソ連向けの中古車輸出は，1986 年頃に旅具通関（携帯輸出とも呼ばれる）という方法を用いて始まった（前節の表5-6参照）。旅具通関とは，寄航中の船員が携行品（手荷物）として日本製品を持ち帰ることのできる制度である。当時の携行品は，5 万円以下と定められていたが，1988 年にはソ連側のペレストロイカ（改革）の進展と自動車の輸入関税引き下げで，旅具通関の中古車輸出が急増した（浅妻 2007: 30）。この時期のソ連向けの中古車輸出は，主に日本人業者が扱っていたようで，パキスタン人企業家はほとんどみられなかった［聞取 T］[24)]。

1995 年に最初の転機がおとずれる。「通関業法基本通達」が改訂されて旅具通関の要件が緩和され，携行品の枠が3台・30万円以下まで広がったのである。ロシア向けの旅具通関の中古車輸出もまた急増し，多くの日本人業者がロシア向けビジネスに参入し始めた。1994 年のパキスタン向け規制強化のあおりを受けて新たな販路を求めていたパキスタン人企業家にとっても，ロシア人は非常に魅力的な顧客である。1995 年 5 月に「輸出貿易管理令」が改定され，中古車の輸出前検査と通産省承認が不要になったことも追い風となり，この頃からパキスタン人企業家が富山県，新潟県，北海道といった日本海沿岸の貿易港近辺に店舗を構え始めた。パキスタン人企業家にとって，この時期のロシア向けビジネスへの参入は，「本当のビジネス・チャンスだった」という［聞取 U］[25)]。

前節でみたように，パキスタン人企業家は世界各地の中古車市場に参入し，貿易拠点を形成していく傾向がみられる。しかしながらウラジオストクの中古車市場には，パキスタン人企業家の参入はほとんどみられない。ウラジオストクの市場に参入しているのは，ほぼ全部がロシア人企業家であり，日本人業者が2，3社，パキスタン人企業家が1社ほどみられるだけである［聞取 T］。

---

24) 2007 年 11 月 25 日，ロシア人企業家 T へのインタビューより。以下，［聞取 T］と表記する。
25) 2005 年 8 月 30 日，パキスタン人企業家の日本人配偶者女性へのインタビューより。以下，［聞取 U］と表記する。

その理由は，ロシア向け中古車貿易が旅具通関という「船員の特権」を利用して発展してきたという，制度的な背景によるものである。日本人業者であってもパキスタン人企業家であっても，日本側の業者は新潟や富山といった日本海沿岸地域の貿易港近辺に拠点を構えることで，初めてロシア向けのビジネスが成り立ったのである。

　第二の転機は 2005 年 7 月で，長年続いてきた旅具通関が廃止され，ロシア向けも他の向け地と同じく，業務通関（業務輸出とも呼ばれる）へと一本化された。これにともない，それまで貿易統計に表れなかったロシア向けの中古車輸出台数が，ようやく統計上に載るようになった。またロシア人企業家が「船員」として来日する必要性もなくなったことから，そのビジネス・スタイルも変化していった。

4.2.2　パキスタン人企業家と日本海沿岸地域の拠点形成

　ではパキスタン人移民は，具体的にどのように日本海沿岸地域に拠点を形成してきたのであろうか。本稿では富山におけるパキスタン人企業家の拠点形成を事例として取り上げる。1991 年，富山で最初のパキスタン人企業家が中古車貿易業を始めた（『読売新聞』富山版，2005 年 6 月 23 日）。1993 年には，伏木富山港とウラジオストク間の定期客船が就航する。しかしパキスタン人企業家が急増するのは，前述のとおり 1995 年に旅具通関の要件が緩和された後のことであり，富山では 1996 年にパキスタン人企業家が急増した。

　1999 年には，日本で唯一のパキスタン人企業家の中古車商工組合，「富山オートアソシエーション（Toyama Auto Association）」[26] が設立された。富山在住のパキスタン人企業家とその日本人配偶者女性によると［聞取 Y］[27]，この組合は国道 8 号線沿いのパキスタン人企業家が声を掛け合い，全員が組合

---

[26] この組合の表記は複数存在する。①「富山オートアソシエーション」（『読売新聞』富山版，2005 年 6 月 23 日），②「カーディーラーアソシエーション富山」（室生 2001: 145）などである。本稿では①を使用する。

[27] 2008 年 3 月 13 日，富山在住のパキスタン人企業家 Y へのインタビューより。インタビューには日本人配偶者女性が同席し，随時情報を補足していただいた。以下［聞取 Y］と表記する。

員として参加することによって結成された団体である。組合結成の目的は，富山で起きるさまざまな問題について話し合い，問題解決を図ることにある。また富山のパキスタン人コミュニティの代表として，さまざまな日本人側グループ代表者と話し合うこともある。

　また1999年には，富山モスクも設立された。それまでは近隣の大学のスペースを借りて金曜礼拝をしたり［聞取Y］，中古車販売店の一角のプレハブをムサッラー（一時礼拝所）として利用したりしてきたが，1999年に国道8号線沿いの元コンビニエンス・ストアの物件をモスクとして購入した（店田編 2008: 59-62）。2001年4月には正式に開設し，2004年に改修工事をして礼拝スペースを拡張した。さらにムスリムたちは，屋根にドームのついたモスクらしい外観の建物へ改築することを希望しているが，国道8号線沿いの土地は市街化調整区域であるため，建物の改築工事の許可はおりない。地域住民からも反対を受けており，実現の可能性は低い［聞取Y］。

　また「パキスタン・ウェルフェア・クラブ」というパキスタン人の若者を中心に結成された友好団体もある。この団体は，地域内のゴミ拾いなど環境美化活動に参加するほか［聞取U］，クリケット大会も開催する（『読売新聞』富山版，2005年6月23日）。

　2008年3月現在，富山（国道8号線近辺）の外国人企業家を国籍別にみると，パキスタン人が8割を占め，人数は300人程度，店舗は200件程度とみられ，エスニック集団による偏りはみられない。一方，バングラデシュ人は20人程度，ロシア人は15人程度で，その他インド人，スリランカ人もいる［聞取Y］[28]。

　パキスタン人企業家が店舗（ショールーム）を出店するのは，海運業者などの日本企業が所有する土地の一区画か，国道8号線沿いやその周辺の土地（農地や市街化調整区域の空き地）の一区画である。なかには国道8号線沿いに土地を購入したパキスタン人企業家もいる。さらに2000年代後半に注目されていたのは，国道8号線から新湊港につながる道沿いに形成された「パキスタン

---

[28] 藤崎（2010: 99）は，バングラデシュ人企業家の数がもっと多いことを指摘している。
[29] この電卓を利用した値段交渉は，アラブ首長国連邦のDUCAMZでも日常的にみられる光景である。電卓は，ことばの通じない企業家同士の値段交渉の必需品である。

人村」と呼ばれるパキスタン人企業家の集積地域である［聞取Y］。

　パキスタン人企業家は，店舗を構えてロシア人企業家の来店を待つ。ロシア人企業家は英語を話せない人が多いので，パキスタン人企業家側が取引のためにロシア語を少しずつ習得していくことが多い。ロシア語を話せない人は，電卓を使って値段交渉する[29]。ロシア人企業家が中古車を購入すると，パキスタン人企業家は，中古車の領収証，「輸出抹消」と呼ばれる証明書，ロシア人のパスポートを通関業者（乙仲）に提出する。通関業者はそれを税関に提出すると，ロシア人企業家の仕入れに消費税がかからないようになる。ロシア人従業員を雇用する会社は少ないが，日本人従業員（社員やアルバイト）を雇用する会社は多い。大半の日本人従業員は事務員として働いている［聞取Y］。

　かつては日本人の中古車貿易業者も多かったが，徐々に減っていった。Yは，その理由を「日本人業者は面倒くさいビジネスはやりたがらないが，パキスタン人企業家は面倒くさいビジネスでもやるから」と説明した。たとえば，中古車1台の売買で利益が1万円しか出ない場合，日本人は「面倒くさい」のでやらない。しかしながらパキスタン人は，「後で消費税分も戻ってくるし」とプラスに考えて取引する。またYは「日本人業者は，リスクのあるビジネスをやりたがらない」ことも指摘した。たとえばパキスタン人企業家にとって，代金前払いが一般的なロシア人企業家との取引はもちろん歓迎される。しかしながらロシア人以外の取引においては，代金後払い（「信用売り」）がごく当たり前のことなので，それをリスクとは思わず，代金後払いを求めるロシア以外の旧ソ連出身者とも積極的に取引する。日本人業者は，そうした「信用売り」をリスクと考えて避ける傾向にあるという。さらにYは，パキスタン人企業家自身が日本において「外国人」であるため，「ロシア人企業家の気持ちがよくわかる」という側面も付け加えた。

　富山におけるパキスタン人移民コミュニティの制度的完成という観点から見ると，国道8号線沿いにハラール食材店やインド・レストランが3件ほどあり（『読売新聞』富山版，2005年6月23日），いつもパキスタン人男性が集まっている［聞取Y］。日本人客もたまに来店するようだが，2008年当時はかなりめずらしいことだった。こうした場は，パキスタン人男性中心の世界であるため，日本人配偶者女性は入りにくい雰囲気があるという。こうした雰囲気は，

モスクにも共通する。富山モスクはタブリーギ・ジャマーアト系列であるため（第4章第2節参照），女性用スペースが用意されていない。近年，宗教法人化したようだが，ムスリム女性たちはその恩恵を受けることができない［聞取Y］。

富山のムスリム女性たちにとって，自由に活動する場所がないのが悩みである。現状では，日本人のムスリム女性たちは，個人の住宅に集まって勉強会を開いている。勉強会は月2回開催され，平均5人程度が集まる。輪になってテキストを輪読するというタブリーグ独特の学習スタイルを採用している［聞取Y］。

富山に出店しているパキスタン人企業家の7割程度は，本社を別の都道府県に置いている［聞取Y］。オーナーは本店を維持管理し，家族（キョウダイ），親戚，友人を富山の支店（店舗）に配置する。富山に配置された企業家とその家族は富山で暮らす。企業家とともに富山に移住した家族のほとんどが日本人家族であり，パキスタン人家族は比較的少ない。パキスタン人企業家とその日本人家族は，公営住宅やアパート，マンションといった賃貸物件に分散して住んでいる。しかしながら，「外国人入居可」の物件が限定されているため，とりわけパキスタン人のみの家族の場合，特定地域の特定アパートに集住してしまう傾向もみられる。持ち家（分譲マンションや戸建）比率が低いのは，パキスタン人企業家にとって「富山」が「一時滞在の場所」と位置づけられているからと推測される。実際，経済的に成功したパキスタン人企業家の家族ですら，公営住宅や賃貸住宅に住むことが多いという［聞取Y］。

4.3　ロシア人企業家とウラジオストクの中古車市場

4.3.1　ロシア人企業家の事業展開

このようにロシア向けの場合，日本人業者の取引が先行していた点，パキスタン人企業家がロシアの現地の中古車市場には参入せず，日本海沿岸に拠点を形成した点において，他の向け地とは大きく特徴が異なる。以下，ロシア人の中古車貿易業者であるTへのインタビューから，その事業展開をみてみよう。

Tは1991年に船員になって以降，月3回は来日するようになった。1992年頃には船員の間で中古車貿易のサイド・ビジネスが始まり，船長自ら率先し

てサイド・ビジネスに従事するようになった。船員の間では，「旅具通関を利用したロシア（旧ソ連）向けの中古車貿易は，船会社が始めたビジネス形態であり，特に日本の大手船会社が市場を開拓し，牽引してきた」と認識されている。

Tの記憶によると，最初に中古車取引を目撃したのは，1992年の名古屋港であった。当時，売り手は日本人業者のみで，パキスタン人企業家は1人もいなかった。Tの場合，同年に名古屋港で自分のために2, 3台の中古車を購入したのが，サイド・ビジネスを始めるきっかけとなった。その後，1993年に富山港，続いて新潟港で日本人業者による中古車取引が始まった。続いて横浜，大阪，舞鶴，秋田，札幌，小樽，苫小牧，福岡，博多など，全国各地で次々と取引が始まった。

取引の形態は，港によって特徴が異なる。たとえば，富山港や新潟港の場合，パキスタン人企業家が次々と参入してその数も急増した。それに対し大阪港の場合，売り手は日本の大手企業が中心である。この大阪港の日本企業は，ロシア人企業家の人気が高かったので，パキスタン人企業家は2, 3社しか参入しなかった。横浜港の場合，1996年頃から2005年に旅具通関が廃止されるまで，船の入港に合わせてパキスタン人企業家が商品車を港に並べ，ロシア人企業家と商談していた。港は特設の中古車市場と化し，同業者同士の情報交換だけでなく，インド・カレー弁当の移動販売，宗教上のイベントの宣伝や冊子の配布まで行われていた（福田 2007: 72, 75）。

1997年に，Tは中古車貿易の専門業者に転身した。その時期のロシア人企業家は，船で日本全国の港を回って中古車を仕入れていた。近年はインターネットで全国のオークションから中古車を仕入れられるようになったので，上記のような港の違いはあまり関係なくなってきた。こうした変化を受け，日本側業者もビジネス・スタイルの変更を迫られている。たとえば，富山のあるパキスタン人企業家の場合，かつては中古車をずらりと並べ，ロシア人業者と商談していた。しかしながら2007年現在は，まだ中古車も並べているものの，基本的にはコンピューターを数台並べた事務所にロシア人企業家を迎え入れ，東京，名古屋，大阪など全国のオークションからインターネットで中古車を仕入れてもらい，富山港から輸出して台数分の手数料を受け取る，というビジネ

ス・スタイルへと転換している［聞取 T］。

　ロシア向けで重要なのが，関税対策である（浅妻 2006）。ロシア向け中古車の場合，個人業者との取引のほうが，法人業者との取引に比べて関税が割安[30]なので，一般的に個人業者との取引が好まれる傾向にある。ただし，個人業者は 1 人につき年 5 台までという規制があるので，複数の取引相手の確保に苦慮している。また，7 年以内の中古車しか輸入許可されない規制があるが，それは月単位で厳密に線引きされる。さらに関税は新しいほど高く，古いほど安いが，それも月単位で算出される。そのため，ロシア人企業家は全員，日本車の車体番号から正確な年式（製造年月）を割り出すための本や PC プログラムを持っている。また近年は，関税を計算するための WEB サイトが登場した（『週刊東洋経済』2007 年 9 月 15 日号：72）。このサイトを用いて，ロシア人企業家はインターネット上で日本のオークションの全出品車を詳細にチェックすると同時に関税を計算し，日本側の取引業者にメールで発注できるようになった［聞取 T］。

　2005 年の旅具通関廃止以降，T はかつての取引相手であったパキスタン人企業家の会社の社員となった。T には，船員時代の元同僚のビジネス・パートナーがおり，T が日本側での仕入れを担当し，ロシア側パートナーが販売を担当している。T はパキスタン人企業家の仕入れルートを利用して必要な車両を入手し，ロシア側パートナーがウラジオストクの中古車市場でそれを販売する。パキスタン企業家は車両を輸出して台数に応じた手数料を得る仕組みである。このように，パキスタン人企業家とロシア人企業家は，言語的な障壁をものともせず[31]，積極的に協力関係を構築している。

---

30) 年式によって異なるが，たとえば法人業者が 2,500 \$/台の関税がかかる場合，個人業者は 2,000 \$/台の関税ですむ［聞取 T］。
31) 前述のとおり，ロシア人は英語を話さない人が多いため，富山ではパキスタン人企業家がロシア語を習得して，ロシア人企業家と商談するケースがほとんどである。T の場合，身振り手振りを交えた英単語でパキスタン人企業家や日本人従業員と意思疎通を図っているほか，日本語の習得にも努めている［聞取 T］。

4.3.2　ウラジオストクの中古車市場

　ウラジオストクの中古車市場である ZELENYI UGOL（ゼリョーヌィ・ウーゴル）は，「緑の場所」の意味で，通称「グリーン・コーナー」（斉藤 2006；浅妻・中谷 2007）とも呼ばれる［聞取 T］。町の中心部から車で 20 分ほど離れた郊外に位置し，輸入された中古車は港からこの市場に移され，ロシア各地から集まった業者がそれを仕入れて持ち帰るシステムである。文字通りの緑豊かな広大な場所に 1 万 5,000 台ほどの中古車が並べられているが，店舗がないため販売業者側は市場に待機できない。販売業者の多くは，町の中心部にある自宅や事務所に待機して，顧客からの連絡を待つほか，必要に応じて商品車のメンテナンスのために市場に通う。市場は DUCAMZ のような政府系の設備ではなく私有地であり，民間会社が市場を管理している。管理会社は市場の使用状況（展示台数）を毎日チェックする。販売業者側は，使用する区画（展示台数）を予約して確保し，毎週月曜日に 1 週間分の使用料をまとめて支払う。

　ロシア向けビジネスは，日本製中古車市場がロシア極東のウラジオストクにあることもあり，季節によって取引量の増減がみられる。市場は，夏から秋までがオン・シーズンとなり，冬は寒くて雪も多いため，オフ・シーズンとなる。

　ウラジオストクの市場には，ロシア各地から業者が集まる。特に，イルクーツク，クラスノヤルスク，ノボシビルスク，ウランウデ，ヤクーツク，クラスノダール（黒海沿岸の都市）などの業者が多い。市場を出た商品車は，5 割が自走，3 割が鉄道，2 割が陸送用トラックでロシア各地へと運ばれ，自走がもっとも一般的な運搬方法である。自走の運転手は，プロも素人もおり，目的地が遠い場合は 7 日間もかかって運ぶ人々もいる。大型の陸送トラックは，路面状態がよくないうえ，冬は道路が凍って危険なため，あまり好まれない。また鉄道は目的地によっては 1 台 1,000 ドル近くコストがかかるので，あまり使われない。

　日本車はエンジンとデザインがよく，寒さにも強いのでロシアで人気がある。中には寒さに弱いメーカーや車種もあるが，タイヤとエンジン・オイルを交換すれば問題はない。ロシアは右側通行なので，本来ならば左ハンドル車が望ましいが[32]，右ハンドル車でもそれほど大きな問題はない。たとえば追い越しのときに視界が悪いといった問題はあげられるが，ミラーにカメラを取り付け

るなどして対応すればよい。それでも左ハンドル車がほしい人は、サンクトペテルブルクにトヨタの現地工場[33]もあるので、左ハンドルの新車を買えばよいが、高級車が中心（『ジェトロセンサー』2005年8月号）なので一般市民には手が届かない。またウラジオストクには、新車を購入できるような高所得者層がモスクワほど多くないので、必然的に日本製中古車の人気が高まるのである。

このように、ウラジオストクには日本製中古車を受け入れる市場が確立しており、そこに拠点を設けたロシア人企業家が厳しい輸入規制と日々格闘しながら中古車販売ビジネスを展開している。それと同時に、ロシア人企業家もまた、日本側のパキスタン人企業家と協力関係を構築しつつ、その土台を利用しながらロシア人企業家によるトランスナショナルな事業展開を実現させつつあることがわかるだろう。

4.4　日本海沿岸地域の拠点形成の意味

前節までにみてきたように、中古車輸出業がパキスタン人企業家のニッチとなった背景には、中古車輸出市場の形成史が大きく影響している。日本、パキスタン、アラブ首長国連邦それぞれの法制度の変遷が、これらの国々をつなぐ中古車貿易市場の土台を作り上げた。その土台を活用したのが、1980年代後半に日本に出稼ぎに来たニューカマーのパキスタン人であった。ある者は日本人との家族形成を経て日本でのビジネスを確立し、またある者は帰国した後、日本で培ったネットワークを活用して、世界各地の中古車市場へ参入した。

そのように世界各地に拠点を形成したパキスタン人企業家が、ロシアの市場に参入しなかった理由は、ロシア向けの中古車貿易が旅具通関という特殊な制度を利用して発展したことにある。旅具通関という「船員の特権」を利用した

[32) ロシアでは右側通行・左ハンドル車が基本である。モスクワでは、ベンツ、アウディ、BMWなどのドイツ車、左ハンドルの日本車、ロシア国産車といった左ハンドルの新車が多い［聞取T］。
33) トヨタは、2002年4月にロシアで販売会社を設立しており、2005年6月にはサンクトペテルブルクで現地工場を起工し、2007年12月に生産開始した（『ジェトロセンサー』2005年8月号）。

取引だからこそ，パキスタン人企業家は日本海沿岸地域に集積し，日本国内に拠点を形成するというほかにはみられない現象が生じたのである。同時に，その背景として，パキスタン人企業家とロシア人企業家による協力関係の構築が不可欠であった。日本人住民側は，富山における外国人企業家の急増を，驚きをもって受けとめたかもしれないが，残念ながらパキスタン人企業家側も，好きで家族まで連れて富山に移住してきたわけではない。その背景には外国人企業家が集積する必然性があったのである。そうした経緯を考慮せずに，日本人住民側が「外国人排斥運動」に走るというのは，きわめて短絡的な判断であるといわざるを得ない。まずはこの状況の背景にある社会構造を冷静に分析し，両集団の交流をさらに進めるのが先決である。行政側も，この地域特性を肯定的に位置づけ，より建設的な施策を展開してもらいたい。

次節では，欧米のエスニック・ビジネス理論を用いて，パキスタン人企業家のニッチ形成について考察を加えたい。

第5節 ◆ エスニック・ビジネス理論とパキスタン人移民

これまで，パキスタン人移民による中古車貿易業の実態を詳細にみてきた。この事例は，エスニック・ビジネスの理論研究からみると，どのように位置づけることができるだろうか。ここでは，日本のエスニック・ビジネスの先行研究を概観し，欧米の主要なエスニック・ビジネス理論を紹介しつつ，パキスタン人移民の状況について若干の考察を加えたい。

5.1 エスニック・ビジネス研究の位置づけ

5.1.1 日本の自営業研究

「自営業」といった場合，日本の一般通念では「地つきの個人商店」をさすことが多い。そのイメージを受けて，日本において自営業研究は，商店街の小売業者などを主な分析対象にしてきた。そもそも「自営業」とは，どのような

業務形態をさすのだろうか。『事業所・企業統計調査』では,「自営業」という用語は使用されていない。「経営組織」の項目に,個人経営という用語が用いられているだけである。一方,『国勢調査報告』では,「自営業主」という用語が使用されている。「勤めか自営かの別」の項目で,自営業主(雇人あり/雇人なし),家族従業者という用語が用いられている。そして,「自営業主とは,個人で事業を経営している人(農家などを含む)や自由業の人をいいます」という説明が付されている。

欧米では,自営業(self-employment, entrepreneur)の研究は,移民の社会上昇の手段として位置づけられ,さまざまな論者によって論じられてきた。日本でも,在日コリアン,華僑など,そのエスニック資源を利用したビジネスや,そのコミュニティ特有のニッチなどたくさんの事例があげられる。しかしながら日本の自営業研究は,移民の自営業者(エスニック・ビジネス)の実態にはほとんど関心を払ってこなかった。第一の理由は,従来の「自営業」の定義に,移民のエスニック・ビジネスが含まれてこなかったからであろう。「自営業」は,self-employment, entrepreneur の訳語として適切でないとの意見もあり,近年,在日コリアンの先行研究で用いられているのは「企業家」という用語である。

第二の理由は,エスニック・ビジネスのターゲットが,コミュニティ内部向けに限られる場合が多い,というエスニック・ビジネスの特徴にある。移民のコミュニティ内部向けのビジネスが,ホスト社会側の日本人の目に留まりにくいものであることは容易に想像がつく。

5.1.2 日本のエスニック・ビジネス研究

日本におけるエスニック・ビジネス研究は,やはり在日コリアンの先行研究が参考になる。河(1996: 59)は,在日コリアン一世のエスニック・ビジネス形成期を歴史的に分析している。民族的あるいは宗教的マイノリティは営利活動において卓越性を発揮する,という Weber のことばを引用し(1920=1989: 23-4),その要因がいまだ理論的に解明されていないことを指摘し,事例研究の蓄積を提唱している。そして,その卓越性の要因を,社会的経済的与件と民族的宗教的特性から解明しようと試みる。在日コリアンの民族的宗教的特性

は，民族差別に対する反発性，民族的連帯を強化したいという思い，「故郷に錦を飾る」ための本国投資であった（河 1996: 73）。在日コリアンの企業活動は，能動的に開始されたというよりは，就職差別によって受動的に強いられたが，それによって形成されたニッチに後続世代の人的資本が集中したことによって，在日コリアンのビジネスを成功へと導いた。さらに戦後の闇市という時代的背景が，在日コリアンに有利に働いたと結論づけている（河 1996: 73-4）。また自営業者を「企業者」と呼び，その中で新しく事業を起こした創業者を「起業者」と呼んでいる（河 1996: 59）。

　また朴（2002: 248）は，近年の在日コリアンのエスニック・ビジネスについて分析している。在日コリアンのニッチは，ホルモン（焼肉）屋，ヘップ（サンダル製造），パチンコである。またニッチとはいえないものの，業種として多いのは，古鉄売買，土木，ゴム，プラスチックなどの分野であった。こうした在日コリアンの企業家を支えたのは，商銀，朝銀といった在日韓国・朝鮮系の金融機関だった。1980年代には在日コリアンも階層分化し，中間層が成長すると（朴 2002: 250-2），企業家の中には，祖国に投資する者も現れた。2000年代には，在日韓国系の信組が次々と破綻した（朴 2002: 253）が，その背景には，融資先の減った日本の銀行が，在日コリアンの優良企業と取引を行うようになったことがあると指摘している。

　では，ニューカマーのエスニック・ビジネスに関する先行研究はどうだろうか。中国系（新華僑）のエスニック・ビジネス研究（伊藤 1995a, 1995b），新宿の中国系食料雑貨店のケース・スタディ（白岩 1997），池袋・新宿におけるアジア系エスニック・ビジネスの研究（田嶋 1998），ムスリムによるハラール食材店に関する研究（樋口ほか 1998; 樋口・丹野 2000; 樋口 2007），渡戸研究室による新宿の調査報告（渡戸研究室 2001），国際結婚カップルによるレストランの研究（竹下 2002）など，在日コリアンの先行研究に比べてその試みは多い。しかしながら，エスニック・ビジネスを，移民コミュニティの中心的な要素として位置づけた研究は少ない。また理論的には，主にアメリカの先行研究における分析枠組みが紹介され，応用されることが多い（伊藤 1994; 樋口 1996）。

5.2 エスニック・ビジネス理論

5.2.1 エスニック・ビジネス理論（1）——排除仮説，文化仮説

エスニック・ビジネス研究の第一の課題は，なぜ特定のエスニック集団が自営業に集中するのかを解明することである（伊藤 1994: 71-7）。この課題について，Light（1979）は，「排除仮説（disadvantage theory）」と「文化仮説（cultural theory）」に分けて論じている。「排除仮説」は，移民はその属性によって上位の労働市場から排除されていることから，自営業に向かわざるをえない。そこで排除要因となる属性をもつ特定エスニック集団は，自営業に集中するのだと説明する仮説である。この排除要因となる属性とは，英語能力不足，専門資格欠如，社会的差別，年齢の高さなどである。その理論的背景には二重労働市場理論（第2章参照）の影響がある。しかしながら，これだけでは，同じ排除要因をもっていても自営業に集中しないエスニック集団の存在を説明できない。「文化仮説」は，移民のもつ文化的要因によってそれを説明する。文化的要因とは，①民芸品や独特のサービスなど，エスニック財の商品化，② Weber（1920=1989）のいうエートス，つまり自営業への志向性，③講に代表されるような，エスニックな連帯という集団特性である。その後，Light（1984: 199-201）は，③エスニックな連帯は純粋な文化的要因ではなく，社会状況への反応であると位置づけ直し（伊藤は「反応仮説」と呼ぶ），純粋な文化的要因とエスニックな連帯をあわせて「エスニック資源」と呼んだ。そして「エスニック資源」に加えて，移民の出身階級にもとづく「階級資源」の重要性も認め，両方あわせて分析することを提唱した（Light 1984: 201）。

このエスニックな連帯に注目した代表的研究が，Bonacich（1973）のミドルマン・マイノリティ論である（伊藤 1994: 74）。この理論は，一時滞在の移民はホスト社会に適応しようとしないので，ホスト社会側から排除され労働市場で不利な立場に置かれるが，それが自営業への志向性を高めると説明する。つまり「いつか帰国しよう」と希望をいだき続けることで低賃金労働にも耐えることができ，結果的に自営業が成功すると説明したのである。しかしながら，その後さまざまな批判も受けた。

日本のニューカマーのエスニック・ビジネス研究では，前述の「排除仮

説」に反論し，移民にとって起業は自発的に選択されているとして「起業家精神」を積極的に位置づける傾向がみられる（白岩 1997: 91; 田嶋 1998: 186; 竹下 2002: 147）。

この点に関して伊藤（1994: 77）は，1980年代後半に「排除仮説」「文化仮説」「反応仮説」「階級資源」が整理され，1990年の Aldrich and Waldinger の論文によって総合的な分析枠組みの中へ統合されたとしている。「排除仮説」はビジネスの成立要因として決定的なものではないが，欠くことのできない視点であることは間違いない。

5.2.2　エスニック・ビジネス理論（2）
　　　　——機会構造，集団特性，エスニックな戦略

エスニック・ビジネス研究の第二の課題は，エスニック・ビジネスがどのように発展してきたのかを解明することである（伊藤 1994: 79）。Aldrich and Waldinger（1990）は，エスニック・ビジネスの発展要因の分析枠組みを，①機会構造（opportunity structure），②集団特性（group characteristics），③エスニックな戦略（ethnic strategies）に分けている。

まず①機会構造とは（伊藤 1994: 79-83），エスニック・ビジネスが成り立つための，市場動向と起業の可能性をさす。市場は「エスニック市場」と「一般市場」に分けられる。「エスニック市場」の成立には，エスニック集団がある程度の人口規模を持ち，成員がある程度の購買力を有していることが条件になり，エスニック財の需要が市場形成につながる。「一般市場」の成立には，(1)ホスト社会側から「見捨てられた市場」であること，(2)規模の経済が通用しない領域であること，(3)需要の変動が大きく大企業には扱えない生産調整的部分や，多品種少量生産といった形態であること，(4)移民の文化やシンボル（エスニック財）の商品化であること，があげられる。起業の可能性は，ホスト社会側が移民の起業を制度的・社会的に統制するかどうかによる。

②集団特性（伊藤のいう「動員資源」）とは，エスニック集団のもつビジネス発展のための特性をさす（伊藤 1994: 83-4）。集団特性は，移民前の資源と移民後の資源に分けられる。移民前の資源とは，人的資本（学歴・技術），経済的資本（資金）といった「階級資源」，商品化できるエスニック財，自営業への志

向性といった「エスニック資源」が含まれる。移民後の資源とは，移民ネットワーク，エスニック団体が含まれ，これらは「エスニック資源」でもあるが「階級資源」（同窓会や上流階級のサークル活動など）でもある。さらに伊藤（1994: 85）は，ホスト社会の構成員による「外部支援」を追加している。外部支援には，制度的・社会的統制を緩和する効果，経済的資本を動員する効果が期待できる。そして外部支援として，ホスト社会側の構成員を動員過程に引き込むもっとも重要な手段は，結婚である。

③エスニックな戦略とは（伊藤 1994: 85-6），①と②の環境下におけるエスニック集団の主体的対応をさす。その代表的事例としてあげられるのは，(1)エスニックな通商組織の設立・支援，(2)通婚による他の家族との紐帯強化，(3)自己搾取，(4)家族や同胞の労働力利用，(5)同胞の顧客への特別サービス，(6)事業の垂直統合や新店舗の開店，(7)政府の干渉への対抗策（たとえば賄賂の使用，法律の抜け道の利用，組織的抗議）である。

5.3　パキスタン人移民の分析

5.3.1　排除仮説，文化仮説

では，パキスタン人移民によるエスニック・ビジネスの場合はどうだろうか。まずは第一の課題，なぜ特定のエスニック集団が自営業に集中するのかを，「排除仮説」から考えてみよう。第3章第2節で見たように，丹野（1998, 1999）によれば，正規滞在者である日系人と非正規滞在者であるパキスタン人，イラン人は，分断化された労働市場において全く異なるネットワークで職を探し，異なるスタイルで地域に定着すると分析している。

在日パキスタン人は，たとえ正規滞在者になったとしても，分断労働市場において構築してきた各種のネットワークを放棄するメリットはない。よって正規滞在者になったとしても，別の労働市場に移動することがないため，所得に差が出る可能性も低い。「国際結婚」が増加する中，結婚によって法的地位が安定した正規滞在者と超過滞在者との間に格差が生じることは否めない。しかしながら，その理由は正規滞在者となった在日パキスタン人が，労働市場内部を上昇移動するということではない。正規滞在者となった在日パキスタン人に

とっては，その法的安定性および日本人の配偶者を得たことによって獲得した資源を最大限活用するチャンスを得たことが重要となる。それはしばしば工場での労働を辞めて，自営業を起業することにつながっている。在日パキスタン人に議論を限定した場合，起業の要因は労働市場において上昇移動の機会がないという「排除仮説」が有効である。

次に「文化仮説」について考えてみよう。パキスタン人移民の場合，①エスニック財といえるのは，1980年代に取り扱われていた，宝石，絨毯，大理石である。しかしながら，こうしたエスニック財は高級品であったため，バブル経済崩壊後の景気後退期には，一般市場で流通しなかった。その代わりレストラン産業は，急成長こそみられないものの，一般市場において人気を得て，ホスト社会に徐々に受け入れられてきた。ハラール食品産業は，エスニック市場でしか流通しないため，ビジネスとして苦戦を強いられているが，底固い需要があるので今後も消滅することはないだろう。

5.3.2 機会構造，集団特性，エスニックな戦略

次に第二の課題，エスニック・ビジネスがどのように発展してきたのかを，パキスタン人移民の事例から考えてみよう。まず①機会構造について考えると，パキスタン人移民の場合，「エスニック市場」の人口規模の小ささが致命的である。よってパキスタン人移民は「一般市場」へと参入せざるをえない。そこで(1)ホスト社会側から「見捨てられた市場」であり，(2)規模の経済が通用しない領域であり，(3)需要の変動が大きく大企業には扱えない生産調整的部分である業種，つまり中古車貿易業が，結果的に残ったととらえることができる。また中古車貿易業界において，パキスタン人移民がホスト社会側から制度的・社会的統制を受けることはほとんどなく，どちらかといえば新規顧客層として市場側から歓迎された。それも中古車貿易業にとってプラスの要素といえよう。

次に②集団特性について考えると，パキスタン人移民は移民前の資源として，人的資本や経済的資本といった「階級資源」をあまりもっていなかった。しかしながら自営業への志向性という「エスニック資源」はもっていた。さらに移民後の資源として，地縁・血縁，友人ネットワーク，同業者ネットワークと，多種多様な移民ネットワークを駆使することができた。また，古くは同郷団体，

近年は宗教団体，商工会議所が設立され，情報網の構築や経済分野での組織化も今後ますます発展する可能性がある。さらに重要なのは，日本人配偶者女性による「外部支援」を獲得したことである。

最後に③エスニックな戦略について考えると，パキスタン人移民の場合，(1)エスニックな通商組織の設立・支援は現在進行中であるし，(2)通婚による他の家族との紐帯強化，(3)自己搾取，(4)家族や同胞の労働力利用は，広くみられるビジネス・スタイルである。また(5)同胞の顧客への特別サービスとして，信用支払い（後払い）がみられるし，(6)事業の垂直統合や新店舗の開店として，世界各地への事業展開と拠点形成がみられる。(7)政府の干渉への対抗策（たとえば賄賂の使用，法律の抜け道の利用，組織的抗議）については，現段階で日本政府に対する抗議などはあまりみられないが，パキスタン政府に対する提訴，アラブ首長国連邦のドバイ政府に対する市場開設の要望など，さまざまなエスニック戦略が確認された。

以上，パキスタン人移民のエスニック・ビジネスについて検討してきた。本章で取り上げた自律的・主体的な営利活動は，前章で取り上げた宗教団体や同郷団体の活動のような非営利活動とも，その根底でつながっていることがわかった。これらの活動は，移民ストック，つまり移民コミュニティの形成において必要不可欠な要素である。加えて，パキスタン人移民の置かれた不利な社会的立場もまた，コミュニティ形成を促進する効果をもつことが明らかになった。

次章では，これまでみてきた移民政策と社会的背景，宗教団体と同郷団体，エスニック・ビジネスのすべての局面にかかわる，もしくはすべての局面を規定する，ジェンダー関係と家族というテーマについて論じる。

第6章
移民における
ジェンダー関係と家族

上：モスクでの子どもの
　　イスラーム学習（2010
　　年1月）
下：キャンプでのイスラー
　　ム学習（2009年7月）

第1節 ◆ ジェンダー関係と宗教団体／
　　　　　エスニック・ビジネス

　ここまで，移民フローの研究として，各国の移民政策と社会的背景について検討し，移民ストックの研究として，宗教団体や同郷団体，エスニック・ビジネスといった，移民の自律的・主体的な活動について詳細に論じてきた。そしてそれぞれの局面において，若干のジェンダー分析を加え，また移民の家族形成の様子と，家族が移民過程に及ぼす影響について適宜言及してきた。

　本章では，それらジェンダー分析や家族（世帯）単位の分析を再度整理して論じてみたい。まずは，ジェンダー関係が移民の宗教団体やエスニック・ビジネスに対して及ぼす影響について，日本人配偶者女性の事例を通して考えてみよう。

1.1　日本人配偶者女性とジェンダー問題

　工藤（2005a: 20-2; 2008: 192-6）によると，パキスタン人移民の日本人配偶者女性は「多重の周縁性」の中にあるという。多重の周縁性とは，夫が非西欧系外国人であること，自分が女性であること，宗教的マイノリティであること，一般的に階層が低いこと，パルダ（男女隔離の習慣）など夫方文化の実践を求められること，といった複合的な周縁性をさす。これらの周縁性を克服するために，モスクの勉強会に参加し，そこを拠点として同じ境遇の女性たちとネットワークを形成する。「パキスタン人にも日本人にもわかってもらえない」問題を仲間（同苦者）と共有し，相談し，知識を得ることによって，困難な状況から脱することができるという。工藤はモスクの勉強会において形成されるネットワークを，自助組織の一形態としてとらえている（工藤 2008: 194）。

　確かに相対的にみて，日本人配偶者女性たちは「周縁」的立場にあるといえるだろう。しかしながら，日本人配偶者女性本人は自分が「多重の周縁性」と呼ばれるほど困難な立場にあるとは自己規定していないのではないだろうか。工藤自身が指摘しているとおり，現代社会において価値観が多様化する

中で，配偶者を選択する基準もまた多様化しているわけであり（工藤 2008: 65-70），その中でパキスタン人移民との結婚を選択した日本人配偶者女性たちの大半は，自分の選択した人生に納得しているように思われるからである（日本人配偶者への面接調査）。

　工藤（2005a; 2008）は，日本人配偶者女性たちをめぐる生活世界を，客観的に冷静に丁寧に描いているが，それでも周縁性やジェンダー関係を論じる部分は，女性たちの困難な境遇を描き出す構図となっており，その背景には女性たちに対する同情（シンパシー）のようなものが感じられる。それはたとえば，「多重な周縁性を生きる痛み」といった記述にも表れているだろう（工藤 2005a: 288; 2008: 247）。

　筆者もまた，ジェンダー分析は否定的側面と同様に肯定的側面にも焦点を当て，その複合的な全体像を相対的にとらえなければならないと考えてきたが，その試みは口で言うほど容易ではない。たとえば夫の暴力，浪費癖，浮気，貧困，離婚問題などの深刻なケースも，パキスタン人移民とその日本人配偶者女性のコミュニティ内部で報告されており（たとえば『ムスリム新聞』189 号（2007 年 5 月 20 日号）投稿欄），こうした「国際結婚」の負の側面からも目をそらすべきではないだろう。しかしながら，こうした問題は，視点を変えればすべての社会に共通してみられる事象であり，さらにいえば仲間内で相談して解決できるレベルの問題でないことが多い。このような深刻なケースには，専門的な相談機関が必要であり，カウンセリングのできる施設と人材が求められるだろう。将来的には，ムスリム同胞のカウンセラーによって運営される福祉団体が設立され，外国人支援団体や女性支援団体と連携した相談活動が展開されることが期待される分野である。

　こうした深刻な問題ではなく，「国際結婚」から生じる大小さまざまな問題を，「多文化を楽しむ」というスタンスで受けとめる人もいるのではないだろうか。たとえば「結婚しないかもしれない」と思っていた専門職の女性たちが，パキスタン人移民と出会って結婚し家族形成した（工藤 2005a: 82）のは，結婚に夢や憧れをいだいていたわけではなく，パキスタン人移民の社会的世界やその人間性に興味をもったからではないだろうか。

　本節では，パキスタン人移民のジェンダー関係に注目することによって，日

本人配偶者女性たちが，宗教団体やエスニック・ビジネスといった移民の自律的・主体的活動を下支えし，移民コミュニティの形成に貢献していく側面について検討する。それと同時に，移民コミュニティ内部における日本人配偶者女性の経験が，本人の自己実現につながる可能性をもつことにも注目する。そしてパキスタン人移民におけるジェンダー関係が，移民の社会的世界を規定する様子をとらえる。

1.2　ジェンダー関係と宗教団体

1.2.1　宗教団体における女性の参加活動とその役割

まずは，第4章第1節で取り上げた宗教団体Aを事例として取り上げ，日本人配偶者女性たちが宗教団体において果たす役割と，ジェンダー関係が宗教団体に及ぼす影響を再度整理してみよう。

日本人配偶者女性が宗教団体の企画に参加し始めたのは1994〜1995年頃のことであった。男性メンバーの日本人配偶者女性らが，女性のイベント参加者を増やす目的で「婦人部」を設立したのがきっかけである。そしてそれまで男性のみで行っていたキャンプのようなイベントに，女性も参加するようになった。

宗教団体Aの「女性メンバー」は全員が男性メンバーの配偶者であり，女性メンバーは数が少ないため，全員が即執行部となる。日本人配偶者女性メンバーにはそれぞれ役割分担がなされている。語学の堪能な日本人女性メンバーは，雑誌における日本語版記事の翻訳や執筆，イスラームの著名なテキストの和訳などが割り振られる。夫がモスク担当者となれば，そのモスクの管理を夫とともに担い，女性信者（ムスリマ）への対応を担当する。その他，イベントを開催するときは，女性メンバー全員がイベントの企画・運営にかかわり，イベント参加者に対応する。

1996年，宗教団体Aはモスクのための物件を探していたが，このときも日本人女性メンバーが重要な役割を果たした［聞取1］。不動産購入の手続きは，外国人にとってハードルが高い。事実，外国人ムスリムの別のグループは，不動産購入に何度か失敗している。また2003年に，千葉のモスクを改築する際

に，近隣住民約40軒を，1軒ずつ挨拶して回った時も日本人女性メンバーが同行している［聞取1］。さらにまだ実現はしていないものの宗教法人格を取得する手続きもまた，日本人女性メンバーの肩にかかっている［聞取5］。宗教団体においても，日本人配偶者女性に期待される役割は，決して少なくない。ホスト社会における対外交渉や日本語での文書作成など，エスニック・ビジネスにおいて日本人配偶者女性の果たす役割とよく似ていることがわかるだろう。

これらの日本人女性メンバーの半数は，結婚前にイスラームに入信した熱心なムスリマである。なかには，結婚後に宗教団体Aの布教活動に携わることを前提に，パキスタン人男性メンバーとお見合い結婚した人も含まれる。そうしたムスリマたちは，礼拝をはじめとする宗教実践はもちろんのこと，イスラームに則った服装もしっかり守っている。宗教団体Aから割り振られた仕事も，日本にイスラームを根付かせるための布教活動（ダアワ）の一環として前向きにとらえているようだ。ただしシューラの会合は，緊急に開かれたり，夜遅く開かれたりすることもあるので，女性メンバーは参加せず，意見を出したいときは，配偶者男性に伝達してもらうという。意思決定機関に女性が同席できないことは，イスラームの宗教団体の制度的限界かもしれない。

一方，「イベント参加者」である日本人女性のネットワークは，主にパキスタン人男性のネットワークを通じて形成されてきたが［聞取1; 3］，その後こうしたネットワークの構築が日本人女性たちにとって重要な意味をもつようになる。宗教団体Aの開催するイベントの多くはイスラームの勉強を目的としたものであるが，親睦を深めるためのキャンプ，バーベキューパーティ，花火パーティといったものもあり，これらのイベントや勉強会は，仲間作りや情報交換の場となっている（工藤2000: 115; 寺田2003: 179-80）。さらに熱心なムスリマたちは，宗教団体Aのイベントだけでなく，国内の他のイスラーム団体のイベントにも参加するケースが多く，複数のムスリマ・ネットワークに参加している。

このように，宗教団体における日本人女性のネットワーク形成は，非常に重要な要素である。日本人女性のための勉強会は，草の根の布教活動を目的とするものであるが，それ以上にムスリム同胞の連帯を促進する機能を果たす。宗教とは直接関係のない各種イベントでの親睦も，いろいろな情報交換や同胞同

士の仲間作りの場となる。

　これら「女性メンバー」と「イベント参加者」の日本人女性に共通していえるのは，彼女たちの宗教団体への活動参加が，移民の宗教団体全体の活動を下支えしている点である。ホスト社会側メンバーでもある日本人女性の主体的な活動参加がなければ，移民の宗教団体がその活動を安定化させるのは難しい。

　一方，日本人女性側も，宗教団体の施設を仲間作りや情報交換の場として積極的に利用しており，中には仲間とのおしゃべりが楽しみで，イベントや勉強会に参加している参加者もいる[1]。もちろん工藤の指摘するような，自助組織としての側面も存在するが，それはモスクに集まる「目的」ではなく，モスクに集まった「結果」である。基本的には同じ境遇の友人を作りたい，子どもたちにもムスリム同胞の友だちを作ってあげたい，イスラームの知識を増やしたい，といった欲求からイベントに参加しているように思われるし，そうした仲間作りや知識獲得への欲求は宗教的にも奨励されている。とりわけ「女性メンバー」の活動参加の様子は献身的であり，イスラームの布教活動（ダアワ）に主体的に参加することは，彼女たちの自己実現とつながっているようだ。

1.2.2　イスラームのジェンダー規範とビジネスへの志向性

　反対に，宗教団体がジェンダー関係に及ぼす影響もある。なかでも重要なのは，宗教団体の勉強会を通して，イスラームのジェンダー規範が日本人女性に内面化されるプロセスである。たとえば，イベントや勉強会では，毎回イスラームに関する質疑応答の時間が設けられている。そこで登場する質問の多くは，何度も繰り返される「おなじみの質問」であることが多い。そうした機会を通じて，イスラームのジェンダー規範がイベント参加者の日本人女性に繰り返し刷り込まれ，内面化されていく。もしくは，クルアーンやハディースにもとづく宗教的裏づけを確認したうえで，パキスタンのジェンダー規範とは異なる，イスラームのジェンダー規範を選び取り，日常生活に取り入れていく

---

[1] このようなモスクに女性が集まる習慣はパキスタン本国にはなく，日本という移住先だからこそ実現した現象である。モスクに設置された女性専用スペースが，日本人女性以上にパキスタン人女性によって活用されている現象も興味深い。

（工藤 2005a: 203-7）。ジェンダー規範の基本となるのは，「夫に従う」もしくは「家族を大切にする」といった部分であろう。特に「夫に従う」というジェンダー規範については，日本人女性にとって疑問を感じることもあり，なかなか納得できない部分かもしれない。しかしながら，熱心なムスリマであればあるほど，このようなジェンダー規範を努力して内面化している。

　加えて興味深いのは，イスラームの価値観が，パキスタン人移民のビジネスへの志向性を下支えする可能性をもつ点である。たとえば，前述の質疑応答の時間に，「夫が中古車ビジネスを始めたいと言っているが，イスラームでビジネスはどうとらえられているのか」という質問が出たことがある。これに対して，宗教団体側は「預言者ムハンマドもまた商人であったし，イスラームでビジネスは肯定されている」と回答した。儒教，ヒンドゥー教，キリスト教など，世界の大宗教がおおむね商業・商人を否定的にとらえているのに対し，イスラームは商業・商人を肯定する点において際立っている（加藤 1993: 225）。パキスタン人移民のビジネス志向とイスラームの価値観は全く矛盾しないどころか，かえって宗教上肯定的に受けとめられている。「夫に従う」というイスラームのジェンダー規範と「商業はイスラームで肯定される」という考え方が重なり，パキスタン人移民の起業が促進される側面もある。日本人配偶者女性がそうした知識を得れば，夫のビジネスをサポートする際の動機づけにもなるだろう。

　そこで次項では，ジェンダー関係が，パキスタン人移民のエスニック・ビジネスにどのような影響を及ぼすのかを検討する。

1.3　ジェンダー関係とエスニック・ビジネス

1.3.1　中古車貿易業におけるジェンダー関係

　自営業において，家族の労働力や資本といった資源が動員されることは一般的な事象である（老川 1974: 63-4; 伊賀 2002: 217）。それに加えてエスニック・ビジネスにおける「国際結婚」は，ホスト社会の成員を資源動員に引き込むうえでもっとも重要な手段とされている（伊藤 1994: 85）。

　在日パキスタン人の自営業の場合，日本人配偶者は①ビジネス経営に積極的

に協力している，②主婦もしくは育児中であり，たまにビジネスを手伝う，③一般企業に勤めているので，夫のビジネスには関与しない，④海外に居住しているので，夫のビジネスには関与しない，といった立場や状況の違いによって動員の質と量が異なる。本節では基本的には①を想定し，補足的に②に言及するかたちで記述する（④については，第6章第3節を参照のこと）。

　第5章でみたように，パキスタン人移民の中古車貿易業者の場合，自営業の設立当初から日本人配偶者の役割が重要になる。まずは中古車を取り扱うためには，営業許可をとる必要がある。具体的には，警察署に古物商の申請を行うのであるが，申請のための書類収集や書類作成は外国人企業家には難しい。また税務署，市区町村役場，法務局といった公的機関での手続きにおいて，日本人の存在は重要である。筆者の日本人配偶者調査によると（付録の調査票・結果を参照），起業するときの夫婦の関与（全22組，複数回答）の違いをみると，夫の場合，設立資金を負担した人（17人）は多いが，設立手続きに関与した人（11人）になると半分に減る。妻の場合，結婚前に夫が起業していた人が7人，結婚後に起業（もしくは法人化）した人が15人である。後者のうち，設立手続きに関与した人（11人）は多く，設立資金を負担した人（6人）も一定数いる。

　日常業務では，日本人配偶者は主に貿易および自動車関連の書類作成，経理を担当していることが多い。ホスト側の成員でもある日本人配偶者が事務処理能力を求められることは，エスニック・ビジネスの特徴といえよう。ところがなかには中古車の運搬（陸送業務）を手伝うケースもある。このように日本人配偶者を事務職だけでなく現場の仕事へと巻き込む「二人三脚」的な経営スタイルは設立初期に比較的よくみられる。資源が少ないからこそ，当事者が何でもやらなければならない。これは自営業においてごく一般的にみられる，家族労働力の動員でもある。なおパキスタンでは，中間層の間で妻が外で就労することを嫌がる傾向（パルダ）がみられるが，日本では妻が夫の自営業を手伝うことは，ほぼ容認されている。筆者の調査では，夫が企業家である場合，妻が夫のビジネスに全く関与しない「専業主婦」であることはほとんどなく，決算期の経理業務のみといった時期的な労働も含めて，大なり小なり妻が夫の自営業を手伝っていることが多い。筆者の調査から，夫婦の経営への関与（過去の

関与も含む)の違いをみると,夫の場合,営業活動(22人)は全員が関与するが,事務活動(12人)と資金調達(12人)は半数に減り,保証人になる人(8人)はかなり少ない。妻の場合,事務活動(19人)はほぼ全員が関与しており,保証人になる人(10人)も半数程度いる。また運搬,販売,広告宣伝といった営業活動(7人),融資先を探す,もしくは自ら出資するといった資金調達(7人)に関与する人も一定数を占める。

　また日本人配偶者の労働力や事務処理能力に加えて,日本人配偶者の親によるバックアップも,パキスタン人企業家にとって活用すべき資源となっている。前述のとおり,設立資金は本人が工場労働で貯めた資金を用いることが一般的なようだが,その後の運転資金は日本人配偶者やその親から資金提供を受けることがある。また第5章でみたように,良質の中古車を適正価格で仕入れるためには中古車オークションのメンバーシップを得ることが必要不可欠であるが,外国人経営者にとってこのようなメンバーシップを得ることは難しい。なぜならば多くのオークションが,日本人や不動産を所有した人物を保証人として求めているからである。大抵の場合は,日本人配偶者およびその親が保証人となる。さらに日本で取引を拡大するために,銀行からの融資や不動産購入を考えた場合,このような協力者(社会関係資本)が重要な意味をもつ。筆者の調査では,妻側親族が事業に関与しているケースが13件,関与していないケースが9件あった。前者のうち,妻側親族(父母やキョウダイ姉妹)が保証人になっているケースは10件,妻側親族(母や叔母)が事務に従事しているケースが2件,妻側親族(父母,キョウダイ)が役員として出資したケースが3件あった。

　ここで指摘しておきたいのは,このような資源の動員において重要な点は,ビジネスにおける意思決定権を男性側がもつことが多いというジェンダーの問題である。たとえば外国人女性と日本人男性のカップルの場合,外国人女性がビジネスの方向性を決定し,日本人配偶者男性を説得して大きな資金を調達し,事業規模を拡大することは難しい。その場合,ビジネスは生存維持のレベルで継続していくこととなる(Tenegra 2004)。

　それに対して外国人男性と日本人女性のカップルの場合,外国人男性の収入の増減は日本人女性の生活に直接影響することが多い。よって日本人女性側も

外国人男性のビジネスに協力的にならざるをえない。もちろん③のように，日本人女性が一般企業に勤めていて，2人の生活を維持していくのに十分な収入を得ている場合は別である。

　日本人配偶者の役割に関しては，経営が軌道に乗ることによって，その負担を他の同国人従業員や日本人従業員に振り分け，経理業務に関しては税理士に任せるなど，その業務を減らしていく可能性はある。

　あるパキスタン人男性は，子どもにアラブ首長国連邦で教育を受けさせたいと考え，日本人配偶者と子どもを現地に住む夫側の親族のもとに移住させた。その後日本人配偶者の担っていた仕事は日本人従業員や同国人従業員に割り振って経営を続けた。また別の日本人配偶者の場合，口癖は「本当は家事だけをしていたい」というものであった。夫も妻には仕事をさせず，子どもの世話に専念させることに同意していた。しかしながら現実は，朝から夜まで働き続け，日本人配偶者がいなくては仕事が成り立たないといった状態であった。経営が軌道に乗ったかどうかが，家族従業員の動員の質と量を決める[2]。

1.3.2　エスニック・ビジネスとジェンダー分析

　第5章第5節でみたように，エスニック・ビジネス理論研究に総合的な分析枠組みを提示したAldrich and Waldingerの論文（1990）においても，Phizacklea（1988）が指摘しているようなエスニック・ビジネスにおいて女性が果たす役割を考慮する視点は，依然として欠けていた。Phizackleaによれば，エスニシティを動員資源として位置づける主体的なエスニック・ビジネス研究が登場したことは評価できるが，たとえ起業したとしても工場労働よりも収入が低いこともあり，このような起業は，「失業状態でないことを偽装する」ための手段ともなっている。そしてこうしたエスニック・ビジネスにおいて動員されることが多いのが，家族女性の労働力である。移民女性の多くは，移民男性以上に労働市場から排除されているため，家族経営のビジネスにおいて職

---

[2] 「朝から夜まで働き続け，日本人配偶者がいなくては仕事が成り立たないといった状態」については，日本の家族従業員の置かれた状況と重なる（老川 1974: 63-4）。また「経営が軌道に乗ったかどうかが，家族従業員の動員の質と量を決める」現状もまた，日本の家族従業員の状況と同じである（伊賀 2002: 217）。

を得るほうがより現実的である。しかしながら，移民女性がエスニック・ビジネスにおいて果たす役割は，移民男性のそれに比べて正当に評価されることが少ない。また外部から収入を得ている場合に比べて，家族から感謝されることも少ない。さらに，エスニック・ビジネスの必然性として厳しい労働条件の元で働くことになるが，家事労働の負担は女性にのみ課せられることが多く，家庭内でも労働の場においても家父長的なメカニズムに従属させられることとなる[3]。

　パキスタン人移民と日本人配偶者の場合はどうであろうか。たとえばある日本人女性は，生活を支えるためにパートに出ることを考えたことがあるという。しかしながら，パートに出たとしても夫に嫌がられるだけでなく，得られる収入も少ないことは容易に想像がつく。それに対して，その時間を夫の仕事に費やした場合，得られる利益はおそらくパートで得られる収入の数倍になるだろう。もちろんその利益が彼女の収入に直結することはなく，彼女の労働が夫から正当に評価されることもないが，家族の生活はそれで安定するかもしれない，と考え直したそうである。

　Phizackleaの議論の対象は，家族のビジネスに動員される移民女性のケースであり，ホスト社会側女性とは状況の深刻さが異なる。しかしながら，ホスト社会側の女性であったとしても，女性という属性による上位の労働市場への参入の難しさ，さらに出産・育児後の労働市場復帰の難しさは，移民のかかえる問題と同じである。またホスト社会側女性が，移民男性主導のビジネスに動員される構造がみられる場合は，Phizackleaの議論は，ホスト社会側女性のケースにも適合する。

　さらに，公的な場面ではエスニックな権力関係が存在するものの，家庭内という私的な場面ではジェンダーの権力関係が強く出ることもある。しばしば「国際結婚カップルは，家事は夫婦で分担している」とステレオ・タイプ化され，そのようなケースがあるのも事実ではあるが，パキスタン人移民の家族の場合は，「いっさいの家事は女性側が負担している」ケースが多い。筆者の調

---

[3] 「家事労働の負担は女性にのみ課せられる」のもまた，日本の家族従業員と同じである（老川 1974: 63）。

査では，夫が「家事に参加した／している」ケースは8人であった。参加／非参加の両方のケースに共通するのは，「夫は日本での出稼ぎを経験しているので，家事全般できるのだが，結婚後は家事を全く／ほとんどしなくなった」という語りと，「私（妻）が病気の時など，頼めばやってくれるけど」という語りである。また妻と子どもが海外移住している場合は，「夫は日本では1人なので家事をするが，こちら（妻の移住先）に来ると何もしない」という語りもよく聞いた。一方，夫が「育児に参加した／している」ケースは16人あった。家事に比べるとかなり多く，パキスタン人男性が育児参加を比較的重視していることがわかる。これと関連するのは，パキスタン人移民の子どもの数の多さである。対象者22組全世帯に子どもがおり，子どもの数の平均は2.8人であった。なお最多は4人で，22件中5件あった。

　最後に付け加えるとすれば，受動的なビジネスへの動員であったとしても，それが女性の内部で「自己実現」へと転化する可能性も存在するという点である。前述の女性の場合，夫やビジネスに対する不満はあるものの，「ここまでビジネスを大きくしたのだから，もっともっと頑張りたい」と言っていた。また，「本当は家事だけをしていたい」と繰り返していた女性も，「ここまで頑張っているのだから，会社が大きくなってもらわないと意味がない」と，会社の成長を喜んでいた。自営業の起業が，労働市場からの排除を背景とした参入であったとしても，生存維持のレベルを脱して経営が軌道に乗れば，外国人企業家は「自己実現」という意識をさらに強くし，日本人配偶者女性の意識もまた変化を迎えると考えられる。

　次節では，「公的な場面ではエスニックな権力関係が存在するものの，家庭内という私的な場面ではジェンダーの権力関係が強く出ることもある」という部分に関連して，ジェンダーの権力関係とエスニックな権力関係のせめぎ合いについて議論を深める。

第 2 節 ◆ ジェンダーの権力関係とエスニックな権力関係のせめぎ合い

　前節では，パキスタン人移民の宗教団体とエスニック・ビジネスを，ジェンダーの観点から整理し直した。本節では「国際結婚」を中心にジェンダー関係について検討する。男性比率が圧倒的に高い在日パキスタン人においては，配偶者の多くはホスト社会側の成員でもあることから，ジェンダー関係とエスニック関係における権力関係がねじれた状態にある。そうした権力関係のねじれは，パキスタン人移民の社会的世界にどのような影響を及ぼすのだろうか。「重婚」という，パキスタン人移民をめぐる特殊なテーマを事例として取り上げ，それに関する言説を分析することによって，権力関係のせめぎ合いの構図を考察する。

2.1 「国際結婚」と権力関係のねじれ

2.1.1 「国際結婚」の先行研究
　第 1 章でも言及したように，「国際結婚」という用語は日本人の造語であり，英語では intermarriage，もしくは mixed marriage と表記されることが多い（嘉本 2001: 3, 2008: 1-8）。また文化人類学では，「通婚 (intermarriage, mixed marriage)」という用語が用いられる（工藤 2005a: 14）。しかしながら，日本では「国際結婚」という用語が一般的に浸透しており，当事者もこの用語を使用することが多いこともあり，本稿では括弧つきの「国際結婚」を使用している。
　ニューカマーの「国際結婚」の先行研究では，比率的に外国人女性と日本人男性のカップルが多数を占めることもあり，外国人女性と日本人男性のカップルを分析対象としたものが多い。ニューカマー女性の「国際結婚」に関する先行研究として，農村部の日本人の配偶者女性（フィリピン，韓国）のストレスについて論じた桑山（1995），フィリピン人女性のかかえるさまざまな問題を扱った定松（1996, 2002）がある。しかしながら，外国人が女性である場合と男性である場合とでは問題のあり方が異なる（石井 1995: 83-4）。

表 6-1 パキスタン人の配偶者国籍

調査年	夫/妻	既婚者総数	配偶者の国籍												
			日本		パキスタン		フィリピン		ブラジル		ペルー		韓国・朝鮮		その他	
			人数	%	人数	%	人数	%	人数	%	人数	%	人数	%	人数	%
1995年	夫	1,159	897	77.4	162	14.0	26	2.2	15	1.3	12	1.0	4	0.3	43	3.7
	妻	186	17	9.1	162	87.1	1	0.5	1	0.5	0	0.0	0	0.0	5	2.7
2000年	夫	2,002	1,669	83.4	242	12.1	19	0.9	32	1.6	10	0.5	8	0.4	22	1.1
	妻	259	9	3.5	242	93.4	0	0.0	1	0.4	0	0.0	0	0.0	7	2.7

出典:総務庁統計局,1999『国勢調査報告』平成7年,第9巻,1995年10月1日現在。
総務省統計局,2004 『国勢調査報告』平成12年,第8巻,2000年10月1日現在。

　では,在日パキスタン人の配偶者は,どの国の人が多いのであろうか。『国勢調査報告』をみると,外国人の配偶者国籍が掲載されている。これまでみてきたとおり在日パキスタン人は,男性の比率が圧倒的に高い。男性の配偶者国籍をみると,日本人が大半であり,しかも1995年(77.4%)から2000年(83.4%)にかけて,比率が増加している。同国人(パキスタン人)の比率は,1995年(14.0%)も2000年(12.1%)も横ばいである。その他,韓国・朝鮮人,フィリピン人,ブラジル人,ペルー人の比率は,きわめて少ない。

　一方,女性の配偶者国籍をみると,同国人(パキスタン人)が大半である。しかも1995年(87.1%)から2000年(93.4%)にかけて,比率が増加している。反対に,日本人の比率は,1995年(9.1%)から2000年(3.5%)にかけて,減少している。その他の国籍は実数をみてもほとんどいない。本節では,主にパキスタン人男性と日本人女性の組み合わせについて論じていくこととなる。

2.1.2　外国人ムスリム男性と日本人女性の「国際結婚」

　近年,外国人男性と日本人女性のカップルを扱った研究も登場し始めた。外国人ムスリム男性と日本人女性の「国際結婚」に関連する先行研究としては,寺田(2001, 2003),竹下(2000b, 2001, 2002, 2004),工藤(2000, 2005a, 2005b, 2008)があげられる。3人の先行研究に共通しているのは,外国人ムスリム男性側ではなく,日本人女性側,つまりムスリム女性(ムスリマ)を調査対象としている点である。

竹下（2001）は，外国人ムスリム男性と結婚した日本人女性が宗教上の問題で対立した場合，いかに対処しているかを異文化適応の視点から分類，考察している。それによると対立する（葛藤），夫に従う（受け身），妥協点を探る（柔軟），完全に拒否する（拒否），夫以上に宗教を極める（傾倒），といったさまざまな対処方法のタイプが見出される。

　寺田（2001, 2003）は，日本人女性がムスリマとしてかかえる生活課題を社会福祉の観点から検討している。そしてその分析枠組みとして，日本人ムスリマのアイデンティティをマジョリティ（日本）文化への志向（社会適応）／マイノリティ（夫の出身国）文化への志向（エスニック・アイデンティティ）の強弱によって4象限に分け，文化融合志向型（強／強），マジョリティ文化志向型（強／弱），脱両文化志向型（弱／弱），マイノリティ文化志向型（弱／強）に類型化している。

　竹下論文も寺田論文もテーマは似ているが，相違点をあげるとすれば，竹下論文では女性側が男性側の宗教に適応するという方向性が前提となっており，そもそも宗教に関心を持たない女性の存在は議論に入らない。寺田論文は文化全般を扱っていることもあり，夫婦双方の適応，つまり2つの方向性を組み込んで分析している。ただし寺田論文は，「共生社会構築のための支援のあり方を提示することを目的としている」ため，結果的には文化融合志向型（両方の文化を大切にする立場）が望ましいとする結論に収斂しており，日本人ムスリマの言説を分析してそのジェンダー関係を明らかにするまでには到っていない。

　工藤論文（2005a, 2008）は，日本人ムスリマとパキスタン人男性をめぐる，より広範な生活世界を描いている。工藤は，日本人女性がパキスタン人の夫との結婚生活の中で，複数の価値観の衝突を経験し，アイデンティティの危機を迎えることに注目している。そうした危機を乗り越えるきっかけとなるのが，イスラームの勉強会への参加である。他のムスリマたちとの交流を通じて，しだいに重層的なアイデンティティを再構築していく様子を，結婚，出産，育児，PTAなどの地域活動といったライフ・コースの中に位置づけて描いている。

　3人の先行研究の提示する枠組みは，パキスタン人移民と日本人女性の「国際結婚」における異文化適応について考察する際に，それぞれ参考になる。し

かしながら本節では，文化ではなく権力関係に着目し，日本人女性側の「国際結婚」に関する言説分析を試みる。

2.2 重婚をめぐる言説分析

2.2.1 パキスタン人移民の重婚と永住権取得後離婚の問題

ここでは，パキスタン人男性と日本人女性の「国際結婚」におけるジェンダーの権力関係について分析するために，近年問題となっている重婚[4]と永住権取得後離婚をめぐる言説を取り上げる。日本人と結婚して在留特別許可を得た人が，自国で第二夫人と結婚する，もしくは永住権を取得した後，日本人配偶者と離婚する，というケースがいくつか報告されている。

重婚に関しては，1990年代半ばに，「パキスタンに妻子を残して日本へ出稼ぎに行った夫が，日本人の第二夫人を連れてパキスタンに帰国する」という設定のテレビドラマがパキスタンにおいて放映されたこともあり，社会的関心は高いとみられる。永住権取得後離婚に関しては，筆者の知るかぎり3組のカップルが永住権取得後に離婚しており，パキスタン人男性は3人全員が同国人女性と再婚した。日本で実際にどのくらいの重婚や永住権取得後離婚があったのかは不明だが，実数としてはまだそれほど多くはないだろう。しかしながら，この問題は日本人女性にとって強いインパクトがあるため，日本人配偶者女性の間では広く知られている。

この問題に関して，ある日本人女性が『ムスリム新聞』119号（2002年5月20日号：15-6）に投稿した文章を紹介したい。

> 私たちのまわりに，「パキスタン人の夫が妻の了解を得ずに極秘に自国で婚約あるいは結婚をしてきて事後報告する（ばれる）」ということが数件ありました。いずれも夫が永住権を申請中，もしくは取得後のことです。これらのご夫婦はいわゆるビザ目的のペーパーマリッジというものではなく，実際に夫婦として生活をともにされてきた方々です。

---

[4] 日本で重婚は認められないが，パキスタンではイスラーム法にのっとり，男性は4人まで妻をもつことが許される。

……(中略)……永住権を申請中もしくは取得後というと,結婚生活は6,7年から10年以上にわたります。日本に不慣れな夫を助け苦労をともにし,やっと日々の生活にもなじんできた頃,夫から突然「パキスタンでもう1人妻をもらってきた」などと言われても私たちは納得しません。

……(中略)……なぜ夫たちは永住権申請段階(あるいは取得後)になって,2人目の妻をもらいたがるのでしょう。私たちの身の回りで起きているこの「悲劇」は奇妙にもこの永住権とかかわっているのです。(……(中略)……今の日本の法律では夫が取得した永住権は申請書に偽りがないかぎり「妻のどんな訴え」によっても剥奪できません。よくある話ですが,夫が日本人妻の了解なしに子どもを自国に連れて置いてきたとしても,そこに犯罪性がないかぎりこの日本の法律はそうした女性たちを守ってはくれません。)

……(中略)……ある方の例をあげると,……(中略)……彼は妻に第二夫人の存在を告げ,彼女と離婚について話し合いをしました。彼は永住権を利用して,自国人の妻を正式に日本に入国させるために,日本人妻と離婚しなければならなかったからです(日本人妻がいなくなれば重婚にはなりませんから)。……(中略)……

また別の方の例ですが,彼女がご主人と結婚したとき,彼女は年齢的にお子さんは望めませんでしたが,ご主人からの強い熱望で結婚を決意しました。ご主人は子どもはいらないという考えの人でした。2人の結婚はご主人の家族にも祝福され,パキスタンで生活した後日本に戻りましたが,奥さんはご主人の家族と連絡を取り合い仲よくしていたそうです。最近ご主人が一時帰国をして日本に戻られてから,突然,パキスタンで自国人と婚約してきたことを奥さんに告げました。理由は「子どもが欲しいから」。

投稿者の怒りには共感できるが,ここではこの問題に関する言説を社会学的に検討し,在日パキスタン人におけるジェンダー関係について考えてみたいと思う。『ムスリム新聞』120号(2002年6月20日号:14-7)には,上記の投稿に対する反応が3通掲載されている。1つ目は「自分の夫も重婚だが,夫の行為を容認している」という反対意見,2つ目は「自分もパキスタン人の夫の不真面目さに耐え兼ねて離婚した」という賛成意見,3つ目は「日本人でもパキ

スタン人でもよい人もいれば悪い人もいるのだから」という客観的立場である。以下，それぞれ紹介していきたい。

2.2.2　第一の意見──容認：ジェンダー＞エスニック

　第一の意見は，投稿者自身は第二夫人（子どもあり）で，パキスタン側が第一夫人（子どもあり）のケースである。既婚者であることを知ったうえで結婚したケースであり，パキスタン側の夫人・子どもと日本側の夫人・子どもは仲よく交際しており，双方ともに夫の重婚を認めている。また，将来的にはパキスタン側の家族と同居する余地もあると述べている。この意見に関して，『ムスリム新聞』121号（2002年8月20日号：12）には「自分も第二夫人であるが，こういう意見をもつ人がほかにもいてうれしい」といった賛同の投稿も寄せられている。

　自分が第二夫人の場合で，かつ夫から結婚前にその事実を知らされている場合は，重婚についてもこの投稿者のように前向きな発言が聞かれる。一方，夫から結婚後に第一夫人の存在を打ち明けられた場合は，離婚こそしないものの，心にわだかまりをかかえたまま，その現実を黙って受け入れることが多いようだ（2004年10月24日聞取）。しかしながら，自分が第一夫人の場合で，後から第二夫人との結婚を知らされたケースでは（事後報告），怒り心頭で離婚した，という話をよく聞く。それぞれ立場によって意見が異なるようだ。

　このように，重婚のような夫の行為を容認・許容するタイプが一方でみられるが，これをすべて宗教，文化，慣習に対する寛容の問題に還元してしまうことは，妥当ではない。夫が複数の妻をもつことは，日本でも他の国でも一般的にみられる現象であり，パキスタンではそれが法的・宗教的に認められるという違いにすぎない。もちろん世帯や親族レベルの戦略など，背後に複雑な力学もあるが（後述），本論文では論点を絞る都合上，この容認タイプをエスニックな権力関係以上にジェンダーの権力関係が強いケースとして位置づける。

2.2.3　第二の意見──反対：ジェンダー＜エスニック

　それに対して第二の意見は，夫が宗教実践を行わず，仕事にも不真面目で，生活費もろくに渡さず，育児や家事に非協力的だったため，離婚を選んだとい

う女性による投稿である。この女性の場合は，永住権や重婚といった問題は絡んでいなかった。しかしながら，「南アジア人が悪いというわけではないが」と前置きはしているものの「こういったひどいケースもあるということを知ってもらいたい」と述べ，最初の投稿記事に同調している。

また重婚と離婚の問題に関しては，最初の投稿文を書いた女性が中心となって，2002年に数名の女性たちと署名運動を展開した（2004年12月2日聞取）。具体的には，投稿文と同じ内容の文章に，「外国人永住者の永住資格を，配偶者の申し出によって剝奪できるよう，法改定を訴えているので賛同して欲しい」という主張を追加して，日本の行政機関や外国人支援団体に手紙を送付し，署名を呼びかけた。結果的に行政機関はこの手紙を無視したので，運動を起こした女性たちは日本の行政に失望感を感じ，「運動は失敗に終わった」と思ってあきらめたという。ところが実際は，2003年3月，法務省はこの主張に合致する内容の入管法の改定法案を国会に提出している。この女性たちの運動が行政側に何らかの影響を与えたか否かは不明であるが，この女性たちの運動は，ジェンダーの権力関係と闘うためにエスニックな権力関係を利用したタイプであると位置づけられる[5]。

2.2.4　第三の意見——中立：ジェンダー＜＞エスニック

第三の意見は，このような行為は宗教や民族の問題ではなく，人間性の問題であるから，そのような人とはすぐにでも離婚したほうがよい，というものである。そして本に載っていた事例と断わったうえで，「ある日本人女性が，別に好きな人が出来たのでビザのない夫を入管に通報して帰国させた」という話を紹介し，「民族や男女の別を問わず，誠実な人とそうでない人がいる」と結論づけている。この立場は，エスニックな権力関係とジェンダーの権力関係の双方を脱色した状態で，客観的に意見を述べている点が特徴的であるといえよう。

---

[5] 筆者としては，このような事例に対する怒りは理解するものの，それに対抗する手段として「永住者の永住資格を剝奪できるように法改正する」という戦略をとったことには同意できない。根本的な問題は，「国際結婚」した人にのみ在留資格を与えるという日本の移民政策にあるからである。日本がこの政策をとり続けるかぎり「偽装結婚」や永住権取得後の離婚という現象がなくなることはないだろう。

2.2.5　第四の意見——相殺：ジェンダー＞＜エスニック

さらに，この重婚・離婚の事例からは離れるが，『月刊オルタ』の「国際結婚」特集（1996年4月号：12-4）に掲載された，在日バングラデシュ人と結婚したある日本人女性のインタビュー記事から，第四の立場が読み取れる。

> 私は前から，国際結婚は自分に向いているかもしれないと思っていたんです。……（中略）……この人と結婚したのは彼がアジア人だからです。……（中略）……日本にいるかぎり彼は欧米人より「弱い」立場です。私も日本社会の中で，女であるということでちょっと「弱い」んです。お互いに，ここで泣いたことがあるんだという共同意識を私は意識的にすごく感じていた。彼はそうは思わなかっただろうけど。

この発言から読み取れるのは，エスニックな権力関係とジェンダーの権力関係の存在を認識したうえで，両者を相殺してお互い対等な立場に立つという発想である。実際には，このインタビューを通して読むと，彼女の発言には自分の意見をはっきりと言う姿勢が終始貫かれているのに対し，バングラデシュ人男性の発言は，彼女の意見に同調することが多いという印象を受けた。日本語によるインタビューであったため，男性にとって言語能力上のハンディキャップがあったと単純に考えることもできるが，ジェンダーの権力関係の方がエスニックな権力関係よりも深く浸透しているからこそ，女性側が自分の意見をもつことが，両者の権力関係を中和させる一助となっているととらえることもできよう。

2.3　ジェンダーの権力関係とエスニックの権力関係のせめぎ合い

2.3.1　権力関係のねじれとせめぎ合い

以上みてきたように，重婚と永住権取得後離婚というかなりまれな事例を題材にしたが，各意見の立場や論点がはっきりしているので，ジェンダーの権力関係とエスニックの権力関係の問題の構図を浮き彫りにできたのではないかと考える。

上記にあげたようなジェンダーの権力関係とエスニックな権力関係のねじれ，

もしくはせめぎ合いは，パキスタン人男性と日本人女性の「国際結婚」において日常的に立ち現れる問題である。確かにエスニックな権力関係において，移民はホスト社会の成員に比べて弱い立場にある。しかしながら移民当事者が男性であれば，ジェンダーの権力関係を背景として，移民側がある程度の意思決定権をもつことも多い。「移民＝女性／ホスト＝男性」の場合と比較して，「移民＝男性／ホスト＝女性」の場合は相対的に移民にとって資源動員が容易となるのは，そのためである。この点において，「移民＝女性／ホスト＝男性」という図式のように，ジェンダーの権力関係とエスニックな権力関係が一致する場合とは，異なる知見が見出される。エスニック・ビジネスにおいては，ホスト社会の成員との「国際結婚」は重要な意味をもつが，特に在日パキスタン人の場合，日本人配偶者側の資源がより積極的に動員されることが多い。それを可能にしているのはジェンダーの権力関係である。

　日常的なレベルでは，たとえば飲食に関するハラール（合法）の基準を誰が決めるか，最終的にどこにハラール／ハラーム（合法／禁止）の基準を設定するかという問題がある。パキスタン人移民でも，アルコールを飲む人もいる。豚肉以外ならば，ハラール肉以外でも食べる人がいる。もちろんハラール肉しか食べない人もいるし，醤油に含まれるわずかなアルコールを避ける人もいる。パンやケーキに用いられるショートニングの成分を，丁寧に確認する人もいる。

　女性の服装も，誰が基準を決めるのか，最終的にどこに妥協点を見出すか，という問題の1つである。たとえば，あるパキスタン人男性は，日本人の妻や娘にパキスタンの民族衣装（シャルワール・カミーズ）の着用を求める。別の男性は，ゆったりとした丈の長い長袖上着とロングスカートを着るように促す。さらに別の男性は，長ズボンをはいていれば，それ以外は普通の格好でよいという。もちろん，半そでとスカートでも全く気にしないという人もいるだろう。

　コートやスカーフへの対応もさまざまである。あるパキスタン人男性は妻や娘に，外出時にコート（アバヤ，ブルカ）とスカーフ（ヒジャーブ）を着用するよう求める。さらに別の男性は，スカーフで目以外を隠す（ニカーブ）ように求める。一方で「敬虔な信徒みたいで，日本では怖がられるから，外で黒いコートを着ないでほしい」と言う人もいる。スカーフも前髪を見せるゆるい巻き方，髪の毛や首をいっさい見せないしっかりとした巻き方，髪だけ隠して首

は出す巻き方などがある。パキスタン風に長いショール（ドゥパタ）を肩や胸の前にふんわりかけておく，持っているが普段は使用しない，などさまざまなバリエーションがある。

　より深刻になるのは，家族計画（子どもの数），子どもの教育方針，家族の呼び寄せ，海外移住計画など，家族全体のライフ・コースを決定する場面であり，普段は見て見ぬふりをしているジェンダーの権力関係とエスニックの権力関係のせめぎ合いが表面化し，時には激しく衝突することもある。

2.3.2　パキスタン人移民の重婚の位置づけ

　本節の最後に，再度パキスタン人移民の重婚について考えてみよう。工藤（2005a: 270）はパキスタン人男性の重婚を，男性個人の判断というよりは，パキスタン側世帯（ガル）の意向が関係していることが多いと考察している。パキスタン側の親が自分たちの世話を求めたり，子どもがいない場合は孫を切望したり，という理由によるものである。

　筆者が得た情報では，第二夫人になるパキスタン人女性は，親族（ビラーダリー）[6]内の離婚経験者というケースがあり，その場合の夫側の言い分は「可哀想な女性だから結婚した」ということになる。この場合，世帯（ガル）のみでなく親族組織（ビラーダリー）レベルの戦略であるといえよう。もちろんパキスタン人の第二夫人には，日本人の第一夫人にはあまり期待できない，パキスタン側両親の世話・介護や家事労働が期待される。

　近年はさらに，日本人女性の第一夫人，パキスタン人女性の第二夫人に加えて，フィリピン人の第三夫人と結婚するケースもごく少数だが存在する。日本人の妻は，日本側の家族と会社を守り，パキスタン人の妻はパキスタン側の家族を守り，フィリピン人の妻は「彼女」という位置づけだという。この場合も，

---

[6] 親族（ビラーダリー）の定義は，文脈に応じてさまざまに変化する（工藤 2005a: 45-9）。基本的には，男系親族のつながりを重視した関係性であるが，必ずしも父系出自やキョウダイ関係で結ばれる紐帯ではない。広義には，ザート（ムスリム・カースト，職業階層）をさす場合がある。狭義には，父系出自に加えて，婚姻関係，親しい非親族を含む場合もあり，縁組や贈与交換によってその関係性が維持・補強される。パキスタンではイトコ婚がよいとされているが，ビラーダリーで「内婚」するケースも多い。

「あのフィリピン人女性は，日本人男性と離婚した可哀想な女性だから」という言い分が成り立つ[7]。

　また現在は重婚ではないものの，重婚を容認するという女性は，「夫側には，重婚して子どもが生まれれば，ウンマ（イスラーム共同体）の人口が増えるからよいことだ，という言い分があるみたい。もちろん女として嫉妬はあるけれど，私は子どもをもう産みたくないし。もしパキスタン人の第二夫人と一緒に生活したら，自分の子どもの教育にもたぶんよい効果があると思う」と語っていた（2004年6月10日聞取）。しかしながら，こうした肯定派はきわめて少数である（工藤 2005a: 89）。

　以上，重婚の問題を手がかりとして，エスニックな権力関係とジェンダーの権力関係のねじれ，もしくはせめぎ合いについて言説分析をした。しかしながらこの構図は，ホスト社会側のメンバーである日本人配偶者女性が，パキスタン人移民とともに日本に居住することを前提として初めて成り立つものある。つまり，これまでみてきたようなエスニックな権力関係とジェンダーの権力関係のねじれは，カップルが女性側の出身社会に住むことを前提条件としている。寺田（2001）によれば，日本人女性が夫の出身社会に移住した場合，マジョリティ文化とマイノリティ文化の位置づけが逆転することになる。つまり，ジェンダーの権力関係とエスニックの権力関係が一致してしまう。その場合，柔軟にマジョリティ文化（夫側社会）に適応する人もいるものの，かなりの葛藤をかかえる人もいて，中には夫の国に拒絶反応を示すような人もいる。そうした環境を回避して，わざとアラブ首長国連邦などの第三国を選択する人々もいる。

　パキスタン人移民というエスニック集団におけるジェンダー関係は，「ホスト国：日本」においてはエスニックな権力関係とジェンダーの権力関係が交錯して，複雑な様相を呈すると考えられるが，海外移住でひとたび「場」が変われば，全く違ったジェンダー関係に変容する可能性をもつ。次節では，そうした海外移住の問題について論じる。

7）とはいえ，『国勢調査報告』をみると（表6-1），フィリピン人女性との結婚は1995年でわずか2.2%（26件）であり，2000年にはさらに減少して0.9%（19件）である。実際の婚姻状況については，もう少しデータを集めて慎重に考察する必要があるだろう。

第3節 ◆ 子どもの教育と海外移住

　前述のとおり，パキスタン人移民は日本で生活基盤を築き，日本人女性と家族形成し，宗教団体を設立し，エスニック・ビジネスを起業してきた。さらに永住権を取得し，日本国籍を取得（帰化）した人も登場している。こうした状況は，「日本社会への定着化」傾向を示しているようにみえるかもしれない。しかしながら，将来的にパキスタン人移民とその家族が日本に定住・永住するかどうかは，全くの別問題である。パキスタン人移民にとって，人生の節目における選択肢は日本国内に限定されていない。
　そうした重要な意思決定の場面において，前節でみたようなジェンダーの権力関係とエスニックの権力関係のせめぎ合いが重要な意味をもつ。ここでは，子どもの教育と海外移住をテーマに，移民におけるジェンダー関係と家族について検討してみよう。

3.1　日本での「生きにくさ」と海外移住

3.1.1　トランスナショナルな親族ネットワーク

　パキスタン人の日本出稼ぎのピークは1988年であったが，それからすでに20年以上が経過し，その間に在日パキスタン人の家族形成が進んだ。日本人との密接な関係を基盤として，パキスタン人の移民コミュニティが形成されつつある。それと同時に，パキスタン人移民の日本人配偶者女性が，子どもの教育を理由に，パキスタン人親族のもとへ海外移住する傾向もみられる。移民とその家族はその場の状況判断で，日本での「生きにくさ」を避け，海外へ脱出する可能性をもつことを示している。
　1990年代後半に入ってパキスタン人の永住権取得者は急増したが，日本における永住者資格の取得は，移民過程論（Castles and Miller 1993=1996）における第四段階（永住）というよりは第三段階（家族呼び寄せとエスニック・コミュニティ形成）に近い。在日パキスタン人にとって永住権の取得は，ようやく思いどおりの行動がとれる段階である。前節でみたような，重婚や離婚が増

えることは社会的には深刻な問題である。しかしながら，家族の呼び寄せや第三国への生活拠点の変更など，より自由な選択が行えるようになるのも事実である。そしてこれは，日本国籍を取得した後も同じである。
　第5章でみたように，エスニック・ビジネスにおいて，親族ネットワークの果たす役割は大きい。パキスタン人の場合，親族ネットワークが国民国家の枠組みを大きく超えた，トランスナショナルな形態をもつことも多く，特に中古車貿易業に携わっている場合，親族ネットワークは資源として最大限に活用される。パキスタン人の中古車貿易業者の多くが，比較的気軽に海外に拠点を設置するが，そうした系列会社のほとんどが親族ネットワークによって支えられている。
　たとえば，あるパキスタン人の中古車貿易業者の場合，日本に1社，アラブ首長国連邦に1社，ケニアに1社，パキスタンに1社の拠点があり，そのすべてが一家の男キョウダイによって運営されている。その会社では，各自の主な滞在先は決まっているものの，折をみてキョウダイ全員が各国の拠点を点々とするシステムをとっている。また別の業者の場合，日本に1社，ニュージーランドに1社の拠点があり，キョウダイ2人が交互に往来している。
　またトランスナショナルな親族ネットワークは，人生の岐路における重要な意思決定の場面でも大きな役割を果たす。こうした移民ネットワークが基盤となっているため，パキスタン人とその家族の人生設計における選択肢は一国内に限定されない。たとえば国籍はどの国のものを取得するのが有利か，生活の拠点をどの国に置いたらよいか，子どもの教育はどの国で受けさせたらよいか，といった具合である[8]。貿易業という業種に携わることによって，一国内に留まるメリットはよりいっそう少なくなる。
　筆者の日本人配偶者調査（付録の調査票・結果参照）で，夫側親族の居住地（全22組，複数回答可）を尋ねたところ，パキスタンが20件であった。つまり2件は，夫方親族（父母，兄弟姉妹）がすでにパキスタンには居住しておらず，第三国に移住してしまったのである。また外国（パキスタン以外）は16件

---

[8] 五十嵐（1999: 25, 35）は，パキスタン人のトランスナショナルな親族配置をリスク分散の手段としてとらえている。

であった。もっとも多いのがアラブ首長国連邦（10件）[9]であり，日本（7件），イギリス（4件），サウジアラビア（2件），アメリカ（2件），バングラデシュ（1件）と続く。また，夫のビジネスに関与している夫側親族は10件あり，その居住地は日本（6件），パキスタン（4件），アラブ首長国連邦（3件），アメリカ（1件），イギリス（1件）である。第3章第1節でみたように，パキスタン政府が自国民の海外移住を奨励してきたのは有名であるが，在日／元在日パキスタン人の親族もまた，さまざまな移住を経験しており，その一定数は親族のビジネスに関与していることがわかる。

　また将来的な事業展開について尋ねたところ，夫の場合，日本での事業拡大・業務拡大（8人）よりも，海外への移転・進出（20人）を重視する人が多かった。妻の場合も，日本での事業拡大・業務拡大（6件）より，海外への移転・進出（16件）[10]が多いのが興味深い。妻もまた，海外移住という選択肢を肯定的にとらえていることがわかる。その他には「現状維持」「業務縮小」「未定」と答えた人が少数いた。加えて「夫に従う」と答えた人や，自分の希望はもちつつも「最低限稼いでくれれば，あとは夫に任せる」「夫のやりたいようにしてもらう」と付け加えた人が何人もいて，前節のイスラームのジェンダー規範とも重なった回答でもあり，印象的だった。

3.1.2　パキスタン人移民とその家族の海外移住

　このように海外ビジネス拠点を設置し，家族の生活拠点を変更することは，パキスタン人移民の間ではそれほどめずらしいことではない。家族の生活拠点の変更に際しては，ジェンダーの権力関係とエスニックな権力関係がせめぎ合う場面を迎える。

　杉本（2002: 162）によれば，在日ムスリムと日本人配偶者が子どもの教育を考える場合，外国籍の親が決定権をもてば，多くの場合子どもをイスラーム圏の学校に送ることになり，日本人（多くは母親）が決定権をもてば，日本の学

---

9) 調査地点の1つがアラブ首長国連邦であったことによって，実数が多くなった可能性がある。
10) すでにアラブ首長国連邦やパキスタンに移住した人が，この選択肢を選ぶ傾向がみられたため，実数が多くなった可能性がある。

校に子どもを送り、家庭教育としてイスラーム教育を行うケースが多いという。実際は杉本のいうほど単純な構図ではないが、人生設計における意思決定権をどちらがもつかが最後の決め手となるのは間違いない。

　筆者の調査では、将来的な永住の地について尋ねたところ、夫の場合、パキスタン（9人）がもっとも多く、日本（3人）、アラブ首長国連邦（3人）、イギリス（1人）は少ない。妻の場合も、パキスタン（8人）がもっとも多いが、日本（5人）も比較的多い。さらに「どこでもよい、子どもしだい」（4人）という回答もあり、日本人女性の居住地選択の基準が、子どもの教育過程と連動する傾向を示唆している。

　子どもの教育は、パキスタン人移民とその家族が海外移住を決意する最大の理由である。なぜパキスタン人移民は、子どもに海外で教育を受けさせようとするのだろうか。また、なぜ日本人配偶者女性は、海外移住を肯定するのだろうか。以下、子どもの教育と海外移住の関係性について論じる。

3.2　子どもの教育の選択肢

3.2.1　「ホスト社会：日本」の場合

　パキスタン人移民の家族は、日系ブラジル人などと比較して教育熱心であるといわれる[11]。パキスタン人移民とその家族の間でしばしば話題にあがるのは、子どもに日本以外の国で教育を受けさせようとする問題である。もっとも多い形態は、パキスタンに住む親族に子どもだけを預ける、というものである[12]。

　このテーマに関しては関心が高く、モスクのイベントで知り合った日本人女性の間で随時情報交換がなされているほか、かつて日本で発行されていたウルドゥー語新聞『パーク新聞』の1999年8月号、9月号の日本語欄（その後日本語欄はなくなり、新聞自体もなくなって、その後Web新聞に移行した）で意見交

---

11) 2003年11月29日、エウニセ・アケミ・イシカワ氏（静岡文化芸術大学）の指摘による。
12) 子どもを移民の出身地に送り返し、移民の近親者が送金を受けつつ子どもを養育するスタイルは、イタリア在住フィリピン人の間でもみられる（長坂 2001）。

換や情報提供がなされていた。また『ムスリム新聞』投稿欄にも，しばしば相談の手紙が掲載される。先行研究（寺田 2001；工藤 2005a）の聞取調査の中でも，子どもの教育と海外移住は重要なテーマとして取り上げられている。

「ホスト社会：日本」で子どもに教育を受けさせようと考える場合，どのような選択肢があるだろうか。コストを重視する場合は，公立の学校を選択する。日本の公立小・中学校は学費が無料であり，しかもパキスタンの公立学校に比べて学校の設備がよく，体育や音楽などカリキュラムも豊富であり，パキスタン人夫婦やその子どもたちからの評判も高い（2008 年 7 月 12 日聞取）。また私立校に比べて公立校のほうが，女子生徒のスカーフ着用やイスラームにのっとった服装の問題に対して柔軟であり，ムスリムの子どもたちにとって通いやすいという側面があるという。

宗教（イスラーム）を重視する場合，イスラーム学校を選択する。2003 年 5 月に，神奈川県横浜市鶴見区にトルコ系のインターナショナル・スクールができ，ムスリムに適した環境で教育を受けさせられると関心を集めたが，とにかく学費が高いため，一般の移民世帯にとっては，子どもを通わせるのは難しいのが現状である。

英語力など語学を重視する場合は，欧米系のインターナショナル・スクールを選択する。こちらも，イスラーム学校と同じで学費が高いので（たとえば月額 10 万円程度），一般の移民世帯にとってみれば，長く通わせ続けるのが難しい。また一般的にパキスタン人移民家族は子どもの数が多い傾向がみられるので，子どもの学費が家計を圧迫することとなる。

父親の出身地域への帰国を前提としている場合，海外の通信制教育やインド人学校が選択肢にあがる。またホーム・スクーリングという方法（欧米の教材を使って，自宅で母親が語学やイスラームを教える）や，モスクの付属学校に全日制で通わせる，公立学校に通わせながら，放課後だけモスクの付属学校に通わせる，といったケースもみられる。

また海外移住から日本に戻った場合，「海外帰国子女」枠を利用するケースもみられる。こちらは費用の安い国立学校などもあるので，教育熱心な人々が注目する選択肢である。

3.2.2 「送出社会：パキスタン」の場合

　日本以外で子どもを教育しようとする場合，もっとも多いケースが，父親の出身国であるパキスタンへの海外移住である。パキスタン側親族に子どもだけ預けるケース，日本人女性と子どもだけ移住するケース，父親も含めて家族で完全移住するケースなどさまざまである。しかしながら，パキスタン人男性が中古車貿易業の企業家である場合，ビジネスの制約上，パキスタン人男性本人が生活の拠点をパキスタンに移すケースは少ない。

　パキスタンで，子どもに教育を受けさせようと考える場合，どのような選択肢があるだろうか。もっとも多いケースは，英語力を重視して，私立のイングリッシュ・スクール（英語で授業する学校）を選択するケースである。中でも，O／Aレベルコース，通称ケンブリッジ・システム（イギリスの大学進学資格取得コース）をもつ学校の人気が高い。イスラームを重視する場合は，宗教に力を入れている私立学校を選択するケースもある。マドラサと呼ばれるイスラーム宗教学校（寺子屋）に通わせるケースは聞かない。コストを重視する場合は，やはり公立学校を選択するが，実数はそれほど多くないようだ。

　またパキスタンでの教育は，高校卒業レベルまでと決めている家族は多い。その場合，高等教育は，日本の大学へ「留学」させるという選択肢，イギリス，アメリカ，カナダといった欧米へ留学させるという選択肢などが想定されている。

3.2.3 「第三国：アラブ首長国連邦」やその他欧米諸国の場合

　イスラームと英語の両方を重視する場合，アラブ首長国連邦のような第三国が選択されることもある。その場合は，イスラームの規準にのっとった，イングリッシュ・スクール（英語で授業する学校）が選択されることが多く，日本人駐在員家族向けの現地の日本人学校は，ほとんど利用されることがない。

　特に英語を重視する場合，ニュージーランド，オーストラリア，イギリス，アメリカ，カナダといった欧米諸国が選択肢として登場することもある。この選択肢を利用するためには，先行して当該国に親族ネットワークが形成されていることが不可欠の条件である。

　また子どもの教育からは離れるが，日本人配偶者女性の中には，夫の親族

ネットワークを積極的に活用して，アメリカ，ニュージーランド，オーストラリアといった英語圏に自ら進んで語学留学するという人もいる。このようなケースは，夫の側の社会関係資本を妻が最大限利用するという，これまでみてきたものとは逆のかたちである。

3.3 海外移住

3.3.1 「送出社会：パキスタン」への海外移住

では，具体的にそれぞれの海外移住先の状況をみてみよう。海外移住先としてもっとも多いのは，パキスタンへの移住である。

外務省の『海外在留邦人数調査統計』平成23年速報版（2010年10月1日現在）によると，3カ月以上海外に在留している日本人のうち，在留国から永住資格を得ている者を「永住者」，それ以外の者を「長期滞在者」と定義している。パキスタンやアラブ首長国連邦のように在留国に永住制度がない場合，婚姻などにより永住の意思をもって生活の本拠（住所）を日本から在留国に移した者で，在留届に「永住」と届出があった者も「永住者」としている（2011: 3-4）。なお，平成10年版（1997年10月1日現在）によると，「永住者」でない「外国人妻」（＝日本人女性）は，「長期滞在者」の「その他」に含まれると明記されている。そして日本人配偶者女性は「その他：本人」，日本国籍をもつ子どもは「その他：同居家族」へとそれぞれ分類される。平成12年版（1999年10月1日現在）ではその記載が消されている。その後の「外国人妻」と子どもたちの登録カテゴリーの判断は，各大使館・領事館に委ねられてきたようである[13]。

在パキスタンの日本人永住者数・長期滞在者数をみると（図6-1），2010年10月1日現在，パキスタン在住の日本人「永住者」数は515人（男性194人・女性321人）にのぼる。一方，外国人の妻を含むカテゴリー「長期滞在者」の

---

[13] アラブ首長国連邦の状況は，2005年6月30日，在アブダビ日本国大使館の荒木征司氏，在ドバイ日本国総領事館の利岡孝一朗氏にご教示いただいた。パキスタンの状況は，2005年9月5日，在カラーチー日本国総領事館の野田浩一氏にご教示いただいた。

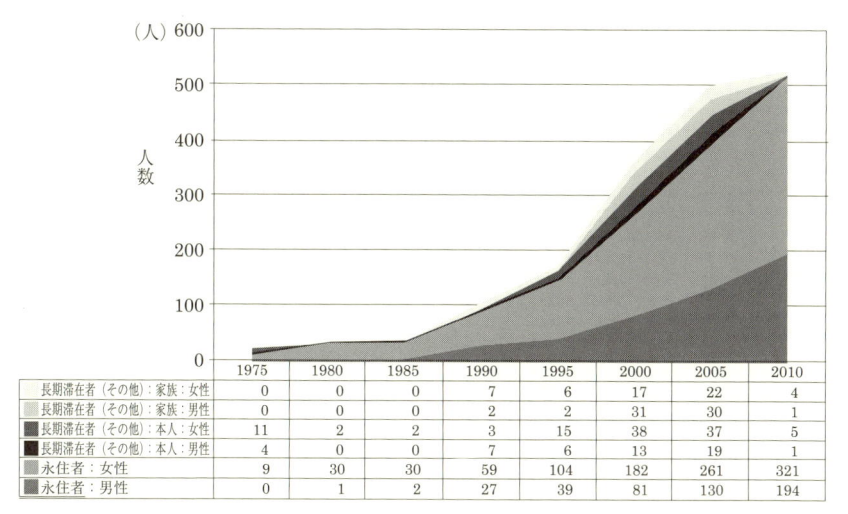

	1975	1980	1985	1990	1995	2000	2005	2010
長期滞在者（その他）：家族：女性	0	0	0	7	6	17	22	4
長期滞在者（その他）：家族：男性	0	0	0	2	2	31	30	1
長期滞在者（その他）：本人：女性	11	2	2	3	15	38	37	5
長期滞在者（その他）：本人：男性	4	0	0	7	6	13	19	1
永住者：女性	9	30	30	59	104	182	261	321
永住者：男性	0	1	2	27	39	81	130	194

注）「永住者」は永住権をもつ人や永住の意思をもつ人をさし，婚姻などによって永住の意思をもって滞在する人を含む。一方，「長期滞在者（その他）」は永住の意思をもたず，かつ職業別分類しにくい人をさし，婚姻などによって滞在する人を含む。

図6-1　在パキスタン日本人数の推移　永住者と長期滞在者（その他）
出典：外務省領事局政策課『海外在留邦人数調査統計』各年版，各年10月1日現在

「その他：本人」は6人（男性1人・女性5人），「その他：同居家族」は5人（男性1人・女性4人）である[14]。

カラーチーの事例を紹介しよう。商都カラーチーには，駐在員やその家族が活動に参加する「日本人会」が存在する。女性のために婦人部もあり，ときどき高級ホテルに集まって皆でマージャンをしたり，外でゴルフを楽しんだりするという。また，在カラーチー日本領事館において日本語補習学校が開設され

---

[14] 2006年以降，「長期滞在者」の「その他」が，「永住者」に組み込まれたように読み取れる。これは，2005年に，パキスタンで「在外オリジン・カード（Oversea Origin Card）」という制度が始まったことと関連している可能性がある。この制度は，外国人（国籍離脱者，外国人配偶者）や海外居住者の不動産投資を呼び込むねらいで，ムシャラフ政権が導入したもので，申請に応じてカードが支給され，さまざまな優遇措置が受けられる。たとえば7年のビザの取得，銀行口座の開設，自分名義での土地購入などである。パキスタンには永住権制度がないので，現地の日本人配偶者女性たちはこの制度を，永住権に代わる策ととらえていた（2005年9月7日聞取）。

ており，元領事館職員の日本人男性が日本語を教えている（2005年9月6日聞取）。

カラーチー在住の日本人配偶者女性によると，カラーチーには少なくとも30組程度の日本人家族が生活している（2005年8月17日聞取）。子どもだけの移住，妻と子の移住，夫も含めた完全移住など，形態はさまざまである。また一度パキスタンに移住した人でも，環境や状況が変われば，すぐに日本に帰国するし，再度パキスタンに戻ることもある。移住の形態はそれぞれの文脈によってかなり異なり，移住後も拠点はしばしば変更される。

カラーチーには，日本人配偶者女性のためのゆるやかな組織が存在し，2003年から継続的にニュースレターが発行されている（2005年8月17日聞取）。また不定期ではあるが，年に数回お茶会が開かれる。この組織が結成されたきっかけは，ある日本人女性の死であった。その女性のお葬式にカラーチー在住の日本人女性が多数集まったのをきっかけに，外国で日本人女性が孤立しないように，自助組織を発足した。政情不安と常に隣り合わせなので，交流活動を継続するだけでも一苦労だが，「楽しんで活動している」という。

筆者の日本人配偶者調査では，カラーチー在住の日本人女性（12人）の夫のキョウダイ順位は，長男5人，次男4人，三男2人，未確認1人であった。データが不足しているので現段階で断定することはできないが，夫が長男である場合，夫側親族の意向もあって，パキスタンへの移住を決断することが多いようだ。なお他の主要都市（イスラマーバードやラーホール）にも日本人配偶者女性が一定数住んでいるようだが，カラーチーのグループとは交流がないので，詳細は不明とのことである（2005年8月17日，9月7日聞取）。

ある日本人女性は，パキスタンのカラーチーで2年ほど暮らした経験があり，向こうで同じ境遇の日本人女性に数多く出会ったと語っている。この女性の場合はパキスタン滞在中に妊娠・出産し，子どもが1歳になる頃には向こうの家族に子どもを預けて自分だけ先に日本へ帰国した。その理由はいくつもあったが，日本で夫の会社経営を手伝わなければならないことがもっとも大きな理由だったそうだ。「子どもと離れるのはつらいが，パキスタンにいれば子どもはイスラームに則った生活が送れるし，ウルドゥー語も身につく。何よりも大家族の中ですごすことによって，社会性を身につけることができる。日本

にいれば1人っ子なので甘やかされているし，親が共働きなので，その間は家でビデオを見ていなければならないのがかわいそう」と言っていた。しかしながら「小さな子どもと離れて暮らすのはつらかったから，子どもはもう産まないことにした」とも言う。彼女の子どもは男の子だが，女の子であればパキスタンで教育を受けさせようとする圧力がより強まるという。彼女の知り合いの中には，日本で女の子を育てている人が何人かいるが，母親たちはそうした圧力を日々感じており，何とか日本でイスラームに則った生活を送らせようと熱心に勉強会を開いているという（2004年6月10日聞取）。

またこの日本人女性は，子どもをパキスタンの家族に1年ほど預けた経験から，近いうちにまた子どもを預ける計画があるという。彼女によれば，日本で子どもを育てようとすると，ムスリムにとって望ましくないことが多い。学校給食では豚肉を含めてハラール以外の食べ物が出されるし，周囲の大人は飲酒をしている。またテレビでも肌を露出した映像が数多く流されているし，そもそもイスラーム関連の宗教教育を受けられる施設がほとんどない。そこでムスリムにとってよい環境で教育を受けさせたいと考えると，子どもの面倒をみてくれる家族もいるパキスタンが一番よいということになるようである（2004年6月10日聞取）。

3.3.2 「送出社会：パキスタン」での子どもの教育

前述のとおり，パキスタン人移民と日本人配偶者女性がパキスタン移住を決める最大の理由は，子どもの教育である。パキスタンの教育制度は，それほど魅力的なのだろうか。

パキスタンの教育政策は，1970年に新教育政策が発表され，大改革が行われた（寺谷 1987: 245-6）。具体的には，(1)イスラーム教育の充実，(2)科学，技術および職業教育の重視，(3)教育の機会均等，(4)教育水準および教員の質の向上，(5)高等教育機関の進学校の地方分散，の5項目からなる改革であった。また1972年には，一部を除いてすべての私立学校が国有化され，10年生（高校の最終学年）までの授業料免除や公務員としての教員の身分安定などの政策が実施された。しかしながら，これらの政策は教育水準の低下をもたらした。特に，元私立学校の教育設備の悪化，教員の意欲の低下などが問題となった。

そこで1980年代には，新たな私立学校が次々と開校した。私立学校の急増は，「教育のビジネス化」として批判も受けているが，中所得者層の子どもたちの重要な選択肢となっているのが実情である。さらに都市部では，学校の授業についていくための塾や家庭教師も一般化しており，親の教育費負担は決して軽くない（寺谷 1987: 249）。

パキスタンの教育制度は，州ごとに異なる。また公立校と私立校はかなり違い，私立学校ごとに特徴も異なるので多種多様な学校が存在する。一般的に公立校の場合，中学校以上は男女別学である（世界の動き社 1998: 22）。都市部の私立校では男女共学も一般化している。また小学校から高校までの一貫教育校があるが，教育コストが高いので，裕福な家庭の子どもたちが通う。教育科目は，学年ごとに決まっており，ある私立学校の10年生の場合は，英語，ウルドゥー語（国語），数学，イスラーム学，社会，物理，科学，生物の8科目を学ぶ（世界の動き社 1998: 22）。なお，日本のような体育，美術，音楽，技術・家庭科といった科目はない（2005年8月25日聞取）。

カラーチー在住の日本人女性たちが作成したホームページ[15]によると，パキスタン独自の学校制度は，マトリック（Matric）制と呼ばれる（図6-2）。幼稚園（2～3年）→小学校（5年，5歳より）→中学校（3年）→高校（2年，日本の中学レベル，最終学年の10年生はMatricと呼ばれる）→大学予科（2年，日本の高校レベル）→大学（2～4年）という流れをたどる。小学校が初等教育（義務教育），中学校・高校・大学予科が中等教育[16]，大学以上が高等教育に当たる。義務教育段階から落第があるので，塾や家庭教師が一般化している。またわざと学年を遅らせる，後で飛び級して戻る，といった選択肢もある。9年生と10年生（Matric）の一斉統一試験（大学入学資格試験），大学予科1年生と2年生の一斉統一試験（予科修了試験）があり，その結果でパキスタン国内の大学予科，大学への入学許可が得られる。試験の約2カ月後に結果が届き，

---

15) 以下，パキスタンの教育制度と近年の動向に関する情報はこのホームページを参照した。教育制度の解説は，2006年6月に書かれている。http://nadeshikonowa.seesaa.net/（アクセス日 2009年1月31日）
16) 浜口（1985: 165）は，大学予科と大学を高等教育に分類しているが，他の文献をみても大学予科は中等教育に分類されることが多い（たとえば Muneer 2002: 288）。

図6-2 パキスタンの教育制度（マトリック制）(寺谷 1987: 247)

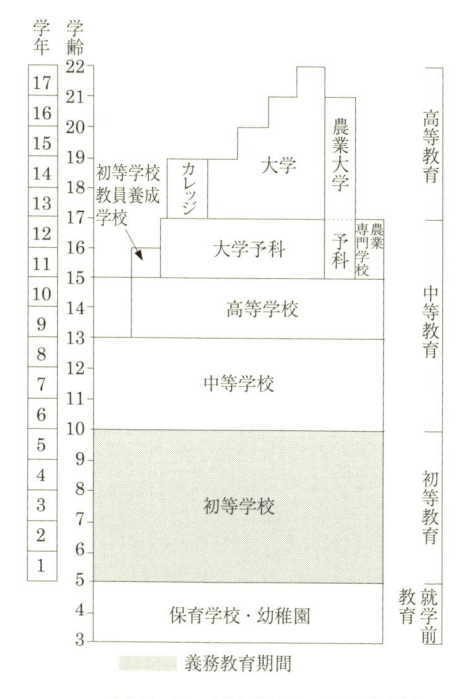

注：大学予科 = Intermediate College
　　カレッジ = Degree College
　　大学：学士課程2年，修士課程2年
　　　　　Honours課程3年，医学部5部

その結果をみて進学先を決め，大学予科や大学に入学を申請するという手順になる。

一方，都市部で人気があるのが，O／Aレベル，もしくはケンブリッジ・システムと呼ばれるイギリスの教育制度である。移住した日本人家族もまた，このイギリスの教育制度を選択することが多い。幼稚園（2～3年）→初等部 Primary Class（5年，5歳より）→初等部 Secondary Class（3年）→中等部（3年，Oレベルコース，日本の中学レベル，最終学年は11年生）→高等部（2年，Aレベルコース，日本の高校レベル）→大学という流れをたどる。この制度の正式名称は，GCE（General Certificate of Education）で，Oレベル（Ordinary level）とAレベル（Advanced level）からなる。イギリスで義務教育修了後（11年生，16歳）に受験する統一試験がGCEのOレベルだったが，近年はGCSE（General Certificate of Secondary Education）に替わった。しかしなが

ら，GCEのOレベルは今も世界中で受験されている。また大学入学資格試験はGCEのAレベルであり，こちらも全世界に開放されている。12年生（Aレベルコース1年目）でASレベルを，13年生（Aレベルコース2年目）でA2レベルを受験する。重点が置かれる教科は英語と数学である。論述形式で，内容も非常に難しく，日本の大学の一般教養レベルに相当するといわれる。

　新年度は，8月中旬～9月に始まることが多い。またマトリック制の一斉統一試験やO／Aレベル試験は，毎年5～6月に行われる[17]。日本人家族もまた，子どもが8月から学校に入れるように，学校の年間予定にあわせて海外移住する。特に，初等教育が5歳から始まるので，それにあわせて移住する人が多い。しかしながら，前述のとおり，パキスタンの教育制度は非常に厳しく，義務教育であっても落第する。そこで，ことばのハンデをかかえる日本人家族の子どもたちは，わざと学年を落として入学し，勉強についていけるようになってから，飛び級で本来の学年に戻す，といった工夫をしている。また授業内容は記憶重視の詰め込み式であり，授業内容を家庭で復習させることに困難を覚える日本人の母親にとって，子どもの勉強のフォローをすることも大きな負担となる。パキスタンの教育制度は，日本のそれに比べて厳しく，親や子どもにとって負担が大きい。しかしながら，その厳しさを評価する日本人女性たちも多い。

3.3.3　「第三国：アラブ首長国連邦」への海外移住

　パキスタン人移民の間では，第三国へ配置した同胞の生活基盤の一部を活用して，日本人家族を海外移住させる傾向がみられる。代表的なのは，アラブ首長国連邦とニュージーランドであるが，ここではアラブ首長国連邦での事例を紹介したい。

　外務省の『海外在留邦人数調査統計』（2010年10月1日現在）をみると（図6-3），パキスタンと比べて日本人永住者数は少なく67人（男性24人・女性43人）である。一方，外国人の妻を含むカテゴリー「長期滞在者」の「その他：

[17) しかしながら，すべての教育制度は頻繁に変更されるため，日本人の母親たちは頭を悩ませている。

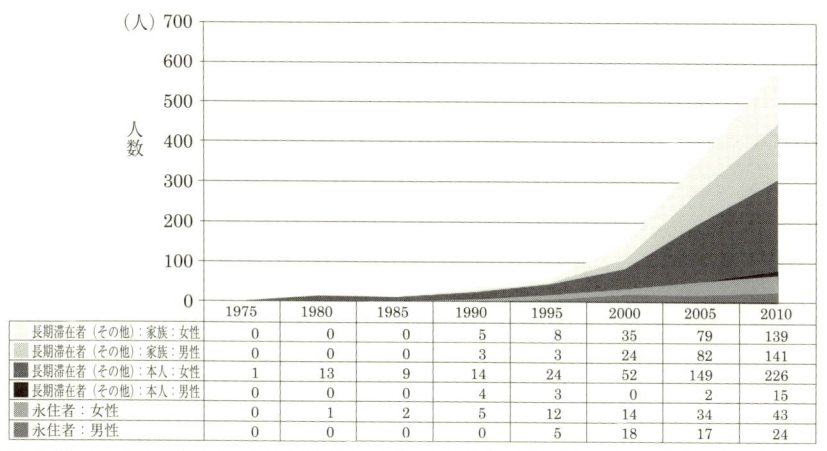

	1975	1980	1985	1990	1995	2000	2005	2010
長期滞在者（その他）：家族：女性	0	0	0	5	8	35	79	139
長期滞在者（その他）：家族：男性	0	0	0	3	3	24	82	141
長期滞在者（その他）：本人：女性	1	13	9	14	24	52	149	226
長期滞在者（その他）：本人：男性	0	0	0	4	3	0	2	15
永住者：女性	0	1	2	5	12	14	34	43
永住者：男性	0	0	0	0	5	18	17	24

注）「永住者」は永住権をもつ人や永住の意思をもつ人をさし，婚姻などによって永住の意思をもって滞在する人を含む。一方，「長期滞在者（その他）」は永住の意思をもたず，かつ職業別分類しにくい人をさし，婚姻などによって滞在する人を含む。

図6-3　在アラブ首長国連邦日本人数の推移　永住者と長期滞在者（その他）
出典：外務省領事局政策課『海外在留邦人数調査統計』各年版，各年10月1日現在

本人」は241人（男性15人・女性226人），「その他：同居家族」は280人（男性141人・女性139人）とかなり多い。アラブ首長国連邦の場合，まだ移住から日が浅いこともあって「永住者」ではなく「長期滞在者」の「その他」で在留登録している日本人家族が多いようだ。

　アラブ首長国連邦に日本人家族が滞在する背景には，アラブ首長国連邦が「日本人にとって暮らしやすい場所」だという点がある。アラブ首長国連邦には，インド系チェーン店の大手スーパーマーケットがあるが，その一角にはしばしば日本食材コーナーが設置されている。これらの日本食材は，実は1970年代にアブダビに進出した石油会社の子会社が，日本人駐在員のためのケータリング事業から事業を拡大して日本食材の卸売業を行っていることによる（2005年7月9日聞取）。こうした背景を受け，アラブ首長国連邦は，「パキスタンよりも日本食材が簡単に手に入る」ので「日本とあまり変わらない生活が送れる暮らしやすい場所」として日本人配偶者に選択される結果となったのである。つまり，日本人の初期移住者が自分たちに必要な資源を調達し，日本人向けの食環境を整えたことで，後の日本人移住者にとって障壁が減り，移住が

促進されたのである。日本人もまた，他の移住労働者と同様の移民過程をたどっているのである。

また近年の航空アクセスの改善も重要である（安東 1996: 8）。かつては日本航空（JAL）のアブダビ経由ローマ行きといった南回り欧州行きが利用されていたが，1990年代には，キャセイ，マレーシア，シンガポールなどの航空会社が登場した。さらに1997年，エミレーツ航空（ドバイ首長国が1985年に創業）が，関西国際空港に乗り入れる直行便を開始したことで，日本―アラブ首長国連邦間の移動が飛躍的に便利になった。

また1990年代後半には，日本人の短期滞在ビザが免除され（安東 1996: 14），日本人の渡航が促進された。とはいえ，居住する場合は，労働者本人の「労働許可」（労働省発給，有効期限3年）と「居住許可」（内務省移民局発給），家族を同伴する場合は，家族の「居住許可」を取得しなければならない。各許可証は，労働者を雇用する会社とアラブ首長国連邦側スポンサーを通して申請する（安東 1996: 14）。

ドバイ首長国の事例を紹介しよう。貿易都市ドバイには，製造業や商社の駐在員やその家族が多く居住しており，それらの人々が参加する「日本人会」が存在する。女性のための婦人部もある。暑くない時期には男性たちが集まり，サッカーなどスポーツを楽しむこともある（2005年6月30日聞取）。

一方，パキスタン人移民の日本人配偶者女性は，ほぼ全員がシャルジャ首長国に居住している（2005年6月12日）。ドバイの「日本人会」の活動に参加する人は，ごく少数である。ある日本人女性によると，2000年代に入って日本人家族の移住が急増し，2005年現在30組程度の日本人家族が滞在しているという。日本人女性たちは，組織化とはいえないまでも，連絡網を作成し頻繁に連絡を取り合っている。同一首長国内であれば電話料金が無料なので，日本人の友人同士の長電話がストレス解消の方法であるという。また日本から持参した本を貸し借りするのも楽しみの1つだという。さらに子どもが学校に通っている昼間には，日本人女性たちが誘い合い，モスクのアラビア語（クルアーン）教室に通うこともある。気候が温暖になると，週末に子どもを連れて公園に集まり，情報交換するのが習慣になっている。

筆者の日本人配偶者調査によると，アラブ首長国連邦在住の日本人女性6

人と日系ブラジル人女性1人，計7人の夫のキョウダイ順位は，長男1人，次男0人，三男3人，四男以下1人，未確認2人であった。データが少ないので断定はできないが，パキスタンの場合と異なり，長男や次男が少なく三男が多い傾向がみられ，パキスタンに住む親と同居する必要のない人々が，第三国を選択している可能性がある。またパキスタンでの居住経験をもつ日本人女性は，パキスタンでは同居家族や親族との間で大小さまざまなトラブルが絶えなかったので，少し離れたアラブ首長国連邦に暮らすほうが気楽でよい，と語った[18]。

3.3.4 「第三国：アラブ首長国連邦」での子どもの教育

では，アラブ首長国連邦の教育制度はどうなっているのであろうか。第3章第3節でみたように，アラブ首長国連邦は，自国民に対し，公立学校の授業料，教科書代，教材費を無料とする優遇政策をとっている（安藤 1996:20）。加えて公立学校ではアラビア語による教育が行われるため，アラビア語を母語としない外国人の子どもが公立学校に入学することは難しい。そこで，日本人駐在員がアラブ首長国連邦国内で子どもに教育を受けさせる場合，小・中学生の場合はアブダビかドバイの日本人学校に通学させ，高校受験前に帰国させるのが一般的であるという。またイギリスやアメリカ式のカリキュラムで教育する私立のインターナショナル・スクールもあり，授業料が高額であるにもかかわらず，有力な選択肢の1つとなっている（安東 1996: 20）。

パキスタン人移民の日本人家族の場合，子どもを日本人学校に通わせる人はほとんどなく，私立のインターナショナル・スクールを選択する。インターナショナル・スクールには，欧米系だけでなく，レバノン系，パキスタン系，インド系といったさまざまな私立学校があり，教育において何を重視するか（英語，アラビア語，ウルドゥー語，イスラーム，カリキュラム，学校設備，子どもたちのエスニック集団など）によって学校が選択される。教育コストは，パキスタンの私立学校よりも高いといわれているが，アラブ首長国連邦の私立学校に

---

[18] 同様の語りは，パキスタン人女性からも聞いたことがある（2008年春，宗教団体での参与観察にて）。合同家族の同居の難しさは，日本人もパキスタン人も変わらないようである。

はそれ以上の魅力があると語る人もいる。

　移住の目的は，子どもの教育です。特にイスラームの勉強のためです。アラブ首長国連邦の学校には，イスラミックとクルアーンという宗教の時間があります。夫は，日本では宗教教育は難しいと思っていたし，私もそう思ったので，移住を決めました。もちろんイスラームの勉強だけなら日本でもできますが，誰に教えてもらうか，誰から聞いたかが大切でしょう。子どもにとっては，周囲の子どもたちと一緒に勉強できることが大切だと思います。つまり環境です。子どもにとって，友だちの影響は親よりも強いから，こうした環境のほうが印象に残ると思います。うちの子どもが女の子だから移住した，というわけではありません。上の子は1年間，日本の学校に通いましたが，下の子は就学前でした。移住するならこの時期だと思いました。

　アラブ首長国連邦に移住する前に，私は他の国も見て回りました。夫の両親や他のキョウダイのいるパキスタンの学校も見ましたし，夫の妹の家族のいるイギリスの学校も見ましたし，遠い親戚のいるアメリカの学校も見ましたし。ドバイの学校も見て，そのうえでドバイの学校が一番子どもにとってなじめそうだと思いました。子どもの学校はドバイにあり，インターナショナル・スクールなので，英語が使われています。生徒はムスリムだけではありません。でも，もしパキスタンの学校に通ったら，まわりが全部パキスタン人でムスリムでしょう。その中で日本人は異質だと思います。イギリスの場合，ムスリムが少ないから，スカートが膝丈だったりするし。イギリスでもやっぱり日本人は異質です。ドバイの場合，いろいろな宗教，国籍の人がいて，ハーフの子も多いんです。クリスチャンやヒンドゥーの子もいるということが，目に見えることがいいんです。「イスラームだけ」でないところが。とはいえ，英語がしゃべれればどこでもよいというわけではないので，もちろん日本ではそれすらも無理だけれど，イスラームのほうを重視しているので，アメリカやイギリスではなくドバイを選びました。ほかの方々も教育を重視していますよ。

　移住については，私自身も外国に出て，住んでみたいという気持ちがありました。もちろん，他の方で「お母さんが我慢しているな」と思うケースも

ありますが。うちは，夫が「他（日本以外）もみてみたら？」という感じで誘いました。私は，このままシャルジャに残りたいと思っています。「目黒もいいけど，中野もいいし，シャルジャもいいわよね」という感じです。

(2005年6月12日聞取)

　この女性の場合，アラブ首長国連邦へ移住する前から，子どもの教育環境について，よく研究していたことがわかる。しかしながら，すべての人が，この女性のような移住動機をもつわけではない。

　日本でも，うまくいっていましたよ。でも子どもの給食の問題が大変でした。夫も私も日本では食事面が大変だったので，パキスタンに移住することを決意しました。すると，早く移住しないと子どもの学年がずれるから，ということになり，上の子の年中が終わったタイミングに合わせて，パキスタンに移住しました。パキスタン移住後，夫の兄がなくなり，家族全員でシャルジャに再移住してきました。

　私は結婚したときからすでに，移住を決意していたんです。そして2人目に女の子が生まれて，決意が固まりました。中古の家も購入していましたが，他人に貸してしまいましたし。子どもの教育が終わるまでは，シャルジャでやっていきたいと思っています。シャルジャは国際結婚が多いので暮らしやすいし，子どもの学校もいろいろあります。

　シャルジャでは，モスクのクルアーン勉強会に通っています。毎日勉強会がありますが，夏は先生がお休みします。日本人10人くらいで始めました。私はジュズ・アンマ（クルアーンを30分割したものの1冊目）の暗記が終わりました。その他には，スポーツクラブに入りたいと思っています。

(2005年6月13日)

　このように，ハラール食材の問題など食事の不自由さ，女の子の教育問題など，「日本での生きにくさ」を海外移住の理由としてあげる語りのほうが多いのが実情である。しかしながら，この女性のように「シャルジャ移住後は，シャルジャでしかできないことをやろう」，というような前向きな発想がみられる点も興味深い。与えられた環境において自己実現していこうとする姿勢と

とらえることができるだろう。

3.4 トランスナショナルな家族と間接移民システム論

3.4.1 トランスナショナルな家族とその課題

　これまでみてきたように，パキスタン人移民の間で，トランスナショナルな親族配置を積極的に活用し，日本人家族を海外移住させるという移住過程がみられる。パキスタン人移民とその日本人家族は，国境を越えて複数の拠点を維持しつつ，よりよい生活拠点を選択している。

　パキスタンにせよアラブ首長国連邦にせよ，海外移住を決意した理由は，ほとんどが「子どもの教育」であった。具体的には英語教育（日本に比べて水準が高く，コストが安い）とイスラームの習得（一定数のムスリムに囲まれた教育環境における自然なイスラームの受容）である。加えてアラブ首長国連邦の場合は，ムスリム以外の移民も多いことから，「多文化教育」の教育環境も子どもにとって魅力的と判断されたようである。

　一方で，第5章でみたように，日本人配偶者女性は，パキスタン人移民が起業するに当たって，さまざまなレベルで夫のビジネスをサポートすることが多く，特に日本では事務や経理を手伝ったり，夫の保証人になったりと，大なり小なりビジネスを支える傾向がみられる。しかしながらパキスタンやアラブ首長国連邦移住後は，夫のビジネスのサポートはほとんどしていないと答える人が多かった。ビジネス展開にともなう親族配置を利用した家族移住の場合でも，同じ回答が得られたことは興味深い。

　また日本人家族（妻と子）のみの海外移住の場合，パキスタン人の夫はビジネスの都合で日本に生活拠点を残していることが多い。中には1年の大部分を別々にすごす家族もめずらしくなく，「父親の長期不在」がしばしば問題点として語られていた。教育学の見地によると，親の都合でたびたび生活拠点を変更することは，子どもの教育過程において損失が大きいという指摘もある。トランスナショナルな「親族」形態は，エスニック・ビジネスの資源となり，メリットも多いが，その反面トランスナショナルな「家族」形態は，子どもの教育過程に及ぼす影響も大きいので，生活拠点を変更する場合には，慎重

に決めることも必要である。

とはいえ、このトランスナショナルな社会領域の構築が、パキスタン人移民の魅力でもある。子どもに海外でいろいろな経験をさせたいと海外での教育を積極的に位置づける母親たちも多いので、今後は海外移住が子どもに及ぼす効果や影響を、教育、社会化、人格形成といった側面から検証する研究が求められる。

3.4.2 パキスタン人移民と間接移民システム論

これまでトランスナショナルな親族ネットワークを基盤とした、グローバルな人生設計（国籍、永住権、教育、仕事に関する選択のすべて）をみてきたが、理論的には第2章第1節で紹介したBarrett（1976）の間接移民システム論（中継国理論）が役立つと思われる。パキスタン人移民にとって、「中継国」「第一次選択受入国」「代替受入国」にはどのような国が当てはまるのだろうか。図6-4は、筆者の調査で得られた複数のデータから、1つの「モデル・ストーリー」を作り、間接移民システム論に当てはめたものである。

この図の「モデル・ストーリー」は、以下のとおりである。日本出稼ぎブームで来日したパキスタン人男性Aにとって、日本は当初から「とりあえず働

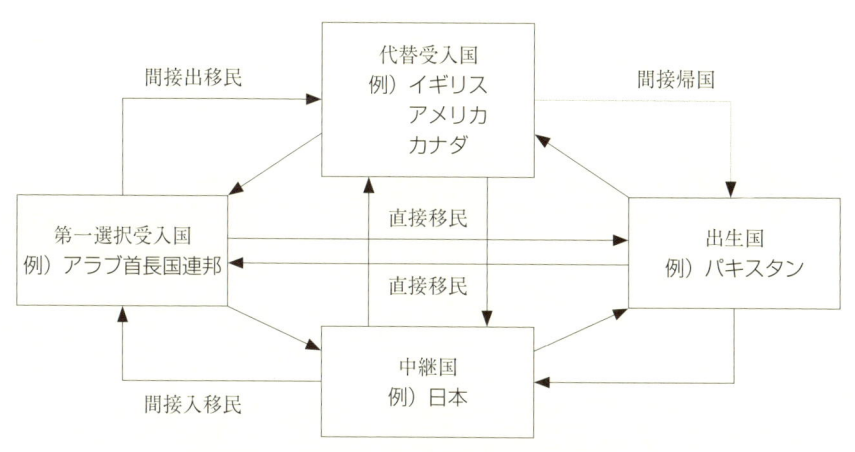

図6-4 パキスタン人移民と間接移民システム論
出典：Barrett（1976: 5）を古屋野（1982:27）が訳出したものをもとに加筆修正。

きにいく」ための，一時滞在の場所であった。その後，日本人女性Bとの家族形成など，本人も想定していなかった移民過程を経験する。中古車貿易業を起業し，親族をアラブ首長国連邦やニュージーランドなどに配置し，経済的に徐々に安定していく。子どもが生まれ，特に娘Cが就学年齢に近づくと，パキスタン人男性Aは，日本は子どもの教育にとって望ましくないと思うようになる。日本人の妻Bもまた，子どもの給食への対応に苦慮しており，子どものイスラーム学習が思ったように進まないのも悩んでいた。日本での「生きにくさ」を痛感した家族（妻Bと子どもたち）は，夫の勧めを受けてアラブ首長国連邦への移住を決意する。その後は，パキスタン人の夫の，アラブ首長国連邦—パキスタン—日本を頻繁に往復する移動生活が始まった。しかしながら日本滞在中の寂しさに耐えかね，夫Aは家族と合流する方法を模索し始める。アラブ首長国連邦は，確かに暮らしやすい国ではあるが，永住することはできない。そこで永住権を取得できる国への再移住を考える。幸いイギリス（もしくはアメリカ，カナダ）には，遠い親戚Dが住んでいる。子どもたちがアラブ首長国連邦で中等教育を終える頃には，家族で欧米に再移住して，子どもたちを大学へ通わせるつもりである。英語圏の大学へ留学させれば，世界中どこでも就職できるだろうし，万一日本に帰国した場合でも，何かしらよい仕事が見つかるだろう。出生地主義の国に住んで，孫でも生まれれば，その子は欧米の国籍を取得できる。ゆくゆくは家族全員でその国のパスポートを取得し，パキスタンに戻って老後を過ごすこともできる……。

　こうした「モデル・ストーリー」は，パキスタン人移民だけのものではない。ニューカマーへの聞取調査で，「本当はアメリカに行きたかったが，それは難しかったので日本に来た」という発言を聞くことがある[19]。こうした発言からいえるのは，一部の移民にとって，日本は移住当初から「中継国」であるということである。

　だからといって，第4章や第5章でみてきたような「ホスト社会：日本」

---

19) 筆者は，1997〜1998年の在日ペルー人への聞取調査の中で聞いているが，同様の発言は他の在日移民からも聞いたことがある。もちろん第一志望国はアメリカに限定されず，ほかにスペイン，イギリス，カナダ，オーストラリアなど，それぞれの文脈による。

におけるパキスタン人の移民コミュニティの制度的完成が，今後縮小していくとは限らない。パキスタン人移民が日本社会と密接な関係を築いて生き延びてきた以上，その関係をすべて放棄するのは現実的ではない。ハラール食材店やレストランが増加し，モスクや宗教教育施設の設置が各地で相次いでいることからも，エスニック・コミュニティに必要な制度が着々と整いつつあるといえよう。日本での「生きにくさ」が解消されれば，すぐに日本に戻る可能性も否定できない。パキスタン人移民は，労働者として，企業家として，住民として地域社会における一定の役割を担いつつあると同時に，トランスナショナルなネットワークに依拠して生活しているのである。

第7章
総括

上：UAEドバイ DUCAMZ
　　店舗（2004年8月）
下：富山の中古車販売店
　　集積地域の看板（2010
　　年8月）

第1節 ◆ パキスタン人移民のトランスナショナルな社会的世界

　日本に滞在する移民は，エスニック集団ごとにそれぞれ移民ネットワークを発達させ，独自の社会的世界を構成している。別の見方をすれば，ある種の移民コミュニティが形成されつつあるととらえることも可能である。国家の統制下における移民の制度形成はしばしば困難をともなう。しかしながら，そのような状況にあっても，移民は独自のルートで資源を動員し，着々と生活基盤を築く。それを受けて先行研究では，在日移民の「定住化」が重要なテーマとして論じられてきた。

　しかしながら現代の移民は，グローバル化による人や情報の流れの簡便化を背景として，1つの地域だけでなく，複数の地域を国際移動しながら生活することが可能となっている。その複数の拠点の背景となっているのは，移民のトランスナショナルな同胞の配置である。またこのような国際移動は，日本での永住権取得者に多くみられる現象でもある。パキスタン人移民のコミュニティ形成過程は，ホスト社会への志向性とトランスナショナルな志向性の2つを並存させつつ進行している。まさに両者が矛盾せず並存するトランスナショナルな社会的世界である。

　まずは本論文の各章から得られた知見を整理して，パキスタン人移民の社会的世界の特徴を描き出す（第2節）。そしてその特徴をもたらす要素について再検討し，在日パキスタン人移民の社会的世界について考察する（第3節）。

第2節 ◆ 各章で得られた知見

2.1　各国の移民政策および社会的背景

　第一に，「送出社会：パキスタン」では，イギリス植民地時代から，多くの

移民を送り出してきた歴史的経緯もあり，移民ブローカーをはじめとする移民ネットワークが確立している。また政府も，海外就労を奨励する政策を打ち出しており，多くの労働者が中東地域に出稼ぎに出ている。そうした移民が当たり前の社会的背景において，中曽根元首相の就学生・研修生受入政策とプラザ合意後の円高が，日本への出稼ぎブームに火をつけた。

　第二に，「ホスト社会：日本」では，1990年入管法改定の一連の作業において，日系人の受け入れと，パキスタン人，バングラデシュ人など南アジア系外国人の排除が決定したことを受けて，パキスタン人労働者の分断労働市場への固定化がより強化された。滞在の正規化には，日本人や滞在資格のある外国人との結婚しか手段は残されていなかった。これらの理由から，パキスタン人は雇用主やパートナーといった日本社会のメンバーと密接な関係を築くことによって生き延びるという戦略をとることとなった。そうして構築した関係を基礎として，自らのエスニック資源（移民ネットワーク）に加えて，ホスト社会側の資源（雇用主，配偶者，その家族の人的資本や社会関係資本や経済的資本）を動員する条件が整い，エスニック・ビジネスを発展させたり，宗教団体を立ち上げたり，世界各地に親族を配置したりと，トランスナショナルな社会的世界の構築が可能となった。

　第三に，「第三国：アラブ首長国連邦」は，中東産油国に特有の国家形成過程を経てきた結果，国内人口の8割が外国人という状況に直面した。このアンバランスな国家体制を維持するため，アラブ首長国連邦は観光や金融に加えて中継貿易に力を入れ，それがパキスタン人の企業家を惹きつける要素となった。また，まるでパキスタンの一都市かと思わせるほど移民コミュニティが成熟しており，それが新規移民の流入を促進している。

2.2　移民による宗教団体と同郷団体

　第一に，パキスタン人ムスリムは，既存団体の施設を借りるかたちで宗教活動を始めたものの，その活動形態に限界を感じ，独自の宗教団体を設立した。ニューカマーのパキスタン人ムスリムによる宗教団体Aの形成過程は，移民政策などの時代的制約を受けつつ進展する，エスニック・コミュニティ全体の

移民過程と結びついている。さらにホスト社会の成員でもある日本人配偶者を組織構成へと巻き込むことによって，活動をより安定化させている。

　第二に，宗教団体Ａの活動内容は多岐にわたり，宗教的機能（モスクの管理・運営，冠婚葬祭）だけでなく，教育的機能（出版活動，宗教・語学教育），集団内的な社会的機能（仲間づくり，情報交換），集団間的な社会的機能（地域社会との仲介，他のイスラーム団体とのネットワーク形成），経済的機能（経済活動と宗教活動の相互作用，エスニック資源の動員・集積）をあわせもつ。ただし政治的機能（エスニシティ形成，集合行動）はホスト社会の政情によって制限されるため，現代日本においてはその役割を果たしていない。

　第三に，宗教団体Ａの活動は，宗教実践を維持しつつ日本で安心して暮らすことをめざす「ホスト社会での生活安定化志向」と，世界宗教であるイスラームの内面化を通じて，イスラーム共同体とのつながりを強め，パキスタンや第三国への円滑な帰国・移住を促す「トランスナショナルな展開志向」の2つのベクトルを同時にもつ。移民の宗教団体は，先行研究で指摘されたようなホスト社会への適応を促す役割を果たすだけでなく，海外のムスリムと連帯したり，帰国・移住を促したりする役割も果たす点に留意すべきである。

　第四に，同郷団体は，ニューカマー来日の25年前に，留学生を中心に日パの友好を目的として設立されたが，その後宗教活動に比重を置くようになった。1980年代にニューカマーが増加すると，活動は活発化した。そして，ニューカマー自身による宗教団体形成が進むと，同郷団体から次々と分裂・独立した。また1990年代後半，企業家層と宗教家層が分裂し，企業家層は商工会議所の設立など新たな展開をみせた。このようにパキスタン人の同郷団体は，パキスタン人の内的多様性を反映させた組織であり，文化的，宗教的，経済的，政治的活動など多種多様なものを内包している。パキスタン人の自律的・主体的活動の出身母体であり，パキスタン人移民の結節点としての意義をもつ。

2.3　移民によるエスニック・ビジネス

　第一に，中古車輸出業がパキスタン人にとってニッチとなった理由は，パキスタンおよび日本の法制度にある。具体的には，パキスタン側の中古車輸入制

度と移民奨励策，そして日本側の出入国管理制度が，この業界にパキスタン人を集中させるきっかけを作った。また日本とパキスタンの道路交通法が，同じ右ハンドルを採用していることも要因の1つである。したがって「パキスタン人の資質」のような文化的側面からの説明は妥当ではない。

　第二に，1960年代日本製自動車の人気を受けて，日本製中古車が世界各国へと輸出され始め，パキスタンもまたそうした向け地の1つであったが，1980年代後半にはパキスタン人の若年男性が来日し，その一部もまた企業家に転身したので中古車貿易業が活性化した。ところが1993〜1994年にかけて，パキスタン政府は大幅に中古車の輸入規制を強化したため，これによって大打撃を受けたパキスタン人企業家たちは，新たな市場開拓を迫られることとなった。

　第三に，アラブ首長国連邦に中古車中継貿易の代表的な市場が形成され，そこにパキスタン人業者が集積した理由は，パキスタンおよびドバイ首長国の法制度にある。具体的には，1993年以降のパキスタン側の中古車輸入規制，そして2000年以降のドバイ首長国側の中古車中継貿易奨励政策が，ドバイ首長国における中古車ビジネスの活況とパキスタン人中古者業者の集積の背景にある。

　第四に，日本とアラブ首長国連邦のパキスタン人中古車業者の間には，友人・親戚といったつながりが確認された。在日パキスタン人の場合，政策的に排除されてきた移民という事情を背景として，日本人女性との結婚を契機として起業，もしくはビジネスを拡大する傾向がみられる。加えてトランスナショナルな同胞の配置を利用したビジネス展開もまた特徴の1つである。パキスタン人移民は中古車貿易業というニッチを形成したが，事業のトランスナショナルな展開に成功した理由は，同胞を世界各地に移住させ，拠点を設けたことにある。

　第五に，これと特徴が異なるのが，ロシア向け取引である。ソ連向けの中古車輸出は，1980年代に旅具通関を用いて始まり，日本人業者が取引の中心だった。1995年に旅具通関の用件が緩和されると，パキスタン人企業家がこぞって参入し，日本海沿岸に拠点を構えた。世界各地に拠点を形成したパキスタン人企業家が，ロシアの市場に参入しなかった原因は，ロシア向けの中古車

貿易が旅具通関という特殊な制度を利用して発展したことにあり，その結果，パキスタン人企業家は日本国内に拠点を形成するというほかにはみられない現象が生じたのである．

第六に，パキスタン人企業家のエスニック・ビジネスの状況は，欧米の移民理論の枠組みを援用しておおむね説明することができる．

2.4 移民におけるジェンダー関係と家族

第一に，在日パキスタン人の場合は男性比率が高いので，配偶者の多くはホスト社会側の女性であり，その特徴が実は重要なポイントである．確かにエスニックな権力関係において，移民はホスト社会の成員に比べて弱い立場にある．しかしながら移民当事者が男性であることから，ジェンダーの権力関係を背景として，移民側がある程度の意思決定権をもつ．こうした状況を，ジェンダーの権力関係とエスニックな権力関係のねじれと呼んだ．

第二に，「移民＝女性／ホスト＝男性」の場合と比較して，「移民＝男性／ホスト＝女性」の場合は相対的に資源動員が容易である．それはエスニック・ビジネスにおいては投資額の差となって現れることから，起業後の事業展開や事業拡大に重要な意味をもつ．

第三に，パキスタン人移民と日本人配偶者の間には，ジェンダーの権力関係とエスニックの権力関係のせめぎ合いが生じる．こうした権力関係の衝突は，日常生活のあらゆる場面に登場するが，もっとも深刻なのは人生設計にかかわる場面である．日本人女性と子どもの海外移住もまた，そういう権力関係の中で，家族全体の戦略として決断される．

第四に，パキスタン人が日本で「国際結婚」をし，ビジネスを始め，永住権を取得したとしても，それが「日本社会への定着」を表しているとはいえない．パキスタン人移民とその家族にとって，人生における選択肢は日本国内に限定されないからである．その代表的事例が，子どもの教育のための海外移住である．

第五に，かといって今後，在日パキスタン人コミュニティが縮小していくことは考えられない．パキスタン人は，労働者として，経営者として，住民とし

て地域社会における一定の役割を担いつつあると同時に，トランスナショナルな社会的世界に依拠している。それがパキスタン人の移民コミュニティの形態でありシステムなのである。

第3節 ◆ 考察

　以上，本論文の各章から得られた知見を整理した。ここでは，パキスタン人移民の社会的世界の特徴とその要素について再検討し，考察を加える。

　第一に，パキスタン人移民の社会的世界において，もっとも特徴的なのは，そのトランスナショナルな社会領域の構築である。パキスタンは歴史的経緯から，移民を多く送出しており，移民ネットワーク（社会関係資本）が発達している。そうした移民ネットワークを土台として，パキスタン人移民はその行き先を次々と開拓していく。そして世界各国に貿易拠点を設置し，親族や友人を配置し，トランスナショナルなネットワークを新たに構築する。この新たな移民ネットワークが，さらなる連鎖移民を呼び，企業家とその家族もまた，トランスナショナルな社会的世界において生きていくこととなる。

　第二に，パキスタン人移民のトランスナショナルな社会的世界を解明するためには，各国の移民政策と社会的背景を分析する必要がある。そのためには，送出社会とホスト社会だけでなく，第三国をみなければならない。たとえばアラブ首長国連邦は，パキスタン人移民にとって，パキスタンの延長のようなごく身近な拠点となっている。日本・パキスタン・アラブ首長国連邦の間には，それぞれが結び合う三角ネットワークが形成されている。このネットワークの中を，パキスタン人移民とその家族は，日常的に往還する。間接移民システム論が射程に入れていた多国間の移民が，現代のパキスタン人移民のトランスナショナルな社会的世界の中では，ごく自然なかたちで成立しているのである。そして移民の流れもまた，より複雑になっている。

　第三に，移民過程論の最終段階である永住の段階が，現代のパキスタン人移民の社会的世界においては成立しないことが確認された。そして，それは「終

わらない移民過程」であるといえる。日本において日本国籍を取得したとしても，それは「日本のパスポートをとった」と解釈されている。つまり日本国籍取得は，別の目的地に向かうための通過点にすぎないのである。日本もまた，アラブ首長国連邦のように中継国にすぎない。日本政府が「定着されては困る」と門戸を閉ざせば，「仕方がないから」と超過滞在者が増え，滞在を長期化させる。日本政府が「定住してもよい」と永住権や日本国籍を与えれば，「これでやっと別の国に行くことができる」と日本人配偶者と子どもを連れて，よりよい環境を提供する第三国へ移住するのである。

　第四に，ではパキスタン人移民にとって，日本は最終的に不要なのかといえばそうではない。配偶者も子どもも，場合によってはパキスタン人移民本人も「日本人」であり，日本が彼ら／彼女らにとって住みやすい環境であれば，またすぐに戻る可能性は十分ある。実際，日本社会に留まりパキスタン人移民とその家族のため，さまざまな制度を構築している人々がたくさんいる。そういう人々がモスクを建てたり，学校を設立したり，ハラール食材店を始めたり，ハラールのレストランを開店したりすることによって，日本社会はパキスタン人移民とその家族にとって，より魅力手な選択肢となる。つまり日本社会におけるエスニック・ビジネスの展開や，宗教団体の設立は，自分のためだけでなく，同胞のための利益にもなるのである。

　第五に，そのようなホスト社会への志向性をもつパキスタン人移民の活動は，日本人配偶者女性，日本人ムスリム同胞，日本人の取引相手といったホスト社会のメンバーによって補完される。つまりパキスタン人の移民コミュニティの制度的完成を陰で支えているのは，日本人なのである。子どもを日本で教育したいと考える女性が，モスクでの勉強会に積極的に参加するように，パキスタン人移民の制度的完成は，日本人女性にとってみても重要な要素なのである。パキスタン人移民の研究は，単なる小規模なエスニック集団の事例研究ではない。それは日本社会や世界各地の事象を巻き込んで展開していく，トランスナショナルな社会的世界の研究であり，日本の社会学や移民研究に新たな研究視角を提示するものである。

あとがき

　本書は，2009（平成 21）年に東京都立大学大学院社会科学研究科に提出した博士学位請求論文「パキスタン人移民の社会的世界」を，加筆・修正したものである。独立行政法人日本学術振興会の平成 23 年度科学研究費補助金（研究成果公開促進費）を受けて刊行が実現した。

　2005（平成 17）年の海外調査では，国際交流基金の若手交流フェローシップの研究助成を受けた。また複数の科学研究費補助金の研究プロジェクトに参加させていただくことで，本研究に関連する国内・海外調査を実施することができた。

　社会学的な調査手法について，東京都立大学大学院社会科学研究科社会学専攻（現・首都大学東京）の諸先生方の指導を受ける機会を得たことは，貴重な経験であった。特に博士課程の指導教員であった玉野和志先生（首都大学東京）と，学位論文を審査していただいた中川薫先生（首都大学東京），丹野清人先生（首都大学東京）には改めて感謝申し上げたい。また修士課程の指導教員であった勝俣誠先生（明治学院大学），伊藤るり先生（一橋大学）には，博士課程進学後もさまざまな観点からアドバイスをいただいた。あわせてお礼を申し上げたい。

　思い返せば修士課程在籍中，複数の先生方から調査倫理について繰り返し指導を受けた。調査で得た知見や成果は，論文や報告書として積極的に発表し，現場に還元（フィードバック）することが大切であるという内容である。ところが，これはまさに「言うは易く行うは難し」であった。遅筆ゆえに，調査に協力して頂いた方々に対して，あまり貢献してこられなかったことを反省している。1996（平成 8）年の調査開始から 15 年以上経過してようやく刊行された本書が，調査や現場でお世話になった方々に対し，少しでもフィードバックになるとすれば，これ以上の幸せはない。逆に本書の記述や認識に何らかの誤りがあるとすれば，それはすべて筆者の責任である。

　本書の初出は，以下のとおりである。また学会報告でも，その内容の一部を発表している。論文や学会報告に対して建設的なコメントをくださった方々に感謝したい。

初出一覧

第3章　付論
　　　　福田友子（2002）「国家による成員の選別過程——1990年入管法改定と『日系人』を事例として」『社会学論考』23: 31-56.

第4章　第1節
　　　　福田友子（2007a）「移民による宗教団体の形成——滞日パキスタン人ムスリムを事例として」『日本都市社会学会年報』25:63-78.

第5章　第2節
　　　　福田友子（2007b）「トランスナショナルな企業家たち——パキスタン人の中古車輸出業」樋口直人ほか『国境を越える——滞日ムスリム移民の社会学』青弓社: 142-77.

第5章　第3節
　　　　福田友子（2006）「滞日パキスタン人のエスニック・ビジネス——中古車輸出業とトランスナショナルな親族配置」桜井厚（編）『コミュニティ形成におけるメディア経験と語り』千葉大学大学院社会文化科学研究科研究プロジェクト成果報告書，135: 117-29.

第5章　第4節
　　　　福田友子（2008a）「中古車貿易業とパキスタン人企業家の拠点形成」，外川健一（編）『アジア地域における自動車リサイクルシステムの比較研究』平成19年度廃棄物処理等科学研究・研究報告書: 150-63.

第6章　第2節
　　　　福田友子（2004）「国際結婚とエスニック・ビジネスに見るジェンダー関係——滞日パキスタン人男性と日本人女性を事例として」伊藤るり（編）『現代日本社会における国際移民とジェンダー関係の再編に関する研究』2001〜2003年度科学研究費報告書: 155-81.

　本書の内容は，主に2008年末のリーマン・ショック以前のデータを元に書かれている。加筆・修正の段階で，2009年以降の情報も一部追加したものの，パキスタン人移民のエスニック・ビジネス，特に中古車貿易業界において，リーマン・ショックの影響が大きかったこともあり，その情報が不足している

感がある（主に第5章）。詳しくは別稿を参照して頂きたいが（たとえば福田・浅妻 2011；福田 2012），この場を利用して，2009年以降の変化について少し説明を加えておきたいと思う。

　2008年末のリーマン・ショック以降，中古車貿易業界は一気に下り坂となる。まずは2009年1月，最大の中古車輸入国であったロシアが国内自動車産業の保護と経済危機を理由に中古車輸入規制を大幅強化したため，日本海沿岸を中心とする大口の中古車輸出の流れがピタリと止まった（藤崎，2010: 101）。次に，パキスタン人企業家が世界各地で開拓してきた中古車市場の需要もまた，リーマン・ショック後の世界同時不況によっていっせいに縮小した。取引の縮小したドバイの中古車市場からは，多数の業者が撤退し，パキスタンや日本へ戻る企業家や，市場開拓のため南アフリカやケニアなどアフリカ大陸に渡る企業家が現れた（福田・浅妻 2011: 195-7）。さらに，急激な円高傾向も追い打ちをかけた。

　運転資金の回収が滞ったことにより，リーマン・ショック後（2009～2010年）の年商が1／10に落ち込んだ企業家もいる。経営継続を諦めて会社を閉鎖した企業家もいた。ビジネスを維持する場合も，さまざまな対応を迫られる。一部は解体業界，つまり自動車中古部品貿易業へと参入した。また従業員や事業所を減らして，事業をスリム化するケースもある。さらに輸出台数が減ったぶん，国内取引を増やす対応もみられる。

　特にロシア市場への依存度が高かった日本海沿岸では，大手の日本人業者が倒産したほど，リーマン・ショック後の打撃は大きかった。2010年8月の富山調査（浅妻編 2011: 228-30），および2011年6月の富山・新潟調査では，事業を存続している企業家のあいだで，さまざまな事業形態の変化が確認された。富山に支店を開設していた業者の場合，大半は店舗をたたんで日本各地の本店へと戻って行った。家族形成，不動産の取得，子どもの就学等，さまざまな理由で日本海沿岸に残る決断をした企業家の場合，店舗をたたみ自宅兼事務所だけを残して事業を維持している。その結果，かつて日本海側で特徴的だったパキスタン人企業家が経営する店舗の特定地域への集積傾向はほぼ解消され，その他の地域（太平洋側）で一般的な「ホスト社会側から見えにくい」事業形態へと変化した。

とはいえ，この厳しい状況下においても，中古車貿易業界から完全撤退するパキスタン人企業家はそれほど多くない。これまでも世界各地で貿易規制と格闘してきた経験をもつ彼らは，今回の大不況に直面しても再挑戦を諦めておらず，今は我慢のときと考え次の商機に備えている。それは，困った時に活用できる同胞ネットワークが世界中に張りめぐらされており，それを駆使することによって，リスクを最小限に食い止めることができたからだと思われる。

　本書の刊行において，福村出版の宮下基幸氏，編集者の天野里美氏には，大変お世話になった。1冊の本を世に出すということがこれほど大変な作業であるとは，正直予想していなかった。最後に，研究を続けるうえで課題や困難に直面するたびに，時には厳しく，時には優しく助言してくださった友人，知人，同僚，諸先輩方，そしてこれまで研究を支えてくれた家族に感謝したい。

2012年2月

福田 友子

参考文献

阿部新（2007）「中古車輸出の現状」寺西俊一（編）『アジアにおける自動車リサイクルの実態調査および国際的制度設計に関する政策研究』トヨタ財団 2005 年度研究助成報告書：1-12.

相澤譲（2008）「活況が続く UAE 経済および市場環境の現状」（財）日本エネルギー経済研究所中東研究センター『中東動向分析』7（3）: 2-24.

アジア太平洋資料センター（1996）「特集ボーダレス・ラブ——愛は国境を越える」『月刊オルタ』1996 年 4 月号：4-17.

アジアヴィジョン・インターナショナル（1999）『パーク新聞』19; 21.

Aldrich, H.E. and Waldinger, R., 1990, "Ethnicity and Entrepreneurship", *Annual Review of Sociology*, 16: 111-35.

安東寿夫（1996）「アラブ首長国連邦」（財）海外職業訓練協会『海外事情 10 海外での業務体験を通じて』（財）海外職業訓練協会：1-25.

Anwar, Muhammad, 1996, *British Pakistanis: Demographic, Social and Economic Position,* Center For Research In Ethnic Relations, University of Warwick. (＝(2002)佐久間孝正（訳）『イギリスの中のパキスタン——隔離化された生活の現実』明石書店)

青柳まちこ（1996）「『エスニック』とは」青柳まちこ（編訳）『「エスニック」とは何か——エスニシティ基本論文選』新泉社：7-22.

蘭信三（2000a）「中国帰国者とは誰なのか，彼らをどう捉えたらよいのか」蘭信三（編）『「中国帰国者」の生活世界』行路社：19-47.

蘭信三（2000b）「中国帰国者研究の可能性と課題」蘭信三（編）『「中国帰国者」の生活世界』行路社：389-421.

麻田豊（1987）「民族と言語文化」小西正捷（編）『もっと知りたいパキスタン』弘文堂：128-60.

浅香幸枝（1991）「トランスナショナル・エスニシティと国際協力——パンアメリカン日系協会における国際協力に関する一考察」『国政政治』98: 97-112.

浅香幸枝（1993）「パンアメリカン日系協会の日系人リーダーが見たアメリカ大陸における日本のイメージの変遷——1940 年— 1992 年」『国政政治』102: 135-48.

浅妻裕（2006）「ロシアの乗用車市場と関税政策の動向」『カーメンテナンス・マネジメント』2006 年 8 月号：42-5.

浅妻裕（2007）「ロシア向け中古車輸出事業の歴史」寺西俊一（編）『アジアにおける自動車リサイクルの実態調査および国際的制度設計に関する政策研究』トヨタ財団 2005 年度研究助成報告書：28-34.

浅妻裕（編）（2011）『廃車フローの国際化とリサイクルネットワークの形成に関する経済地理学的研究』2008 ～ 2010 年度科学研究費補助金基盤研究（C）報告書

浅妻裕・中谷勇介（2007）「ロシア」寺西俊一（編）『アジアにおける自動車リサイクルの実態調査および国際的制度設計に関する政策研究』トヨタ財団 2005 年度研

究助成報告書:13-27.
Barrett, F.A., 1976, "A Schema for Indirect International Migration", *International Migration Review*, 10(1): 3-11.
Bonacich, Edna, 1973, "A Theory of Middleman Minorities," *American Sociological Review*, 38(October): 583-94.
Bourdieu, Pierre and Loic Wacquant, 1992, *An Invitation to Reflexive Sociology*, Chicago: University of Chicago Press. (=(2007) 水島和則 (訳)『リフレクシヴ・ソシオロジーへの招待——ブルデュー,社会学を語る』藤原書店)
Breton, Raymond, 1964, "Institutional Completeness of Ethnic Communities and the Personal Relations of Immigrants," *American Journal of Sociology*, 70(2): 193-205.
Brettell, Caroline B. and James F. Hollifield, 2000, "Migration Theory: Taking Across Disciplines," Caroline B. Brettell and James F. Hollifield, *Migration Theory: Taking Across Disciplines*, New York and London: Routledge: 1-26.
Brubaker, William Rogers, 1990, "Immigration, Citizenship, and the Nation-State in France and Germany: A Comparative Historical Analysis", *International Sociology*, 5: 310-29.
Castles, Stephen and Mark J. Miller, 1993, *The Age of Migration: International Population Movement in the Modern World*, Macmillan. (=(1996) 関根政美・関根薫 (訳)『国際移民の時代』名古屋大学出版会)
Cohen, Ronald, 1978, "Ethnicity: Problem and Focus in Anthropology," *Annual Review of Anthropology*, 7: 379-403. (=(1996) 百瀬響・行木敬 (訳)「部族からエスニシティへ」青柳まちこ (編)『「エスニック」とは何か』新泉社: 141-87.)
土橋久男 (1987)「日本から遠くて近い国」小西正捷 (編)『もっと知りたいパキスタン』弘文堂: 60-6.
江川英文・山田鐐一・早田芳郎 (1997)『国籍法第3版』法律学全集59-Ⅱ, 有斐閣
榎本行雄 (編) (1997)『詳解国際結婚の手引き』明石書店
黄民基 (ファン・ミンギ) (1990)「『キューポラの街』の人間交差点物語」『別冊宝島』106: 10-29.
藤崎香奈 (2010)「在日外国人と地方都市——中古車ビジネスを通しての定住を探る」『都市問題』101 (12): 92-108.
藤崎康夫 (1991)『出稼ぎ日系外国人労働者』明石書店
深町宏樹 (1990)「日本のパキスタン人労働者問題」『地域開発』1990年4月号: 28-32.
深町宏樹 (1991)「パキスタンの海外労働移動」『大原社会問題研究所雑誌』389: 18-33.
深町宏樹 (1992)「パキスタンの海外労働移動概観」矢内原勝・山形辰史 (編)『アジアの国際労働移動』アジア経済研究所: 95-108.
福田友子 (1998)「滞日ペルー人の就労状況における『日系』概念の検討——エスニ

シティとしての『日系』と資格としての『日系』」明治学院大学大学院国際学研究科修士論文
福田友子（2002）「国家による成員の選別過程——1990 年入管法改定と『日系人』を事例として」『社会学論考』23: 31-56.
福田友子（2004）「国際結婚とエスニック・ビジネスに見るジェンダー関係——滞日パキスタン人男性と日本人女性を事例として」伊藤るり（編）『現代日本社会における国際移民とジェンダー関係の再編に関する研究』2001 ～ 2003 年度科学研究費報告書：155-81.
福田友子（2006）「滞日パキスタン人のエスニック・ビジネス——中古車輸出業とトランスナショナルな親族配置」桜井厚（編）『コミュニティ形成におけるメディア経験と語り』千葉大学大学院社会文化研究科研究プロジェクト成果報告書：135: 117-29.
福田友子（2007a）「移民による宗教団体の形成——滞日パキスタン人ムスリムを事例として」『日本都市社会学会年報』25: 63-78.
福田友子（2007b）「トランスナショナルな企業家たち——パキスタン人の中古車輸出業」樋口直人ほか『国境を越える——滞日ムスリム移民の社会学』青弓社：142-77.
福田友子（2008a）「中古車貿易業とパキスタン人企業家の拠点形成」外川健一（編）『アジア地域における自動車リサイクルシステムの比較研究』平成 19 年度廃棄物処理等科学研究・研究報告書：150-63.
福田友子（2008b）コラム「『夢の国』ドバイの移住労働者」アジア太平洋資料センター『オルタ』2008 年 11・12 月号：35.
福田友子（2012）「パキスタン人——可視的マイノリティの社会的上昇」樋口直人（編）『日本のエスニック・ビジネス』世界思想社：221-49.
福田友子・浅妻裕（2011）「日本を起点とする中古車再輸出システムに関する実態調査」『開発論集』87: 163-98.
古屋哲（1999）「『日本社会との血のつながり』？——日系人受入政策の批判」『月刊むすぶ——自治・ひと・くらし』ロシナンテ社：341: 49-52.
外務大臣官房国内広報課（1990）『3 訂版海外生活の手引き第 12 巻中近東篇Ⅲ——クウェート，バーレーン，カタール，アラブ首長国連邦，オマーン，イエメン・アラブ共和国，イエメン民主人民共和国』世界の動き社
外務大臣官房領事移住部領事移住政策課（各年）『海外在留邦人数調査統計』
GEO project (UK) Ltd., 2003, *Exclusive, Arab World Map Library, United Arab Emirates*, 7th Edition, GEO project (UK) Ltd.
後藤純一（1990）『外国人労働の経済学』東洋経済新報社
Guarnizo, Luis Eduardo and, Michael Peter Smith, 1998, "The Locations of Transnationalism," Michael Peter Smith and Luis Eduardo Guarnizo eds., *Transnationalism from Below*, Transaction Publishers: 3-34.
浜口恒夫（1985）「パキスタンの教育制度」アブドゥル・ハミード & アブドゥル・ガフール・チョウハダ（著）／加賀谷寛・浜口恒夫（編訳）『世界の教科書＝歴史

パキスタン』ほるぷ出版：160-7.
濱嶋朗ほか（編）（1982）『社会学小事典』有斐閣
原田尚彦（1994）『行政法要論』全訂第3版，学陽書房
原尻英樹（1989）『在日朝鮮人の生活世界』弘文堂
長谷安朗（1993）「送り出し地域の貧困と移民先の苦難——パキスタン・ミールプールからイギリスへ」梶田孝道（編）『ヨーロッパとイスラム——共存と相克のゆくえ』有信堂：264-84.
樋口直人（1995）「宗教市場と移民」『現代社会理論研究』5: 45-55.
樋口直人（1996）「エスニック・サブカルチャー形成と資源動員——ニューカマー外国人の経験的研究のために」『一橋研究』21(3): 137-53.
樋口直人（2002a）「国際移民におけるメゾレベルの位置付け」『社会学評論』208: 76-90.
樋口直人（2002b）「国際移民の組織的基盤——移住システム論の意義と課題」『ソシオロジ』47(2): 55-71.
樋口直人（2005a）「デカセギと移民理論」梶田孝道ほか『顔の見えない定住化——日系ブラジル人と国家・市場・移民ネットワーク』名古屋大学出版会：1-22.
樋口直人（2005b）「移民コミュニティの形成？——社会的ネットワークの再編成をめぐって」梶田孝道ほか『顔の見えない定住化——日系ブラジル人と国家・市場・移民ネットワーク』名古屋大学出版会：206-37.
樋口直人（2005c）「共生から統合へ——権利保障と移民コミュニティの相互強化に向けて」梶田孝道ほか『顔の見えない定住化——日系ブラジル人と国家・市場・移民ネットワーク』名古屋大学出版会：285-305.
樋口直人（2007）「越境する食文化——滞日ムスリムのビジネスとハラール食品産業」樋口直人ほか『国境を越える——滞日ムスリム移民の社会学』青弓社：116-141.
樋口直人・稲葉奈々子（2003）「滞日バングラデシュ人労働者・出稼ぎの帰結——帰還移民50人への聞取りを通じて」『茨城大学地域総合研究所年報』36: 43-66.
樋口直人・稲葉奈々子（2004）「マージナル化か，ニッチ形成か——滞日バングラデシュ人の労働市場，1985-2001」『茨城大学地域総合研究所年報』37: 61-70.
樋口直人・高橋幸恵（1998）「在日ブラジル出身者のエスニック・ビジネス——企業家供給システムの発展と市場の広がりを中心に」『イベロアメリカ研究』20(1): 1-15.
樋口直人・丹野清人（2000）「食文化の越境とハラール食品産業の形成——在日ムスリム移民を事例として」『徳島大学社会科学研究』13: 99-131.
樋口直人・丹野清人・樋口里華（1998）「越境する食文化と移民ネットワーク——在日ムスリム移民の増加とハラール食品産業の展開」『食生活研究』19(3): 4-12.
広瀬崇子（2003）「建国の功労者の反乱——ムハージル民族運動」広瀬崇子ほか編『パキスタンを知るための60章』明石書店：232-6.
広瀬崇子・山根聡・小田尚也（編）（2003）『パキスタンを知るための60章』明石書店
広田康生（1993）「都市エスニック・コミュニティの形成と『適応』の位相について

――特に横浜市鶴見区の日系人コミュニティを対象として」『社会科学年報』専修大学社会科学研究所：27: 289-325.
広田康生（1997）『エスニシティと都市』有信堂高文社
広田康生（2003a）『新版・エスニシティと都市』有信堂高文社
広田康生（2003b）「越境する知と都市エスノグラフィ編集――トランスナショナリズム論の展開と都市的世界」渡戸一郎ほか編『都市的世界／コミュニティ／エスニシティ――ポストメトロポリス期の都市エスノグラフィ集成』明石書店：14-46.
広田康生（2003c）「越境移動者とホスト社会との共存が提起するもの」岩崎信彦ほか編『海外における日本人，日本の中の外国人』昭和堂：293-306.
広渡清吾（1992 9「外国人と外国人政策の論理」東京大学社会科学研究所（編）『問題の諸相』東京大学出版会：377-428.
本間長世（1992）『多民族社会アメリカのゆくえ』岩波ブックレット270
本田大作ほか（2003）「使用済み自動車のリサイクル・処理に係る実態フローの調査」『廃棄物学会研究発表会講演論文集』14: 153-5.
宝月誠（2005）「序説――社会的世界とコントロール」宝月誠・進藤雄三（編）『社会的コントロールの現在――新たな社会的世界の構築をめざして』世界思想社：1-20.
法務省入国管理局（1990）『在留日系ブラジル人等の稼動状況に関する実態調査の実施について』雇用開発センター（=1991）『外国人労働者問題資料集』所収）
法務省入国管理局（各年）『在留外国人統計』
法政大学大原社会問題研究所（1989）『日本労働年鑑』59（1989年版）労働旬報社
伊賀光屋（2002）「自営業・中小企業の家族戦略」石原邦雄（編）『家族と職業――競合と調整』ミネルヴァ書房：201-21.
五十嵐泰正（1999）「元日本就労パキスタン人労働者の移動の軌跡――『外国人労働者問題』を越えて」『移民研究年報』6: 21-41.
五十嵐泰正（2004）「『不法』就労パキスタン人たちのリアリティ――社会関係資本と威信資本を手がかりに」丸山真人・内田隆三（編）『〈資本〉から人間の経済へ――20世紀を考える（Ⅲ）』サイエンス社：79-98.
移民研究会（1997）『戦争と日本人移民』東洋書林
井上あえか（2002）「日本におけるパキスタン人：歴史的動向」日本中東学会・第18回年次大会公開シンポジウム報告レジュメ
井上あえか（2003）「パキスタン政治におけるイスラーム」『アジア研究』49(1): 5-18.
石井由香（1995）「国際結婚の現状――日本でよりよく生きるために」駒井洋（編）『講座外国人定住問題2 定住化する外国人』明石書店：73-102.
伊藤るり（1992）「『ジャパゆきさん』現象再考――80年代日本へのアジア女性流入」伊豫谷登士翁・梶田孝道（編）『外国人労働者論』弘文堂：293-332.
伊藤泰郎（1994）「エスニック・ビジネス研究の視点――ホスト社会や既存の移民社会に対する外国人の主体的対応」『社会学論考』15: 68-92.
伊藤泰郎（1995a）「関東圏における新華僑のエスニック・ビジネス――エスニックな絆の選択過程を中心に」『日本都市社会学会年報』13: 5-21.

伊藤泰郎（1995b）「中国人の定住化──いわゆる『新華僑』をめぐって」駒井洋編『講座外国人定住問題2　定住化する外国人』明石書店：199-254.
加賀谷寛（1987）「パキスタンのイスラーム教徒たち」小西正捷編『もっと知りたいパキスタン』弘文堂：68-95.
海外日系新聞協会（各号）『季刊海外日系人』海外日系人協会
梶田孝道（1998）「ナショナル・マルチナショナル・トランスナショナル」青井和夫他編『現代市民社会とアイデンティティ』梓出版社：214-32.
梶田孝道（1999a）「『『日系人問題』の端緒とその展開── 1990年新入管法との関連を中心に」』『トランスナショナルな環境下での新たな移住プロセス』科学技術振興調整費総合研究報告書：1-17.
梶田孝道（1999b）「乖離するナショナリズムとエスニシティ──「日系人」における法的資格と社会学的現実との間」青井和夫他（編）『市民性の変容と地域・社会問題』梓出版社：139-65.
梶田孝道（2002）「日本の外国人労働者政策──政策意図と現実の乖離という視点から」梶田孝道・宮島喬（編）『国際化する日本社会』東京大学出版：15-43.
梶田孝道・丹野清人・樋口直人（2005）『顔の見えない定住化──日系ブラジル人と国家・市場・移民ネットワーク』名古屋大学出版会
上之郷利昭（2004）「地方テレビの研究（22）富山テレビ──摩擦〜中古車輸出日本一の街で」」『潮』2004年10月号：238-47.
嘉本伊都子（2001）『国際結婚の誕生──〈文明国日本〉への道』新曜社
嘉本伊都子（2008）『国際結婚論 !?──歴史編』法律文化社
神奈川人権センター（1996）『国際化時代の人権入門』明石書店
金子郁容（2004）「ソーシャル・キャピタルはコミュニティの資本となりうるか」丸山真人・内田隆三編『〈資本〉から人間の経済へ── 20世紀を考える（Ⅲ）』サイエンス社：58-78.
加納弘勝（1992）「中東地域の国際労働移動と移民政策」百瀬宏・小倉充夫（編）『現代国家と移民労働者』有信堂：167-91.
加藤博（1993）「商人論──イスラーム文明論の解読」山内昌之・大塚和夫（編）『イスラームを学ぶ人のために』世界思想社：225-39.
河明生（かわ・めいせい）（1996）「日本におけるマイノリティの起業者活動──在日一世朝鮮人の事例分析」『経済史学』30(4)：59-78.
川上郁雄（2001）『越境する家族──ベトナム人の生活世界』明石書店
Kim, Illsoo, 1987, "The Koreans: Small Business in an Urban Frontier," Nancy Foner ed., *New Immigrants in New York*, New York: Columbia University Press: 219-42.
木村俊郎（2006）『日本の中古車輸出業』日本中古車輸出業協同組合（講演会資料）.
小林真生（2006）「環日本海経済圏における対外国人意識──伏木富山港周辺地域の市議会議事録を手がかりとして」『早稲田大学大学院アジア太平洋研究科論集』11: 25-43.
小林真生（2007）「対外国人意識改善に向けた行政施策の課題」『社会学評論』58

(2): 116-33.
小井土彰宏（1997）「国際移民システムの形成と送り出し社会への影響──越境的なネットワークとメキシコの地域発展」小倉充夫編『国際移動論──移民・移動の国際社会学』三嶺書房：33-65.
小井土彰宏（2005）「グローバル化と越境的社会空間の編成──移民研究におけるトランスナショナル視角の諸問題」『社会学評論』56(2)：381-399.
国立国会図書館「国会会議録」http://kokkai.ndl.go.jp（アクセス日2002年7月31日）
国際協力事業団（1992）『日系人本邦就労実態調査報告書　平成3年度』（＝(1995)駒井洋（編）『外国人定住者問題資料集成』所収，明石書店）
小牧幸代（2000a）「インド・パキスタンにおける大衆的イスラーム運動の動向研究──国際化する布教組織『タブリーギー・ジャマーアト（布教団体）』と『ジャマーアテ・イスラーミー（イスラーム団体）』の実態調査を中心に」庭野平和財団『研究・活動助成報告書』8: 106-10.
小牧幸代（2000b）「現代南アジアにおけるムスリム・ネットワークとタブリーギー・ジャマーアト運動──その歴史・現状と今後の可能性について」『季刊南アジア──構造・変動・ネットワーク』3(1)：43-6.
小村不二男（1988）『日本イスラーム史』日本イスラーム友好連盟
近藤敦（2001）『外国人の人権と市民権』明石書店
小西正捷（編）（1987）『もっと知りたいパキスタン』弘文堂
古屋野正伍（1982）「課題と方法」古屋野正伍（編）『アジア移民の社会学的研究』アカデミア出版会：13-44.
Kritz, Mary M. et al., 1992, *International Migration Systems: A Global Approach*, Oxford: Clarendon Press.
工藤正子（2000）「パキスタン人ムスリムの妻となった日本人女性の家族形成──夫方親族との相互訪問の旅から構築されていく現代日本の異文化家族」『旅の文化研究所研究報告』9: 109-121.
工藤正子（2005a）「重層的世界におけるジェンダーの再編と自己の再定義──パキスタン人ムスリム移民の妻たち」東京大学大学院総合文化研究科博士論文
工藤正子（2005b）「学習する身体──'勉強会'における改宗ムスリム像の共同構築」山下晋司・福島真人（編）『現代人類学のプラクシス──科学技術時代を見る視座』有斐閣：243-54.
工藤正子（2008）『越境の人類学──在日パキスタン人ムスリム移民の妻たち』東京大学出版会
倉田和四生・山本剛郎（2000）「訳者あとがき」M・M・ゴードン（著）／倉田和四生・山本剛郎（訳編）『アメリカンライフにおける同化理論の諸相──人種・宗教および出身国の役割』晃洋書房：261-70.
黒崎卓・小田尚也（2002）「パキスタン労働市場の研究」『大原社会問題研究所雑誌』529: 11-26.
桑山紀彦（1995）『国際結婚とストレス──アジアからの花嫁と変容するニッポンの

家族』明石書店
Light, Ivan, 1979, "Disadvantaged Minorities in Self-Employment," *International Journal of Comparative Sociology*, 20(1-2): 31-45.
Light, Ivan, 1984, "Immigrant and Ethnic Enterprise in North America," *Ethnic and Racial Studies*, 7(2): 195-216.
前山隆（1982）『移民の日本回帰運動』NHKブックス
前山隆（1988）「日系外国人労働者について」入管協会『国際人流』17（1988年10月号）: 30-1.
前山隆（1990）「日系外国人労働者のその後——『日本国民』とは誰か」入管協会『国際人流』38（1990年7月号）: 2-6.
前山隆（1996）『エスニシティとブラジル日系人——文化人類学的研究』御茶の水書房
Massey, Douglas, S. et al., 1987, *Return to Aztlan: The Social Process of International Migration from Western Mexico*, Berkeley and Los Angeles: University of California Press.
Massey, Douglas, S. et al., 1998, *Worlds in Motion: Understanding International Migration at the end of the Millennium*, Oxford and New York: Oxford University Press.
マテオ・イバーラ・C（著）／北村正之（訳）（1999）『折りたたみ椅子の共同体』フリープレス
Min, Pyong Gap, 1992, "The Structure and Social Function of Korean Immigrant Churches in the United States," *International Migration Review*, 26(4): 1370-94.
皆木良夫（2005）「ドバイ経済の現状——企業はなぜドバイを選ぶのか」『中東研究』490（2005年10月）: 11-8.
南埜猛ほか（1999a）『日本の南アジア系移民の歴史とその動向』文部省科学研究費・特定領域研究（A）南アジア世界の構造変動とネットワーク．Discussion Paper No.2.
南埜猛ほか（1999b）「日本における南アジア系移民史」大石高志編『南アジア系移民——年表および時期区分』文部省科学研究費・特定領域研究（A）南アジア世界の構造変動とネットワーク．Discussion Paper No.4: 211-23.
森岡清美ほか（編）（1993）『新社会学辞典』有斐閣
森田桐郎（1987）「総論——資本主義の世界的展開と国際労働力移動」森田桐郎編『国際労働力移動』東京大学出版会：1-54.
Muneer, Muhammad（著）／海外職業訓練協会（訳）（2002）「パキスタン」海外職業訓練協会『その国の専門家による海外調査報告——職業訓練・教育制度などの情報』15: 215-314.
村井忠政（2006a）「現代アメリカにおける移民研究の新動向（上）——トランスナショナリズム論の系譜を中心に」『名古屋市立大学人文社会学部研究紀要』20: 57-66.

村井忠政（2006b）「現代アメリカにおける移民研究の新動向（下）――移民第二世代の同化をめぐるポルテスの研究を中心に」『名古屋市立大学大学院人間文化研究科人間文化研究』6: 49-69.

室生忠（2001）「コーランはなぜ破棄されたか」『潮』2001年8月号: 144-51.

ムスリム新聞社（各号）『ムスリム新聞』

武藤幸治（1989）「ドバイとアブダビ――対外関係二つの選択」宮治一雄『中東――国境を越える経済』アジア経済研究所: 80-103.

長場紘（2001）『現代中東情報探索ガイド改訂版』慶應義塾大学出版会: 31-2.

長坂格（2001）「故郷で養育される移住者の子供達――フィリピンからイタリアへの移住における家族ネットワーク」『民族学研究』66(1): 26-48.

長沢栄治（1994）「『石油の富』と移民労働――中東産油国への労働力移動」森田桐郎編『国際労働移動と外国人労働者』同文舘: 93-135.

長島弘（1999）「16―18世紀におけるインド商人の海外進出と移民」大石高志編『南アジア移民――年表および時期区分』文部省科学研究費・特定領域研究（A）南アジア世界の構造変動とネットワーク, Discussion Paper No.4: 25-38.

中村尚司（1994）「自動車解体業とスリランカの出稼ぎ労働者」『アジアからみるアジアをみる――外国人労働者と海外投資』阿吽社: 117-41.

Nee, Victor, Jimy M. Sanders and Scott Sernau, 1994,"Job Transitions in an Immigrant Metropolis: Ethnic Boundaries and the Mixed Economy," *American Sociological Review*, 59: 849-79.

野島年彦（1989）「進めたい日系人の特別受け入れ」自由民主党『月刊自由民主』1989年11月号: 92-9.

野元弘幸（2005）「多文化・多民族共生の原理と教育の課題」『月刊社会教育』596（2005年6月号）: 5-14.

野村達朗（1993）『『民族』で読むアメリカ』講談社現代新書

日本自動車査定協会（1996）「仕向国別輸出中古車検査実績表」『査定協会の30年のあゆみ』（財）日本自動車査定協会: 164-5.

Nuscheler, Franz, 1990, *Japans Entwicklungspolitik: Quantitative Superlative und Qualitative Defizite*, Institut für Asienkunde.（=（1992）佐久間マイ（訳）『日本のODA――海外援助 量と質の大いなる矛盾』スリーエーネットワーク）

入管協会・法務省入国管理局（監修）（各年）『注解・判例出入国管理外国人登録実務六法』日本加除出版

入管協会・法務省入国管理局・法務省入国管理局入国管理調査官室（監修）（1989）『図解入国・在留手続マニュアル』第一法規出版

入管問題調査会（1997）『強制送還された外国人の証言 '95～'97』第1集, 入管問題調査会

入管問題調査会（1999）『強制送還された外国人の証言 '95～'97』第2集, 入管問題調査会

越智道雄（1995a）『エスニック・アメリカ――民族のサラダ・ボウル，文化多元主義の国から』明石書店

越智道雄（1995b）「文化多元主義の現状」有賀貞（編）『エスニック状況の現在』（財）日本国際問題研究所：243-92.

小川雄平（1987）「中東の経済開発と国際労働力移動」森田桐郎（編）『国際労働力移動』東京大学出版会：275-308.

小熊英二（1998）『〈日本人〉の境界』新曜社

小倉充夫（1997）「国際移動の展開と理論」小倉充夫（編）『国際移動論』三嶺書房：3-31.

老川寛（1974）「親族の互助関係——とくに主婦の就業と家族および親族」家族問題研究会『現代日本の家族——動態・問題・調整』培風館

岡井宏文（2007a）「モスクの設立とイスラーム組織の展開」店田廣文（編）『関東大都市圏における在日ムスリムの社会的ネットワークと適応に関する調査研究』2005～2006年度科学研究費補助金基盤研究（C）研究成果報告書：15-41.

岡井宏文（2007b）「イスラーム・ネットワークの誕生——モスクの設立とイスラーム活動」樋口直人ほか『国境を越える——滞日ムスリム移民の社会学』青弓社：178-209.

岡倉徹志（2000）『サウジアラビア現代史』文春新書107，文藝春秋

奥田道大（1997）「都市エスニシティの社会学」奥田道大（編）『都市エスニシティの社会学——民族／文化／共生の意味を問う』ミネルヴァ書房：1-20.

奥田道大（1999）「都市コミュニティの再定義」奥田道大（編）『講座社会学4　都市』東京大学出版会：257-306.

小内透・酒井恵真（編）（2001）『日系ブラジル人の定住化と地域社会——群馬県太田・大泉地区を事例として』御茶の水書房

大石高志（2004）「ムスリム資本家とパキスタン——ネットワークの歴史的形成過程と地域・領域への対処」黒崎卓他（編）『現代パキスタン分析——民族・国民・国家』岩波書店：231-58.

大塚和夫（2002）「アラブ人」大塚和夫ほか（編）『岩波イスラーム辞典』岩波書店：81-2.

朴一（2002）「在日コリアンの経済事情——その歴史と現在」『環』11: 244-55.

Phizacklea, Annie, 1988, "Entrepreneurship, Ethnicity and Gender", S. Westwood and P. Bhachu, *Enterprising Women: Ethnicity, Economy and Gender Relations*, London: Routledge.

Portes, Alejandro, 1976, "The Economy and Ecology of Urban Poverty," Alejandro Portes and John Walton, *Urban Latin America: Political Condition form Above and Below*,（＝(1985) 高橋正明（訳）「ラテンアメリカにおける都市移住者と都市貧民居住区」『人的移動にともなう社会変動と文化摩擦』1984年度文部省特定研究報告，東京外国語大学海外事情研究所：193-210.）

Portes, Alejandro, 1995, "Economic Sociology and the Sociology of Immigration: A Conceptual Overview," Alejandro Portes ed., *The Economic Sociology of Immigration: Essays on Networks, Ethnicity, and Entrepreneurship*, New York: Russell Sage Foundation: 1-41.

Portes, Alejandro, 1997, "Immigration Theory for a New Century: Some Problems and Opportunities," *International Migration Review*, 31(4): 799-825.
Portes, Alejandro, 1998, "Social Capital: Its Origins and Applications in Modern Sociology," *Annual Review of Sociology*, 24: 1-24.
Portes, Alejandro ed., 1993, *The New Second Generation*, Russell Sage Foundation.
Portes, Alejandro and Robert L. Bach, 1985, *Latin Journey: Cuban and Mexican Immigrants in the United States*, Berkeley: University of California Press.
Portes, Alejandro and Josef Böröcz, 1989, "Contemporary Immigration: Theoretical Perspectives on Its Determinants and Modes of Incorporation," *International Migration Review*, 23(3): 606-30.（＝(1997) 柴田英樹（訳）「今日の入移民——入移民の決定要因と受入様式に関する理論的視点」『中央大学経済学論纂』37(3-4): 139-156.）
Portes, Alejandro, Luis E. Guarnizo and Patricia Landolt, 1999, "The Study of Transnationalism: Pitfalls and Promise of an Emergent Research Field," *Ethnic and Racial Studies*, 22(2): 217-37.
Portes, Alejandro and Ruben G. Rumbaut, 1996, *Immigrant America: A Portrait*, 2nd Ed., Berkeley and Los Angels: University of California Press.
Portes, Alejandro and Ruben G. Rumbaut, 2001, *Legacies: The Stories of the Immigrant Second Generation*, Berkeley and Los Angels: University of California Press.
Portes, Alejandro and A. Stepick, 1993, *City on the Edge: The Transformation of Miami*, Berkeley: University of California Press.
労働省職業安定局雇用政策課（1988）『「外国人労働者問題に関する調査検討のための懇談会」における意見の整理について』
定松文（1996）「家族問題——定住外国人の家族生活と地域社会」宮島喬・梶田孝道（編）『外国人労働者から市民へ——地域社会の支店と課題から』有斐閣：65-82.
定松文（2002）「国際結婚に見る家族の問題——フィリピン人女性と日本人男性の結婚・離婚をめぐって」宮島喬・加納弘勝（編）『国際社会2 変容する日本社会と文化』東京大学出版会：41-68.
斎藤大輔（2006）「極東中古車ビジネス最前線」『ロシアNIS調査月報』2006年11月号：26-36.
佐久間孝正（1994）『イギリスの多文化・多民族教育——アジア系外国人労働者の生活・文化・宗教』国土社
桜井啓子（1998）「関東近郊のモスクをたずねて——在日ムスリムのコミュニティ」『PRIME』8: 51-60.
桜井啓子（2003）『日本のムスリム社会』ちくま新書
サマライ・サリー・M（1997）『日本におけるイスラーム普及の歴史と発展』イスラミック・センター・ジャパン
佐々木聖子（1991）『アジアから吹く風——いま外国人労働者のふるさとは』朝日新聞社

佐々木聖子（1996a）「連載アラブへと吹く風①外国人労働者の経済が回っている」
　　『国際人流』110（1996年7月号～1998年2月号までの連載全20回）：48-53.
佐々木聖子（1996b）「連載アラブへと吹く風②体験！外国人労働者との共同生活」
　　『国際人流』111（1996年8月号）：41-5.
佐々木聖子（1996c）「連載アラブへと吹く風③ナイフの外国人労働者の謎」『国際人
　　流』112（1996年9月号）：49-53.
佐々木聖子（1996d）「連載アラブへと吹く風④想いは故郷の家族へ」『国際人流』113
　　（1996年10月号）：55-9.
佐々木聖子（1996e）「連載アラブへと吹く風⑤アラブ社会のアラブ系外国人」『国際
　　人流』114（1996年11月号）：53-7.
佐々木聖子（1997a）「連載アラブへと吹く風⑦アラブ人の快適と懸念」『国際人流』
　　116（1997年1月号）：50-4.
佐々木聖子（1997b）「連載アラブへと吹く風⑧人流が刻んだ20年」『国際人流』117
　　（1997年2月号）：41-7.
佐々木聖子（1997c）「連載アラブへと吹く風⑨独特の歯切れよさ？」『国際人流』118
　　（1997年3月号）：39-43.
佐々木聖子（1997d）「連載アラブへと吹く風⑩国籍別役割分担？」『国際人流』119
　　（1997年4月号）：40-3.
佐々木聖子（1998）「連載アラブへと吹く風⑲旅のおわりに」『国際人流』128（1998
　　年1月号）：52-5.
Sassen, Saskia, 1988, *The Mobility of Labor and Capital: A Study in International Investment and Labor Flow*, Cambridge University Press.（＝（1992）森田桐郎ほか（訳）『労働と資本の国際移動——世界都市と移民労働者』岩波書店）
佐藤文明（1995）『戸籍がつくる差別＜新装版＞』現代書館
佐藤宏（1993）「概観」臼田雅之ほか編『もっと知りたいバングラデシュ』弘文堂：
　　238-45.
佐藤誠（1998）「日本の国際労働移動をめぐる議論の特徴」佐藤誠／A. J. フィールディング（編）『移動と定住——日欧比較の国際労働移動』同文舘：5-32.
Schmitter Heisler, Barbara, 2000, "The Sociology of Immigration: From Assimilation to Segmented Integration, From the American Experience to the Global Arena," Caroline B. Brettell and James F. Hollifield eds., *Migration Theory: Taking Across Disciplines*, New York and London: Routledge: 77-96.
清野栄一（2001）「ロシア人とパキスタン人の国道8号線——富山コーラン破り捨て事件の現場から」『中央公論』2001年9月号：250-5
世界の動き社（1998）「パキスタンの学校では今」『世界の動き』（1998年3月号）
　　599: 22.
関根政美（1994）『エスニシティの政治社会学——民族紛争の制度化のために』名古屋大学出版会
関根政美（1995）「エスニシティ」および「エスニック・グループ」梅棹忠夫監修
　　『世界民族問題事典』平凡社：216-7.

Shah, Nasra M., 1983, "Pakistani Workers in Middle East: Volume, Trends and Consequences," *International Migration Review*, 17(3): 410-24.
式部信(1987)「移民動向と労働市場——ポルテス=バックの見解をめぐって」『大阪市立大学経済学会経済学雑誌』日本評論社, 88(4): 40-55.
清水学(1992)「パキスタン」辛島昇ほか(編)『南アジアを知る事典』平凡社: 838-43.
白岩砂紀(1997)「エスニック・ビジネスの生成に関する事例的研究——広がるネットワークと起業家精神」奥田道大(編)『都市エスニシティの社会学』ミネルヴァ書房: 89-121.
白水繁彦(1996)「エスニック・メディアの現在」白水繁彦(編)『エスニック・メディア』明石書店: 13-56.
出入国管理法令研究会(1998)『新版出入国管理法講義』日本加除出版
Smith, M.P. and L. Guarnizo eds, 1998, *Transnationalism from Below*, Transaction.
総合研究開発機構(1993)『日本への出稼ぎバングラデシュ労働者の実態調査』総合研究開発機構(NIRA)研究報告書930025.
杉本均(2002)「イスラーム教徒における社会文化空間と教育問題」宮島喬・加納弘勝(編)『国際社会2 変容する日本社会と文化』東京大学出版会: 145-67.
鈴木自動車工業(株)(1985)「パキスタンのモータリゼーションとともに」(財)日本・パキスタン協会『パーキスターン』85: 14-7.
田畠富子(1993)『魅惑のドバイ』勁草書房
田口富久治(1996)『民族の政治学』法律文化社
田嶋淳子(1998)『世界都市・東京のアジア系移住者』淑徳大学社会学部研究叢書8, 学文社
田嶋淳子(2003)「トランスナショナル・ソーシャル・スペースの思想——中国系移住者の移動と定着のプロセスを中心に」渡戸一郎ほか(編)『都市的世界/コミュニティ/エスニシティ——ポストメトロポリス期の都市エスノグラフィ集成』明石書店: 47-79.
高橋和夫(2002)「アラブ首長国連邦」大塚和夫ほか(編)『岩波イスラーム辞典』岩波書店: 81.
高橋渉(1993)「民族と宗教の問題」『宗教研究』67(1): 1-27.
竹下修子(2000a)『国際結婚の社会学』学文社
竹下修子(2000b)「外国人ムスリムと日本人女性の結婚——結婚満足度の規定要因の分析から」『ソシオロジ』45(2): 55-68.
竹下修子(2001)「日本人妻のイスラームへの適応——外国人ムスリムを夫にもつ妻の事例分析から」『愛知学院大学教養部紀要』48(3): 157-72.
竹下修子(2002)「国際結婚とエスニックビジネスの展開——エスニックレストランの事例分析から」『金城学院大学論集』社会科学編45: 129-50.
竹下修子(2004)『国際結婚の諸相』学文社
竹沢泰子(1994)『日系アメリカ人のエスニシティ』東京大学出版会

田村知子（1992）「多文化社会におけるアイデンティティと統合——21世紀国家をめざすカナダの実験」梶田孝道（編）『国際社会学——国家を超える現象をどうとらえるか』名古屋大学出版会：220-40.

田村知子（1997）「アジア系移民の台頭と多文化主義の変容——多文化社会カナダで続く統合への挑戦」小倉充夫（編）『国際移動論』三嶺書房：157-79.

店田廣文（編）（2006）『在日ムスリム調査——関東大都市圏第一次報告書』早稲田大学人間科学学術院アジア社会論研究室

店田廣文（編）（2007）『関東大都市圏における在日ムスリムの社会的ネットワークと適応に関する調査研究』2005～2006年度科学研究費補助金基盤研究（C）研究成果報告書

店田廣文（編）（2008）『日本のモスク調査1——イスラーム礼拝施設の調査記録』早稲田大学人間科学学術院アジア社会論研究室

丹野清人（1998）「創り出される労働市場——非合法就労者の移動のメカニズム」『大原社会問題研究所雑誌』478: 1-14.

丹野清人（1999）「外国人労働者の法的地位と労働市場の構造化——日本における西・南アジア就労者と日系ブラジル人就労者の実証研究に基づく比較分析」『国際学論集』上智大学国際関係研究所 43: 43-63.

丹野清人（2007）『越境する雇用システムと外国人労働者』東京大学出版会

Tenegra, Brenda Resurecion T., 2004, "Negotiating and Embedding Business in 'Social Circles': A Survival Strategy," 伊藤るり（編）『現代日本社会における国際移民とジェンダー関係の再編に関する研究』2001～2003年度科学研究費報告書：129-38.

寺田喜美代（2001）『共生へ向けた支援の展開——日本人ムスリマの生活課題とその対応からの考察』東洋大学社会学研究科社会福祉専攻博士論文

寺田喜美代（2003）『共生社会とマイノリティへの支援——日本人ムスリマの社会的対応から』東信堂

寺岡伸吾（1997）「タクシー・ダンスホールの魅力——ポール・G・クレッシー『タクシー・ダンスホール』」宝月誠・中野正大（編）『シカゴ社会学の研究——初期モノグラフを読む』恒星社厚生閣：407-33.

寺谷頼之（1987）「子どものしつけと教育」小西正捷（編）（1987）『もっと知りたいパキスタン』弘文堂：240-52.

手塚和彰ほか（編）（1992）『外国人労働者の就労形態——総合的実態調査報告集』明石書店

富塚俊夫（1992）「アラビア半島」板垣雄三（編）『新・中東ハンドブック』講談社：133-62.

豊田由貴夫（1990）「ペルー日系人社会におけるエスニシティ」『亜細亜大学経済学会経済学紀要』15(1): 23-44.

坪谷美欧子（2008）『「永続的ソジョナー」中国人のアイデンティティ——中国からの日本留学にみる国際移民システム』有信堂高文社

堤要（1993）「アメリカにおけるエスニシティ理論——エスニシティと階層構造の関

連を中心に」『社会学評論』44(2): 177-87.
内川秀二 (1999)「湾岸諸国地域における南アジア系出稼ぎ労働者の経緯」大石高志 (編)『南アジア移民——年表および時期区分』文部省科学研究費・特定領域研究 (A) 南アジア世界の構造変動とネットワーク, Discussion Paper No.4: 129-36.
若槻泰雄 (2001)『外務省が消した日本人——南米移民の半世紀』毎日新聞社
ワスィーム・ムハンマド (著) ／井上あえか (訳) (2002)「パキスタンにおけるイスラーム政治」堀本武功・広瀬崇子『民主主義へのとりくみ』東京大学出版会: 195-216.
渡戸研究室 (2001)「新宿調査 2000 変貌する大都市インナーエリア——第2次外国人急増期の大久保・百人町を中心として」渡戸研究室
Weber, Max, 1920, *Die Protestantische Ethik und der 》Geist《 des Kapitalismus.* (＝(1989) 大塚久雄 (訳)『プロテスタンティズムの倫理と資本主義の精神』岩波文庫)
Werbner, Pnina, 1990a, *The Migration Process: Capital, Gifts and Offerings among British Pakistanis*, New York, Oxford and Munich: Berg.
Werbner, Pnina, 1990b, "Manchester Pakistanis: Division and Unity," C. Clarke, C. Peach and S. Vertovec eds., *South Asians Overseas: Migration and Ethnicity*, Cambridge: Cambridge University Press.
山岸健 (1993)「生活世界」森岡清美ほか (編)『新社会学辞典』有斐閣: 833-4.
山神進 (1989)「査証をめぐる二つの動き——米国との査証免除取決めの実施, パキスタン, バングラデシュとの査証免除取決めの一時停止について」『国際人流』21 (1989年2月号): 29-31
山口節郎 (1993)「社会的世界」森岡清美ほか (編)『新社会学辞典』有斐閣: 640.
山本薫子 (2008)『横浜・寿町と外国人——グローバル化する大都市インナーエリア』福村出版.
山本剛郎 (1997)『都市コミュニティとエスニシティ』ミネルヴァ書房
山中啓子 & コガ・エウニセ・イシカワ (1996)「日系ブラジル人の日本流入の継続と移動の社会化——移動システム論を使って」『移住研究』33: 55-72.
山根聡 (2003)「活力の源となる多彩な民族——人々・民族・言語」広瀬崇子ほか (編)『パキスタンを知るための60章』明石書店: 34-9.
山脇千賀子 (1996)「語られない文化のベクトル——沖縄系／日系ペルー人の文化変容」伊豫谷登士翁ほか (編)『日本社会と移民』明石書店: 201-39.
吉田寅ほか (編) (1997)「アラブ首長国連邦」『アジア・アフリカ事典』教育出版センター: 52-3.
吉成勝男 (1993)「国際都市 TOKYO ——バングラデシュ人とともに」長谷安朗・三宅博之 (編)『バングラデシュの海外出稼ぎ労働者』明石書店: 61-90.
在ペルー日系人社会実態調査委員会 (1969)『ペルー国における日系人社会』
ズベル, ムハマド (1999)『隣の外国人』同文書院

付録

地図：在日パキスタン人の人口分布————————————313

調査票・結果：国際結婚とビジネス／アソシエーションに関する調査——316

調査票・結果（和訳追加版）：
アラブ首長国連邦におけるパキスタン人企業家に関する学術的調査———329

グラフQ3　DUCAMZ入居企業の入居年————————————333
グラフQ5　DUCAMZ入居企業の販売先————————————333
グラフQ9　オーナーや販売者と日本との関係————————————334
グラフQ10-1　DUCAMZ入居企業の日本店舗設立年———————334
グラフQ10-2　DUCAMZ入居企業の日本店舗所在地———————335
グラフQ11　DUCAMZ入居企業の外国店舗所在地————————335
グラフQ12　DUCAMZ入居企業の取扱車種————————————336
グラフQ13　DUCAMZ入居企業の取引台数————————————336
グラフQ15　DUCAMZ入居企業の商品売値平均額————————337

1984年			
北海道	3	滋賀県	2
青森県	0	京都府	6
岩手県	0	大阪府	31
宮城県	3	兵庫県	32
秋田県	0	奈良県	0
山形県	0	和歌山県	0
福島県	0	鳥取県	0
茨城県	6	島根県	0
栃木県	1	岡山県	0
群馬県	1	広島県	8
埼玉県	48	山口県	0
千葉県	22	徳島県	1
東京都	401	香川県	0
神奈川県	55	愛媛県	0
新潟県	2	高知県	0
富山県	1	福岡県	6
石川県	0	佐賀県	0
福井県	0	長崎県	0
山梨県	1	熊本県	0
長野県	1	大分県	0
岐阜県	0	宮崎県	0
静岡県	3	鹿児島県	2
愛知県	23	沖縄県	1
三重県	0	全国	660

日本(都道府県別)
1つの点 = 20

在日パキスタン人の人口分布　1984年

1990年			
北海道	8	滋賀県	2
青森県	0	京都府	6
岩手県	0	大阪府	38
宮城県	5	兵庫県	35
秋田県	0	奈良県	1
山形県	0	和歌山県	0
福島県	4	鳥取県	3
茨城県	21	島根県	0
栃木県	20	岡山県	0
群馬県	15	広島県	20
埼玉県	389	山口県	0
千葉県	169	徳島県	1
東京都	935	香川県	1
神奈川県	245	愛媛県	0
新潟県	8	高知県	0
富山県	1	福岡県	13
石川県	0	佐賀県	1
福井県	4	長崎県	4
山梨県	9	熊本県	1
長野県	0	大分県	0
岐阜県	15	宮崎県	1
静岡県	19	鹿児島県	0
愛知県	66	沖縄県	2
三重県	4	全国	2,067

在日パキスタン人の人口分布　1990年

1995年			
北海道	15	滋賀県	2
青森県	1	京都府	22
岩手県	1	大阪府	78
宮城県	24	兵庫県	41
秋田県	1	奈良県	10
山形県	3	和歌山県	1
福島県	14	鳥取県	4
茨城県	135	島根県	1
栃木県	176	岡山県	10
群馬県	273	広島県	13
埼玉県	894	山口県	1
千葉県	514	徳島県	1
東京都	1,421	香川県	5
神奈川県	584	愛媛県	11
新潟県	36	高知県	0
富山県	4	福岡県	14
石川県	9	佐賀県	1
福井県	0	長崎県	3
山梨県	12	熊本県	7
長野県	23	大分県	0
岐阜県	27	宮崎県	3
静岡県	87	鹿児島県	5
愛知県	245	沖縄県	6
三重県	15	全国	4,753

在日パキスタン人の人口分布　1995年

2000年			
北海道	61	滋賀県	6
青森県	1	京都府	29
岩手県	8	大阪府	129
宮城県	30	兵庫県	75
秋田県	2	奈良県	12
山形県	4	和歌山県	3
福島県	27	鳥取県	10
茨城県	285	島根県	0
栃木県	327	岡山県	13
群馬県	607	広島県	11
埼玉県	1,391	山口県	10
千葉県	706	徳島県	2
東京都	1,603	香川県	13
神奈川県	928	愛媛県	1
新潟県	126	高知県	0
富山県	62	福岡県	51
石川県	10	佐賀県	1
福井県	5	長崎県	13
山梨県	23	熊本県	11
長野県	70	大分県	5
岐阜県	36	宮崎県	2
静岡県	231	鹿児島県	10
愛知県	492	沖縄県	19
三重県	37	全国	7,498

在日パキスタン人の人口分布　2000年

2005年			
北海道	65	滋賀県	9
青森県	11	京都府	40
岩手県	23	大阪府	167
宮城県	91	兵庫県	114
秋田県	4	奈良県	24
山形県	8	和歌山県	2
福島県	26	鳥取県	12
茨城県	433	島根県	1
栃木県	361	岡山県	23
群馬県	650	広島県	7
埼玉県	1,544	山口県	10
千葉県	724	徳島県	2
東京都	1,470	香川県	16
神奈川県	1,058	愛媛県	5
新潟県	179	高知県	6
富山県	244	福岡県	70
石川県	21	佐賀県	2
福井県	2	長崎県	6
山梨県	17	熊本県	6
長野県	112	大分県	20
岐阜県	88	宮崎県	9
静岡県	254	鹿児島県	33
愛知県	740	沖縄県	16
三重県	64	全国	8,789

在日パキスタン人の人口分布　2005年

2010年			
北海道	98	滋賀県	10
青森県	36	京都府	63
岩手県	25	大阪府	211
宮城県	113	兵庫県	169
秋田県	14	奈良県	29
山形県	13	和歌山県	4
福島県	57	鳥取県	17
茨城県	611	島根県	2
栃木県	439	岡山県	72
群馬県	598	広島県	26
埼玉県	1,911	山口県	12
千葉県	781	徳島県	2
東京都	1,307	香川県	28
神奈川県	1,017	愛媛県	7
新潟県	220	高知県	4
富山県	425	福岡県	98
石川県	20	佐賀県	6
福井県	6	長崎県	1
山梨県	21	熊本県	17
長野県	141	大分県	25
岐阜県	155	宮崎県	11
静岡県	335	鹿児島県	33
愛知県	986	沖縄県	21
三重県	102	全国	10,299

在日パキスタン人の人口分布　2010年

調査票・結果：国際結婚とビジネス／アソシエーションに関する調査

調査対象者の概要

夫・居住地	妻・居住地	人数
パキスタン	パキスタン	6
日本	パキスタン	6
日本	UAE	7
日本	日本	3
合計		22

夫・兄弟順位	人数
長男	6
次男	6
三男	5
四男以下	1
未確認	4
合計	22

日時：　　　　　　　　　　　　　　　　場所：

男性：年齢（　　　）	質問項目	女性：年齢（　　　）
（結果）調査時年齢の平均値 42 歳 　　　　生年の平均値 1963 年 | 夫・生年 | 人数 | |---|---| | 1950〜1954 | 2 | | 1955〜1959 | 5 | | 1960〜1964 | 3 | | 1965〜1969 | 10 | | 1970〜1974 | 2 | | 合計 | 22 |		（結果）調査時年齢の平均値 41 歳 　　　　生年の平均値 1964 年 | 妻・生年 | 人数 | |---|---| | 1950〜1954 | 2 | | 1955〜1959 | 2 | | 1960〜1964 | 5 | | 1965〜1969 | 7 | | 1970〜1974 | 6 | | 合計 | 22 |
1. パキスタン 2. その他（　　　　　　） （結果）パキスタン人　22 人	国籍	1. 日本 2. その他（　　　　　　） （結果）日本人　　　21 人 　　　　ブラジル人　1 人
1. カラーチー 2. 都市部（　　　　　　） 3. 農村部（　　　　　　）	出身地	1. 東京都 2. 都市部（　　　　　　） 3. 農村部（　　　　　　）

出身地		

(結果)

夫・出身地	人数	内訳
カラーチー	14	
都市部	4	
ハイダラーバード		2
ラーホール		1
ファイサラーバード		1
村落部	4	
サッカル近郊		1
グジュラート近郊		1
スワート近郊		1
ラヒームヤール・ハーン近郊		1
合計	22	

(結果)

妻・出身地	人数	内訳
都市部	15	
大阪府		4
東京都		2
埼玉県		2
関東その他		3
その他		4
村落部	6	
静岡県		2
山梨県		2
その他		2
外国	1	
合計	22	

民族

1. ムハージル
2. パンジャービー
3. その他（スィンディ，パシュトゥーン／バローチ，他　　　）

(結果)

夫・民族	人数
ムハージル	13
パンジャービー	5
パシュトゥーン	1
バローチ	1
ハザーラ	2
合計	22

1. 日本人
2. その他（　　　　　　）

(結果)

夫・民族	人数
日本人	21
日系ブラジル	1
合計	22

最終学歴

1. 小学校中退／卒業
2. 中学・高校中退／卒業
3. 専門学校中退／卒業
4. 短大（カレッジ）中退／卒業
5. 大学中退／卒業
6. 大学院中退／卒業

1. 小学校・中学校中退／卒業
2. 高校中退／卒業
3. 専門学校中退／卒業
4. 短大中退／卒業
5. 大学中退／卒業
6. 大学院中退／卒業

	最終学歴		
（結果）		（結果）	
夫・学歴	人数	妻・学歴	人数
初等教育（小学校）	0	小学校・中学校	0
中等教育（中学・高校）	2	高校	6
専門学校	3	専門学校	5
大学予科（カレッジ・短大）	8	短大	3
高等教育（大学）	8	大学	8
不明	1	合計	22
合計	22		

	父の仕事		
1. 勤め人（　　　　）		1. 勤め人（　　　　）	
2. 自営業（　　　　）		2. 自営業（　　　　）	
3. その他（　　　　）		3. その他（　　　　）	
（結果）		（結果）	
夫・父の職業	人数	妻・父の職業	人数
勤め人	10	勤め人	14
自営業	8	自営業	8
その他	3	合計	22
不明	1		
合計	22		

	母の仕事		
1. 主婦／パート		1. 主婦／パート	
2. 勤め人（　　　　）		2. 勤め人（　　　　）	
3. 自営業（　　　　）		3. 自営業（　　　　）	
4. その他（　　　　）		4. その他（　　　　）	
（結果）		（結果）	
夫・母の職業	人数	妻・母の職業	人数
主婦	19	主婦	7
内職	2	パート	4
その他	1	勤め人	4
合計	22	自営業	7
		合計	22

1．勤め人（　　　　　　　） 2．自営業（　　　　　　　） 3．その他（　　　　　　　） （結果） | 夫・来日前職 | 人数 | |---|---| | 勤め人 | 8 | | 自営業 | 7 | | 学生 | 6 | | その他 | 1 | | 合計 | 22 |	来日前の 仕事	—
1．家族／親族の勧め 2．友人／周囲の人の勧め 3．本人の意思 4．その他（　　　　　　　） （結果） | 夫・初来日経緯（複数回答） | 人数 | |---|---| | 家族・親族の勧め | 10 | | 友人・周囲の勧め | 11 | | 本人の意思 | 11 | | その他 | 0 |	初来日の 経緯	—
1．利用した（　　　　　　　） 0．利用していない （結果）利用した　　　　1件 　　　　利用していない　19件 　　　　不明　　　　　　2件	来日時の エージェント	—
（結果）来日時期平均：1986年 | 夫・初来日時期 | 人数 | |---|---| | 1979以前 | 2 | | 1980〜1984 | 4 | | 1985〜1989 | 13 | | 1990以降 | 3 | | 合計 | 22 |	初来日 時期	

初来日時のビザ	(結果)	
	夫・初来日ビザ	人数
	短期	19
	外交	1
	就学	1
	不明	1
	合計	22

来日後の仕事

1. 勤め人（　　　　　　　）
2. 自営業（　　　　　　　）
3. その他（　　　　　　　）

(結果)

夫・来日後職	人数	内訳
勤め人	21	
大使館職員		1
同胞企業（中古車）		3
同胞企業（絨毯）		3
工場（溶接）		3
工場（その他）		9
建築業		1
エンジニア		1
学生（専門学校）	1	
合計	22	

結婚前の仕事

(結果)

夫・結婚前職	人数	内訳
勤め人	13	
同胞企業（中古車）		1
工場		11
サービス業		1
自営業	8	
中古車		6
絨毯		2
学生（専門学校）	1	
合計	22	

(結果)

妻・結婚前職	人数	内訳
勤め人	18	
事務		9
接客業		8
工場		1
学生（無職）	4	
合計	22	

(結果) 	出会い経緯	人数
---	---
職場（同じ，隣，客など）	9
外出中（レストラン，駅，電車など）	5
国際交流や大学イベント	3
友人の紹介	2
宗教団体イベント	1
近隣住民	1
スポーツジムが同じ	1
合計	22		出会った経緯／交際期間	(結果) | 交際期間	人数
---	---
1年未満	5
1年	6
2年	3
3年以上	1
不明	7
合計	22	
結婚時期： (結果) 	結婚時期	人数
---	---
1984以前	2
1985〜1989	5
1990〜1994	8
1995〜1999	6
2000以降	1
合計	22		結婚／入信（改宗）時期	入信（改宗）時期： (結果) | 妻・入信時期	人数
---	---
結婚前	4
結婚とほぼ同時	16
結婚後	2
合計	22	
在特取得時期： 在留資格の変遷： (結果) | 夫・結婚時資格	ビザ変遷	人数
商用	→日配	5
短期（更新）	→日配	3
超過滞在→帰国	再来日→日配	10
超過滞在→在特	→日配	4
合計		22		在特／在留資格	

夫		婚姻歴	妻	
1. 初婚 2. 再婚／重婚 （結果）初婚　21人 　　　　再婚　　1人		婚姻歴	1. 初婚 2. 再婚 （結果）初婚　21人 　　　　再婚　　1人	

夫		結婚後の仕事	妻	
1. 勤め人（　　　　　　　） 2. 自営業（　　　　　　　） 3. その他（　　　　　　　） （結果）		結婚後の仕事	1. 勤め人（　　　　　　　） 2. 自営業（　　　　　　　） 3. その他（　　　　　　　） （結果）	

夫・結婚後職	人数	内訳
勤め人	10	
工場		8
サービス業		2
自営業	12	
中古車		9
絨毯		3
合計	22	

妻・結婚後職	人数	内訳
勤め人	10	
出産で離職		6
出産後も継続		2
夫の会社のため離職		2
自営業	7	
夫の会社の手伝い		7
専業主婦	5	
結婚後に専業主婦		3
妊娠したので専業主婦		2
合計	22	

夫	調査時点の職業	妻
（結果）	調査時点の職業	（結果）

夫・調査時職	人数	内訳
日本：勤め人	1	
サービス業（自営中断）		1
日本：自営業	15	
中古車		14
絨毯		1
パキスタン：自営業	6	
不動産業		2
その他		4
合計	22	

妻・調査時職	人数
日本：主婦／夫の会社手伝い	2
日本：勤め人／親の会社手伝い	1
パキスタン：主婦	11
パキスタン：勤め人	1
アラブ首長国連邦：主婦	7
合計	22

| 起業時期： | 起業時期／法人種類／設立資金 | 法人種類： |

(結果)

起業時期	人数	内訳(廃業数)
1984 以前	3	
個人のまま		1（1）
法人化(1984 以前)		2（1）
1985 ～ 1989	7	
個人のまま		1
法人化(1985 ～ 1989)		4（1）
法人化(1990 ～ 1994)		2（1）
1990 ～ 1994	2	
法人化(1990 ～ 1994)		2
1995 ～ 1999	9	
個人のまま		3（1）
法人化(1995 ～ 1999)		5（1）
法人化(2000 以降)		1
2000 以降	1	
法人化(2000 以降)		1
合計	22	

(結果)

法人種類	人数
有限会社	14
株式会社	1
法人不明	2
個人	5
合計	22

設立資金：

(結果)

設立資金	人数
夫（本人）	13
夫と妻	2
夫と夫の弟	1
夫と夫の友人	1
妻	2
家族：妻の父	2
家族：夫の父	1
合計	22

(結果) / 起業動機

夫・起業動機（複数回答）	人数
もともと起業志望・雇われるのは嫌	5
家族・親族が始めたので	2
サイドビジネスとして始めた	2
外国人の労働条件が悪いので	2
仕事がない・解雇された	2
周囲の人がやっていたので	1
日本人に独立を勧められて	1
日本とパキスタンを往復しやすい	1
商用ビザを取得するため	1
金曜礼拝を休みたくないから	1

1. 設立資金を負担 2. 設立の手続きを行った 3. その他（　　　　　　　） （結果）	起業への 関与	1. 設立資金を負担 2. 設立の手続きを行った 3. その他（　　　　　　　） （結果）結婚後に夫が起業した15人の内

夫・起業への関与（複数回答）	人数
設立資金を負担	17
設立の手続き	11
その他	0

妻・起業への関与（複数回答）	人数
設立資金を負担	6
設立の手続き	11
その他	0

1. 営業活動 2. 事務活動 3. 資金調達 4. 保証人になる （結果）	事業経営へ の関与 ※過去の関 与含む	1. 営業活動 2. 事務活動 3. 資金調達 4. 保証人になる （結果）

夫・経営への関与（複数回答）	人数
営業活動	22
事務活動	12
資金調達	12
保証人になる	8

妻・経営への関与（複数回答）	人数
営業活動	7
事務活動	19
資金調達	6
保証人になる	10

1. 営業活動（　　　　　　　） 2. 事務活動（　　　　　　　） 3. 資金調達（　　　　　　　） 4. 保証人になる（　　　　　） （結果）	在日親族の 事業への 関与	1. 営業活動（　　　　　　　） 2. 事務活動（　　　　　　　） 3. 資金調達（　　　　　　　） 4. 保証人になる（　　　　　） （結果）

夫・在日親族の事業関与	人数	内訳
現在あり(内訳,複数回答)	6	
弟		6
妹とイトコの夫婦		1
叔父		1
甥		1
過去あり	2	
兄		1
弟		1
事業関与なし	14	
合計	22	

妻・在日親族の事業関与	人数	内訳
現在あり(内訳,複数回答)	13	
保証人：父母，兄弟姉妹		10
事務：母，叔母		2
事業関与なし	9	
合計	22	

(結果)	家族・親族居住地	(結果)
夫・家族居住地（複数回答）　人数　内訳		妻・家族居住地（複数回答）　人数　内訳
パキスタン　20		日本　22
外国　16		外国　2
アラブ首長国連邦　　10		ブラジル　　1
日本　　7		アメリカ　　1
イギリス　　4		
サウジアラビア　　2		
アメリカ　　2		
バングラデシュ　　1		
(結果)	在外親族で事業への関与	(結果)
夫・在外親族の事業関与　人数　内訳		妻・在外親族の事業関与　人数
関与あり（内訳複数回答）　10		関与なし　2
日本　　6		
パキスタン　　4		
アラブ首長国連邦　　3		
アメリカ　　1		
イギリス　　1		
関与なし　12		
合計　22		
注）日本も含む		
1. 日本国内での事業拡大 2. 日本国内での業種の拡大 3. 海外への移転	今後の事業展開	1. 日本国内での事業拡大 2. 日本国内での業種の拡大 3. 海外への移転
(結果)		(結果)
夫・事業展開の希望（複数回答）　人数		妻・事業展開の希望（複数回答）　人数
日本国内での事業拡大　6		日本国内での事業拡大　3
日本国内での業種拡大　2		日本国内での業種拡大　3
海外への移転・進出　20		海外への移転・進出　16
その他：現状維持　4		その他：現状維持　4
		その他：夫に従う　2
		その他：業務縮小　1
		その他：考え中，未定　1

	宗教活動への参加	
1. あり（　　　　　） 0. なし （結果） | 夫・日本での宗教活動	人数	内訳
参加経験あり	15	
タブリーグ参加		4
ICOJ 参加		2
ミンハージュ参加		1
その他（礼拝, 喜捨,勉強会など）		8
参加経験なし	7	
合計	22				1. あり（　　　　　） 0. なし （結果） | 妻・日本／外国で宗教活動	人数	内訳
参加経験あり	11	
タブリーグ参加		4
ICOJ 参加		2
その他（礼拝, 喜捨,勉強会など）		5
参加経験なし	11	
合計	22		
	NGO 活動への参加	
1. あり（　　　　　） 0. なし （結果） | 夫・日本でのNGO活動	人数	内訳
参加経験あり	6	
国際交流		1
海外支援		1
モスク関連		1
同胞支援		1
地域活動		1
不明		1
参加経験なし	16	
合計	22				1. あり（　　　　　） 0. なし （結果） | 妻・日本／外国でのNGO活動	人数	内訳
参加経験あり	6	
日本語教室		2
海外支援		2
国際交流		1
外国人支援		1
参加経験なし	16	
合計	22		
	スポーツ活動への参加	
1. あり（　　　　　） 0. なし （結果）クリケット　3人 　　　　テニス　　　1人 　　　　未確認　　　1人 　　　　経験なし　17人		1. あり（　　　　　） 0. なし （結果）水泳　　　1人 　　　　テニス　　1人 　　　　経験なし　20人

1．あり（　　　　　　　　） 0．なし （結果）あり　8人	家事へ の参加	1．あり（　　　　　　　　　　） 0．なし （結果）あり　22人	
1．あり（　　　　　　　　） 0．なし （結果）あり　22人 　　　　子ども数平均値2.8人	子ども 有無	（結果） | 子ども数 | 人数 | |---|---| | 1人 | 4 | | 2人 | 2 | | 3人 | 11 | | 4人 | 5 | | 合計 | 22 |	
1．あり（　　　　　　　　） 0．なし （結果）あり　16人	育児へ の参加	1．あり（　　　　　　　　　　） 0．なし （結果）あり　22人	
1．日本 2．パキスタン（もしくは出身国） 3．その他（　　　　　　　　） （結果） | 夫・子どもの教育希望地 | 人数 | |---|---| | 日本：イギリスの大学 | 1 | | パキスタン：ずっと | 6 | | パキスタン：日本の大学 | 3 | | パキスタン：イギリス／日本の大学 | 2 | | アラブ首長国連邦：ずっと | 6 | | アラブ首長国連邦：日本の大学 | 1 | | イギリス | 1 | | 不明，まだ相談していない | 2 | | 合計 | 22 |	子どもの 教育の 希望地	1．日本 2．パキスタン（もしくは出身国） 3．その他（　　　　　　　　　　） （結果） | 妻・子どもの教育希望地 | 人数 | |---|---| | 日本：ずっと | 3 | | パキスタン：ずっと | 6 | | パキスタン：日本の大学 | 2 | | アラブ首長国連邦：ずっと | 7 | | アラブ首長国連邦：日本の大学 | 1 | | アラブ首長国連邦：アメリカ／日本の大学 | 1 | | イギリス | 1 | | 第三国（イギリスなど）か日本 | 1 | | 合計 | 22 |	

	永住意思		
1. 日本に永住したい 2. パキスタンへ戻りたい 3. その他（　　　　　　） （結果）		1. 日本に永住したい 2. パキスタンへ移住したい 3. その他（　　　　　　） （結果）	
夫・永住意思	人数	妻・永住意思	人数
日本	3	日本	5
パキスタン	9	パキスタン	8
アラブ首長国連邦	3	アラブ首長国連邦	1
イギリス	1	イギリス	1
不明，未定	6	アメリカ	1
合計	22	ブラジル	1
		どこでもよい，子どもしだい	4
		未定	1
		合計	22
1. あり 0. なし	報告書の希望	―	

報告書送付先：

Academic Research of Pakistani Business in UAE
（アラブ首長国連邦におけるパキスタン人企業家に関する学術的調査）

調査の概要

調査方法	回答数	調査方法	調査期間
面接調査	9件	名簿に広告を出している大手業者に面接調査を依頼し，9件が協力	2005年7月
電話調査	32件	全店舗（390件）を社名別にリスト化し（320件），面接調査対象者を除いたうえでサンプリングして（56社），電話で調査を依頼	2005年7月，9月
合計	41件		

Ref. No.（調査票番号）[   ]
Place（調査地点）[DUCAMZ, Dubai   ]
Date（調査日）[/   / 2005]
Showroom No.（店舗番号）[   ]
Showroom Name（店舗名）[   ]

No.	Questions（質問）	Answers（回答）
1	How many showrooms do you have in DUCAMZ? (Including family business.)（DUCAMZ内の店舗数は？親族経営を含めて）	1. Only one. --- Go ahead. 2. More than two. [ ] --- Please answer about total of all showrooms. （2件以上ある場合，全店舗合計についてお答え下さい） (結果) 平均値 2.17件，最小値 1件，最大値 8件
2	How many companies are there in your show room?（店舗内の会社数は？）	1. Only one. ---Go ahead. 2. More than two. [ ] ---Please answer about biggest company. （2件以上ある場合，最大の会社についてお答えください） (結果) 平均値 1.24件，最小値 1件，最大値 3件
3	When did you start this showroom?（店舗の入居年は？）	1. Opening of DUCAMZ 2. After the opening. ---- From [ ] year (結果) グラフ Q3 を参照のこと
4	From which country do you import vehicles?（輸入先は？）	1. Japan ( )% 2. Others ( )% [Singapore, USA,] (結果) 日本 85.3%，その他 14.7% その他内訳は，シンガポール 11件，米国 2件，韓国 1件

5	To which country do you export vehicles in this year (Jan – Jun, 2005)? (2005年上半期の販売先は？)	0. Local Sales （　）％　（結果）UAE 国内　18.8% 1. Kenya　　　（　）％　　ケニア　　　14.2% 2. Tanzania　　（　）％　　タンザニア　8.2% 3. Uganda　　　（　）％　　ウガンダ　　8.6% 4. Afghanistan　（　）％　　アフガニスタン　22.8% 5. Russia　　　（　）％　　旧ソ連　　　12.6% 　［Turkmenistan, Georgia,］旧ソ連内訳，トルクメニスタン 12 件，グルジア 4 件 6. Iraq　　　　（　）％　　イラク　　　5.4% 7. Others　　　（　）％　　その他　　　6.7% その他内訳は，パキスタン等南アジア諸国，イエメン等アラブ諸国，南アフリカやエチオピア等アフリカ諸国，英国 グラフ Q5 もあわせて参照のこと
6	How many Directors (Owners) are there in your showroom? (店舗内オーナー数は？)	［　　］Directors (Owners) （結果）平均値 3.07 人，最小値 1 人，最大値 5 人
7	How many Sales Managers are there in your showroom? (店舗内の販売責任者数は？)	［　　］Sales (Marketing) Managers （結果）平均値 3.07 人，最小値 1 人，最大値 6 人
8	What nationality your showroom's Directors and Sales Managers have? (オーナーと販売責任者の国籍は？) (複数回答可)	1. Pakistan （結果）パキスタン人　37 件（90.2%） 　--- In which city did they live in Pakistan? 　［Karachi, Lahore, Peshawar, 　（パキスタン人の出身地は？） 自由回答数 33 件中，単独は 23 件，混合は 10 件 出身地内訳は，カラーチー 17 件，ラホール 15 件，ペシャワール 10 件 その他（パンジャーブ，バロチスタン，フェイサラバード，イスラマバード）6 件 2. Afghanistan　　アフガニスタン人　5 件（12.2%） 3. Local　　　　　UAE 国民　　　　 0 件（0%） 4. Others ［Bangladesh,　　］ 　その他（全てバングラデシュ人）　12 件（8.9%） （備考）国籍別割合を人数から換算すると，パキスタン人 83.2%，アフガニスタン人 7.9%，バングラデシュ人 8.9%

9	Directors (Owners) and Sales Managers have some relationship to Japan? （オーナーや販売責任者と日本との関係は？） （複数回答可）	0. No. 1. He has relatives who got married with Japanese wife. 2. He has stayed in Japan for working before. 3. He has a friend who got married with Japanese wife. 4. He is a husband of Japanese Wife. 5. Others.〔　　　　　　　　　　　〕 （結果）特に関係なし　　　5件　（12.2%） 　　　　日本人女性の夫の親戚　19件　（46.3%） 　　　　日本で就労経験あり　　8件　（19.5%） 　　　　日本人女性の夫の友人　14件　（34.1%） 　　　　日本人女性の夫本人　　4件　（9.8%） 　　　　　　　グラフQ9もあわせて参照のこと
10	Do you have Japanese branch? （日本に店舗は？）	0. No　（結果）店舗なし　16件（39.0%） 1. Yes　　　　店舗あり　22件（53.7%） 　---- Japanese branch is the main branch?〔Yes / No〕 　（日本の店舗は本店？）　本店15件（店舗ありの68.2%） 　---- Japanese branch owner got married with Japanese wife?〔Yes / No〕 　（日本の店舗のオーナーは日本人女性の夫？） 　　　　　　日本人女性の夫14件（店舗ありの63.6%） 　---- When did it start?〔　　　〕year 　（日本の店舗の開業年は？）グラフQ10-1を参照のこと 　---- In which city is there?〔　　　〕 　（日本の店舗の所在地は？）グラフQ10-2を参照のこと
11	Do you have any other branch? （外国の店舗は？）	0. No　　　　　　　　　　　　　　　　　From 1. UAE〔Which city?　　　　　〕---〔　　〕year 2. Pakistan〔Which city?　　　〕---〔　　〕year 3. Europe（England, Ireland…）---〔　　〕year 4. North America（America Canada）---〔　　〕year 5. South America（Peru, Chile…）---〔　　〕year 6. Africa（Kenya, Tanzania, Uganda…）---〔　　〕year （結果）外国店舗なし21件（51.2%），UAE国内4件（9.7%）， 　　　　パキスタン7件（17.1%），欧州1件（2.4%），北米 　　　　0件（0%），南米3件（7.3%），アフリカ7件（17.1%） 　　　　グラフQ11もあわせて参照のこと
12	Which kind of Vehicles do you deal? （取扱車種の割合は？）	1. Sedan（　　）%　　　　　（結果）セダン　56.3% 2. Van（　　）%　　　　　　　　　バン　　4.0% 3. Station Wagon（　　）% Hiace etc.　ワゴン　6.5% 4. Bus（　　）%　　　　　　　　　バス　　6.1% 5. Truck（　　）%　　　　　　　　トラック　6.3% 6. Auto Parts（　　）%　　　　　　部品　　6.5% 7. Others（　　）%　　　　　　　　4WD　　10.2% 　　　　　　　　　　　　　　　　その他　1.2% 　　　　グラフQ12もあわせて参照のこと

13	How many vehicles do you export in a year? (年間の取引台数は？)	[　　　] vehicles / year （結果）平均値 707.44 台，最小値 50 台，最大値 7,500 台 グラフ Q13 もあわせて参照のこと
14	How much is the average of buying price? (仕入値の平均は？)	[　　　] dollars / vehicle （結果）平均値 2,690US$，最小値 200US$，最大値 18,000US$
15	How much is the average of selling price? (商品売値の平均は？)	[　　　] dollars / vehicle （結果）平均値 3,465US$，最小値 500US$，最大値 19,000US$ グラフ Q15 もあわせて参照のこと

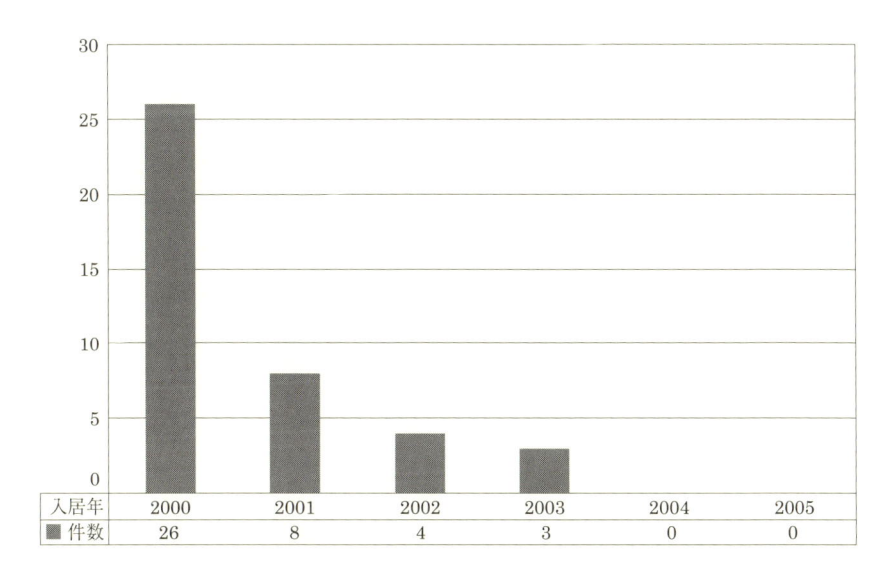

入居年	2000	2001	2002	2003	2004	2005
■ 件数	26	8	4	3	0	0

グラフ Q3　DUCAMZ 入居企業の入居年
出所：2005 年 DUCAMZ 調査結果より作成

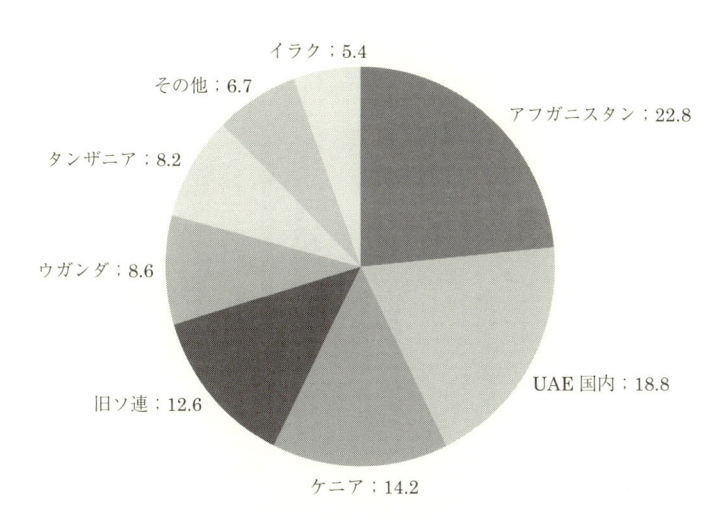

- イラク：5.4
- その他：6.7
- タンザニア：8.2
- ウガンダ：8.6
- 旧ソ連：12.6
- ケニア：14.2
- UAE 国内：18.8
- アフガニスタン：22.8

グラフ Q5　DUCAMZ 入居企業の販売先
出所：2005 年 DUCAMZ 調査結果より作成

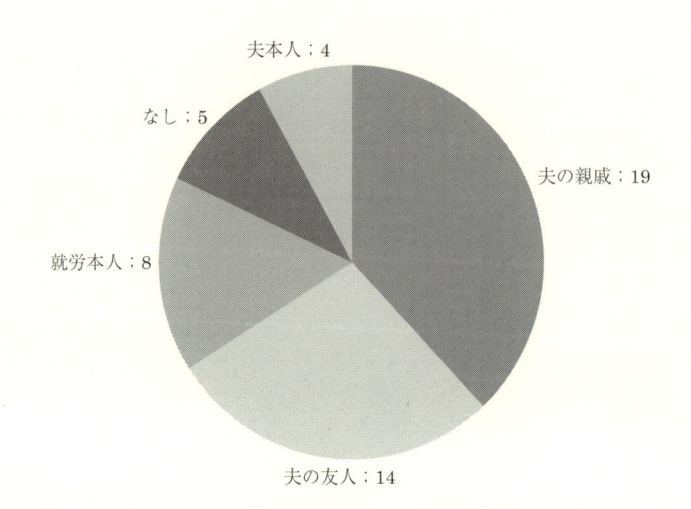

グラフ Q9　オーナーや販売者と日本との関係（複数回答可）（単位：件）

夫本人：4
なし：5
夫の親戚：19
就労本人：8
夫の友人：14

出所：2005 年 DUCAMZ 調査結果より作成

グラフ Q10-1　DUCAMZ 入居企業の日本店舗設立年

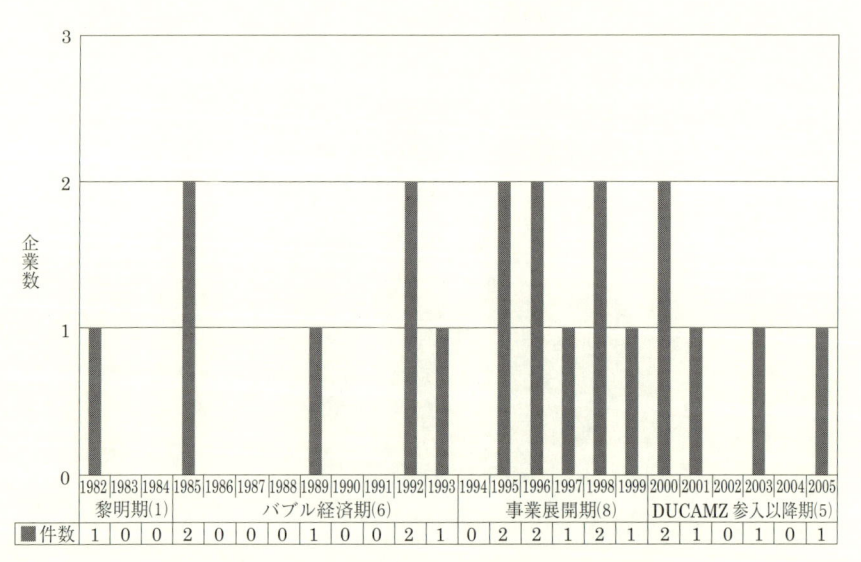

	1982	1983	1984	1985	1986	1987	1988	1989	1990	1991	1992	1993	1994	1995	1996	1997	1998	1999	2000	2001	2002	2003	2004	2005
	黎明期(1)			バブル経済期(6)									事業展開期(8)						DUCAMZ 参入以降期(5)					
件数	1	0	0	2	0	0	0	1	0	0	2	1	0	2	2	1	2	1	2	1	0	1	0	1

出所：2005 年 DUCAMZ 調査結果より作成

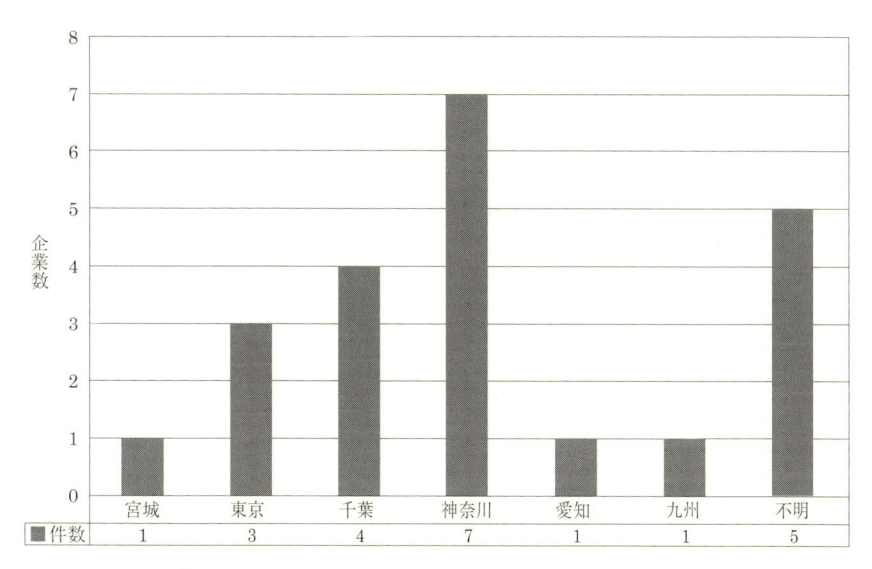

件数	宮城	東京	千葉	神奈川	愛知	九州	不明
件数	1	3	4	7	1	1	5

グラフ Q10-2　DUCAMZ 入居企業の日本店舗所在地
出所：2005 年 DUCAMZ 調査結果より作成

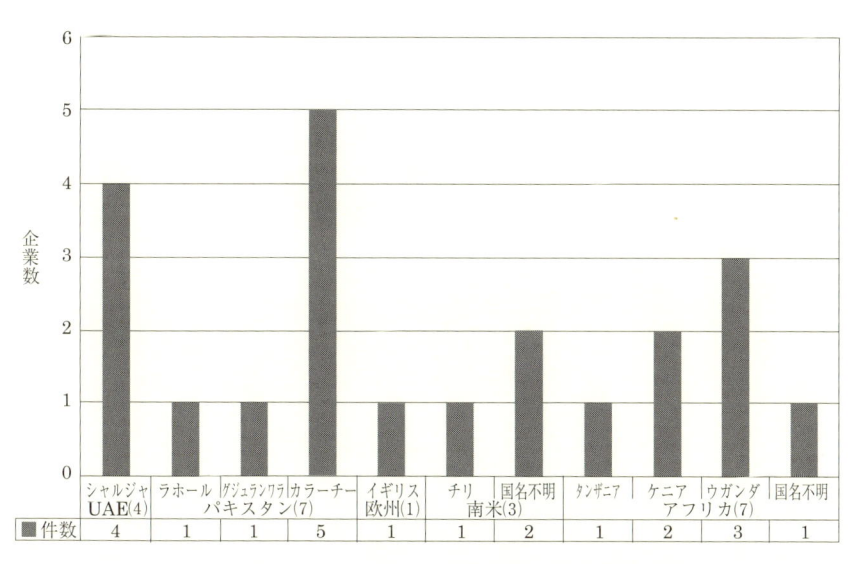

	シャルジャ UAE(4)	ラホール	グジュランワラ	カラーチー パキスタン(7)	イギリス 欧州(1)	チリ 南米(3)	国名不明	タンザニア	ケニア	ウガンダ アフリカ(7)	国名不明
件数	4	1	1	5	1	1	2	1	2	3	1

グラフ Q11　DUCAMZ 入居企業の外国店舗所在地
出所：2005 年 DUCAMZ 調査結果より作成

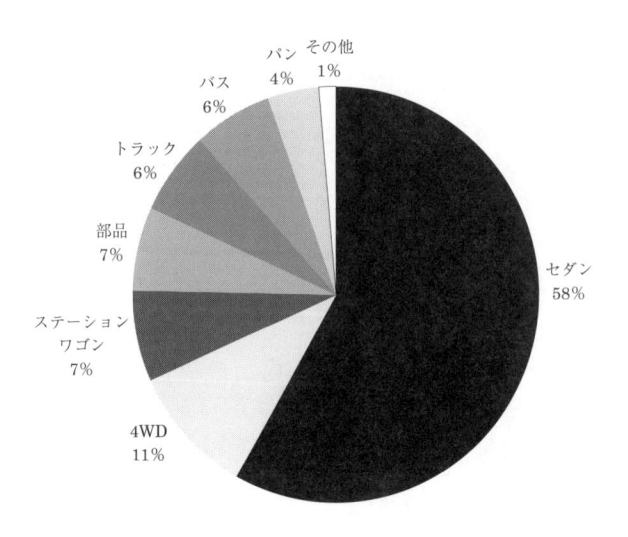

グラフQ12　DUCAMZ入居企業の取扱車種
出所：2005年DUCAMZ調査結果より作成

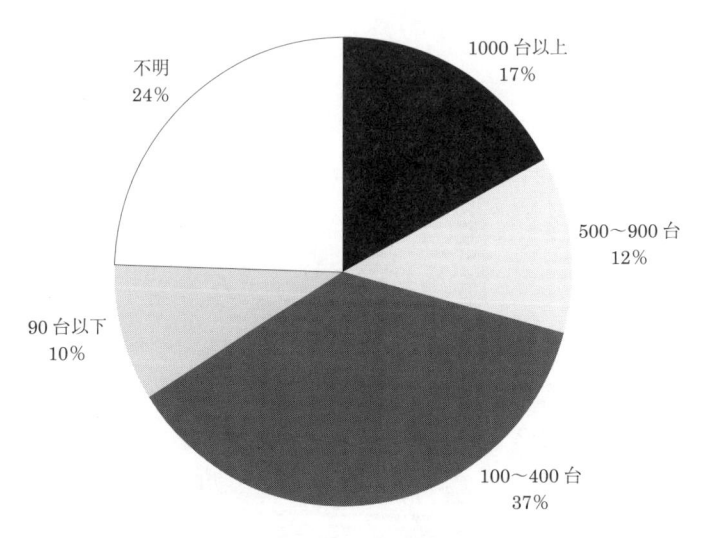

グラフQ13　DUCAMZ入居企業の取引台数
出所：2005年DUCAMZ調査結果より作成

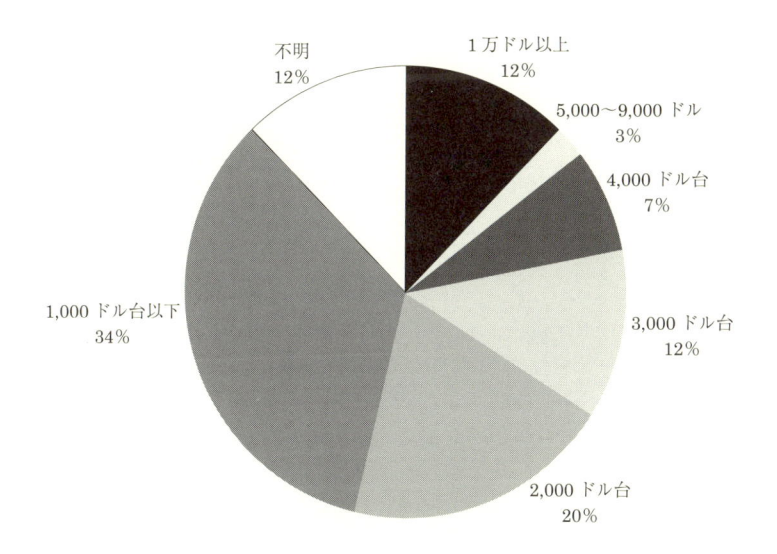

グラフ Q15　DUCAMZ 入居企業の商品売値平均額
出所：2005 年 DUCAMZ 調査結果より作成

著者紹介

福田　友子（ふくだ　ともこ）

1973年生まれ。東京都立大学大学院社会学研究科博士課程修了
現在，千葉大学大学院人文社会科学研究科助教
専門：国際社会学，移民研究
主著：
　『日本のエスニック・ビジネス』（共著）世界思想社，2012年
　『東京大都市圏の空間形成とコミュニティ』（共著）古今書院，2009年
　『国境を越える――滞日ムスリム移民の社会学』（共著）青弓社，2007年
　「移民による宗教団体の形成――滞日パキスタン人ムスリムを事例として」『日本都市
　　社会学会年報』25，2007年

トランスナショナルなパキスタン人移民の社会的世界
――移住労働者から移民企業家へ――

2012年 2月29日　初版第1刷発行

著　者　　福田 友子
発行者　　石井 昭男
発行所　　福村出版株式会社
〒113-0034　東京都文京区湯島 2-14-11
電話　03-5812-9702　FAX　03-5812-9705
http://www.fukumura.co.jp

印刷　　株式会社文化カラー印刷
製本　　本間製本株式会社

©Tomoko Fukuda　2012
Printed in Japan
ISBN978-4-571-41046-8
乱丁本・落丁本はお取替え致します。
定価はカバーに表示してあります。

福村出版◆好評図書

山本薫子 著
横浜・寿町と外国人
●グローバル化する大都市インナーエリア
◎3,800円　ISBN978-4-571-41039-0　C3036

グローバル化により急増した外国人を対象に，その実態調査と分析を通して，変貌を遂げる寿町の現状を描き出す。

小林真生 著
日本の地域社会における対外国人意識
●北海道稚内市と富山県旧新湊市を事例として
◎5,600円　ISBN978-4-571-41045-1　C3036

地方小都市は外国人をどう受け入れるのか？住民の意識分析を通じて共生社会創生への道を提示する。

医王秀行 著
預言者ムハンマドとアラブ社会
●信仰・暦・巡礼・交易・税からイスラム化の時代を読み解く
◎8,800円　ISBN978-4-571-31020-1　C3022

預言者ムハンマドが遺したイスラム信仰体系が，アラブ社会のイスラム化にいかなる変革を与えたのかを探る。

辻上奈美江 著
現代サウディアラビアのジェンダーと権力
●フーコーの権力論に基づく言説分析
◎6,800円　ISBN978-4-571-40028-5　C3036

ムスリム世界のジェンダーに関わる権力関係の背景に何があるのか，フーコーの権力論を援用しながら分析する。

中野亜里 著
**ベトナムの人権
多元的民主化の可能性**
◎5,300円　ISBN978-4-571-40023-0　C3036

市民的・政治的権利状況について国内の民主勢力や在外越南人が発信する情報をもとに同国の現代史を再考する。

櫻庭総 著
ドイツにおける民衆扇動罪と過去の克服
●人種差別表現及び「アウシュヴィッツの嘘」の刑事規制
◎5,000円　ISBN978-4-571-40029-2　C3036

ナチズムの復活阻止を目的とするドイツ刑法第130条を詳細に分析，その比較から日本の差別構造の本質を撃つ。

戸川正人・友松篤信 著
日本のODAの国際評価
●途上国新聞報道にみる日米英独仏
◎3,500円　ISBN978-4-571-40027-8　C3036

「日本のODAは被援助国に評価されていない」という批判は正しいのだろうか？科学的手法がその定説を覆す。

◎価格は本体価格です。